Juristische Zeitgeschichte
Hrsg. von Prof. Dr. Dr. Thomas Vormbaum
(FernUniversität in Hagen)

Abteilung 1:
Allgemeine Reihe
Hrsg. von Prof. Dr. Dr. Thomas Vormbaum

Band 23

De Gruyter

Thorsten Kurtz
Das Oberste Rückerstattungsgericht
in Herford

Juristische Zeitgeschichte
Abteilung 1, Band 23

Thorsten Kurtz

Das Oberste Rückerstattungsgericht in Herford

Eine Untersuchung zu Vorgeschichte, Errichtung und Einrichtung eines internationalen Revisionsgerichts in Deutschland

De Gruyter

ISBN 978-3-11-031663-6
e-ISBN (PDF) 978-3-11-031674-2
e-ISBN (EPUB) 978-3-11-038209-9

Bibliografische Information der Deutschen Nationalbibliothek

Die Deutsche Nationalbibliothek verzeichnet diese Publikation in der Deutschen Nationalbibliografie; detaillierte bibliografische Daten sind im Internet über http://dnb.d-nb.de abrufbar.

Druck: CPI books GmbH, Leck
♾ Gedruckt auf säurefreiem Papier

Printed in Germany

www.degruyter.com

Denen, die anderen ein Licht in die Dunkelheit tragen.

Vorwort

Viele Menschen haben mich – nicht nur bei der Fertigstellung der nun vorliegenden Arbeit – durch Höhen und Tiefen begleitet, mir mit Rat und Tat zur Seite gestanden, mich mit ihrer Zuversicht ermutigt und mir durch ihren persönlichen Einsatz vieles überhaupt erst möglich gemacht.

Ich bedanke mich sehr herzlich bei meinen Eltern, Annelies und Egon Kurtz, und bei meiner Lebensgefährtin, Frau Dr. Cornelia Klindtworth.

Mein besonderer Dank gilt meinem Doktorvater, Herrn Prof. Dr. Hermann Butzer, meinem Zweitgutachter, Herrn Prof. Dr. Henning Radtke, und dem Vorsitzenden meines Prüfungsausschusses, Herrn Prof. Dr. Christian Wolf. Herrn Prof. Dr. Dr. Thomas Vormbaum danke ich für die Aufnahme meiner Arbeit in seine Schriftenreihe.

Außerordentlichen Dank schulde ich Herrn Dr. Axel Linkamp, Herrn Peter Braess, Herrn Dr. Manfred Schädel, Herrn Dr. Matthias Kleckow, Herrn Prof. Dr. Wolf-Axel Schmidt und Herrn Prof. Dr. Norbert Schmitz.

Mein Dank gilt auch Herrn Reinhold Demuth, Frau Birgitte Mehl, Frau Bente Laux, Frau Gudrun Leidig, Herrn Dr. Sven Diercks, Herrn Matthias Schwarz sowie vielen anderen Menschen, mit denen ich interessante Gespräche führen und schöne Stunden erleben durfte.

Celle, im April 2013

Thorsten Kurtz

Inhaltsverzeichnis

ANHANG

Abkürzungsverzeichnis

AVO4	Amerikanische „Ausführungsverordnung Nr. 4 zum Gesetz Nr. 59 der Militärregierung. Errichtung eines Board of Review“ von 1948.
AVO7	Amerikanische „Ausführungsverordnung Nr. 7 zum Gesetz Nr. 59 der Militärregierung, Rückerstattung feststellbarer Vermögensgegenstände“ von 1949. (Errichtung des CORA).
BOR	Board of Review, 1950 bis 1954 oberste Instanz in Rückerstattungssachen in der britischen Besatzungszone.
BrREG	Britisches „Gesetz Nr. 59 – Rückerstattung feststellbarer Vermögensgegenstände an Opfer der nationalsozialistischen Unterdrückungsmaßnahmen“ von 1949.
CORA	Amerikanisches Rückerstattungsberufungsgericht, 1950/51 ein ständiger Senat der Amerikanischen Gerichte der Alliierten Hohen Kommission für Deutschland (Court of Restitution Appeals of the United States Courts of the Allied High Commission for Germany), 1951 bis 1955 ein selbstständiges Gericht (Court of Restitution Appeals of the Allied High Commission for Germany).
CSR	Obergericht für Rückerstattungssachen in der französischen Besatzungszone (Cour Supérieure pour les Restitutions) – 1950 bis 1955.
DVO6	Britische „6. Durchführungsverordnung zum Gesetz Nr. 59 der Militärregierung“ von 1950. (Errichtung des BOR).
DVO6N	Britische „6. Durchführungsverordnung (Neufassung) zum Gesetz Nr. 59 der Militärregierung“ von 1954. (Errichtung des SRC).
G21	„Gesetz Nr. 21 – Amerikanisches Rückerstattungsberufungsgericht der Alliierten Hohen Kommission für Deutschland“ von 1951. (Errichtung des selbstständigen CORA).
SORG	Satzung des Obersten Rückerstattungsgerichts, Anhang zum Dritten Teil des Überleitungsvertrags (ÜV-Teil III).
SRC	Oberstes Rückerstattungsgericht für die Britische Zone (Supreme Restitution Court for the British Zone) – 1954/55.
US-BOR	US-Board of Review, 1948/49 oberste Instanz in Rückerstattungssachen in der amerikanischen Besatzungszone.
USREG	Amerikanisches „Gesetz Nr. 59 – Rückerstattung feststellbarer Vermögensgegenstände“ von 1947.

ÜV-Teil III	Vertrag zur Regelung aus Krieg und Besatzung entstandener Fragen („Überleitungsvertrag“, BGBl. 1955 II, 405 ff.). Dritter Teil. Innere Rückerstattung. (Errichtung des Obersten Rückerstattungsgerichts in Herford).
VO120	Französische „Verordnung Nr. 120 über die Rückerstattung geraubter Vermögensobjekte“ von 1947.
VO252	Französische „Verordnung Nr. 252 über die Errichtung eines Obergerichtes für Rückerstattungssachen“ von 1950.
VV-BOR1	Verfahrensvorschriften des BOR, erste abgeänderte Fassung vom 19. Dezember 1951.

„Schon bald nach der Gründung der Bundesrepublik Deutschland haben alle demokratischen Kräfte die Wiedergutmachung nationalsozialistischen Unrechts als eine Aufgabe von größter moralischer und menschlicher Tragweite angesehen und als solche auch behandelt. Dabei konnte niemand übersehen, daß einer allumfassenden Wiedergutmachung angesichts des gewaltigen Ausmaßes der Verfolgungsschäden Grenzen durch die finanzielle Leistungsfähigkeit unseres Volkes gesetzt waren. So mußte manche Regelung notgedrungen Stückwerk bleiben; doch wurde alles in allem Beachtliches geleistet.“[1]

(*Willy Brandt*, 1974)

Erstes Kapitel
Einleitung

A. Raub und Restitution – Eine Ausstellung in den Jahren 2008 und 2009

Am Beginn der nachfolgenden Untersuchung stand eine Ausstellung zum Thema „Raub und Restitution. Kulturgut aus jüdischem Besitz von 1933 bis heute“. Diese Ausstellung war vom 19. September 2008 bis zum 25. Januar 2009 im Jüdischen Museum Berlin sowie im Anschluss noch einmal vom 22. April bis zum 2. August 2009 im Jüdischen Museum Frankfurt am Main zu sehen. Im Mittelpunkt des Ausstellungskonzepts standen allerdings nicht die zur Zeit des Nationalsozialismus verfolgungsbedingt entzogenen und für die Ausstellung wieder zusammengetragenen Kunstgegenstände selbst, so wie es bei vergleichbaren Ausstellungen meist der Fall war – beispielsweise bei der Ausstellung „Recollection. Raub und Restitution“ im Österreichischen Museum für angewandte Kunst / Gegenwartskunst (MAK) in Wien, die parallel vom 3. Dezember 2008 bis zum 15. Februar 2009 zu sehen war[2]. Vielmehr war es ein „zentrales Anliegen in Erinnerung zu rufen, dass der Raub durch die Nationalsozialisten in Umfang und geographischer Ausdehnung alle aus der Geschichte bekannten Fälle von Kunstraub übertraf.“ So wurden „zunächst die Strukturen und Prozesse des Raubes auf der einen und der Restitution auf der

1 *Willy Brandt*, Geleitwort des Bundeskanzlers, in: Walter Schwarz, Rückerstattung nach den Gesetzen der Alliierten Mächte, 1974. – Die beim Zitieren älterer Gesetzestexte und sonstiger Quellen aus der Zeit vor der dritten Reform der deutschen Rechtschreibung von 1996 hier neu gesetzten Worttrennungen am Zeilenende orientieren sich an der amtlichen Regelung der deutschen Rechtschreibung in ihrer aktuellen Fassung.

2 *Alexandra Reinighaus*, Zur Ausstellung, in: Alexandra Reinighaus (Hrsg.), Recollection. Raub und Restitution, 2009, S. 11 (12 f.).

anderen Seite“ vorgestellt. Und diese Rahmenhandlung begleitete dann „die Geschichten von Raub und – nicht immer – Restitution der fünfzehn Objekte bzw. Sammlungsteile, die den Kern der Ausstellung“ bildeten.[3]

Dabei geht das von den beiden Ausstellungsleitern, Inka Bertz und Michael Dorrmann, herausgegebene Begleitbuch, das 2008 unter dem Titel der Ausstellung „Raub und Restitution. Kulturgut aus jüdischem Besitz von 1933 bis heute“ erschien, weit über den Ansatz eines bloßen Ausstellungskatalogs hinaus. So liefern handbuchartige Artikel zahlreicher Autoren unterschiedlicher Berufsgruppen (u.a. Historiker, Juristen, Journalisten) „das historische Faktengerüst und einen aktuellen Hintergrund für die fünfzehn Fallgeschichten, die hier ausführlich erzählt werden“.[4]

In seinem Beitrag zur „Rückerstattung jüdischen Eigentums mit den Mitteln des Rechtsstaats“ beschreibt der Historiker Jürgen Lillteicher mit wenigen Worten und innerhalb nur eines Absatzes[5] zunächst das Rückerstattungsverfahren bei den Wiedergutmachungsämtern und sodann auch das Gerichtsverfahren:

> „[Dann] begann ein dreistufiges Gerichtsverfahren, das mit einer mündlichen Verhandlung vor eigens eingerichteten Wiedergutmachungskammern an den jeweiligen Landgerichten begann. Gegen die Beschlüsse einer Kammer ließ sich [...] Widerspruch einlegen, so dass sich die Zivilsenate der Oberlandesgerichte [...] mit dem Fall zu beschäftigen hatten.“

Daraufhin folgten noch drei weitere Sätze Jürgen Lillteichers, die unter Auslassung nahezu aller wesentlichen Details wie ein rechtshistorisches Rätsel geschrieben waren, dessen Beschreibung mehr Fragen aufwirft als Antworten enthält:

> „Am Ende des Instanzenzuges stand nicht, wie im Entschädigungsrecht, der Bundesgerichtshof (BGH), sondern ein zunächst ausschließlich mit alliierten Richtern besetztes oberstes Rückerstattungsgericht für die jeweilige Besatzungszone. Das später zu einem einzigen Gerichtshof vereinigte Gremium, in dem dann auch deutsche Richter saßen, existierte noch lange nachdem die Alliierten die Bundesrepublik auf anderen Gebieten fast vollständig in die Eigenständigkeit entlassen hatten. In diesem Bereich misstrauten sie den Deutschen und machten von ihren Vorbehaltsrechten Gebrauch.“

---

3 *Inka Bertz / Michael Dorrmann*, Einleitung. Ausstellung und Buch, in: Inka Bertz / Michael Dorrmann (Hrsg.), Raub und Restitution. Kulturgut aus jüdischem Besitz von 1933 bis heute, 2008, S. 8 (12).

4 *Bertz / Dorrmann*, ebda.

5 *Jürgen Lillteicher*, Raub und Restitution. Die Rückerstattung jüdischen Eigentums mit den Mitteln des Rechtsstaats, in: Inka Bertz / Michael Dorrmann (Hrsg.), Raub und Restitution. Kulturgut aus jüdischem Besitz von 1933 bis heute, 2008, S. 223 (226).

Mit der bald gewonnenen Erkenntnis, dass Jürgen Lillteicher das Oberste Rückerstattungsgericht in Herford beschrieben hatte, ergab sich die Frage, ob überhaupt, bzw. welche Kenntnisse darüber bei (rechts-)historisch interessierten Juristen vorhanden seien. Die Antwort war durchweg ein von erstauntem Nichtwissen begleitetes Schulterzucken, aber stets auch die neugierig formulierte Rückfrage, was es mit diesem Gericht denn wohl auf sich habe. Da auch erste Nachrecherchen wenig Substanzielles ergaben, war die Idee, mit der nun vorliegenden Arbeit die Vorgeschichte, die Errichtung und die Einrichtung des Obersten Rückerstattungsgerichts in Herford zu untersuchen, geboren.

B. Die Rückerstattung – Eine der Maßnahmen zur Wiedergutmachung nationalsozialistischen Unrechts

Das Oberste Rückerstattungsgericht in Herford war ab 1955 für das Gebiet der früheren Besatzungszonen der drei alliierten Westmächte als oberste Instanz in Rückerstattungssachen eine der zentralen Institutionen und wesentlichen Bestandteile der Wiedergutmachung nationalsozialistischen Unrechts in Deutschland nach dem Zweiten Weltkrieg.

Die den Gegenstand seiner Rechtsprechung ausmachende Rückerstattung von im Dritten Reich weggenommenem bzw. zwangsweise weggegebenem Vermögen[6] war nur eine der zahlreichen Aufgaben, denen sich Deutschland nach dem Zweiten Weltkrieg zu stellen hatte, dies mit dem Ziel der Wiedergutmachung zumindest eines Teils des ungeheuren Ausmaßes nationalsozialistischen Unrechts. Gleichwohl soll und muss die Auseinandersetzung mit dem besonderen nationalsozialistischen Unrecht und den zur Wiedergutmachung umgesetzten Maßnahmen hier schon aus Raumgründen allein auf das Oberste Rückerstattungsgericht in Herford konzentriert sein. Es wird aber nicht verkannt, dass das Rückerstattungsrecht nur einen Ausschnitt der Wiedergutmachungsbemühungen der Bundesrepublik Deutschland dargestellt hat. Es darf insoweit auf die umfangreiche Statistik des Berliner Rechtsanwalts, Statistikers und Familienforschers Bruno Blau verwiesen werden. In seinem Werk über „Das Ausnahmerecht für die Juden in Deutschland 1933–1945“ listet Bruno Blau

---

6 *Georg Blessin*, Ministerialrat im Bundesfinanzministerium, und *Hans Wilden*, 1955 und 1956 Richter beim Dritten Senat des Obersten Rückerstattungsgerichts, sprechen in diesem Zusammenhang von der „Wiederherstellung unterbrochener Rechtsbeziehungen durch Rückgabe feststellbarer Vermögensgegenstände“, für die „der dem deutschen Rechtsleben und der deutschen Rechtssprache fremde und neuartige Begriff der Rückerstattung gefunden“ wurde. – *Georg Blessin / Hans Wilden*, Bundesrückerstattungsgesetz und Elfte Verordnung über Ausgleichsleistungen nach dem Lastenausgleichsgesetz. Kommentar, 1958, S. 24, Rn 7.

insgesamt 430 „Gesetze, Verordnungen, Verfügungen, Erlasse und Anordnungen, welche Bestimmungen für die Juden enthalten, in ihrer zeitlichen Reihenfolge“ auf und gibt die wesentlichen Inhalte wieder – beginnend mit der „Rundverfügung des Reichskommissars für die Preußische Justiz über die Amtstätigkeit der Notare“ vom 1. April 1933, mit der den „jüdischen Notaren in Preußen [...] die Amtstätigkeit untersagt“ wurde – endend mit der „Anordnung über die Benutzung von Wärmeräumen“ vom 13. November 1944, mit der in Berlin „die Benutzung von Wärmeräumen für Juden verboten“ wurde.[7] Noch deutlicher wird das ungeheure Ausmaß „der Entrechtung bis hin zur Vernichtung der deutschen Juden“ in einer aktuelleren und noch umfangreicher angelegten Sammlung, denn in dem Werk des Pädagogen und Historikers Joseph Walk über „Das Sonderrecht für die Juden im NS-Staat“ sind sogar „Knapp 2000 Gesetze, Verordnungen und Richtlinien nach Gegenstand dokumentiert und chronologisch in vier Zeitabschnitte gegliedert“ – endend mit einem Runderlass zur „Behandlung von Entjudungsakten“ vom 16. Februar 1945.[8] Exemplarisch genannt seien an dieser Stelle nur das Reichsbürgergesetz vom 15. September 1935[9] und die im Zeitraum vom 14. November 1935 bis zum 1. Juli 1943 insgesamt 13 zu diesem Gesetz erlassenen Verordnungen[10]. Allein dieses Gesetz macht mit seinen 13 Verordnungen eindrucksvoll darauf aufmerksam, „daß die diskriminierenden Maßnahmen des Deutschen Reiches während der Herrschaft des Nationalsozialismus sich auf sämtliche Bereiche des staatlichen und politischen Lebens sowie jegliche tatsächliche oder rechtliche menschliche Betätigung erstreckten.“[11] Helmut Buschbom etwa, einer der herausragenden deutschen Juristen auf dem Gebiet des Rückerstattungsrechts, der unter anderem als Direktor des Amtsgerichts Charlottenburg und der Wiedergutmachungsämter arbeitete, hat die folgende Einschätzung geäußert:

> „Dadurch wurde das Deutsche Reich zum größten Verfolger seiner Zeit und daher auch nach seiner Niederwerfung im zweiten [sic!] Weltkrieg in erheblichem Umfang mit Forderungen nach Wiedergutmachung in Anspruch genommen. So erklärt

---

7 *Bruno Blau*, Das Ausnahmerecht für die Juden in Deutschland 1933–1945 (in erster Auflage 1952 als erster von zwei geplanten Teilen unter dem Titel „Das Ausnahmerecht für die Juden in den europäischen Ländern“ erschienen), 2. Auflage, 1954, S. 12–117.

8 *Joseph Walk*, Das Sonderrecht für die Juden im NS-Staat, 2. Auflage, 1996, S. 1–406.

9 RGBl. 1935 I, 1146.

10 RGBl. 1935 I, 1333; RGBl. 1935 I, 1524; RGBl. 1938 I, 627; RGBl. 1938 I, 969; RGBl. 1938 I, 1403; RGBl. 1938 I, 1545; RGBl. 1938 I, 1751; RGBl. 1939 I, 47; RGBl. 1939 I, 891; RGBl. 1939 I, 1097; RGBl. 1941 I, 722; RGBl. 1943 I, 268; RGBl. 1943 I, 372.

11 *Helmut Buschbom*, in: BMF / Walter Schwarz (Hrsg.), Wiedergutmachung nationalsozialistischen Unrechts, Band II, 1981, S. 1.

> es sich, daß die Maßnahmen und Bestrebungen, welche die Beseitigung des ns. [scil. nationalsozialistischen] Unrechts zum Ziele hatten, den bedeutendsten Teil der Wiedergutmachung von Verfolgungsschäden darstellten und ein starkes und engagiertes Interesse aller Beteiligten hervorriefen. Das war wiederum von erheblicher Bedeutung für die Beziehung der Verfolgten zu den Trägern der Wiedergutmachung und den durch sie repräsentierten Deutschen und damit zugleich für das gesamte staatliche und politische Leben in Deutschland nach der Beseitigung des Nationalsozialismus. Die Wiedergutmachung des ns. Unrechts war somit zu einer der bedeutendsten Aufgaben geworden, der sich die Deutschen nach dem Zusammenbruch des Dritten Reiches zu stellen hatten."[12]

Zu diesen Aufgaben und Verpflichtungen, die in Deutschland nach dem Zweiten Weltkrieg aus den im Rahmen des allgemeinen Wiederaufbaus zu bewältigenden Herausforderungen noch besonders herausragten, zählen – neben der Rückerstattung, die hier als Gegenstand der Rechtsprechung des Obersten Rückerstattungsgerichts in Herford im Zentrum des Interesses steht – insbesondere die hier nachfolgend nur mit einem kurzen Überblick zu berücksichtigenden völkerrechtlichen Reparationen, die völkerrechtliche Restitution, die Entschädigung, die Wiedereingliederung und der Ausgleich für Wiedergutmachungsschäden.[13]

Zunächst sind die Verpflichtungen im Rahmen der völkerrechtlichen Reparationen und der völkerrechtlichen Restitution als allgemeine Kriegsfolgen einzuordnen, die als solche allein bereits nach dem verlorenen Zweiten Weltkrieg von Deutschland zu tragen waren und die nichts mit dem besonderen nationalsozialistischen Unrecht zu tun hatten.[14] Unter völkerrechtlichen Reparationen sind Geld-, Sach- und Dienstleistungen zum Ersatz von Verlusten und Schäden eines Siegerstaates und dessen Staatsangehörigen zu verstehen, die dem im Kriege besiegten Staat unter Berufung auf dessen Verantwortlichkeit für die Entstehung des Krieges auferlegt werden.[15] Damit waren die völkerrechtlichen Reparationen von Deutschland unabhängig von der Wiedergutmachung besonderen nationalsozialistischen Unrechts zu leisten.

---

12 *Buschbom*, ebda.

13 Einleitende Aufzählung und weitere Erläuterungen im Folgenden – soweit nicht anders gekennzeichnet – nach *Helmut Buschbom*, in: BMF / Walter Schwarz (Hrsg.), Wiedergutmachung nationalsozialistischen Unrechts, Band II, 1981, S. 1 (2).

14 *Helmut Buschbom*, in: BMF / Walter Schwarz (Hrsg.), Wiedergutmachung nationalsozialistischen Unrechts, Band II, 1981, S. 1 (2): „Die Akte zu 1 und 2 [scil. die völkerrechtlichen Reparationen und die völkerrechtliche Restitution] sind Kriegsfolgen und haben mit ns. [scil. nationalsozialistischem] Unrecht nichts zu tun."

15 *Helmut Buschbom*, in: BMF / Walter Schwarz (Hrsg.), Wiedergutmachung nationalsozialistischen Unrechts, Band II, 1981, S. 1 (2).

Die völkerrechtliche Restitution war als eine Form der völkerrechtlichen Reparation[16] ebenfalls unabhängig vom besonderen nationalsozialistischen Unrecht und dessen Wiedergutmachung zu leisten. Denn mit völkerrechtlicher Restitution ist die „Rückgabe völkerrechtswidrig weggenommener Gegenstände oder Forderungen durch die Besatzungsmacht in einem besetzten Gebiet im Wege der Rückerstattung (Naturalrestitution)“ gemeint.[17] Folglich ist auch die im Rahmen der völkerrechtlichen Restitution vorgesehene Rückerstattung – trotz einzelner begrifflicher und auch tatsächlicher Übereinstimmungen – eben *nicht* mit derjenigen Rückerstattung identisch[18], die hier als Gegenstand der Rechtsprechung des Obersten Rückerstattungsgerichts in Herford von Interesse ist.

Vielmehr ging es bei dieser Rückerstattung als einer „spezifischen Form der Wiedergutmachung des Unrechts am Vermögen“[19] im Kern darum, dass denjenigen Personen Wiedergutmachung durch Rückerstattung geleistet wurde, denen durch besonderes nationalsozialistisches Unrecht Vermögen weggenommen worden war oder die durch besonderes nationalsozialistisches Unrecht gezwungen worden waren, Vermögen wegzugeben.[20]

Neben dieser Rückerstattung von Vermögen zählten noch zwei weitere Maßnahmen zu denjenigen Verpflichtungen, die zur Wiedergutmachung nationalsozialistischen Unrechts zu erfüllen waren: Zum einen die Entschädigung als weitere Form der Wiedergutmachung „für Schäden an Rechts- und Lebensgütern“, die ein Geschädigter durch besonderes nationalsozialistisches Unrecht des Schädigers erlitten hatte.[21] Allerdings zeigt sich hier als „fundamentales Manko“ eine „fehlende klare Abgrenzung von Rückerstattung und Entschädigung“[22]. Darauf ging der Historiker Tobias Winstel 2006 aus der Perspektive des neuen Jahrtausends näher ein:

---

16 *Buschbom*, ebda.

17 *Buschbom*, ebda.

18 *Buschbom*, ebda.

19 So *Walter Schwarz*, Rückerstattung nach den Gesetzen der Alliierten Mächte, 1974, S. 1.

20 *Helmut Buschbom*, in: BMF / Walter Schwarz (Hrsg.), Wiedergutmachung nationalsozialistischen Unrechts, Band II, 1981, S. 1 (2), (Hervorh. im Original): „Die *Rückerstattung* ist eine Form der Wiedergutmachung ns. Unrechts. Sie besteht darin, daß ein diskriminierender Vermögensakt – Weggabe unter Zwang, Wegnahme durch Zwang – rückgängig gemacht wird.“

21 *Helmut Buschbom*, in: BMF / Walter Schwarz (Hrsg.), Wiedergutmachung nationalsozialistischen Unrechts, Band II, 1981, S. 1 (2).

22 So *Tobias Winstel*, Verhandelte Gerechtigkeit. Rückerstattung und Entschädigung für jüdische NS-Opfer in Bayern und Westdeutschland, 2006, S. 61. Zu Einzelheiten und konkreten Schwierigkeiten in diesem Zusammenhang vgl. *Georg Blessin / Hans Wil-*

> „Man hat es bei Restitution und Entschädigung nicht nur mit zwei Rechtsgebieten zu tun, sondern mit unterschiedlichen Rechtsvorstellungen. Während die Rückerstattung mit ihrem – zumindest rudimentär noch vorhandenen – Täter-Opfer-Ausgleich allgemeinen Vorstellungen über Gerechtigkeit recht nahe steht, sahen viele eine angemessene Entschädigung nicht-materieller Schäden als schlechthin unmöglich an. Gleichzeitig berührten sich diese vermeintlich voneinander abgetrennten Gebiete in vielerlei Hinsicht; eine gesetzliche Definition und eindeutige Unterscheidung der Begriffe Rückerstattung und Entschädigung gab und gibt es nicht."[23]

Bereits 54 Jahre zuvor (1952) hatte allerdings der Jurist Walter Schwarz[24] eine sehr prägnante Formulierung zur Unterscheidung der beiden Wiedergutmachungsformen der Rückerstattung und der Entschädigung gefunden:

> „Wiedergutmachung von Unrecht ist die Wiederherstellung von Recht. Wo die Wiederherstellung von Recht nicht mehr möglich ist, muß der Schade [sic] durch Geld wiedergutgemacht werden. Die Wiederherstellung von Rechtsbeziehungen ist die Aufgabe der Rückerstattung; die Wiedergutmachung von Schäden, die nicht rückgängig gemacht werden können, ist die Aufgabe der Entschädigung."[25]

Neben der Entschädigung ist in Abgrenzung zur Rückerstattung zum anderen noch die Wiedereingliederung zu nennen. Diese ist eine Form der „Wiedergutmachung durch Wiedereinstellung in ein Amt oder einen Arbeitsplatz"[26], von dem der Betroffene in Folge besonderen nationalsozialistischen Unrechts verdrängt worden war. Diese drei Maßnahmen der Rückerstattung, der Entschädigung und der Wiedereingliederung „sind die eigentliche Wiedergutmachung".[27]

---

den, Bundesrückerstattungsgesetz und Elfte Verordnung über Ausgleichsleistungen nach dem Lastenausgleichsgesetz. Kommentar, 1958, S. 22, Rn 3.

23 *Tobias Winstel*, Verhandelte Gerechtigkeit. Rückerstattung und Entschädigung für jüdische NS-Opfer in Bayern und Westdeutschland, 2006, S. 61.

24 Walter Schwarz (1906–1988) war 1938 nach Palästina geflohen. Nach seiner Rückkehr nach Deutschland „avancierte er zu einem der führenden Köpfe der Wiedergutmachung" (so zu Recht: *Tobias Winstel*, Verhandelte Gerechtigkeit. Rückerstattung und Entschädigung für jüdische NS-Opfer in Bayern und Westdeutschland, 2006, S. 269). Walter Schwarz war in Berlin als Rechtsanwalt insbesondere auf dem Gebiet des Rückerstattungsrechts tätig. Darüber hinaus engagierte er sich unter anderem als Schriftleiter der Zeitschrift „Rechtsprechung zum Wiedergutmachungsrecht" sowie als Mitherausgeber der Buchreihe „Die Wiedergutmachung nationalsozialistischen Unrechts durch die Bundesrepublik Deutschland".

25 *Walter Schwarz*, Rückerstattung und Entschädigung. Eine Abgrenzung der Wiedergutmachungsformen, 1952, S. 1.

26 *Helmut Buschbom*, in: BMF / Walter Schwarz (Hrsg.), Wiedergutmachung nationalsozialistischen Unrechts, Band II, 1981, S. 1 (2).

27 *Buschbom*, ebda.

Zur begrifflichen Klarstellung und inhaltlichen Abgrenzung[28] sei hier abschließend noch eine weitere, aus den allgemeinen Aufgaben des Wiederaufbaus in Deutschland nach dem Zweiten Weltkrieg herausragende Aufgabe dargestellt. Sie hatte aber ebenso wie die mit ihr in engem Zusammenhang stehenden völkerrechtlichen Reparationen und Restitutionen nichts mit dem besonderen nationalsozialistischen Unrecht und dessen Wiedergutmachung zu tun und war eher auch den allgemeinen Kriegsfolgen zuzuordnen. Dabei handelte es sich um einen Ausgleich für Wiedergutmachungsschäden. Dieser kam „in Betracht bei Vermögenseinbußen, die eine natürliche Person durch völkerrechtliche Reparationen, Restitutionen oder Zerstörung von Wirtschaftsgütern erlitten" hatte. Dieser Ausgleich für Wiedergutmachungsschäden gründete sich darauf, dass – so Helmut Buschbom – „diese Vermögenseinbußen ein Sonderopfer im Verhältnis zur Gesamtheit der Rechtsgenossen darstellten" und war als „eine staatliche Fürsorgemaßnahme zum Ausgleich enteignungsähnlicher Eingriffe" anzusehen.[29]

C. Der Stand der Forschung

Das Oberste Rückerstattungsgericht in Herford ist – wie bereits erwähnt – selbst bei Juristen weitgehend unbekannt. So stellte bereits 1957 der Richter am Obersten Rückerstattungsgericht Carl v. Lorck fest, dass „es nicht mit hinreichender Deutlichkeit in das allgemeine Bewußtsein des Rechtslebens gedrungen [sei], daß in der Bundesrepublik Deutschland zur Zeit ein internationales Gericht tätig ist".[30] Dieses Schicksal fehlender Bekanntheit teilt das Oberste Rückerstattungsgericht in Herford aber mit dem gesamten Rechtsgebiet der Wiedergutmachung. Dazu schrieb Walter Schwarz 1981 zutreffend:

> „Aber wenn man heute einen Juristen oder den ‚gebildeten Laien' fragt, was er von der Wg [scil. der Wiedergutmachung] wisse, so wird in 99 von 100 Fällen das Ergebnis kläglich sein. Die Wg hat sich in der Tat unter Ausschluß der Öffentlichkeit, in einem politischen Ghetto abgespielt. [...] Die Rechtslehrer an den Hoch-

---

28 Ausführlicher zu den Begriffen Wiedergutmachung, Rückerstattung und Entschädigung *Ludolf Herbst*, Einleitung, in: Ludolf Herbst / Constantin Goschler (Hrsg.), Wiedergutmachung in der Bundesrepublik Deutschland, 1989, S. 7 (8 ff.) sowie *Hans Günter Hockerts*, Wiedergutmachung. Ein umstrittener Begriff und ein weites Feld, in: Hans Günter Hockerts / Christiane Kuller (Hrsg.), Nach der Verfolgung, Wiedergutmachung nationalsozialistischen Unrechts in Deutschland?, Göttingen 2003, S. 7 (9 ff.).

29 *Helmut Buschbom*, in: BMF / Walter Schwarz (Hrsg.), Wiedergutmachung nationalsozialistischen Unrechts, Band II, 1981, S. 1 (2).

30 *Carl v. Lorck*, Über die Organisation des internationalen Obersten Rückerstattungsgerichts, DRiZ 1957, S. 252. Carl v. Lorck war Richter beim britischen SRC (1954–55) und beim Zweiten Senat des Obersten Rückerstattungsgerichts (1955–60, zuvor Senatspräsident und Vorsitzender des Wiedergutmachungssenats beim OLG Schleswig.

> schulen haben sich systematisch an der Wg desinteressiert. Sie haben eine an neuen Problemen reiche juristische Provinz verschmäht, weil ihnen der Stoff nicht behagte. Daher gelangten die Arbeiter auf dem Felde der Wg nicht zu akademischen Ehren, und die studierende Jugend erfuhr nichts von der Wg."[31]

In den letzten 20 Jahren nach Beendigung des Kalten Krieges und der vom Ost-West-Konflikt geprägten Machtverhältnisse der Nachkriegszeit hat sich allerdings auf dem Gebiet der Rückerstattung einiges getan. So konnte der Historiker Dan Diner 2008 feststellen, dass die Wiederherstellung von Privateigentum im vormaligen politischen Osteuropa nach 1989 so etwas wie einen „Gedächtnisschub" auslöste.[32] Der Historiker Constantin Goschler spricht in diesem Zusammenhang zu Recht von einer „zweiten Welle der Restitution":

> „Die Rückerstattung jüdischen Eigentums galt [...] als abgeschlossenes Thema. Dies änderte sich radikal nach 1990, als mit der erneuten Eigentumsrevolution im Osten die Restitutionsdebatte plötzlich wieder aufflammte."[33]

Tatsächlich finden sich inzwischen einige zu Beginn des neuen Jahrtausends entstandene Monografien und auch Dissertationen, die sich mit einzelnen Themen der Rückerstattung und der Wiedergutmachung zumeist aus historischer, aber auch aus juristischer Perspektive auseinandersetzen.[34]

Das Oberste Rückerstattungsgericht in Herford wird aber trotzdem – wenn überhaupt – nur ganz am Rande erwähnt. Gleiches gilt für die Vorgängergerichte in den Besatzungszonen der alliierten Westmächte. Soweit überhaupt etwas vorhanden ist, beschränkt sich das Schrifttum zum Obersten Rückerstat-

---

31 *Walter Schwarz*, Die Wiedergutmachung des nationalsozialistischen Unrechts in der Bundesrepublik Deutschland – rechtliches Neuland?, in: Hans Jochen Vogel / Helmut Simon / Adalbert Podlech (Hrsg.), Die Freiheit des Anderen. Festschrift für Martin Hirsch, 1981, S. 227 (227 f.).

32 *Dan Diner*, Restitution, in: Inka Bertz / Michael Dorrmann (Hrsg.), Raub und Restitution. Kulturgut aus jüdischem Besitz von 1933 bis heute, 2008, S. 16 (23).

33 *Constantin Goschler*, Zwei Wellen der Restitution, in: Inka Bertz / Michael Dorrmann (Hrsg.), Raub und Restitution. Kulturgut aus jüdischem Besitz von 1933 bis heute, 2008, S. 30 (40).

34 Hervorzuheben sind insoweit: *Jürgen Lillteicher*, Raub, Recht und Restitution. Die Rückerstattung jüdischen Eigentums in der frühen Bundesrepublik, 2007; *Sebastian Mahrenholz*, Verhandelte Gerechtigkeit. Die juristische Wiedergutmachung nationalsozialistischen Unrechts, 2010; *Susanne Meinl / Jutta Zwilling*, Legalisierter Raub. Die Ausplünderung der Juden im Nationalsozialismus durch die Reichsfinanzverwaltung in Hessen, 2004; *Tobias Winstel*, Verhandelte Gerechtigkeit. Rückerstattung und Entschädigung für jüdische NS-Opfer in Bayern und Westdeutschland, 2006; *Maik Wogersien*, Die Rückerstattung von ungerechtfertigt entzogenen Vermögensgegenständen. Eine Quellenstudie zur Wiedergutmachung nationalsozialistischen Unrechts aufgrund des Gesetzes Nr. 59 der britischen Militärregierung, Diss. iur., 2000.

tungsgericht in Herford weitestgehend auf die Rechtsprechung seiner Senate.[35] Zur Institution, dem Obersten Rückerstattungsgericht selbst, insbesondere zu Fragen seiner Organisation, ist nur sehr wenig bekannt. Sieht man von dem sogleich noch zu erwähnenden Beitrag Edward Arthur Marsdens einmal ab, ist etwa das Handbuch des internationalen Zivilverfahrensrechts von 1982 charakteristisch für die Forschungslage: Hier finden sich auf insgesamt nur zweieinhalb Seiten einige Informationen, die für den Einstieg ins Thema eine gute Basis bilden.[36] Gleiches gilt für die beiden jeweils zwei Seiten umfassenden Beiträge von Günther Schultz (MDR 1957, 208)[37] und von Carl v. Lorck (DRiZ 1957, 252)[38] sowie für einige Abschnitte des Buchs von Walter Schwarz zur „Rückerstattung nach den Gesetzen der Alliierten Mächte“ von 1974.[39]

Die ohne Zweifel wertvollste Quelle für Informationen zum Obersten Rückerstattungsgericht in Herford ist bislang – wie soeben schon kurz angedeutet – ein Beitrag von Edward Arthur Marsden in dem Buch „Das Bundesrückerstattungsgesetz“, das 1981 als zweiter Band der vom Bundesminister der Finanzen in Zusammenarbeit mit Walter Schwarz herausgegebenen Reihe zur „Wiedergutmachung nationalsozialistischen Unrechts durch die Bundesrepublik Deutschland“ erschien.[40] Diesem Beitrag verdankt die vorliegende Arbeit vor allem einige Einblicke hinter die Kulissen des Gerichts sowie persönliche Eindrücke Edward Arthur Marsdens, die weit über schlichte Faktenmitteilungen

35 Neben den Entscheidungssammlungen der Vorgängergerichte und der drei Senate des Obersten Rückerstattungsgerichts erschienen die wichtigsten Entscheidungen insbesondere in der „Rechtsprechung zum Wiedergutmachungsrecht“ (RzW), in den ersten Jahren der Rückerstattung auch im „Betriebsberater“. Vgl. *Edward Arthur Marsden*, in: BMF / Walter Schwarz (Hrsg.), Wiedergutmachung nationalsozialistischen Unrechts, Band II, 1981, S. 611 (650).

36 *Hans Joachim Herrmann*, Supranationale und internationale Gerichte, in: Max-Planck-Institut für Ausländisches und Internationales Privatrecht (Hrsg.), Handbuch des internationalen Zivilverfahrensrechts, Band 1, 1982, S. 1 (87 ff.).

37 *Günther Schultz*, Rundschau. Blick in die Zeit, MDR 1957, S. 208 ff. *Günther Schultz* war Oberlandesgerichtsrat in Hamburg.

38 *Carl v. Lorck*, Über die Organisation des internationalen Obersten Rückerstattungsgerichts, DRiZ 1957, S. 252 ff.

39 *Walter Schwarz*, Rückerstattung nach den Gesetzen der Alliierten Mächte, 1974, insbesondere S. 275 ff. und S. 321 ff. – Dieses Buch wird von *Walter Vogel* als zentrale Quelle seines insgesamt 15 Seiten umfassenden Überblicks über Wiedergutmachung, Rückerstattung, Entschädigung und die damit befassten Gerichte in den ersten Jahren nach dem Zweiten Weltkrieg herangezogen. – *Walter Vogel*, Westdeutschland 1945–1950. Der Aufbau von Verfassungs- und Verwaltungseinrichtungen über den Ländern der drei westlichen Besatzungszonen. Teil III, 1983, S. 540 ff.

40 *Edward Arthur Marsden*, in: BMF / Walter Schwarz (Hrsg.), Wiedergutmachung nationalsozialistischen Unrechts, Band II, 1981, S. 611 ff.

hinausgehen. Entscheidend ist dabei, dass Edward Arthur Marsden seinen Beitrag nicht nur aus der Perspektive eines Insiders geschrieben hat, der sich an seine eigene, langjährige Berufstätigkeit erinnert, sondern vor allem auch aus der Perspektive und mit dem besonderen Engagement eines vom nationalsozialistischen Unrecht unmittelbar betroffenen Menschen. So war Edward Arthur Marsden zunächst als Legal Adviser des Alliierten Hohen Kommissars des Vereinigten Königreichs tätig.[41] Darüber hinaus übte er sowohl beim Zweiten Senat des Obersten Rückerstattungsgerichts in Herford als auch bei dessen beiden britischen Vorgängergerichten das Amt des Geschäftsstellenleiters[42] aus.

Edward Arthur Marsden war jedoch nicht, wie Name und Berufstätigkeit zunächst vermuten lassen, gebürtiger Brite. Er wurde vielmehr – und dieser Hintergrund ist bis jetzt im Kontext des Rückerstattungsrechts ebenso wenig wie bei der ohnehin knappen wissenschaftlichen Auseinandersetzung mit dem Obersten Rückerstattungsgericht bekannt gewesen bzw. bekannt geworden – am 14. März 1912 als Herbert Adolf Maass in Hamburg geboren.[43]

Herbert Adolf Maass (=Edward Arthur Marsden) war das erste von drei Kindern des Ehepaars Käthe und Adolf Maass. Beide Eltern stammten aus jüdischen Elternhäusern. Die Mutter Käthe Maass stammte aus der Industriellenfamilie Elsbach, die in den 1920er Jahren in Herford mit der 1873 gegründeten Elsbach AG die seinerzeit größte Wäschefabrik Europas betrieb.[44] Mit

41 Vgl. *Edward Arthur Marsden* (Hrsg.), Gesetzgebung zur Rückerstattung feststellbarer Vermögensgegenstände an Opfer der nationalsozialistischen Unterdrückungsmaßnahmen. Nach dem Stande vom 1. März 1953, S. 1.

42 Zum Amt eines Geschäftsstellenleiters siehe unten Kapitel 3. B. IV. 1.

43 Hierzu und zu den nachfolgenden biografischen Daten Marsdens und seiner Eltern: *Ulrike Sparr*, Biografien zu den im Hamburger Stadtteil Winterhude für Adolf Maass und Käthe Maass (geborene Elsbach) in der Blumenstraße 37 verlegten Stolpersteinen, vorab online veröffentlicht auf der Homepage der Landeszentrale für politische Bildung Hamburg – Stolpersteine Hamburg <http://www.stolpersteine-hamburg.de/> (Stand: 1. Mai 2013 und letzter eigener Zugriff: 26. Mai 2013). Stolperstein für Adolf Maass, * 1875, Blumenstraße 37 (Hamburg-Nord, Winterhude): <http://www.stolpersteine-hamburg.de/?MAIN_ID=7&BIO_ID=1492> (Stand: 11. November 2012 und letzter eigener Zugriff: 26. Mai 2013). Stolperstein für Käthe Maass (geborene Elsbach), * 1887, Blumenstraße 37 (Hamburg-Nord, Winterhude): <http://www.stolpersteine-hamburg.de/?MAIN_ID=7&BIO_ID=1493> (Stand: 11. November 2012 und letzter eigener Zugriff: 26. Mai 2013).

44 Homepage der Stadt Herford <http://www.herford.de/Freizeit-Kultur/Tourismus/Herford-erleben/Sehenswürdigkeiten> (Stand: Mai 2013 und letzter eigener Zugriff: 26. Mai 2013). Zu den beiden Sehenswürdigkeiten Käthe-Elsbach-Platz und Elsbach-Haus: <http://www.herford.de/index.php?object=tx%7c2044.270&ModID=7&FID=2044.6768.1&NavID=2044.283&La=1> (Stand: Mai 2013 und letzter eigener Zugriff: 26. Mai 2013).

Filialen in Löhne, Lage und Bielefeld arbeiteten im Jahr 1922 z.B. ca. 1.200 Angestellte und Fabrikarbeiter sowie etwa 1.500 Heimarbeiter für die Elsbach AG. Die Unternehmung bestand unter ihrem Namen bis in die nationalsozialistische Zeit fort. Im Zuge der Arisierungen musste die Familie Elsbach 1938 dann aber ihre Aktien unter Wert verkaufen, und der vom Käufer Adolf Ahlers gezahlte Kaufpreis wurde beschlagnahmt. Die Elsbach AG wurde von der Ahlers AG übernommen und in Herforder Wäschefabriken AG umbenannt. 1951 wurden der Familie Elsbach durch einen Vergleich im Rückerstattungsverfahren die Aktien von Adolf Ahlers zurückerstattet, dem daraufhin die Ansprüche im Hinblick auf den beschlagnahmten Kaufpreis abgetreten wurden.[45] Bis 1938 hatte Marsdens Vater Adolf Maass bei der Elsbach AG ein Aufsichtsratsmandat wahrgenommen und war im Übrigen beruflich unter anderem bis 1933 Teilhaber der Bremer Spedition Kühne und Nagel sowie Gründer und Leiter der Hamburger Niederlassung. Beide Eltern Marsdens wurden 1942 aus Hamburg zunächst nach Theresienstadt deportiert, 1944 dann nach Auschwitz gebracht und dort ermordet.

In den Biografien zu den beiden in Marsdens Heimatstadt Hamburg für Adolf Maass und Käthe Maass (geborene Elsbach) in der Blumenstraße 37 im Stadtteil Winterhude verlegten Stolpersteinen berichtet Ulrike Sparr dann folgendes zu Edward Arthur Marsden (=Herbert Adolf Maass):

> „Die Kinder des Paares hatten mit Hilfe der Eltern rechtzeitig auswandern können und haben so die Verfolgung überlebt: Herbert Maass machte 1930 sein Abitur am Johanneum und studierte bis zum Referendarexamen 1933 Jura in Hamburg. Die Ernennung zum Rechtsreferendar wurde ihm verweigert, er konnte aber noch 1934 seine Promotion abschließen. Noch im selben Jahr wanderte er nach England aus. Dort wurde er nach Kriegsausbruch auf der Isle of Man, später in Australien, als ‚enemy allien' [sic!] interniert. In den 1940er Jahren bot man ihm an, in die britische Armee einzutreten. Um ihn und seine Familie zu schützen, falls er in deutsche Gefangenschaft geraten sollte, legte man ihm eine Namensänderung nahe, er wählte den Namen Edward Arthur Marsden. Unter diesem Namen wurde er zunächst in Indien eingesetzt. 1947 konnte er als Mitglied der Alliierten Kontroll Kommission [sic!] für Deutschland in seine Heimat zurückkehren. Er ließ sich in Herford nieder und war als Jurist an einem Restitutionsgericht tätig."

Dieser biografische Hintergrund wirft ein ganz neues Licht auf den oben erwähnten Grundlagenbeitrag Edward Arthur Marsdens: Der in wissenschaftlicher Hinsicht wichtigste Zeitzeuge, ja *der* „Kronzeuge" des Obersten Rückerstattungsgerichts in Herford und Geschäftsstellenleiter an demselben, war in

---

45 *Edward Arthur Marsden*, Elsbach. Die Geschichte einer Familie und eines Unternehmens in Herford, in: Rainer Pape / Herforder Verein für Heimatkunde e.V. (Hrsg.), Herforder Jahrbuch. Beiträge zur Geschichte des Stiftes, der Stadt und des Kreises Herford, XVII.–XVIII. Band, 1976/77, S. 69 (81 ff.).

sein Heimatland Deutschland zurückgekehrt, aus dem er 1934 geflohen war und in dem und von dem seine Eltern ermordet worden waren – und dann noch in die Stadt, in der seine Mutter Teilhaberin eines bedeutenden und traditionsreichen, 1938 jedoch arisierten Unternehmens gewesen war.

D. Der Gang der Untersuchung

Der Gang der Untersuchung wird insbesondere vom defizitären Forschungsstand bestimmt. Daher brauchen die wesentlichen Rechtsgrundlagen und das Rechtsgebiet des Obersten Rückerstattungsgerichts in Herford nur in einem kurzen Überblick dargestellt zu werden. Dann aber stehen – hier ist noch vieles unbekannt – Errichtung und Einrichtung des Obersten Rückerstattungsgerichts in Herford im Zentrum der Betrachtung. Erster Schwerpunkt ist die Entstehungsgeschichte des Obersten Rückerstattungsgerichts in Herford unter besonderer Berücksichtigung seiner Vorgängergerichte in den Besatzungszonen der alliierten Westmächte. In diesem Zusammenhang wird auch die umstrittene Beteiligung deutscher Richter an der Rechtsprechung des Obersten Rückerstattungsgerichts in Herford und seiner Vorgängergerichte erörtert. Sodann wird erstmals die Geburtsstunde des Obersten Rückerstattungsgerichts in Herford am 15. Dezember 1955 datumsmäßig bestimmt und näher beleuchtet. Der zweite Schwerpunkt der Untersuchung gilt sodann dem Aufbau und der Organisation des Obersten Rückerstattungsgerichts in Herford nach seiner als Bestandteil eines zwischenstaatlichen Vertrags erlassenen Satzung. Dabei wird die These vertreten und begründet, dass im Fall des Obersten Rückerstattungsgerichts in Herford mit seinen drei Senaten nicht ein einziges Gericht, sondern eher „drei Gerichte in einem" vorliegen. Im Vordergrund der Darstellung stehen aber die zahlreichen Besonderheiten rund um die richterlichen und nichtrichterlichen Angehörigen und Einrichtungen des Gerichts. Abschließend folgt noch ein Überblick über die weitere Entwicklung des Obersten Rückerstattungsgerichts nach 1955, die gekennzeichnet ist durch zahlreiche Reformen und Reformversuche bis zu seiner Auflösung im Jahre 1990.

Zweites Kapitel
Wesentliche Rechtsgrundlagen der Rückerstattung nach dem Zweiten Weltkrieg

Eine Untersuchung zu Vorgeschichte, Errichtung und Einrichtung des Obersten Rückerstattungsgerichts in Herford kann nicht ohne einen Überblick über die wesentlichen Rechtsgrundlagen der Rückerstattung und der obersten Instanzen in Rückerstattungssachen geschrieben werden. Chronologisch sind hier drei Teilschritte zu unterscheiden: Zentral und im Vordergrund stehend ist zunächst das „Militärregierungsgesetz Nr. 52“ (1945). Mit diesem Gesetz wurden bereits wichtige Voraussetzungen für die Durchführung der Rückerstattung geschaffen. Es folgten dann besatzungsrechtliche Rückerstattungsgesetze (1947, 1949), mit denen in den Besatzungszonen der drei alliierten Westmächte unterschiedliche Fundamente sowohl für die Rückerstattung als auch für die jeweiligen obersten Instanzen in Rückerstattungssachen gelegt wurden. Und schließlich wurden diese unterschiedlichen Fundamente mit dem „Vertrag zur Regelung aus Krieg und Besatzung entstandener Fragen“ (1955) weiterhin auch für das Oberste Rückerstattungsgericht in Herford aufrecht erhalten und mit der „Satzung des Obersten Rückerstattungsgerichtes“ ergänzt.

A. Das Militärregierungsgesetz Nr. 52 (1945)

Als die früheste gesetzliche Regelung, durch die die Durchführung der Rückerstattung in den meisten Fällen überhaupt erst ermöglicht werden konnte, ist hier zunächst das Militärregierungsgesetz Nr. 52 hervorzuheben.

Ein konkreter Inkrafttretenszeitpunkt lässt sich für dieses Gesetz nicht bestimmen. In Artikel IX heißt es dazu nur, das Gesetz sei „am Tage seiner ersten Verkündung in Kraft“ getreten. Der Tübinger Ordinarius Hans Dölle und sein 1948 ebenfalls in Tübingen berufener Schüler Konrad Zweigert, letzterer später Richter des Bundesverfassungsgerichts (1951–1956), haben dazu in ihrem 1947 erschienenen Kommentar[1] bemerkt, die Gesetze und sonstigen Anordnungen der Militärregierung seien in der Regel durch öffentlichen Anschlag und nach dem Erscheinen von Zeitungen durch Veröffentlichung in den Tages- und Mitteilungsblättern bekanntgegeben worden. Die Geltungskraft sei dann mit dem ersten Anschlag oder der ersten Veröffentlichung für

1 *Hans Dölle / Konrad Zweigert*, Gesetz Nr. 52. Über Sperre und Beaufsichtigung von Vermögen. Kommentar, 1947, S. 338, Rn. 282.

das Gebiet eingetreten, für das sie bestimmt waren. Dies habe jedoch frühestens mit der Besetzung des jeweiligen Gebietes durch alliierte Truppen der Fall sein können. Da aber – so Hans Dölle und Konrad Zweigert[2] – „die militärische Besetzung Deutschlands durch die alliierten Truppen nicht zu gleicher Zeit, sondern nacheinander erfolgt" sei, habe das Militärregierungsgesetz Nr. 52 verschiedenste Inkrafttretenszeitpunkte, je nachdem, wann die alliierten Truppen in den jeweils besetzen Gebieten eintrafen und das Gesetz durch Anschlag verkündet werden konnte.

Ebenso uneinheitlich wie das Gesetz in Kraft getreten ist, ist dann auch der Wortlaut des Militärregierungsgesetzes Nr. 52 in verschiedenen Quellen wiedergegeben. Dies beginnt bereits mit der näheren Bezeichnung des Gesetzes. So findet sich sowohl die Bezeichnung „Gesetz Nr. 52 über die Sperre und Kontrolle von Vermögen" als auch die Bezeichnung „Gesetz Nr. 52 über die Sperre und Beaufsichtigung von Vermögen". In den englischsprachigen Fassungen des Textes des Gesetzes findet sich noch einheitlich sowohl in der britischen als auch in der amerikanischen Besatzungszone die Formulierung „blocking and control of property". In den französischen Texten wurde demgegenüber stets die Formulierung „blocage et contrôle des biens" verwendet. Damit wäre in den deutschen Übersetzungen eine ebenso einheitliche Verwendung der Formulierung „Sperre und Kontrolle von Vermögen" konsequent gewesen. Allerdings findet sich in der amerikanischen Zone bei der am 14. Juli 1945 in Kraft getretenen „Änderung des Gesetzes Nr. 52" in der deutschen Übersetzung die Formulierung „Sperre und Beaufsichtigung von Vermögen".[3] Warum sich Hans Dölle und Konrad Zweigert 1947 bei dem Titel ihres Kommentars zum Gesetz Nr. 52 ausgerechnet an dieser einen Formulierung der deutschen Übersetzung aus der amerikanischen Besatzungszone orientiert haben, bleibt unklar, zumal Konrad Zweigert nach dem Zweiten Weltkrieg zunächst eine Tätigkeit als Oberregierungsrat im Staatssekretariat für die französisch besetzte Zone Württembergs und Hohenzollerns ausübte; das hätte eher die Übernahme der Gesetzesbezeichnung in der Fassung der französischen Verordnung Nr. 81 vom 3. März 1947 („Gesetz Nr. 52 über die Sperre und Kontrolle von Vermögen")[4] erwarten lassen.

---

2 *Hans Dölle / Konrad Zweigert*, Gesetz Nr. 52. Über Sperre und Beaufsichtigung von Vermögen. Kommentar, 1947, S. 339 f., Rn. 284.

3 Amtsblatt der Militärregierung Deutschland – Amerikanisches Kontrollgebiet, Ausgabe A – 1. Juni 1946, S. 27.

4 Amtsblatt des französischen Oberkommandos in Deutschland, Nr. 59 vom 6. März 1947, S. 586.

Die hier an diesem Beispiel der näheren Bezeichnung des Gesetzes Nr. 52 nur angedeutete sprachliche Uneinheitlichkeit setzte sich auch in inhaltlichen Fragen fort. Zu den amtlichen deutschen Übersetzungen des Gesetzes meinten Hans Dölle und Konrad Zweigert etwa:

> „Im allgemeinen handelt es sich um durchaus unzuverlässige Wiedergaben, die nur für eine flüchtige Orientierung benutzt werden können. Insbesondere die erste deutsche Übersetzung des Gesetzes Nr. 52 enthielt so viele Fehler, daß sie geradezu als irreführend bezeichnet werden mußte. Bei der Überarbeitung des Gesetzes vom 3. April 1945 sind eine Reihe dieser handgreiflichen Fehler getilgt worden, aber keineswegs alle."[5]

Aber nicht nur die derart als mangelhaft angeprangerten amtlichen deutschen Übersetzungen boten Anlass für Missverständnisse und Probleme bei der praktischen Anwendung des Militärregierungsgesetzes Nr. 52. So zeigt sich, dass die hier im Zentrum des Interesses stehende Rückerstattung von Vermögen, das *innerhalb* Deutschlands durch besonderes nationalsozialistisches Unrecht weggenommen bzw. zwangsweise weggegeben worden war (die sogenannte *innere* Rückerstattung – im Gegensatz zu der sogenannten *äußeren* Rückerstattung, die Vermögen betraf, das *außerhalb* Deutschlands weggenommen bzw. zwangsweise weggegeben worden war), nach dem Wortlaut der ursprünglich für alle drei Besatzungszonen der Westalliierten einheitlich erlassenen Fassung des Militärregierungsgesetzes Nr. 52 vom Gesetzgeber gar nicht berücksichtigt worden war.

Art. I 2 des Militärregierungsgesetzes Nr. 52 in seiner ursprünglichen Fassung lautete in der deutschen Übersetzung nämlich wie folgt:

> „Der Einziehung des Besitzes, des Eigentums, der Verfügung, Verwaltung, Aufsicht oder sonstigen Kontrolle durch die Militärregierung ist gleichfalls Vermögen unterworfen, das Gegenstand von Zwang, rechtswidriger Maßnahmen der Beschlagnahme, Besitzentziehung oder Plünderung in Gebieten außerhalb Deutschlands gewesen ist, gleichgültig, ob dies auf Grund von Gesetzgebung, von Verfahren, die rechtliche Formen zu beachten vorgaben, oder auf andere Weise geschehen ist."[6]

Allerdings trat in der amerikanischen Zone schon am 14. Juli 1945 die oben bereits kurz erwähnte „Änderung des Gesetzes Nr. 52" in Kraft. Bei dieser Änderung wurde neben anderen kleineren Änderungen des Gesetzeswortlauts die in der oben zitierten ursprünglichen Fassung noch als Einschränkung verwendete Formulierung „in Gebieten außerhalb Deutschlands" schlicht weggelas-

---

5 *Hans Dölle / Konrad Zweigert*, Gesetz Nr. 52. Über Sperre und Beaufsichtigung von Vermögen. Kommentar, 1947, S. 32, Rn. 13.

6 Zitiert nach *Hans Dölle / Konrad Zweigert*, Gesetz Nr. 52. Über Sperre und Beaufsichtigung von Vermögen. Kommentar, 1947, S. 38 f.

sen. Seither lautete Art. I 2 des Militärregierungsgesetzes Nr. 52 in seiner in der amerikanischen Zone ab dem 14. Juli 1945 geltenden Fassung in der deutschen Übersetzung:

> „Der Beschlagnahme hinsichtlich des Besitz- oder Eigentumsrechtes, Weisung, Verwaltung, Aufsicht oder sonstigen Kontrolle ist auch Vermögen unterworfen, das unter Zwang oder Drohung übertragen oder rechtswidrig dem Eigentümer oder Besitzer entzogen oder erbeutet worden ist, ohne Rücksicht darauf, ob diese Handlungen in Anwendung von Rechtssätzen oder im Wege von Verfahren, den Schein des Rechts zu wahren vorgaben oder in sonstiger Weise vorgenommen wurden."[7]

In der britischen Zone erfolgte die entsprechende Änderung erst ein Jahr später durch die Verordnung Nr. 38, die am 3. Juli 1946 in Kraft trat. Hier wurde die zuvor noch wie bei den Amerikanern als Einschränkung verwendete Formulierung „in Gebieten außerhalb Deutschlands" nicht einfach nur weggelassen, sondern zur Klarstellung ausdrücklich durch die Formulierung „entweder in Deutschland oder in Gebieten außerhalb Deutschlands" ersetzt. In der Folge lautete Art. I 2 des Militärregierungsgesetzes Nr. 52 in seiner in der britischen Zone ab dem 3. Juli 1946 geltenden Fassung in der deutschen Übersetzung:

> „Der Beschlagnahme hinsichtlich Besitz- oder Eigentumsrecht, der Weisung, Verwaltung, Aufsicht oder sonstigen Kontrolle durch die Militärregierung ist Vermögen unterworfen, das Gegenstand von Zwang, rechtswidriger Maßnahmen der Beschlagnahme, Besitzentziehung oder Plünderung entweder in Deutschland oder in Gebieten außerhalb Deutschlands gewesen ist, gleichgültig, ob dies auf Grund von Gesetzgebung, von angeblich rechtmäßigem Verfahren oder auf andere Weise geschehen ist."[8]

Am längsten benötigten die Franzosen, um Art. I 2 des Militärregierungsgesetzes Nr. 52 entsprechend abzuändern. In der französischen Zone erfolgte die Änderung erst ein weiteres Jahr später durch die Verordnung Nr. 81 vom 3. März 1947. Hier wurde die alte Formulierung wie in der britischen Zone zur Klarstellung ausdrücklich durch die Formulierung „in Deutschland oder in Gebieten außerhalb Deutschlands" ersetzt. Seitdem lautete Art. I 2 des Militärregierungsgesetzes Nr. 52 in seiner in der französischen Zone ab dem 3. März 1947 geltenden Fassung in der deutschen Übersetzung:

> „Vermögen, das Gegenstand von Übertragung unter Zwang, ungerechtfertigter Einziehung, Enteignung oder Wegnahme in Deutschland oder in Gebieten außerhalb Deutschlands gewesen ist, wird ebenfalls ohne Rücksicht darauf, ob dies auf Grund eines gesetzlichen Verfahrens oder unter dem Vorwand eines gesetzli-

---

7 Amtsblatt der Militärregierung Deutschland – Amerikanisches Kontrollgebiet, Ausgabe A vom 1. Juni 1946, S. 27.

8 Zitiert nach *Hans Dölle / Konrad Zweigert*, Gesetz Nr. 52. Über Sperre und Beaufsichtigung von Vermögen. Kommentar, 1947, S. 43 f.

> chen Verfahrens oder auf irgendeine andere Weise geschehen ist, durch dieses Gesetz der Einziehung oder der Beschlagnahme oder jeder anderen von der Militärregierung angeordneten Maßnahme der Kontrolle oder Verwaltung unterworfen."[9]

Somit unterlag erst ab März 1947 in allen drei Besatzungszonen der Westalliierten auch Vermögen, das innerhalb Deutschlands durch besonderes nationalsozialistisches Unrecht weggenommen bzw. zwangsweise weggegeben wurde, der Sperre und der Kontrolle nach dem Militärregierungsgesetz Nr. 52, was es ermöglichte, dieses Vermögen im Zuge der inneren Rückerstattung den Berechtigten wieder zuzuleiten. Eine wesentliche Voraussetzung für die spätere Durchführung der inneren Rückerstattung war damit gesetzlich geregelt – wenn auch mit nicht unerheblich voneinander abweichendem Wortlaut der Fassungen der drei Zonen.

Vor diesem Entwicklungshintergrund ist zu betonen, dass Helmut Buschboms[10] Feststellung, das Militärregierungsgesetz Nr. 52 sei von den „Oberbefehlshaber[n] der drei Westalliierten unmittelbar nach der Besetzung deutschen Territoriums durch ihre Truppen" verkündet worden, „um ihre Besatzungsaufgaben und -ziele, zu denen insbesondere auch die Wiedergutmachung des ns. [scil. nationalsozialistischen] Unrechts gehörte, sicherzustellen und deren Durchführung zu erleichtern", erst für die Rechtslage *nach* März 1947 zutrifft. Vorher, also allein durch das Militärregierungsgesetz Nr. 52 in seiner oben zitierten ursprünglichen Fassung, war jedenfalls die innere Rückerstattung noch gar nicht geregelt.

Einen recht detaillierten Eindruck von der erheblichen Bedeutung des Militärregierungsgesetzes Nr. 52, aber mit derselben zeitlichen Unschärfe bzw. sachlichen Unrichtigkeit wie Helmut Buschbom, vermittelt die Gesetzinhaltsbeschreibung von Hans Dölle und Konrad Zweigert:[11]

> „Will man den Inhalt und den Zweck des Gesetzes Nr. 52 kurz zusammenfassen, so kann man sagen: bestimmte im besetzten Deutschland belegene Vermögen oder Vermögensgegenstände, an deren Übersicht und Erhaltung in ihrem gegenwärtigen Bestande die alliierten Mächte aus mannigfachen Gründen ein besonderes Interesse haben, werden der Beschlagnahme und anderen Maßnahmen der Militärregierung unterworfen und durch eine weitgehende Verfügungs- und sonstige Aktionssperre ‚eingefroren'. Dadurch sollen Verschiebungen der erwähnten Werte verhindert werden. [...] Unter den erfaßten Vermögen spielen das öffentliche Vermögen

---

9 Amtsblatt des französischen Oberkommandos in Deutschland, Nr. 59 vom 6. März 1947, S. 586.

10 *Helmut Buschbom*, in: BMF / Walter Schwarz (Hrsg.), Wiedergutmachung nationalsozialistischen Unrechts, Band II, 1981, S. 1 (23).

11 *Hans Dölle / Konrad Zweigert*, Gesetz Nr. 52. Über Sperre und Beaufsichtigung von Vermögen. Kommentar, 1947, S. 33 f., Rn. 14.

und das Vermögen der NSDAP eine hervorragende Rolle. Aber auch sonstige Vermögenskomplexe werden durch die Sperre verstrickt. Das Vermögen der deutschen öffentlichen Hand wird namentlich sichergestellt [...] zur Vorbereitung des Wiederaufbaus in Deutschland im Interesse der Besatzung oder um Deutschland zu Reparationsleistungen zu befähigen, auch unmittelbar zur Sicherstellung der von Deutschland etwa zu tragenden Reparationen, zu Wiedergutmachungsleistungen und endlich als Kriegsbeute. [...] Auch wird für das Vermögen Abwesender, seien es Einzelpersonen oder Regierungen, eine Art Abwesenheitspflegschaft durchgeführt, und endlich wird Vermögen solcher Personen sichergestellt, denen es in Deutschland oder in außerdeutschen Gebieten rechtswidrig entzogen worden ist, um es den Berechtigten wieder zuzuleiten."

Ohne Unterschiede zwischen den in den drei Besatzungszonen der Westalliierten geltenden Fassungen des Militärregierungsgesetzes Nr. 52 war hingegen in Art. I 1 einheitlich geregelt, dass das Vermögen „hinsichtlich Besitz oder Eigentumsrecht der Beschlagnahme, Weisung, Verwaltung, Aufsicht oder sonstigen Kontrolle durch die Militärregierung unterworfen" war. Und nach Art. II 3 durfte ohne „Ermächtigung oder Anweisung" der Militärregierung „niemand [dieses] Vermögen [...] einführen, erwerben, in Empfang nehmen, damit handeln, es verkaufen, vermieten, übertragen, ausführen, belasten oder sonstwie darüber verfügen, es zerstören oder den Besitz, die Verwaltung oder die Kontrolle darüber aufgeben". Darüber hinaus unterlagen nach Art. III 4 „alle Verwahrer, Pfleger, Amtspersonen oder anderen Personen, die Vermögen der in Artikel I oder II bezeichneten Art in Besitz, in Verwahrung oder unter Kontrolle" hatten, besonderen „Verpflichtungen hinsichtlich der Verwaltung des Vermögens". Unter anderem mussten sie nach Art. III 4 a) (i) „das Vermögen nach den Weisungen der Militärregierung verwalten" und durften „bis zum Erlaß einer solchen Weisung dieses Vermögen weder übertragen, noch aushändigen noch anderweitig darüber verfügen". Nach Art. III 4 a) (ii) mussten sie „das Vermögen pfleglich behandeln, unversehrt erhalten und beschützen" und durften „nichts unternehmen, das den Wert oder die Brauchbarkeit derartigen Vermögens beeinträchtigt[e], noch derartige Handlungen durch Dritte zulassen".

Die durch die einzelnen Regelungen des Militärregierungsgesetzes Nr. 52 verhängte Sperre und Kontrolle von Vermögen wurde „im Artikel V durch eine zivilrechtliche Sanktion in ihrer Wirksamkeit gewährleistet". Insbesondere wurde jede nach dem Militärregierungsgesetz Nr. 52 „verbotene rechtsgeschäftliche Handlung für nichtig und unwirksam erklärt."[12] So war in Art. V 7 angeordnet:

---

12 *Hans Dölle / Konrad Zweigert*, Gesetz Nr. 52. Über Sperre und Beaufsichtigung von Vermögen. Kommentar, 1947, S. 277, Rn. 227.

> „Nichtig ist jedes verbotene Geschäft, das ohne ordnungsgemäß erteilte Genehmigung oder Ermächtigung der Militärregierung abgeschlossen wird, sowie jede Übertragung, jeder Vertrag und jede Vereinbarung, gleichgültig, ob diese Geschäfte vor oder nach dem Inkrafttreten dieses Gesetzes vorgenommen wurden, vorausgesetzt, daß die Absicht bestand, die Befugnisse oder Aufgaben der Militärregierung oder die Rückgabe von Vermögen an den berechtigten Eigentümer zu vereiteln oder zu umgehen."

Über diese lediglich zivilrechtliche Sanktion hinaus waren für diejenigen, die gegen die Gebote und Verbote des Militärregierungsgesetzes Nr. 52 verstießen, in Art. VIII 10 auch noch strafrechtliche Sanktionen vorgesehen. In diesem Zusammenhang stellen Hans Dölle und Konrad Zweigert zutreffend fest, der Gesetzgeber habe sich „für den Fall einer Verletzung irgendeiner der Vorschriften" des Militärregierungsgesetzes Nr. 52 „nicht mit der Anordnung der Nichtigkeit gesetzwidriger rechtsgeschäftlicher Akte begnügt", sondern „die Androhung von Strafen für erforderlich gehalten, um seinen Befehlen den für die Erreichung des Gesetzeszweckes erforderlichen Gehorsam zu verschaffen".[13] Und tatsächlich war dann auch die Formulierung des Art. VIII 10 durchaus geeignet, eine nicht unerhebliche abschreckende Wirkung zu entfalten:

> „Jeder Verstoß gegen die Bestimmungen dieses Gesetzes wird nach Schuldigsprechung des Täters durch ein Gericht der Militärregierung nach dessen Ermessen mit jeder zulässigen Strafe, einschließlich der Todesstrafe bestraft."

Insgesamt war, wenngleich zunächst nur die sog. äußere Rückerstattung geregelt worden war, mit dem Militärregierungsgesetz Nr. 52 seitens der Alliierten eine der wichtigsten Voraussetzungen für die spätere Durchführung der Rückerstattung geschaffen worden. Mit den darin enthaltenen Regelungen lagen die gesetzlichen Rahmenbedingungen dafür vor, dass Vermögen, das zuvor durch besonderes nationalsozialistisches Unrecht weggenommen bzw. zwangsweise weggegeben worden war, überhaupt noch zur späteren Durchführung der Rückerstattung zur Verfügung stand. So konnte dann 1981 auch Helmut Buschbom rückblickend feststellen, das Militärregierungsgesetz Nr. 52 habe sich als besonders wichtig für die Rückerstattung entzogenen Vermögens erwiesen, „weil damit [...] der Bestand des Vermögens erhalten blieb".[14]

Schließlich hatte das Militärregierungsgesetz Nr. 52 dann noch unter einem weiteren Gesichtspunkt eine Art Vorreiterrolle im Zusammenhang mit der Rückerstattung eingenommen. Denn wie sich bereits die ursprünglich noch für

---

13 *Hans Dölle / Konrad Zweigert*, Gesetz Nr. 52. Über Sperre und Beaufsichtigung von Vermögen. Kommentar, 1947, S. 301, Rn. 250.

14 *Helmut Buschbom*, in: BMF / Walter Schwarz (Hrsg.), Wiedergutmachung nationalsozialistischen Unrechts, Band II, 1981, S. 1 (25).

alle drei Besatzungszonen der alliierten Westmächte einheitlich erlassene Fassung des Art. I 2 bald in jeder der drei Zonen unterschiedlich und unabhängig voneinander weiterentwickelt hatte, so sollten dann auch als Rechtsgrundlage für die Rückerstattung in jeder der drei Besatzungszonen unterschiedliche Rückerstattungsgesetze entstehen.

B. Die Rückerstattungsgesetze in den drei Besatzungszonen (1947, 1949)

Wie der vorherige Überblick zum Militärregierungsgesetz Nr. 52 verdeutlicht hat, kam bei der eigentlichen Rückerstattungsgesetzgebung keine gemeinsame Lösung über alle drei Besatzungszonen der alliierten Westmächte hinweg zustande. Und ebenso wenig wie die drei Westalliierten schafften dies auch die Deutschen selbst. Zwar hatte es in einigen Länderverwaltungen verschiedene Ansätze gegeben, die Rückerstattung durch innerstaatliches, deutsches Recht gesetzlich zu regeln, doch sind letztlich alle diese Bemühungen um ein einheitliches Rückerstattungsgesetz gescheitert.[15] In diesem Zusammenhang berichtet Constantin Goschler[16], der sich mit den deutschen Initiativen zur Regelung der Restitution jüdischen Eigentums näher beschäftigt hat, dass sich in den Akten deutscher Länderverwaltungen nach 1945 eine Reihe von Gesetzesentwürfen finden ließen, von denen aber die meisten nicht aus dem Referentenstadium hinausgelangt seien. Dies habe – so die Einschätzung Constantin Goschlers zum einen mit dem Missverhältnis zwischen den Dimensionen des zu lösenden Problems und den politischen Möglichkeiten der einzelnen deutschen Länder zu tun gehabt. Hinzu gekommen sei aber auch die Scheu der meisten Länderregierungen vor den durch solche Maßnahmen auf sie zukommenden Lasten. Deshalb hätten sie es in der Regel vorgezogen, auf eine Initiative der Besatzungsmächte zu warten.[17]

---

15 *Martin Klückmann*, Innere Wiedergutmachung, in: Gustav von Schmoller / Hedwig Maier / Achim Tobler, Handbuch des Besatzungsrechts, 1957, § 53 B, S. 6.

16 *Constantin Goschler*, Die Politik der Rückerstattung in Westdeutschland, in: Constantin Goschler / Jürgen Lillteicher (Hrsg.), »Arisierung« und Restitution. Die Rückerstattung jüdischen Eigentums in Deutschland und Österreich nach 1945 und 1989, 2002, S. 99 (104 ff.).

17 Aus der Perspektive des Zeitzeugen wählt hier 51 Jahre zuvor der Jurist und Wirtschaftsprüfer *Peter Goetze* (Die Entwicklung der Rückerstattung in Westdeutschland und Berlin, 1951, S. 11) eine weitaus schärfere Formulierung: „In der unglücklichen Entstehungsgeschichte des REG mischten sich deutsche und amerikanische Rechtsvorstellungen mit Reparations- und Vergeltungstendenzen, während von deutscher Seite fiskalische Bestrebungen der Ländervertreter vor allem die öffentliche Hand aus der Affäre ziehen wollten.“

Tatsächlich habe es dann – so berichtet Constantin Goschler[18] weiter – auch eine solche Initiative der Besatzungsmächte gegeben. Allerdings seien nicht alle drei westlichen Besatzungsmächte gleichermaßen an dieser Initiative beteiligt gewesen. Vielmehr habe die Hauptrolle die amerikanische Militärregierung gespielt. Eine wichtige Rolle sei dabei dem amerikanischen Militärgouverneur Lucius D. Clay zugekommen:[19]

> „Prägend für die Rückerstattungspolitik der ersten Besatzungsjahre war vor allem der in dieser Frage autokratische Politikstil des amerikanischen Militärgouverneurs Lucius D. Clay, der sich hier oft auch über seine eigene Administration hinwegsetzte. Auf diese Weise gewannen seine persönlichen Gespräche mit fünf amerikanischen jüdischen Organisationen in Washington im Herbst 1946 entscheidenden Einfluß auf den Fortgang der Angelegenheit. Bei dieser Gelegenheit gab Clay weitreichende Zusicherungen über Umfang und Durchführung der Rückerstattung jüdischen Eigentums. Allerdings weigerten sich die Ministerpräsidenten der US-Zone, den Entwurf eines davon geprägten amerikanischen Rückerstattungsgesetzes in eigener Verantwortung zu erlassen. Deshalb willigte die amerikanische Militärregierung im Sommer 1946 in Beratungen des Alliierten Kontrollrates ein, der nun über gemeinsame Grundsätze in der Frage der Rückerstattung an NS-Verfolgte diskutierte. Aber auch dort stieß die von Clays Festlegungen bestimmte amerikanische Position auf wenig Gegenliebe. [...] Nachdem sich die amerikanische Militärregierung auch im Kontrollrat mit ihren Vorstellungen über ein gemeinsames Rückerstattungsgesetz nicht hatte durchsetzen können, reagierte sie schließlich mit einem Alleingang.“[20]

Als Ergebnis dieses Clayschen und dann amerikanischen Alleingangs wurde schließlich in der amerikanischen Besatzungszone das im Amtsblatt der amerikanischen Militärregierung vom 10. November 1947 veröffentlichte „Gesetz Nr. 59 – Rückerstattung feststellbarer Vermögensgegenstände“[21] erlassen.[22] Für dieses Gesetz bürgerte sich binnen kurzem die Kurzbezeichnung „Ameri-

18 *Constantin Goschler*, Die Politik der Rückerstattung in Westdeutschland, in: Constantin Goschler / Jürgen Lillteicher (Hrsg.), »Arisierung« und Restitution. Die Rückerstattung jüdischen Eigentums in Deutschland und Österreich nach 1945 und 1989, 2002, S. 99 (104 ff.).

19 Näher: *Constantin Goschler*, Schuld und Schulden. Die Politik der Wiedergutmachung für NS-Verfolgte seit 1945, 2005, S. 105 ff.

20 *Constantin Goschler*, Die Politik der Rückerstattung in Westdeutschland, in: Constantin Goschler / Jürgen Lillteicher (Hrsg.), »Arisierung« und Restitution. Die Rückerstattung jüdischen Eigentums in Deutschland und Österreich nach 1945 und 1989, 2002, S. 99 (107 f.).

21 Gesetz Nr. 59 – Rückerstattung feststellbarer Vermögensgegenstände vom 10. November 1947, Amtsblatt der Militärregierung Deutschland – Amerikanisches Kontrollgebiet, Ausgabe G vom 10. November 1947, S. 1–25.

22 *Sebastian Mahrenholz*, Verhandelte Gerechtigkeit. Die juristische Wiedergutmachung nationalsozialistischen Unrechts, 2010, S. 11 f.

kanisches Rückerstattungsgesetz“ ein; zitiert wurde es allgemein mit der von dieser Bezeichnung abgeleiteten Abkürzung „USREG“.[23] Das USREG trat nach seinem Art. 95 bereits am Tag der Veröffentlichung, mithin am 10. November 1947, in Kraft.[24]

Als sich zuvor im Herbst 1947 bei den Verhandlungen im Alliierten Kontrollrat abgezeichnet hatte, dass es keine gemeinsame Lösung geben würde, hatte die französische Militärregierung wohl kurz erwogen, sich dem amerikanischen Vorgehen und Entwurf anzuschließen, es dann aber vorgezogen, auf einen eigenen Entwurf vom Frühjahr 1947 zurückzugreifen.[25] Dieser Entwurf war eng nach dem Vorbild der innerfranzösischen Rückerstattungsgesetzgebung gestaltet worden, auf deren Grundlage die Rückerstattung in Frankreich als eine der Maßnahmen zur Wiedergutmachung der mit der deutschen Besetzung ins Land gebrachten Judenverfolgung nach der Befreiung durchgeführt wurde.[26] So erließ die französische Militärregierung an demselben 10. November 1947 für ihre Besatzungszone die „Verordnung Nr. 120 über die Rückerstattung geraubter Vermögensobjekte“[27]. Diese Verordnung wurde überwiegend nur kurz als „Verordnung Nr. 120“ bezeichnet und ist mit verschiedenen von dieser Bezeichnung abgeleiteten Abkürzungen zitiert worden, beispielsweise „VO120“, „frz. MR-VO Nr. 120“ oder „REV“.[28]

---

23 Zu finden sind aber auch die Abkürzung „US-MRG Nr. 59“ sowie Bezeichnungen ganz ohne Hinweis auf die Besatzungszone wie „Rückerstattungsgesetz“ / „REG“ oder „Gesetz Nr. 59 der Militärregierung“ / „Gesetz 59“ / „G59“.

24 Zu Einzelheiten der Entstehungsgeschichte des USREG vgl. auch *Arthur Peich*, Wiedergutmachung: Rückerstattung (Amerik. Zone). Der Wirtschaftskommentator. Teil D: Wirtschaftsrecht II. D VI/4, 1948, S. 4 f.

25 *Walter Schwarz*, Rückerstattung nach den Gesetzen der Alliierten Mächte, 1974, S. 292 f.

26 *Walter Schwarz*, Rückerstattung nach den Gesetzen der Alliierten Mächte, 1974, S. 290.

27 Amtsblatt des französischen Oberkommandos in Deutschland, Nr. 119 vom 14. November 1947, S. 1219–1222; später abgeändert und ergänzt durch die Verordnung Nr. 156 (Amtsblatt des französischen Oberkommandos in Deutschland, Nr. 178 vom 29. Juni 1948, S. 1567–1568), durch die Verordnung Nr. 186 (Amtsblatt des französischen Oberkommandos in Deutschland, Nr. 216, 217 vom 9. und 12. November 1949, S. 1771–1772) und durch die Verordnung Nr. 213 (Amtsblatt des französischen Oberkommandos in Deutschland, Nr. 270, 271 vom 20. und 21. Mai 1949, S. 2003–2004); vgl. die Beilage zum Amtsblatt des französischen Besetzungsgebietes „Derzeitiger Stand der im französischen Besetzungsgebiet anwendbaren Gesetzgebung über die Rückerstattung geraubter Vermögenswerte“ (Amtsblatt des französischen Oberkommandos in Deutschland, Nr. 279, 280, 281, 282 vom 17., 21., 24. und 28. Juni 1949, S. 2060–2064).

28 Zu finden sind u.a. die Abkürzungen „VO120“, „VO 120“, „VO No. 120“, „VO Nr. 120“, „frz. MR-VO Nr. 120“, „MR-VO Nr. 120“ und „REV“.

Sehr viel weitere Zeit verging, bis auch die Briten aktiv wurden. Erst eineinhalb Jahre nach dem USREG und der VO120 folgte die britische Militärregierung dem amerikanischen und französischen Vorbild und erließ im Mai 1949 für ihre Besatzungszone ebenfalls ein Rückerstattungsgesetz. Der Titel dieses Gesetzes lautete: „Gesetz Nr. 59 – Rückerstattung feststellbarer Vermögensgegenstände an Opfer der nationalsozialistischen Unterdrückungsmaßnahmen“[29]. Es wurde allerdings regelmäßig verkürzt als „Britisches Rückerstattungsgesetz“ bezeichnet und mit der von dieser Bezeichnung abgeleiteten Abkürzung „BrREG“ zitiert.[30] Das BrREG trat nach seinem Art. 81 am 12. Mai 1949 in Kraft. Dem ganzen war ein längerer Diskussionsprozess in der britischen Besatzungszone vorausgegangen, in dessen Verlauf zahlreiche Vorschläge und Entwürfe wieder verworfen und schließlich im November 1948 nur noch „ein dem USREG ähnlicher Entwurf mit einigen Änderungen“ favorisiert worden war.[31] Constantin Goschler spricht in diesem Zusammenhang von einer „vereinfachten Variante des amerikanischen Rückerstattungsgesetzes“[32], und Walter Schwarz kommt zu dem Schluss, das BrREG sei bloß „eine vereinfachte und vielfach verbesserte Version des USREG“[33]. Das BrREG wurde ausweislich der Gesetzespräambel, die wie Art. 1 Abs. 1 S. 1 USREG formuliert worden war, von der britischen Militärregierung ausdrücklich erlassen, „um die Rückerstattung von Vermögensgegenständen an die Personen zu regeln, denen diese Gegenstände in der Zeit vom 30. Januar 1933 bis 8. Mai 1945 aus Gründen der Rasse, Religion, Nationalität oder politischen Überzeugung entzogen worden sind“[34].

---

29 Amtsblatt der Militärregierung Deutschland – Britisches Kontrollgebiet, Nr. 28, S. 1169–1187.

30 Zu finden sind auch die Abkürzungen „BREG“ und „brit. MRG Nr. 59“. Dass beim BrREG zudem ebenso wie beim USREG nicht selten die Bezeichnungen ohne Hinweis auf die Besatzungszone („Rückerstattungsgesetz“ / „REG“ oder „Gesetz Nr. 59 der Militärregierung“ / „Gesetz 59“ / „G59“) zu finden sind, macht eine Unterscheidung auf den ersten Blick nicht immer leicht. Teilweise erfolgt eine Differenzierung auch nur durch die Gegenüberstellung der Bezeichnungen „USREG“ und „REG“, bzw. „REG“ und „BREG“.

31 *Walter Schwarz*, Rückerstattung nach den Gesetzen der Alliierten Mächte, 1974, S. 264.

32 *Constantin Goschler*, Die Politik der Rückerstattung in Westdeutschland, in: Constantin Goschler / Jürgen Lillteicher (Hrsg.), »Arisierung« und Restitution. Die Rückerstattung jüdischen Eigentums in Deutschland und Österreich nach 1945 und 1989, 2002, S. 99 (109).

33 *Walter Schwarz*, Rückerstattung nach den Gesetzen der Alliierten Mächte, 1974, S. 265.

34 Amtsblatt der Militärregierung Deutschland – Britisches Kontrollgebiet, Nr. 28, S. 1169.

Mit dem amerikanischen USREG und der französischen VO120 vom 10. November 1947 sowie mit dem späten britischen BrREG vom 12. Mai 1949 lagen schließlich erst im Mai 1949 in allen drei Besatzungszonen der drei alliierten Westmächte gesetzliche Rechtsgrundlagen für die Durchführung der Rückerstattung vor. Zu diesem Zeitpunkt stand aber bereits die Entscheidung über die Entstehung der Bundesrepublik Deutschland fest, und nur wenige Tage später trat das vom Parlamentarischen Rat am 8. Mai 1949 beschlossene und am 23. Mai 1949 verkündete Grundgesetz in Kraft. Da es sich bei USREG, VO120 und BrREG um von den einzelnen Militärregierungen erlassenes Besatzungsrecht handelte[35], praktisch zeitgleich aber aus den drei Westzonen die Bundesrepublik Deutschland entstand, sollte sich bald schon wieder die Notwendigkeit ergeben, weitere Maßnahmen zu ergreifen.

C. Der „Überleitungsvertrag“ (1955) und die Satzung für das Oberste Rückerstattungsgericht

Konkret stellte sich die Frage, wie mit den drei soeben genannten, als Besatzungsrecht erlassenen Rechtsnormen nach Beendigung der Besatzung umgegangen werden sollte und nach welcher Rechtsgrundlage die Wiedergutmachung mitsamt der Rückerstattung dann weiterhin durchzuführen war. Denn wie auch das übrige Besatzungsrecht drohten die Rechtsgrundlagen der Rückerstattung mit dem Ende der Besatzung zu einem Auslaufmodell zu werden. Genau diese Entwicklung zeichnete sich – früher als von den Alliierten und auch von den Deutschen selbst erwartet – bereits zu Beginn der 1950er Jahre ab: Angesichts der Bedrohung durch die Sowjetunion und ihre Verbündeten, die 1950 im Angriff des kommunistischen Nordkorea auf Südkorea deutlich wurde, sahen sich die Westmächte gehalten, die Bundesrepublik Deutschland in das westliche Militärbündnis einzubeziehen, um sie an der Verteidigung des Westens zu beteiligen. Das verlangte freilich, den Status eines besetzten Gebietes aufzuheben und der Bundesrepublik Deutschland die Souveränität zurückzugeben.[36] Nachdem sich vorbereitende Verhandlungen zu diesem Thema über mehrere Jahre hingezogen hatten[37], erhielt die Bundesrepublik Deutsch-

---

35 *Gustav von Schmoller / Hedwig Maier / Achim Tobler*, Handbuch des Besatzungsrechts, 1957, § 53 E I., S. 39.

36 *Hermann-Josef Brodesser / Bernd Josef Fehn / Tilo Franosch / Wilfried Wirth*, Wiedergutmachung und Kriegsfolgenliquidation. Geschichte – Regelungen – Zahlungen, 2000, S. 23.

37 Dazu im Einzelnen: *Hermann-Josef Brodesser / Bernd Josef Fehn / Tilo Franosch / Wilfried Wirth*, Wiedergutmachung und Kriegsfolgenliquidation. Geschichte – Regelungen – Zahlungen, 2000, S. 23 ff.

land schließlich am 5. Mai 1955 den Status eines souveränen Staates[38]; das Besatzungsstatut wurde durch Proklamation der Alliierten Hohen Kommission aufgehoben[39].

Zugleich wurde aber auch Vorsorge getroffen im Hinblick auf die weitere Durchführung der bisher auf besatzungsrechtlicher Rechtsgrundlage durchgeführten Rückerstattung. Zu diesem Zweck schlossen die drei alliierten Westmächte und die Bundesrepublik Deutschland den gemeinhin als „Überleitungsvertrag“ bezeichneten „Vertrag zur Regelung aus Krieg und Besatzung entstandener Fragen“[40]. Dieser Vertrag regelte insbesondere die deutschen Verpflichtungen im Zusammenhang mit den auch weiterhin noch zu ergreifenden Maßnahmen der Wiedergutmachung nationalsozialistischen Unrechts. Diese Verpflichtungen bezogen sich nicht nur auf die Maßnahmen der inneren Rückerstattung, die im Dritten Teil des Vertrags geregelt waren[41], sondern daneben auch auf die Maßnahmen der Entschädigung für Opfer der nationalsozialistischen Verfolgung (im Vierten Teil)[42], auf die Maßnahmen der äußeren Restitution (im Fünften Teil)[43] und auf diejenigen der Reparationen (im Sechsten Teil)[44].

Innerhalb des Dritten Teils des Überleitungsvertrags (im Folgenden abgekürzt mit „ÜV-Teil III“) waren zunächst in Art. 1 alle besatzungsrechtlichen Rechtsgrundlagen aufgezählt, die für die Durchführung der Rückerstattung in den

---

38 Vertrag über die Beziehungen zwischen der Bundesrepublik Deutschland und den Drei Mächten („Deutschlandvertrag“) vom 26. Mai 1952 in der Fassung vom 23. Oktober 1954 (BGBl. 1955 II, 305–320), in Kraft getreten am 5. Mai 1955 (BGBl. 1955 II, 628) – dazu siehe auch Kapitel 3. A. III. – Art. 1 Abs. 1: „Mit dem Inkrafttreten dieses Vertrags werden die Vereinigten Staaten von Amerika, das Vereinigte Königreich von Großbritannien und Nordirland und die Französische Republik [...] das Besatzungsregime in der Bundesrepublik beenden, das Besatzungsstatut aufheben und die Alliierte Hohe Kommission sowie die Dienststellen der Landeskommissare in der Bundesrepublik auflösen.“ Art. 1 Abs. 2: „Die Bundesrepublik wird demgemäß die volle Macht eines souveränen Staates über ihre inneren und äußeren Angelegenheiten haben.“ Art. 2 S. 1: „Im Hinblick auf die internationale Lage, die bisher die Wiedervereinigung Deutschlands und den Abschluß eines Friedensvertrags verhindert hat, behalten die Drei Mächte die bisher von ihnen ausgeübten oder innegehabten Rechte und Verantwortlichkeiten in bezug [sic] auf Berlin und auf Deutschland als Ganzes einschließlich der Wiedervereinigung Deutschlands und einer friedensvertraglichen Regelung.“

39 Amtsblatt der Alliierten Hohen Kommission Nr. 126 vom 5. Mai 1955, S. 3272.

40 BGBl. 1955 II, 405–468. Zu diesem Vertrag siehe auch Kapitel 3. A. III.

41 BGBl. 1955 II, 418–423. Anhang zum Dritten Teil: BGBl. 1955 II, 424–430.

42 BGBl. 1955 II, 431–432.

43 BGBl. 1955 II, 432–437. Anhang zum Fünften Teil: BGBl. 1955 II, 437–439.

44 BGBl. 1955 II, 439–441.

Besatzungszonen der drei Westalliierten einschlägig waren, einschließlich des USREG, der VO120 und des BrREG. Art. 2 S. 1 ÜV-Teil III enthielt dann eine der zentralen Regelungen für die Durchführung der Rückerstattung nach der Beendigung der Besatzung:

> „Die Bundesrepublik erkennt hiermit die Notwendigkeit an und übernimmt die Verpflichtung, die in Artikel 1 dieses Teils erwähnten Rechtsvorschriften und die dafür vorgesehenen Programme für die Rückerstattung und Übertragung in vollem Umfange und mit allen ihr zur Verfügung stehenden Mitteln beschleunigt durchzuführen."

Darüber hinaus enthielt Art. 3 Abs. 1 S. 1 ÜV-Teil III die entscheidende Regelung, mit der die weitere Geltung der besatzungsrechtlichen Rückerstattungsgesetzgebung auch nach der Beendigung der Besatzung fast vollständig aufrechterhalten wurde:

> „Vorbehaltlich der Bestimmungen des Artikels 6 dieses Teils bleiben die in Artikel 1 dieses Teils bezeichneten Rechtsvorschriften in der durch Absatz (2) des Artikels 4 abgeänderten Fassung aufrechterhalten, bis alle Verfahren und Ansprüche auf Grund dieser Vorschriften vollständig erledigt sind."

Dabei wirkte sich die in Art. 4 Abs. 2 ÜV-Teil III vorgesehene Änderung bei der Durchführung der Rückerstattung erheblich auf die Betroffenen aus:

> „Die in Unterabsatz (a) und (b) des Artikels 1 bezeichneten Rechtsvorschriften gelten als dahin ergänzt, daß Urteile und Entscheidungen, die sich auf Reichsmarkverpflichtungen des früheren Reichs gründen und Geldsummenansprüche betreffen, in einem Verhältnis von zehn Reichsmark zu einer Deutschen Mark in Deutsche Mark umzustellen sind."

Und mit dem Hinweis auf Art. 6 ÜV-Teil III wurde dann die Regelung hervorgehoben, die im Rahmen der Untersuchung zu Vorgeschichte, Errichtung und Einrichtung des Obersten Rückerstattungsgerichts in Herford eine zentrale Rolle einnimmt. Denn nach Art. 6 ÜV-Teil III sollte ein „Oberstes Rückerstattungsgericht" die Nachfolge derjenigen Gerichte übernehmen, die zuvor aufgrund der besatzungsrechtlichen Rückerstattungsgesetzgebung in den Besatzungszonen der drei Westalliierten als oberste Instanzen in Rückerstattungssachen existiert hatten[45]. Für dieses zu schaffende Oberste Rückerstattungsgericht war als Anhang zum ÜV-Teil III auch gleich eine Satzung mit vereinbart worden[46], auf die in Art. 6 Abs. 1 S. 2 ÜV-Teil III ausdrücklich hingewiesen wurde. Jedoch wurde sowohl in Art. 6 Abs. 1 S. 1 ÜV-Teil III als auch insbesondere in Art. 9 der Satzung – wenn auch nicht gleich auf den ersten Blick – deutlich, dass sich trotz eines neuen Gerichts mit einer neuen Satzung nicht

---

45 Dazu Kapitel 3. A. I.

46 BGBl. 1955 II, 424–430. Dazu Kapitel 3. B.

viel ändern sollte. Denn für das neue Oberste Rückerstattungsgericht galten der Regelung zufolge weiterhin die gleichen Bestimmungen der besatzungsrechtlichen Rückerstattungsgesetzgebung, die zuvor schon für die verschiedenen obersten Instanzen in Rückerstattungssachen in den Besatzungszonen der drei Westalliierten gegolten hatten.[47]

Damit stand fest, dass mit der Errichtung und Einrichtung des Obersten Rückerstattungsgerichts in Herford weitgehend seine besatzungsrechtlich geprägte Vorgeschichte fortgesetzt wurde. Letztlich wurden – wie im Folgenden näher zu zeigen ist – nur die unterschiedlichen Gerichte der Besatzungszonen der drei Westalliierten unter einem gemeinsamen rechtlichen Dach zusammengefasst.

47 Dazu Kapitel 3. B. I.

Drittes Kapitel
Errichtung und Einrichtung des Obersten Rückerstattungsgerichts in Herford

In Deutschland gab es nach 1945 zwei Oberste Rückerstattungsgerichte: Zum einen seit 1953 das Oberste Rückerstattungsgericht für Berlin als oberste Instanz in Rückerstattungssachen für das Gebiet der drei Berliner Westsektoren[1] und zum anderen seit 1955 das Oberste Rückerstattungsgericht in Herford als oberste Instanz in Rückerstattungssachen für das Gebiet der Besatzungszonen der drei alliierten Westmächte. Letzterem Gericht gelten die weiteren Darlegungen.

A. Die Entstehungsgeschichte des Herforder Gerichts

Das Oberste Rückerstattungsgericht in Herford trat – und das verkomplizierte den Entstehungsprozess und sorgte dafür, dass das Gericht erst gut zwei Jahre nach dem Obersten Rückerstattungsgericht für Berlin errichtet werden konnte – die Nachfolge der in den drei westlichen Besatzungszonen bereits zuvor geschaffenen obersten Instanzen in Rückerstattungssachen an. Errichtet wurde es auf der Grundlage eines Vertrages, der zwar bereits im Mai 1952 von der Bundesrepublik Deutschland, den Vereinigten Staaten von Amerika, dem Vereinigten Königreich von Großbritannien und Nordirland sowie der Französischen Republik geschlossen worden war, dann aber erst nach einer Änderung im Oktober 1954 schließlich am 5. Mai 1955 in Kraft trat[2]. Mit diesem Vertrag wurde jedem der drei zuvor in den Besatzungszonen der drei Westmächte existierenden Vorgängergerichte einer der drei Senate des „neuen" Obersten Rückerstattungsgerichts in Herford zugeordnet. Jedoch übte jeder dieser drei Senate weiterhin die „Gerichtsbarkeit und sonstigen Befugnisse" ihrer unmittelbaren Vorgängergerichte aus, und alle drei Senate behielten zunächst auch noch den Sitz am Ort des jeweiligen Vorgängergerichts bei[3].

---

1 Errichtet durch das am 25. April 1953 von den drei Westberliner Stadtkommandanten unterschriebene und am 1. Juli 1953 in Kraft getretene Gesetz Nr. 25 der Alliierten Kommandatura. Nachweise bei *Harold P. Romberg*, in: BMF / Walter Schwarz (Hrsg.), Wiedergutmachung nationalsozialistischen Unrechts, Band II, 1981, S. 585 (587) mit Fußnote 11: „Veröffentlicht im Amtsblatt der Alliierten Kommandatura Nr. 47, S. 750 Korrektur S. 870, geändert durch Gesetz 29, Amtsblatt Nr. 63, S. 982 (GVBl. Nr. 27, S. 282 und GVBl. 1954 Nr. 39, S. 388)."

2 Näheres dazu in Kapitel 3. A. III.

3 Näheres dazu in Kapitel 3. B. I.

I. Die drei Vorgängergerichte in den westlichen Besatzungszonen

Die Bedeutung der in den Besatzungszonen der drei Westmächte als oberste Instanzen in Rückerstattungssachen bis 1955 existierenden Vorgängergerichte ging damit weit über die Dauer ihrer eigenen Existenz hinaus. Sie prägten dauerhaft das Erscheinungsbild des Obersten Rückerstattungsgerichts in Herford mit seinen sich wesentlich voneinander unterscheidenden drei Senaten. Der Blick zurück in die Zeit vor der Entstehung des Obersten Rückerstattungsgerichts mit einer eingehenden Betrachtung seiner ihn prägenden Vorgängergerichte ist damit wesentliche Voraussetzung dafür, Errichtung und Einrichtung des Obersten Rückerstattungsgerichts nachvollziehen zu können.

Die genauere Betrachtung erweist, dass in den Jahren vor der Errichtung des Obersten Rückerstattungsgerichts in Herford nicht nur drei, sondern sogar sechs verschiedene Vorgängergerichte bestanden. In der französischen Besatzungszone wurde eine oberste Instanz in Rückerstattungssachen Ende 1950 errichtet. Sie blieb als einzige bis zur Nachfolge durch den Ersten Senat des Obersten Rückerstattungsgerichts unverändert bestehen. Dagegen wurde die einige Monate zuvor, nämlich im Sommer 1950, in der britischen Besatzungszone errichtete oberste Instanz in Rückerstattungssachen im Jahre 1954 noch durch eine andere Instanz ersetzt, ehe dann der Zweite Senat des Obersten Rückerstattungsgerichts deren Nachfolge antrat. Und in der amerikanischen Besatzungszone, in der bereits im Sommer 1948 eine oberste Instanz in Rückerstattungssachen errichtet worden war, gab es in Folge zweier einschneidender Reformen bis zur Nachfolge durch den Dritten Senat des Herforder Obersten Rückerstattungsgerichts sogar drei verschiedene Vorgängergerichte.

1. Die Entwicklung in der amerikanischen Besatzungszone

Die Vor- und Entstehungsgeschichte des Herforder Obersten Rückerstattungsgerichts soll im Folgenden chronologisch dargestellt werden, also mit den drei Vorgängergerichten des Dritten Senats in der amerikanischen Besatzungszone beginnen. Hier war die historische Abfolge derart, dass 1948 in Nürnberg der US-Board of Review (US-BOR) entstand. Diesem folgte der Court of Restitution Appeals (CORA), der zunächst (1950) nur ein Senat der Amerikanischen Gerichte der Alliierten Hohen Kommission in Nürnberg war, dann aber von 1951 bis 1954 verselbstständigt wurde.

a) Der US-Board of Review (US-BOR) in Nürnberg (1948 bis 1949)

Das erste Gericht, das auf dem Gebiet der Besatzungszonen der drei Westmächte als oberste Instanz in Rückerstattungssachen errichtet wurde, war mithin ein Board of Review in der amerikanischen Besatzungszone.

Bereits in dem am 10. November 1947 in Kraft getretenen USREG hatte die amerikanische Militärregierung für die „Rückerstattung feststellbarer Vermögensgegenstände" in der amerikanischen Besatzungszone nicht nur ein behördliches Verfahren (Art. 49 bis 65 USREG) vorgesehen. Vielmehr hatte sie auch ein gerichtliches Verfahren (Art. 66 bis 69 USREG) geregelt und dabei auch die Notwendigkeit der Errichtung einer obersten Instanz in Rückerstattungssachen erkannt und verankert. Insoweit wurde – unter Verwendung der Formulierung „Board of Review" nicht nur im englischen Text, sondern auch im deutschen Text (der der amtliche Text des USREG war[4]) – in dem mit der Überschrift „Board of Review" versehenen Art. 69 USREG angeordnet:

> „Ein Board of Review ist ermächtigt, alle Entscheidungen nachzuprüfen, die einen nach Maßgabe dieses Gesetzes erhobenen Rückerstattungsanspruch betreffen, sowie die nach Sachlage erforderlichen Maßnahmen zu ergreifen. Ausführungsvorschriften der Militärregierung werden die Ernennung und Zusammensetzung des Board, seine Zuständigkeit, das Verfahren und alle weiteren Einzelheiten regeln."

Damit war Ende 1947 ein „Board of Review" als oberste Instanz in Rückerstattungssachen lediglich vorgesehen. Alles Weitere hatte sich die US-Militärregierung noch für Ausführungsvorschriften vorbehalten. Doch allein schon der Umstand, dass nach Art. 69 USREG bald ein „Board of Review" als oberste Instanz in Rückerstattungssachen in der amerikanischen Besatzungszone ermächtigt sein sollte, alle Entscheidungen über Rückerstattungsansprüche nachzuprüfen, stieß in der Literatur auf zum Teil heftige Kritik. Nur wenige Wochen nach der Veröffentlichung des USREG vom 10. November 1947 findet sich bereits in der Dezember-Ausgabe 1947 Nr. 12 der Süddeutschen Juristenzeitung im „Informationsteil" zur „Gesetzgebung der Länder (Amerikanische Zone)" die folgende Kommentierung:

> „Rückerstattungsgesetz – Die Tragödie dieses Gesetzes ist inzwischen [...] bekannt. [...] Sein peinlichster Punkt ist der darin vorgesehene Review Board, der alle Entscheidungen der ordentlichen deutschen Gerichte in Rückerstattungssachen soll aufheben können und von dem ähnliches Unheil erwartet wird, wie von der Kassationspraxis der Denazifikations-Abteilungen."[5]

---

4 Amtsblatt der Militärregierung Deutschland – Amerikanisches Kontrollgebiet, Ausgabe G – 10. November 1947. Das Inhaltsverzeichnis enthält zum „Gesetz No. 59*" (sic –auch in der deutschen Fassung wurde „No." statt „Nr." verwendet) den ergänzenden Hinweis: „*) Der deutsche Text dieses Gesetzes ist der amtliche Text".

5 SJZ 47, Sp. 687. Autor dieser Kommentierung dürfte „Rechtsanwalt *Otto Küster*, Justizministerium Stuttgart" (vgl. SJZ 46, Sp. 157) gewesen sein. Gekennzeichnet ist die Kommentierung lediglich mit: „Zonenreferent: Bayern" (SJZ 47, Sp. 688). Dass tatsächlich Otto Küster der Autor war, unterstreicht auch *Walter Schwarz* (Rückerstattung nach den Gesetzen der Alliierten Mächte, 1974, S. 275, Fn 4), der sein Zitat dieser Kommentierung mit den Worten einleitet: „KÜSTER, SJZ 47, 687, schrieb, [...]".

Kaum weniger scharf urteilten die Freiherren Reinhard und Hans von Godin im Juni 1948 in der ersten Auflage ihres Kommentars zum USREG. Sie schrieben zu Art. 69 USREG:

> „Alle Entscheidungen der Wiedergutmachungsbehörde und -kammer und des Beschwerdegerichts sind, auch wenn rechtskräftig, nicht endgültig und können in einem der Kontrolle entzogenen Verfahren von einem – deutschen Verfahrensrecht glücklicherweise sonst unbekannten – Geheimgericht, dem Board of Review, sowohl in tatsächlicher als rechtlicher Hinsicht von Amts wegen nachgeprüft und umgestoßen werden."[6]

Diese Kritik hat sich dann im Nachhinein als unzutreffend erwiesen, lässt sich aber insbesondere durch eine schlichte zeitliche Einordnung erklären. Sie entstammt einer Zeit, in der es den bis dahin nur vorgesehenen US-Board of Review noch gar nicht gab. Auch fehlten noch die nach Art. 69 S. 2 USREG der Regelung durch die amerikanische Militärregierung vorbehaltenen Ausführungsvorschriften; diese sollten erst ein knappes Jahr nach dem USREG, am 10. August 1948, in Kraft treten. Bei der früh geäußerten Kritik handelte es sich um eine bloße, von Befürchtungen getragene Spekulation, was auf Grund von Art. 69 USREG kommen könne. In diesem Sinne kommentiert und bewertet dann auch Walter Schwarz aus der rückblickenden Perspektive der frühen 1970er Jahre insbesondere den Vorwurf eines Geheimgerichts mit einem der Kontrolle entzogenen Verfahren durchaus überzeugend mit den Worten:

> „Dies war ungerecht. Der Ausdruck ‚board' (Ausschuß, Kommission) war allerdings für deutsche Juristen, die damals des angelsächsischen Rechts zumeist völlig unkundig waren, mißverständlich und deshalb nicht glücklich gewählt."[7]

Aus der Perspektive derjenigen, die in den späten 1940er Jahren außer den in Art. 69 USREG enthaltenen Formulierungen noch nichts Näheres über den dort vorgesehenen US-Board of Review wissen konnten und die daher die deutsche Rechtsprechung und ihre richterlichen Entscheidungen der unteren Instanzen in Rückerstattungssachen durch eine nicht den in Deutschland üblichen Begrifflichkeiten eines Gerichts entsprechende[8] oberste Instanz in Rückerstattungssachen bedroht sahen, wirkte die Ankündigung, einen „Board of

---

6 *Reinhard Freiherr von Godin / Hans Freiherr von Godin*, Rückerstattung feststellbarer Vermögensgegenstände in der amerikanischen Besatzungszone, 1. Auflage 1948, Art. 69 (S. 231 f.). Die Freiherren Reinhard und Hans von Godin waren Rechtsanwälte in München.

7 *Walter Schwarz*, Rückerstattung nach den Gesetzen der Alliierten Mächte, 1974, S. 275.

8 So bezeichnet der Rechtsanwalt *Walter Petrich* (Kommentar zur Wiedergutmachung, 1949, S. 84, Anmerkung zu Art. 69) den Board of Review als „Verwaltungsbehörde eigener Art", die „als Revisionsinstanz [...] berufen" wurde.

Review" zu errichten, jedoch anders. Daher erscheint es auch gut verständlich, dass die von Sorge getragene Kritik nicht verstummte, Alternativen gesucht und andere Vorschläge und Entwürfe gemacht wurden.[9]

Dass der vor allem an dem in Art. 69 USREG verwendeten Begriff des Boards festgemachte Vorwurf eines Geheimgerichts mit einem der Kontrolle entzogenen Verfahren nicht mit Recht erhoben worden war, wurde im Spätsommer 1948 deutlich, als die amerikanische Militärregierung nach Art. 69 S. 2 USREG die Ausführungsverordnung Nr. 4 vom 1. September 1948 (AVO4)[10] erließ. Mit dieser nach Art. VII AVO4 drei Wochen rückwirkend am 10. August 1948 in Kraft getretenen Ausführungsverordnung wurde nach Art. I S. 1 AVO4 „der in Artikel 69 des Gesetzes Nr. 59 der Militärregierung vorgesehene US-Board of Review [...] errichtet".[11] Damit war knapp ein Jahr nach Inkrafttreten des USREG der US-BOR in der amerikanischen Besatzungszone als erstes Gericht einer obersten Instanz in Rückerstattungssachen auf dem Gebiet der Besatzungszonen der drei Westmächte errichtet. Dabei bestätigten die in Art. I bis VI AVO4 enthaltenen Bestimmungen über den US-BOR, insbesondere über dessen Zuständigkeit, Befugnisse und Verfahren, eben nicht die ihm bereits im Vorfeld entgegengebrachten Vorwürfe.[12]

Als Hauptsitz des US-BOR wurde nach Art. I S. 2 1. Hs. AVO4 die Stadt Nürnberg bestimmt. Diese Entscheidung zu Gunsten der Stadt Nürnberg als Hauptsitz des US-BOR ist sehr gut nachvollziehbar, da Nürnberg bereits zuvor der Sitz der Amerikanischen Gerichte der Alliierten Hohen Kommission für Deutschland ("United States Courts of the Allied High Commission for Germany") war. Darüber hinaus wurde dem US-BOR nach Art. I S. 2 2. Hs. AVO4 eine erhebliche Entscheidungsfreiheit eingeräumt. Danach konnte er

---

9 Dazu auch *Peter Goetze*, Die Rückerstattung in Westdeutschland und Berlin, 1950, S. 312. So berichtet *Walter Schwarz* (Rückerstattung nach den Gesetzen der Alliierten Mächte, 1974, S. 275) beispielsweise von einem hessischen Entwurf für die Bildung eines Obersten Rückerstattungsgerichts, der die Entwicklung der 1950er Jahre vorwegnahm, für den die Zeit aber 1947/48 noch nicht reif war und der daher übergangen wurde.

10 Ausführungsverordnung Nr. 4 zum Gesetz Nr. 59 der Militärregierung – Errichtung eines Board of Review, Amtsblatt der Militärregierung Deutschland – Amerikanisches Kontrollgebiet, Ausgabe K – 1. September 1948, S. 1–3 (AVO4). Die Ausführungsverordnung trat nach Art. VI AVO4 rückwirkend zum 10. August 1948 in Kraft.

11 Entgegen Art. VI AVO4, nach dem die Errichtung des US-BOR ausdrücklich rückwirkend zum 10. August 1948 in Kraft trat, schreibt *Edward Arthur Marsden* (in: BMF / Walter Schwarz (Hrsg.), Wiedergutmachung nationalsozialistischen Unrechts, Band II, 1981, S. 611): „[...] wurde [...] im Jahre 1949 ein *Board of Review* errichtet".

12 So auch *Rudolf Weißstein*, Vom Board zum Court, in: Weitere Praktische Fragen der Rückerstattung in den Westzonen und Berlin, 1950, S. 78.

„nach seinem Belieben von Fall zu Fall auch an irgendeinem anderen Orte der amerikanischen Zone zusammentreten“.

Die personelle Zusammensetzung des US-BOR ergab sich aus Art. II AVO4: Nach Art. II Abs. 1 S. 1 AVO4 bestand er „aus vier Mitgliedern, von denen jeweils drei ein beschlußfähiges Kollegium“ bildeten. Darauf aufbauend, mussten dann nach Art. IV Abs. 1 1. Hs. AVO4 alle „Entscheidungen, Beschlüsse, Anordnungen, Urteile und Rechtsgutachten [...] auf Grund Mehrheitsbeschlusses der anwesenden Mitglieder“ ergehen. Die vier Mitglieder des US-BOR wurden nach Art. II Abs. 1 S. 2 AVO4 „durch den Militärgouverneur für einen Zeitraum von mindestens einem Jahr ernannt“. Als Mitglieder des US-BOR konnten nach Art. II Abs. 1 S. 3 AVO4 nur „amerikanische Staatsbürger“ ernannt werden, die zuvor bereits „bei den höchsten Gerichten in einem der Staaten oder in den Territorien der Vereinigten Staaten oder in dem Distrikt von Columbia mindestens fünf Jahre zur Rechtspraxis zugelassen gewesen“ waren. Damit war sichergestellt, dass nur überdurchschnittlich qualifizierte und erfahrene amerikanische Juristen richterliche Aufgaben beim US-BOR wahrnehmen konnten.

Über dieses Qualifikationserfordernis hinaus legte der Verordnungsgeber Wert darauf, dass die Richter ihre Aufgaben beim US-BOR nicht lediglich als Nebentätigkeit neben anderen richterlichen oder sonstigen Aufgaben wahrnahmen. So war in Art. II Abs. 1 S. 4 AVO4 festgelegt, dass die Richter „ihre ganze Arbeitskraft ihren Aufgaben als Mitglieder des Boards widmen“ mussten.

Ebenso wie bereits die Ernennung der Mitglieder des US-BOR fiel es nach Art. II Abs. 2 S. 1 AVO4 auch wieder in den Zuständigkeitsbereich des Militärgouverneurs, „eines der Mitglieder zum Präsidenten“ zu ernennen. Dieser war dann nach Art. II Abs. 2 S. 2 AVO4 „verantwortlich für die Geschäftsführung des Boards“ und hatte als besondere Aufgabe neben der allgemeinen Tätigkeit als Richter von den vier Mitgliedern „diejenigen Mitglieder“ zu bestimmen, „die im einzelnen Fall zusammentreten“ und das beschlussfähige Kollegium dreier Mitglieder im Sinne des Art. II Abs. 1 S. 1 AVO4 bilden mussten.

Der nach diesen Bestimmungen zusammengesetzte US-BOR war – entsprechend der Ermächtigung des Art. 69 S. 1 USREG, „alle Entscheidungen nachzuprüfen, die einen nach Maßgabe dieses Gesetzes erhobenen Rückerstattungsanspruch betreffen“ – nach Art. III Abs. 1 und 2 AVO4 sowohl für die Revision von Entscheidungen der Beschwerdeinstanzen als auch für die Sprungrevision von Entscheidungen der Tatsacheninstanzen zuständig: „Wer sich durch eine

Entscheidung des Zivilsenats des Oberlandesgerichts beschwert" fühlte, konnte nach Art. III Abs. 1 AVO4 „einen Antrag auf Nachprüfung der Entscheidung stellen", der „nur darauf gestützt werden" konnte, „daß die Entscheidung auf einer Verletzung des Gesetzes beruhe". Aber auch jemand, der „sich durch eine Entscheidung der Wiedergutmachungskammer beschwert" fühlte, konnte nach Art. III Abs. 2 AVO4 ohne vorherige Oberlandesgerichtsentscheidung „unmittelbar" beim US-BOR „einen Antrag auf Nachprüfung der Entscheidung der Wiedergutmachungskammer stellen". Eine solche Sprungrevision war jedoch auf drei in Art. III Abs. 2 AVO4 abschließend aufgezählte Revisionsgründe beschränkt. Sie konnte in ihrer Begründung nur darauf gestützt werden, „daß die Tatsachenfeststellungen nicht auf genügendem Beweismaterial beruhen; daß die Kammer das ihr zustehende Recht des freien Ermessens mißbraucht hat; oder daß Gründe für die Annahme vorliegen, daß die Kammer befangen war."

Der US-BOR konnte dann nach Art. III Abs. 5 AVO4 „die angefochtene Entscheidung ganz oder teilweise bestätigen, abändern oder aufheben; [...] die Vollstreckung der Entscheidung anordnen oder nach seinem Ermessen den Fall ganz oder teilweise an die Wiedergutmachungskammer oder an den Zivilsenat des Oberlandesgerichts zurückverweisen, welche mit dem Fall vorher befaßt waren." Der US-BOR konnte aber auch, wie sich aus Art. III Abs. 3 S. 1 AVO4 ergibt, „nach freiem Ermessen" die an ihn gerichteten Nachprüfungsanträge ablehnen. In diesem Zusammenhang betont der Verordnungsgeber in Art. III Abs. 3 S. 2 AVO4 dann das, was den Charakter einer obersten Instanz ohnehin typischerweise ausmacht: „Die Entscheidung des Boards ist endgültig; ein weiteres Rechtsmittel ist nicht gegeben." Wortlaut und systematische Einordnung des Art. III Abs. 3 S. 2 AVO4 lassen zwar auf den ersten Blick den Schluss zulässig erscheinen, sein Regelungsgehalt beziehe sich ausschließlich auf die Ablehnung eines Nachprüfungsantrags, nicht aber auf alle anderen Entscheidungen. Allerdings wäre eine solche Vorschrift sinnlos gewesen. Art. III Abs. 3 S. 2 AVO4 kann daher nur als unglücklich formulierte und ebenso unglücklich systematisch eingeordnete Vorschrift gesehen werden, die den für eine oberste Instanz lediglich klarstellenden Inhalt hat, dass *alle* Entscheidungen des US-BOR endgültig waren und weitere Rechtsmittel nicht in Betracht kamen. Genau diesen Inhalt hat dann auch der unmissverständlich formulierte und systematisch eindeutig eingeordnete Art. 2 Abs. 8 AVO7, mit dem der verunglückte Art. III Abs. 3 S. 2 AVO4 ab 1. Januar 1950 ersetzt wurde.[13]

13 Näheres zur AVO7 in Kapitel 3. A. I. 1. b).

Alle Entscheidungen des US-BOR waren dann nach Art. IV Abs. 1 2. Hs. AVO4 „in schriftlicher Form zu fassen“ und nach Art. IV Abs. 2 AVO4 „in einer von der Militärregierung zu bestimmenden Weise“ und „in englischer und deutscher Sprache zu veröffentlichen“.[14] Damit in unmittelbarem Zusammenhang steht dann mit Art. IV Abs. 3 AVO4 eine Vorschrift, deren Regelungsgehalt dem deutschen Rechtssystem völlig fremd ist, aber zur Realisierung eines dem amerikanischen Rechtssystem als typisch innewohnenden Prinzips auch in die Bestimmungen über die Rechtsprechung des US-BOR übernommen wurde: Danach waren alle veröffentlichten Entscheidungen des US-BOR, soweit sie die Auslegung des USREG betrafen, „für alle deutschen Gerichte und Behörden bindend“.

Die Bestimmungen über Rechtsgang und Verfahren beschränkten sich nach Art. V S. 2 AVO4 darauf, dass die Mitglieder des US-BOR „durch die Parteien oder deren Rechtsbeistände nicht abgelehnt werden“ konnten, aber „selbst zurücktreten“ durften, wenn sie der Ansicht waren, „in einem Verfahren aus irgendeinem Grunde befangen“ zu sein. Über diese Bestimmungen hinaus, ordnete Art. V S. 1 AVO4 lediglich an, dass sich das Verfahren vor dem US-BOR „nach Rechtsgang- und Verfahrensvorschriften, wie sie der Board jeweils erläßt“, richtet. Auch diese Vorschrift war dem deutschen Rechtssystem fremd, entsprach aber dem angelsächsischen Recht, in dem der Verfahrensgang nicht vom Gesetzgeber, sondern vom Gericht selber in der Form von „rules“ geregelt[15] ist. Der US-BOR hat von seiner Ermächtigung in Art. V S. 1 AVO4 dann erst knapp ein Jahr später Gebrauch gemacht, als er am 17. Juni 1949 seine Verfahrensordnung[16] erließ.

---

14 Im Wortlaut der AVO4 zeigt sich ein Widerspruch hinsichtlich der in Art. III Abs. 3 S. 1 AVO4 vorgesehenen Entscheidung über die Ablehnung eines Nachprüfungsantrags: Einerseits sieht Art. IV Abs. 1 2. Hs. AVO4 die ausdrückliche Ausnahme vom Schriftformerfordernis vor, „wenn der Board die Nachprüfung eines Falles ablehnt“. Andererseits sind aber nach Art. IV Abs. 2 S. 1 AVO4 „alle gemäß Art. III [...] erlassenen Entscheidungen [...] zu veröffentlichen“. Dieses Erfordernis der Veröffentlichung auch der in Art. III Abs. 3 S. 1 AVO4 vorgesehenen Entscheidungen über die Ablehnung eines Nachprüfungsantrags lässt die Befreiung vom Schriftformerfordernis ins Leere laufen.

15 *Walter Schwarz*, Rückerstattung nach den Gesetzen der Alliierten Mächte, 1974, S. 276.

16 Die Existenz der Verfahrensordnung des US-BOR vom 17. Juni 1949 ist dokumentiert in Art. XXXI Abs. 1 S. 1 der Verfahrensordnung des CORA vom 7. März 1950: „Die auf Grund der [sic!] Art. V der Verordnung Nr. 4 zum Gesetz der Militärregierung Nr. 59 [...] am 17. Juni 1949 von dem [...] Board of Review erlassenen Regeln [...]“. Zur Verfahrensordnung des CORA vom 7. März 1950 im folgenden Kapitel 3. A. I. 1. b).

Zu dieser Zeit aber waren die Tage des US-BOR bereits gezählt. Der schon weit im Vorfeld seiner Errichtung als Geheimgericht gescholtene Board of Review sollte schon bald, nicht zuletzt auch im Hinblick auf die weiterhin anhaltende deutsche Kritik an der mangelnden Justizförmigkeit[17], durch ein – auch als solches bezeichnetes – Gericht ersetzt werden.[18] So trat dann das für diese Veränderung die rechtliche Grundlage bietende Gesetz mitsamt einer entsprechenden Ausführungsverordnung bereits zum Jahreswechsel 1949/50 in Kraft, und der US-BOR wurde durch seinen Nachfolger, das Rückerstattungsberufungsgericht (Court of Restitution Appeals of the United States Courts of the Allied High Commission for Germany – CORA) ersetzt. Dabei handelte es sich um einen ständigen Senat der Amerikanischen Gerichte der Alliierten Hohen Kommission für Deutschland in Nürnberg. Zuvor waren beim US-BOR insgesamt nur 93 Anträge auf Nachprüfung einer Entscheidung eingegangen. Davon wurden zwei von den Antragstellern wieder zurückgenommen. Weitere 13 Anträge hatte der US-BOR nach Art. III Abs. 3 S. 1 AVO4 abgelehnt. Zu den verbliebenen 78 Anträgen traf er keine Entscheidung in der Sache, sondern überwies sie dem CORA.[19]

b) Der Court of Restitution Appeals (CORA) als ständiger Senat der Amerikanischen Gerichte der Alliierten Hohen Kommission für Deutschland in Nürnberg (1950 bis 1951)

Der US-BOR bestand also nur etwas länger als ein Jahr, ehe seine Funktion als oberste Instanz in Rückerstattungssachen in der amerikanischen Besatzungszone ab dem 1. Januar 1950 vom Rückerstattungsberufungsgericht („Court of

---

17 So stellt *Walter Schwarz* (Rückerstattung nach den Gesetzen der Alliierten Mächte, 1974, S. 275 mit Fußnote 6, [Hervorh. im Original]) fest: „Die deutsche Kritik an der mangelnden Justizförmigkeit dieses Verfahrens führte dazu, daß anstelle des *Board of Review* ein ‚*Court of Restitution Appeals*' (CORA) in Nürnberg errichtet wurde." Er verweist insoweit auf die neuen Vorschriften (das G2 und die AVO7), die hier im folgenden Kapitel 3. A. I. 1. b) dargestellt werden.

18 Eine prägnante Zusammenfassung dieser Entwicklung liefert *Constantin Goschler*: „Einen Zankapfel bildete auch das Verfahren der Rückerstattung. Hauptstreitpunkt war dabei der amerikanische Board of Review in Nürnberg, der als oberste Nachprüfungsinstanz alle Urteile der deutschen Rückerstattungsgerichtsbarkeit überwachte und kassieren konnte. 1950 wurde daraus der Court of Restitution Appeals (CORA)." – *Constantin Goschler*, Wiedergutmachung. Westdeutschland und die Verfolgten des Nationalsozialismus (1945–1954), 1992, S. 170. Ausführlicher: *Rudolf Weißstein*, Vom Board zum Court, in: Weitere praktische Fragen der Rückerstattung in den Westzonen und Berlin, 1950, S. 78–84.

19 Statistische Angaben aus der „Abschluß-Statistik des CORA, V, Anhang B, 617", zitiert nach: *Walter Schwarz*, Rückerstattung nach den Gesetzen der Alliierten Mächte, 1974, S. 275, Fußnote 6.

Restitution Appeals“ – CORA), übernommen wurde. Rechtsgrundlage hierfür war das „Gesetz Nr. 2 – Dritte Änderung des Gesetzes Nr. 59 der Militärregierung, Rückerstattung feststellbarer Vermögensgegenstände“ (G2)[20], das der Amerikanische Hohe Kommissar für Deutschland, John J. McCloy am 28. Dezember 1949 erließ.

Der wesentliche Regelungsgegenstand dieses nach Art. 2 G2 am 1. Januar 1950 in Kraft getretenen Gesetzes war nach Art. 1 G2 eine Änderung des Art. 69 USREG, in dem bis dahin der US-BOR als oberste Instanz in Rückerstattungssachen vorgesehen war. Nach seiner Änderung wies Art. 69 USREG nunmehr die entsprechenden Aufgaben den Amerikanischen Gerichten der Alliierten Hohen Kommission für Deutschland zu. So erstreckte sich nach Art. 69 S. 1 USREG in der Fassung des Art. 1 G2 die „Zuständigkeit der Amerikanischen Gerichte der Alliierten Hohen Kommission für Deutschland“ ab dem 1. Januar 1950 auch „auf die Nachprüfung aller Entscheidungen, die einen auf Grund dieses Gesetzes geltend gemachten Rückerstattungsanspruch [...] einschließlich aller nach der Sachlage erforderlichen diesbezüglichen Maßnahmen“ betrafen. Darüber hinaus war der Amerikanische Hohe Kommissar für Deutschland nach Art. 69 S. 2 USREG in der Fassung des Art. 1 G2 ermächtigt, „durch Durchführungsverordnung“ zu bestimmen, „daß ein ständiger Senat der Amerikanischen Gerichte der Alliierten Hohen Kommission für Deutschland diese Gerichtsbarkeit als Rückerstattungsberufungsgericht ausübt“. Schließlich sollten nach Art. 69 S. 3 USREG in der Fassung des Art. 1 G2 ebenso auch „die Zuständigkeit dieses Gerichtes, sein Verfahren und alle anderen Angelegenheiten, die zweckmäßig erscheinen“, geregelt werden.

Auf der Grundlage dieser Verordnungsermächtigung erließ John J. McCloy dann noch am selben Tag, dem 28. Dezember 1949, die „Ausführungsverordnung Nr. 7 zum Gesetz Nr. 59 der Militärregierung, Rückerstattung feststellbarer Vermögensgegenstände“ (AVO7)[21]. Die AVO7 trat nach Art. 7 AVO7 ebenso wie auch das G2 schon am 1. Januar 1950 in Kraft.

Nach Art. 1 Abs. 1 1. Hs. AVO7 wurde „gemäß Artikel 69 des Gesetzes Nr. 59 der Militärregierung in der Fassung des Gesetzes Nr. 2 des Amerikanischen

---

20 Gesetz Nr. 2 des Amerikanischen Hohen Kommissars für Deutschland – Dritte Änderung des Gesetzes Nr. 59 der Militärregierung, Rückerstattung feststellbarer Vermögensgegenstände – vom 28. Dezember 1949, Amtsblatt der Alliierten Hohen Kommission Nr. 9 vom 31. Januar 1950, S. 92 f.

21 Ausführungsverordnung Nr. 7 des Amerikanischen Hohen Kommissars für Deutschland – Zum Gesetz Nr. 59 der Militärregierung, Rückerstattung feststellbarer Vermögensgegenstände – vom 28. Dezember 1949, Amtsblatt der Alliierten Hohen Kommission Nr. 9 vom 31. Januar 1950, S. 93–97.

Hohen Kommissars für Deutschland [...] ein Rückerstattungsberufungsgericht errichtet". Ergänzend war in Art. 1 Abs. 1 2. Hs. AVO7 bestimmt, dass dieses Gericht „die in diesem Artikel festgelegte Gerichtsbarkeit und Befugnisse" ausübte und als „Court of Restitution Appeals of the United States Courts of the Allied High Commission for Germany" bezeichnet wurde. Diese Bezeichnung, die nicht nur im englischen, sondern auch im deutschen Wortlaut des Art. 1 Abs. 1 a.E. AVO7 verwendet wurde, erscheint auf den ersten Blick zwar sperrig. Sie spiegelt aber inhaltlich sehr präzise die Vorgabe des Art. 69 S. 2 USREG in der Fassung des Art. 1 G2 wider. Vor allem wird deutlich, dass es sich nicht um ein eigenständiges Gericht, sondern um einen ständigen Senat der Amerikanischen Gerichte der Alliierten Hohen Kommission für Deutschland in Nürnberg handelt. Sehr positiv wirkt es sich auf die Lesbarkeit der AVO7 aus, dass diese Bezeichnung aber nur einmal genannt und an allen anderen Stellen nur die Kurzform der Gerichtsbezeichnung verwendet wird: Rückerstattungsberufungsgericht im deutschen Wortlaut und Court of Restitution Appeals im englischen Wortlaut. Im allgemeinen Sprachgebrauch setzte sich dann aber weitgehend die als Abkürzung der englischen Kurzform entstandene und lautmalerisch auch deutlich sympathischer erscheinende Bezeichnung CORA durch.

Anders als zuvor in der AVO4 beim US-BOR war die Stadt Nürnberg in der AVO7 nicht auch als Sitz des CORA festgelegt. In Art. 1 Abs. 3 a AVO7 war lediglich bestimmt, dass der „Richterrat der Amerikanischen Gerichte der Alliierten Hohen Kommission für Deutschland [...] den Hauptsitz des Rückerstattungsberufungsgerichts" festsetzt. Jedoch lässt die im G2 gesetzlich vorgegebene organisatorische Zuordnung des CORA zu den Amerikanischen Gerichten der Alliierten Hohen Kommission für Deutschland in Nürnberg die Entscheidung des Richterrats zu Gunsten Nürnbergs als Hauptsitz des CORA alternativlos erscheinen. Ein nachvollziehbarer Grund dafür, dass dann nicht gleich auch wie in der AVO4 eine entsprechende Festlegung auf die Stadt Nürnberg in die AVO7 aufgenommen und stattdessen dem Richterrat eine Entscheidungsbefugnis ohne wirklichen Entscheidungsspielraum zugebilligt wurde, ist – jedenfalls im Nachhinein – nicht erkennbar.

Einen entscheidenden Einfluss hatte der Richterrat der Amerikanischen Gerichte der Alliierten Hohen Kommission für Deutschland dann aber nach Art. 1 Abs. 2 und 3 AVO7 auf die personelle Zusammensetzung des CORA. So bestand der CORA nach Art. 1 Abs. 2 AVO7 „aus mindestens drei Mitgliedern, die, wie nachfolgend bestimmt, ernannt werden" mussten. In der AVO7 bestimmt ist dann zwar entgegen dieser Formulierung nicht die Ernennung der Mitglieder, sondern zunächst die bereits dargestellte Festsetzung des Hauptsitzes des CORA nach Art. 1 Abs. 3 a AVO7. Aber nach diesem vorübergehenden Themenwechsel hat der Verordnungsgeber dann in Art. 1 Abs. 3 b AVO7 klargestellt, was er sich unter der Ernennung der Mitglieder des CORA vorgestellt hat und wer dafür ausschließlich zuständig sein sollte:

> „Der Richterrat der Amerikanischen Gerichte der Alliierten Hohen Kommission für Deutschland weist diesem Gericht Richter zu aus dem Kreise der Mitglieder der Amerikanischen Gerichte der Alliierten Hohen Kommission für Deutschland und ernennt einen derselben zum Präsidenten“.

Ähnlich wie mit der deutlich eindeutiger formulierten Vorschrift in der AVO4 war jedenfalls im Ergebnis auch mit dieser Regelung sichergestellt, dass nur überdurchschnittlich qualifizierte und erfahrene amerikanische Juristen richterliche Aufgaben beim CORA wahrnehmen konnten. Weil es sich beim CORA um ein Gericht der obersten (Revisions-)Instanz in Rückerstattungssachen handelte, scheint es aber nur schwer nachvollziehbar, dass die Entscheidung über dessen personelle Zusammensetzung und Leitung nicht dem Amerikanischen Hohen Kommissar für Deutschland als Gesetz- bzw. Verordnungsgeber selbst vorbehalten blieb. Vielmehr übertrug dieser die Verantwortung auf ein Gremium von deutlich nachrangiger Bedeutung. So verwundert es nicht, dass auch diese Vorschrift nicht lange Bestand haben und bald wieder geändert werden sollte.[22] Hinzu kommt, dass es sich in der Praxis dann ebenso wie bei der Entscheidung für Nürnberg auch bei den Personalentscheidungen um Entscheidungen ohne wirklichen Entscheidungsspielraum gehandelt haben dürfte, denn die zuvor als Mitglieder des US-BOR vom Militärgouverneur ernannten Richter konnten ohne Weiteres beim CORA übernommen werden.

Auch in einem anderen Aspekt im Zusammenhang mit der personellen Zusammensetzung des CORA verwundert es nicht, dass bald wieder eine weitere Änderung der Vorschriften folgen sollte: Bestimmungen, die über die schlichte Ernennung des Präsidenten durch den Richterrat hinausgingen und insbesondere dessen Aufgaben und Befugnisse – wie noch zuvor in der AVO4 – regelten, waren in der AVO7 einfach weggelassen worden. Ob es dafür gute Gründe gab, bleibt unklar. Es liegt allerdings näher anzunehmen, dass es sich eher um ein Versehen des Verordnungsgebers handelte. Denn bei der nächsten Reform wurden wieder entsprechende Bestimmungen über die Aufgaben und Befugnisse des Präsidenten in die Vorschriften aufgenommen.[23]

Eine weitere Veränderung beim Wechsel vom US-BOR zum CORA sollte jedoch von Dauer sein. Eine Vorschrift, wie die des Art. II Abs. 1 S. 4 AVO4,

---

22 Vgl. Art. 7 G21. Dazu siehe unten Kapitel 3. A. I. 1. c).

23 Vgl. Art. 1 Abs. 3 S. 5 und 6 G21. Auch dazu siehe unten Kapitel 3. A. I. 1. c).

nach der die Richter des US-BOR „ihre ganze Arbeitskraft ihren Aufgaben als Mitglieder des Boards widmen" mussten, wurde in die AVO7 nicht mehr aufgenommen und tauchte auch nach späteren Reformen nicht mehr auf.

Ohne wesentliche Veränderungen waren aber die zuvor für den US-BOR erlassenen Bestimmungen über Zuständigkeit und Befugnisse, Entscheidungen sowie Rechtsgang und Verfahren dann auch für den CORA übernommen worden. Eine Einschätzung der Befugnisse des CORA von Walter Schwarz aus der Perspektive der frühen 1970er Jahre ist insoweit völlig zutreffend: „Materiell waren seine Befugnisse die gleichen wie die des zu Unrecht verteufelten ursprünglichen Board of Review".[24]

Tatsächlich war schon die gesetzliche Regelung des Art. 69 S. 1 USREG in der für den CORA maßgeblichen Fassung des Art. 1 G2 gegenüber ihrer ursprünglichen, für den US-BOR maßgeblichen Fassung im Hinblick auf die Kernaussage zum Zuständigkeitsbereich der obersten Instanz in Rückerstattungssachen inhaltlich unverändert geblieben. Darüber hinaus lässt sich sogar sowohl im englischen als auch im deutschen Text ein nur geringfügig veränderter Wortlaut erkennen. Zum einen handelt es sich dabei im Rahmen der entscheidenden Formulierung der Zuständigkeit um lediglich in Nuancen voneinander abweichende deutsche Übersetzungen des im englischen Text völlig unverändert gebliebenen Wortlauts („review any decision on any claim for restitution"). Denn statt des bisherigen deutschen Textes („Entscheidungen nachzuprüfen, die einen [...] erhobenen Rückerstattungsanspruch betreffen") lautete die Übersetzung nunmehr: „Nachprüfung aller Entscheidungen, die einen [...] geltend gemachten Rückerstattungsanspruch betreffen". Zum anderen sind aber auch Veränderungen des Wortlauts zu erkennen, die das Bemühen des Gesetzgebers widerspiegeln, mit einer unmissverständlichen Formulierung der dem bisherigen Wortlaut und dem nach ihm errichteten US BOR entgegengebrachten Kritik eines Geheimgerichts und mangelnder Justizförmigkeit entgegenzutreten: Statt bisher „A Board of Review shall have the power to review [...]" heißt es nunmehr „The United States Courts of the Allied High Commission for Germany shall have jurisdiction to review [...]". Leider ist von diesem sprachlichen Feingeist in der Veränderung des englischen Textes bei den deutschen Übersetzungen kaum mehr etwas wiederzuerkennen. Statt bisher „Ein Board of Review ist ermächtigt, [...] nachzuprüfen [...]" heißt es dort nunmehr lediglich „Die Zuständigkeit der Amerikanischen Gerichte [...] erstreckt sich auf die Nachprüfung [...]".

---

24 *Walter Schwarz*, Rückerstattung nach den Gesetzen der Alliierten Mächte, 1974, S. 275.

So wie bei Art. 69 S. 1 USREG die gesetzliche Kernaussage zum Zuständigkeitsbereich der obersten Instanz in Rückerstattungssachen inhaltlich unverändert geblieben war, so wurde es dann auch bei den Ausführungsverordnungen gehandhabt: Gegenüber den zuvor für den US-BOR in Art. III bis V AVO4 enthaltenen Bestimmungen über Zuständigkeit und Befugnisse, Entscheidungen sowie Rechtsgang und Verfahren gab es bei den für den CORA in Art. 2 bis 4 AVO7 enthaltenen Bestimmungen nur wenige Änderungen. So regelt Art. 2 Abs. 1 AVO7 mit unverändertem Wortlaut die Revision beim CORA, und auch der Wortlaut der Regelung der Sprungrevision beim CORA blieb in Art. 2 Abs. 2 AVO7 nahezu identisch. Als einzige Änderung wurde dort der erste der drei abschließend aufgezählten Revisionsgründe zur Klarstellung ergänzend modifiziert. Statt der bisherigen Formulierung des Art. III Abs. 2 a AVO4, nach der es darauf ankam, dass „Tatsachenfeststellungen nicht auf genügendem Beweismaterial beruhen“, kam es nun nach Art. 2 Abs 2 a AVO7 darauf an, dass „die Tatsachenfeststellungen, die der Entscheidung als Grundlage dienen, nicht auf genügendem Beweismaterial beruhen“. Ebenso klarstellende Funktion hat die (im Vergleich mit dem verunglückten Art. III Abs. 3 S. 2 AVO4 deutlich besser gelungene) Vorschrift des Art 2 Abs. 8 AVO7, mit der das, was den CORA als ein Gericht oberster Instanz ohnehin auszeichnet, noch einmal betont wird: „Die Entscheidungen des Rückerstattungsberufungsgerichts sind rechtskräftig. Weitere Rechtsmittel finden nicht statt.“

Im Übrigen wurden die zuvor für den US-BOR in Art. III bis V AVO4 enthaltenen Bestimmungen über Zuständigkeit und Befugnisse, Entscheidungen sowie Rechtsgang und Verfahren inhaltlich und auch im Wortlaut weitgehend unverändert für den CORA in die Art. 2 bis 4 AVO7 übernommen: Ebenso wie zuvor der US-BOR konnte der CORA die an ihn gerichteten Nachprüfungsanträge nach Art. 2 Abs. 2 AVO7 „nach freiem Ermessen zurückweisen“[25] oder aber nach Art. 2 Abs. 5 AVO7 „die angefochtene Entscheidung ganz oder teilweise bestätigen, abändern oder aufheben; [...] die Vollstreckung der Entscheidung anordnen oder nach seinem Ermessen den Fall ganz oder teilweise an die Wiedergutmachungskammer oder an den Zivilsenat des Oberlandesgerichts zurückverweisen, welche mit dem Fall vorher befaßt waren.“

25 Der Unterschied zum Wortlaut des Art. III Abs. 3 S. 1 AVO4 (dort noch „ablehnen“ statt „zurückweisen“) wirkt sich inhaltlich nicht aus und beschränkt sich zudem allein auf die deutsche Übersetzung. Die Formulierung im englischen Text lautet bei AVO4 und AVO7 übereinstimmend „may refuse to grant petitions“. Darüber hinaus ist die veränderte Übersetzung in der AVO7 auch nicht konsequent durchgehalten. So ist es in Art. 3 Abs. 1 a.E. AVO7 bei der alten und nun nicht mehr zur neuen Formulierung in Art. 2 Abs. 2 AVO7 passenden Übersetzung geblieben: „[...] Fälle, in welchen das Gericht eine Nachprüfung ablehnt.“

Nicht anders, als es für die Entscheidungen des US-BOR vorgesehen gewesen war, waren auch die Entscheidungen des CORA nach Art. 3 Abs. 1 2. Hs. AVO7 „in schriftlicher Form abzufassen" und nach Art. 3 Abs. 2 AVO7 „in einer von dem Amerikanischen Hohen Kommissar für Deutschland zu bestimmenden Weise" und „in englischer und deutscher Sprache zu veröffentlichen"[26]. Und wenn sie dann veröffentlicht waren, waren sie nach Art. 3 Abs. 3 AVO7, soweit sie die Auslegung des USREG betrafen, „für alle deutschen Gerichte und Behörden bindend".[27]

Die Bestimmungen über Rechtsgang und Verfahren beim CORA beschränkten sich wie zuvor beim US-BOR auch nach Art. 4 S. 2 AVO7 darauf, dass die Mitglieder des CORA „von den Parteien oder deren Rechtsbeiständen nicht abgelehnt werden" konnten, aber „sich selbst ablehnen" durften, wenn sie der Ansicht waren, „in einem Verfahren aus irgendeinem Grunde befangen" zu sein.[28] Über diese Bestimmungen hinaus, ordnete Art. 4 S. 1 AVO7 dann etwas an, das nur auf dem ersten Blick dem entspricht, was in Art. V S. 1 AVO4 für den US-BOR geregelt war: „Das Verfahren vor dem Rückerstattungsberufungsgericht richtet sich nach den Rechtsgang- und Verfahrensvorschriften einschließlich der Bestimmungen über Kosten und Gebühren, welche

---

26 Ebenso wie im Wortlaut der AVO4 zeigt sich auch im Wortlaut der AVO7 wieder der Widerspruch im Hinblick auf das Schriftformerfordernis. Wie in Art. III Abs. 3 S. 1 AVO4 ist auch in Art. 2 Abs. 3 AVO7 eine Entscheidung über die Zurückweisung eines Nachprüfungsantrags vorgesehen. Einerseits sieht Art. 3 Abs. 1 2. Hs. AVO7 wie zuvor Art. IV Abs. 1 2. Hs. AVO4 die ausdrückliche Ausnahme vom Schriftformerfordernis vor, „wenn der Board die Nachprüfung eines Falles ablehnt". Andererseits sind aber nach Art. 3 Abs. 2 S. 1 AVO7 wie zuvor nach Art. IV Abs. 2 S. 1 AVO4 „alle gemäß Art. 2 [...] erlassenen Entscheidungen [...] zu veröffentlichen". Dieses Erfordernis der Veröffentlichung auch der in Art. 2 Abs. 3 AVO7 vorgesehenen Entscheidungen über die Ablehnung eines Nachprüfungsantrags lässt die Befreiung vom Schriftformerfordernis ins Leere laufen. Der widersprüchliche Wortlaut der AVO4 scheint ohne Weiteres schlicht in die AVO7 übernommen worden zu sein.

27 Dazu schrieben der Rechtsanwalt *Egon Kuboschok* und der Regierungsdirektor im Hessischen Landesamt für Vermögenskontrolle und Wiedergutmachung *Rudolf Weißstein* (Rückerstattungsrecht der britischen und amerikanischen Zone. Kommentar zum Militärregierungsgesetz 59, 1950, S. 316): „Von erheblicher Bedeutung ist die in Art. 3 Abs. 3 der Verordnung enthaltene Bestimmung, daß alle Entscheidungen des Berufungsgerichts, soweit sie die Auslegung des Gesetzes Nr. 59 betreffen, für alle deutschen Gerichte und Behörden (des amerik. Kontrollgebietes) bindend sind, sobald sie in der vom Hohen Kommissar zu bestimmenden Weise veröffentlicht sind. Damit hat das Berufungsgericht das Recht der maßgeblichen Auslegung, der sog. authentischen Interpretation, erhalten."

28 Auch hier wirkt sich der Unterschied zum Wortlaut des Art. V S. 2 AVO4 (dort noch „selbst zurücktreten" statt „sich selbst ablehnen") inhaltlich nicht aus und beschränkt sich zudem allein auf die deutsche Übersetzung. Die Formulierung im englischen Text lautet bei AVO4 und AVO7 übereinstimmend „may disqualify himself".

das Berufungsgericht der Alliierten Hohen Kommission für Deutschland jeweils erläßt." Abgesehen davon, dass in der AVO4 Bestimmungen über Kosten und Gebühren noch nicht erwähnt waren, gibt es hier einen – zumindest für den CORA selbst wesentlichen – Unterschied zwischen den Vorschriften der AVO4 und denen der AVO7. Der US-BOR war nach Art. V S. 1 AVO4 noch ermächtigt, sich selbst Rechtsgang- und Verfahrensvorschriften zu erlassen. Der CORA durfte dies nach Art. 4 S. 1 AVO7 nicht, sondern musste sich an die von einem anderen Gericht erlassenen Vorschriften halten. Diese erhebliche Einschränkung der Rechte des CORA verwundert nur auf den ersten Blick. Bei näherer Betrachtung ist sie aber nur als konsequente Folge dem Umstand geschuldet, dass der CORA lediglich ein ständiger Senat der Amerikanischen Gerichte der Alliierten Hohen Kommission für Deutschland war und kein selbstständiges Gericht.

Die Verfahrensordnung des US-BOR wurde dann von der am 7. März 1950 erlassenen Verfahrensordnung des CORA abgelöst.[29] In der Zwischenzeit zwischen der Errichtung des CORA zum 1. Januar 1950 und dem Erlass seiner Verfahrensordnung am 7. März 1950 wurden beim CORA bereits Verfahren entschieden.[30] Dabei kam die Verfahrensordnung des US-BOR weiterhin auch beim CORA zur Anwendung.[31] Zwar findet sich in den Vorschriften des USREG, des G2, der AVO4 oder der AVO7 keine Regelung, die eine Fortgeltung der Verfahrensordnung des US-BOR bis zum Erlass einer eigenen Verfahrensordnung des CORA ausdrücklich vorschreibt. Allerdings spricht viel dafür, dass der CORA in der ersten Zeit die vom US-BOR erlassene Verfahrensordnung *als eigene* Verfahrensordnung übernahm und dieses Vorgehen auf Art. 6 S. 1 AVO7 stützte.[32]

---

29 Dies ist dokumentiert in Art. XXXI Abs. 1 S. 1 und S. 2 der Verfahrensordnung des CORA vom 7. März 1950: „Die auf Grund der [sic!] Art. V der Verordnung Nr. 4 zum Gesetz der Militärregierung Nr. 59 (nunmehr durch Verordnung 7 außer Kraft gesetzt) am 17. Juni 1949 von dem aufgelösten Board of Review erlassenen Regeln sind nicht mehr in Kraft. Der Court wird sich nicht mehr an diese Regeln halten." Die Verfahrensordnung des CORA vom 7. März 1950 war aufgenommen in die Sammlung der „Gesetze, Verordnungen und Ausführungsbestimmungen" bei *Rudolf Harmening / Wilhelm Hartenstein / Hans W. Osthoff / Rudolf Falk*, Rückerstattungsgesetz. Kommentar zum Gesetz über die Rückerstattung feststellbarer Vermögensgegenstände (Gesetz Nr. 59 der Militärregierung), Blätter Nr. 44–47 der 1. Lieferung.

30 So *Walter Schwarz*, Rückerstattung nach den Gesetzen der Alliierten Mächte, 1974, S. 275, Fußnote 6: „Die erste Entscheidung des CORA datierte vom 9. 2. 1950."

31 Vgl. insoweit auch Art. XXXI Abs. 1 S. 2 der Verfahrensordnung des CORA vom 7. März 1950 (s.o.).

32 Art. 6 S. 1 AVO7: „Die vor dem Board of Review zur Zeit des Inkrafttretens dieser Ausführungsverordnung anhängigen Verfahren sowie die von dem Board in Ausfüh-

Über die hervorzuhebenden wesentlichen Inhalte der Verfahrensordnung des CORA vom 7. März 1950 lieferte Walter Schwarz eine prägnante Zusammenfassung[33]:

> „Diese [scil. die Verfahrensordnung des CORA] umfaßte auch Grundsätze über die Zulässigkeit von neuen Beweismitteln in der Nachprüfungsinstanz.[34] Das Verfahren war, im Gegensatz zu dem Verfahren in der Beschwerdeinstanz, *grundsätzlich mündlich.*[35] Das Gericht konnte die Ausübung seiner Nachprüfungsbefugnis ablehnen, dann wurde dem Antrag auf Nachprüfung nicht stattgegeben, ohne daß der Senat in eine materielle Entscheidung der zur Nachprüfung gestellten Fragen eintrat.[36] Das Gericht konnte Personen oder Organisationen als ‚*amicus curiae*' zur Verhandlung zulassen.[37] Diese, dem kontinentalen Verfahrensrecht völlig fremde Vorschrift hat viel böses Blut gemacht. Sie hatte aber kaum jemals wirkliche Bedeutung."

c) Der Court of Restitution Appeals (CORA) als selbstständiges Gericht in Nürnberg (1951 bis 1955)

Aber ebenso wie beim US-BOR, dessen Tage beim Erlass seiner Verfahrensordnung schon gezählt waren, stand zu der Zeit, als die Verfahrensordnung des CORA im März 1950 erlassen wurde, die nächste Reform bereits in den Startlöchern. CORA sollte nicht länger nur ein ständiger Senat der Amerikanischen Gerichte der Alliierten Hohen Kommission für Deutschland sein, sondern ein selbstständiges Rückerstattungsberufungsgericht. Hier spricht viel

---

rung seiner Gerichtsbarkeit und Befugnisse erlassenen Entscheidungen und getroffenen Maßnahmen gelten als vor dem Rückerstattungsberufungsgericht anhängig, von ihm erlassen oder getroffen."

33 *Walter Schwarz*, Rückerstattung nach den Gesetzen der Alliierten Mächte, 1974, S. 276, (Hervorh. im Original).

34 Vgl. Art. IX Abs. 2 der Verfahrensordnung des CORA vom 7. März 1950: „Neues Beweisvorbringen wird unter der Voraussetzung in Erwägung gezogen, a) daß es die Entscheidung, deren Nachprüfung beantragt ist, ändern wird, b) daß es erst nach der letzten mündlichen Verhandlung vor der Kammer bekannt geworden ist, c) daß es trotz Anwendung ordnungsgemäßer Sorgfalt bis zur letzten mündlichen Verhandlung vor der Kammer nicht ermittelt werden konnte, d) daß es für den Streitfall wesentlich ist und e) daß es nicht lediglich eine Häufung oder Entkräftung von Beweisen zum Gegenstand hat."

35 Vgl. Art. XX, insbesondere Art. XX Abs. 4 S. 1 der Verfahrensordnung des CORA vom 7. März 1950: „Auf die mündliche Verhandlung kann verzichtet werden."

36 Vgl. Art. XIV Abs. 1 der Verfahrensordnung des CORA vom 7. März 1950: „Falls der Court nach pflichtgemäßer Prüfung des Antrages und der Akten die Nachprüfung [...] ablehnt, so ist darüber eine formelle Entscheidung herbeizuführen."; dazu Art. 2 Abs. 2 AVO7 (s.o.).

37 Vgl. Art. XXIII der Verfahrensordnung des CORA vom 7. März 1950: „Der Court kann auf Grund eines Sonderantrages Personen oder Organisationen gestatten, als Amici Curiae an dem Verfahren teilzunehmen."

dafür, dass mit dem nun folgenden Reformgesetz[38] nicht nur die Bedeutung des Rechtsgebiets der Rückerstattung unterstrichen werden sollte. Auf amerikanischer Seite dürfte man auch erkannt haben, dass der erste Schritt weg von dem mit dem Vorwurf mangelnder Justizförmigkeit schwer kritisierten Board of Review nicht weit genug gegangen worden war.

Am 24. Mai 1951 erließ der Hohe Kommissar der Vereinigten Staaten für Deutschland[39], John J. McCloy, das „Gesetz Nr. 21 – Amerikanisches Rückerstattungsberufungsgericht der Alliierten Hohen Kommission für Deutschland" (G21)[40]. Der wesentliche Regelungsgegenstand dieses nach Art. 9 S. 1 G21 „am Tage seiner Veröffentlichung in dem Amtsblatt der Alliierten Hohen Kommission", mithin am 7. Juni 1951[41] in Kraft getretenen Gesetzes war nicht nur die Errichtung des Amerikanischen Rückerstattungsberufungsgerichts der Alliierten Hohen Kommission für Deutschland nach Art. 1 Abs. 1 S. 1 G21. Damit verbunden war auch eine umfassende Reform der Vorschriften, die in Gesetzen und Ausführungsverordnungen bisher zur Rechtsprechung der obersten Instanz in Rückerstattungssachen in der amerikanischen Besatzungszone erlassen worden waren. Im Hinblick auf die Neufassung dieser Vorschriften im G21 wurden dann die bisher einschlägigen Normen, unter anderem auch Art. 69 USREG, das G2 und die AVO7 nach Art. 8 Abs. 1 G21, aufgehoben. Obwohl es nach dieser Reform auf den ersten Blick so schien, als sei jedenfalls

38 Diese Reform des amerikanischen Rückerstattungsrechts erfolgte zwar im Zusammenhang mit der für Deutschland sehr bedeutenden ersten Änderung des Besatzungsstatuts vom 6. März 1951, durch die das weiterhin besetzte Deutschland insbesondere wieder mehr Rechte in den Bereichen der Finanz-, Wirtschafts- und Außenpolitik (zurück-)erhielt. Soweit aber im Hinblick auf eine von *Walter Schwarz* gewählte Formulierung ein noch weiter reichender Eindruck entstehen kann (so bei *Walter Schwarz*, Rückerstattung nach den Gesetzen der Alliierten Mächte, 1974, S. 276: „Mit der Revision des Besatzungsstatuts v. 6. 3. 1951 wurde aus CORA [...]") bleibt zur Klarstellung festzustellen, dass die Reform des amerikanischen Rückerstattungsrechts kein Bestandteil der ersten Änderung des Besatzungsstatuts vom 6. März 1951 war (vgl. Erste Urkunde zur Revision des Besatzungsstatuts vom 6. März 1951, Amtsblatt der Alliierten Hohen Kommission Nr. 49 vom 6. März 1951, S. 792).

39 Die Änderung der Amtsbezeichnung (im G2 noch „Der Amerikanische Hohe Kommissar für Deutschland" statt nun im G21 „Der Hohe Kommissar der Vereinigten Staaten für Deutschland") beschränkt sich allein auf die deutsche Übersetzung. Die Formulierung im englischen Text lautet im G2 und im G21 übereinstimmend „The United States High Commissioner for Germany".

40 Gesetz Nr. 21 des Hohen Kommissars der Vereinigten Staaten für Deutschland – Amerikanisches Rückerstattungsberufungsgericht der Alliierten Hohen Kommission für Deutschland – vom 24. Mai 1951, Amtsblatt der Alliierten Hohen Kommission Nr. 56 vom 7. Juni 1951, S. 929–934.

41 Die Veröffentlichung des G21 erfolgte im Amtsblatt der Alliierten Hohen Kommission Nr. 56 vom 7. Juni 1951.

bei den rechtlichen Grundlagen kaum ein Stein auf dem anderen geblieben, blieb doch im Übrigen vieles unverändert.

Insbesondere blieb der Entwicklungsschritt des CORA von einem „Rückerstattungsberufungsgericht als ständigem Senat der Amerikanischen Gerichte der Alliierten Hohen Kommission für Deutschland" zu einem „selbstständigen Amerikanischen Rückerstattungsberufungsgericht der Alliierten Hohen Kommission für Deutschland" doch weitestgehend im Verborgenen. Die vollständigen Bezeichnungen des Gerichts, die – eine entsprechende Aufmerksamkeit des Lesers vorausgesetzt – einen Unterschied erkennen lassen, wurden sowohl in ihrem deutschen als auch in ihrem englischen Wortlaut[42] nur in den seltensten Fällen verwendet. Darüber hinaus waren die Kurzbezeichnungen Rückerstattungsberufungsgericht bzw. Court of Restitution Appeals ohnehin unverändert bestehen geblieben, und in den meisten Veröffentlichungen sowie im allgemeinen Sprachgebrauch war – sowohl in deutscher als auch in englischer Sprache – auch weiterhin nur von CORA die Rede.

Aber auch inhaltlich blieb das meiste unverändert, insbesondere bei den Vorschriften, mit denen grundsätzliche Entscheidungen getroffen worden waren. So erstreckte sich die Zuständigkeit des CORA auch nach Art. 1 Abs. 1 S. 2 G21 (in den der Regelungsgehalt der beiden Fassungen des Art. 69 USREG inhaltlich unverändert übernommen worden war) weiterhin darauf, „Entscheidungen, die einen auf Grund des amerikanischen Militärregierungsgesetzes Nr. 59 [...] geltend gemachten Rückerstattungsanspruch betreffen, nachzuprüfen und im Zusammenhang damit die nach der Sachlage erforderlich oder angemessen erscheinenden Maßnahmen zu treffen."[43]

Der Sitz des CORA war im G21 nicht mehr wie in Art. I S. 2 1. Hs. AVO4 unmittelbar festgesetzt. Die Festsetzung war wie in Art. 1 Abs. 3 a AVO7 wieder einer gesonderten Entscheidung vorbehalten. Allerdings durfte diese Entscheidung nicht mehr der Richterrat der Amerikanischen Gerichte der Alliierten Hohen Kommission für Deutschland treffen, sondern nach Art. 1 Abs. 2 S. 2

42 Hier war aus dem „Court of Restitution Appeals of the United States Courts of the Allied High Commission for Germany" der „United States Court of Restitution Appeals of the Allied High Commission for Germany" geworden.

43 In diesem Zusammenhang sei darauf hingewiesen, dass in der ursprünglichen Fassung des Art. 69 USREG das deutsche „erforderlich" dem englischen „necessary" entsprach. Im späteren Art. 69 USREG in der Fassung des G2 wurde das im englischen Text erweiterte „necessary or proper" unverändert und damit unvollständig und inhaltlich nicht zutreffend lediglich mit „erforderlich" ins Deutsche übersetzt. Dieser Mangel wird dann erst im Art. 1 Abs. 1 S. 1 G21 wieder behoben, in dem das englische „necessary or proper" nunmehr zutreffend mit „erforderlich oder angemessen" ins Deutsche übersetzt ist.

G21 nur der Hohe Kommissar der Vereinigten Staaten selbst. Auch hier verwundert es nicht, dass erneut an der Stadt Nürnberg als Sitz des CORA festgehalten wurde.

Nachdem bereits der US-BOR nach Art. 1 S. 2 2. Hs. AVO4 die Entscheidungsfreiheit hatte, „nach seinem Belieben von Fall zu Fall auch an irgendeinem anderen Orte der amerikanischen Zone zusammentreten" zu können, dann aber für den CORA als ständigem Senat der Amerikanischen Gerichte der Alliierten Hohen Kommission für Deutschland keine entsprechende Vorschrift in der AVO7 vorgesehen war, bot nunmehr das G21 dem CORA als selbstständigem Gericht wieder etwas mehr Flexibilität. So war in Art. 1 Abs. 2 S. 3 G21 vorgesehen, dass das Gericht „Sitzungen an anderen Orten innerhalb des amerikanischen Kontrollgebietes" abhält, „soweit dies gemäß Artikel 6, Absatz 4 dieses Gesetzes angeordnet wird". Dabei konnte der Gerichtsverwaltungsbeamte nach Art. 6 Abs. 4 G21 „zur Abhaltung von Sitzungen des Rückerstattungsberufungsgerichts auch Orte außerhalb des ständigen Gerichtssitzes bezeichnen".

Die personelle Zusammensetzung des CORA richtete sich nunmehr nach Art. 1 Abs. 2 S. 1 G21, in dem Elemente der Vorgängervorschriften der AVO7 und auch der früheren AVO4 vereint und weiterentwickelt worden waren. So bestand der CORA zum einen nach der an die Regelungen der AVO4 angelehnten Vorschrift des Art. 1 Abs. 2 S. 1 1. Hs. G21 „aus drei Oberrichtern, von denen einer zum Präsidenten bestellt" wurde. Sowohl die Bestellung der Oberrichter als auch die Bestellung des Präsidenten lag nach Art. 7 Abs. 1 G21 in der Verantwortung des Hohen Kommissars der Vereinigten Staaten für Deutschland. Hinsichtlich der Qualifikation der Oberrichter des CORA wurden nun andere Anforderungen gestellt, bei denen es eher auf eine längere Berufserfahrung als Jurist ankam als auf eine vorherige Tätigkeit bei einem höchsten Gericht. Die Oberrichter des CORA mussten nicht mehr – wie zuvor die Mitglieder des US-BOR – „bei den höchsten Gerichten in einem der Staaten oder in den Territorien der Vereinigten Staaten oder in dem Distrikt von Columbia mindestens fünf Jahre zur Rechtspraxis zugelassen gewesen"[44] sein. Stattdessen mussten sie nach Art. 7 Abs. 3 1. Hs. G21 „Juristen mit abgeschlossener Ausbildung und unbescholtene Mitglieder des Anwaltsstandes eines Staates der Vereinigten Staaten oder des Distrikts von Columbia sein und mindestens zehn Jahre als Juristen tätig gewesen sein". Der Hohe Kommissar der Vereinigten Staaten für Deutschland konnte indes nach Art. 7 Abs. 3 2. Hs. G21 von diesen „Erfordernissen Befreiung erteilen".

44 Art. II Abs. 1 S. 3 AVO4.

Die personelle Zusammensetzung des CORA war aber nicht nur auf die in Art. 1 Abs. 2 S. 1 1. Hs. G21 genannten drei Oberrichter beschränkt. Darüber hinaus war in den an die Regelungen der AVO7 angelehnten Vorschriften der Art. 1 Abs. 2 S. 1 2. Hs. G21 und Art. 6 Abs. 5 G21 vorgesehen, dass auch weitere Richter mit der Wahrnehmung der Aufgaben am CORA beauftragt werden konnten:

> „Das Rückerstattungsberufungsgericht besteht aus drei Oberrichtern, von denen einer zum Präsidenten bestellt wird, und weiteren Oberrichtern und Richtern, die nach Maßgabe des Artikels 6, Absatz 5 dieses Gesetzes mit der Wahrnehmung der Aufgaben eines Oberrichters am Rückerstattungsberufungsgericht beauftragt werden.“[45]

> „Der durch Gesetz Nr. 20 des Hohen Kommissars der Vereinigten Staaten errichtete Richterausschuß kann nach Anhörung des Präsidenten des Rückerstattungsberufungsgerichts Oberrichter des Amerikanischen Berufungsgerichts der Alliierten Hohen Kommission und Amerikanische Richter für Deutschland mit der Wahrnehmung der Aufgaben eines Oberrichters am Rückerstattungsberufungsgericht beauftragen und die Dauer eines solchen Auftrages festsetzen.“[46]

Dementsprechend konnten dann beim CORA nach Art. 1 Abs. 3 S. 3 G21 „Senate gebildet werden, die aus mindestens drei Oberrichtern bestehen“ mussten.[47] Die Bedeutung dieser Senate wurde dann vom Gesetzgeber in Art. 1 Abs. 3 S. 5 G21 zur Klarstellung noch einmal besonders hervorgehoben: „Die Entscheidung der Mehrheit der Oberrichter eines Senats stellt die Entscheidung des Gerichts dar.“[48]

Nachdem die den Präsidenten betreffenden Bestimmungen in der AVO7 ausschließlich auf dessen Ernennung beschränkt worden waren, enthielt das G21 nun auch wieder Bestimmungen über die Aufgaben und Befugnisse des Präsidenten, ähnlich denen der früheren AVO4. So war der Präsident neben seiner

---

45 Art. 1 Abs. 2 S. 1 G21.

46 Art. 6 Abs. 5 G21.

47 Insofern schildert *Edward Arthur Marsden* (in: BMF / Walter Schwarz (Hrsg.), Wiedergutmachung nationalsozialistischen Unrechts, Band II, 1981, S. 611 [612]) die personelle Situation beim CORA zwar sehr verkürzt aber nicht unzutreffend: „Es entschieden drei amerikanische Oberrichter.“

48 Hier bargen die gesetzlichen Regelungen des G21 ein verstecktes Problem für den Fall, dass ein Senat lediglich den personellen Minimalanforderungen genügte, indem er nur aus den in Art. 1 Abs. 3 S. 3 G21 vorgesehenen „mindestens drei Oberrichtern“ bestand: Da ein solcher Senat nach Art. 1 Abs. 3 S. 4 G21 „beschlußfähig [war], wenn die Mehrheit der Oberrichter des Senats anwesend“ war, lag die Beschlussfähigkeit dieses Senats bereits bei Anwesenheit nur zweier seiner drei Richter vor. Ein für eine Entscheidung nach Art. 1 Abs. 3 S. 2 G21 erforderlicher Mehrheitsbeschluss wäre dann jedenfalls bei nicht übereinstimmenden Ansichten der beiden anwesenden Richter nicht mehr möglich gewesen.

in Art. 6 Abs. 5 G21 vorgesehenen Beteiligung bei der Beauftragung weiterer Oberrichter für sämtliche wesentlichen, organisatorischen Entscheidungen beim CORA zuständig: Nach Art. 1 Abs. 3 S. 6 G21 bestellte er „die Mitglieder und Vorsitzenden der Senate“, regelte „die Termine der Senatssitzungen“ und wies „den einzelnen Senaten die auf sie entfallenden Sachen zu“. Darüber hinaus war der Präsident nach Art. 1 Abs. 3 S. 7 1. Hs. G21 auch „dafür verantwortlich, daß alle bei dem Gericht anfallenden Geschäfte unter die Oberrichter verteilt“ wurden. Entsprechend der besonderen Bedeutung dieser Aufgaben hatte der Präsident dann nach Art. 1 Abs. 3 S. 7 2. Hs. G21 „für den Fall seiner Abwesenheit oder Verhinderung einen Oberrichter zu seinem Stellvertreter“ zu bestellen.

Nicht nur die zuvor bereits in Art. 69 USREG enthaltenen gesetzlichen Kernaussagen zum Zuständigkeitsbereich der obersten Instanz in Rückerstattungssachen wurden inhaltlich unverändert in Art. 1 Abs. 1 S. 2 G21 für den CORA übernommen. Auch die bislang lediglich in den Ausführungsverordnungen AVO4 und AVO7 enthaltenen Bestimmungen über Zuständigkeit und Befugnisse, Entscheidungen sowie Rechtsgang und Verfahren wurden als nunmehr gesetzliche Regelungen in das G21 aufgenommen: Die inhaltlich gleich gebliebenen und nur unwesentlich im Wortlaut veränderten Bestimmungen über die Revision und die Sprungrevision beim CORA finden sich nunmehr in Art. 1 Abs. 4 und 5 G21. Und Art. 1 Abs. 11 G21 enthält die im englischen Wortlaut unveränderte, in der deutschen Übersetzung aber nunmehr besser an den englischen Wortlaut angelehnte Klarstellung:

> „Die Entscheidungen des Rückerstattungsberufungsgerichts sind endgültig und unterliegen keiner weiteren Nachprüfung.“

Der CORA konnte weiterhin, nunmehr nach Art. 1 Abs. 6 G21, die an ihn gerichteten Nachprüfungsanträge „nach seinem Ermessen zurückweisen“[49] oder nach Art. 2 Abs. 8 G21 „die angefochtene Entscheidung ganz oder teilweise bestätigen, abändern oder aufheben; [...] die Vollstreckung der Entscheidung anordnen oder nach seinem Ermessen den Fall ganz oder teilweise an die Wiedergutmachungskammer oder an den Zivilsenat des Oberlandesgerichts zurückverweisen, welche mit dem Fall befaßt waren.“

Die Entscheidungen des CORA waren weiterhin, nunmehr nach Art. 3 Abs. 1 S. 1 G21, „in Form von schriftlichen Entscheiden abzufassen, mit Ausnahme

49 Der Unterschied zum Wortlaut in Art. III Abs. 3 AVO4 und in Art. 2 Abs. 3 AVO7 (dort noch „nach freiem Ermessen“ statt „nach seinem Ermessen“) wirkt sich inhaltlich nicht aus und beschränkt sich zudem allein auf die deutsche Übersetzung. Die Formulierung im englischen Text lautet bei AVO4, AVO7 und G21 übereinstimmend „in its discretion“.

der Fälle, in denen das Gericht eine Nachprüfung [...] ablehnt". Sie waren nach Art. 3 Abs. 1 S. 2 G21 „als veröffentlicht anzusehen, sobald eine Abschrift derselben beim Urkundsbeamten des Gerichts hinterlegt" war und damit nach Art. 3 Abs. 1 S. 3 G21 „jedem zur Einsicht offen" stand.[50] Alle so „veröffentlichten Entscheide" waren dann wie zuvor bereits nach Art. IV Abs. 3 AVO4 und nach Art. 3 Abs. 3 AVO7 weiterhin auch nach Art. 3 Abs. 2 G21 „soweit sie die Auslegung des Gesetzes Nr. 59 der Militärregierung betrafen, für alle deutschen Gerichte und Behörden bindend".[51]

Die Bestimmungen über Rechtsgang und Verfahren beim CORA beschränkten sich wie zuvor in der AVO4 und in der AVO7 auch im G21 darauf, dass die Richter des CORA nach Art. 4 Abs. 2 S. 1 G21 „von den Parteien oder deren Rechtsbeiständen nicht abgelehnt werden" konnten. Sie durften aber nach Art. 4 Abs. 2 S. 2 G21 „ausscheiden", wenn sie der Ansicht waren, „in einem Verfahren aus irgendeinem Grunde befangen sein" zu können.[52] Und entsprechend den inhaltsgleichen Vorschriften in der AVO4 und in der AVO7 richtete sich auch nach Art. 4 Abs. 1 S. 1 G21 das Verfahren vor dem CORA im Übrigen nach gesondert zu erlassenden „Rechtsgang- und Verfahrensvorschriften, einschließlich der Bestimmungen über Kosten und Gebühren". Nachdem der CORA, als er lediglich ein ständiger Senat der Amerikanischen Gerichte der Alliierten Hohen Kommission für Deutschland war, sich insoweit an von einem anderen Gericht erlassene Vorschriften zu halten hatte, war er nun als selbstständiges Gericht nach Art. 4 Abs. 1 S. 1 a.E. G21 selbst ermächtigt, sich diese Rechtsgang- und Verfahrensvorschriften zu erlassen. Von diesem Recht wurde dann auch umgehend Gebrauch gemacht. Denn bereits drei Tage, nachdem der CORA am 7. Juni 1951 zu einem selbstständigen Gericht geworden

---

50 Nach Art. 3 Abs. 1 S. 4 G21 erfolgte die „Vervielfältigung und Verteilung der englischen und deutschen Texte der Entscheide des Gerichts [...] nach Maßgabe der für den Rechtsgang und das Verfahren durch das Rückerstattungsberufungsgericht aufgestellten Vorschriften".

51 Dazu schrieben der Ministerialdirektor *Rudolf Harmening*, der Landgerichtsrat *Wilhelm Hartenstein* und der Rechtsanwalt *Hans W. Osthoff*: „Entscheidungen des US-Rückerstattungsberufungsgerichts haben, soweit sie die Auslegung des REG betreffen, Gesetzeskraft, wenn sie in einer von dem Hohen Kommissar zu bestimmenden Weise veröffentlicht sind". – *Rudolf Harmening / Wilhelm Hartenstein / Hans W. Osthoff / Rudolf Falk*, Rückerstattungsgesetz. Kommentar zum Gesetz über die Rückerstattung feststellbarer Vermögensgegenstände (Gesetz Nr. 59 der Militärregierung), Kommentar Art. 61, Blatt Nr. 200 Rs. der 3. Lieferung.

52 Nach „selbst zurücktreten" in Art. V S. 2 2. Hs. AVO4 und „sich selbst ablehnen" in Art. 4 S. 3 AVO7 bietet die deutsche Übersetzung mit „ausscheiden" in Art. 4 Abs. 2 S. 2 G21 nun die dritte Variante an, während der englische Text stets identisch bleibt: „may disqualify himself".

war, erließ er am 10. Juni 1951 seine eigene „Verfahrensordnung des United States Court of Restitution Appeals of the High Commission for Germany".[53]

Aber wie bei seinen beiden Vorgängern scheint auch hier wieder der Erlass der Verfahrensvorschriften nur das nahezu greifbar nahe Ende des Gerichts eingeläutet zu haben. So waren die Tage des selbstständigen CORA fast von Beginn an gezählt, denn nur wenige Monate später stand der Dritte Senat des Obersten Rückerstattungsgerichts als sein durch die Vereinbarungen des Überleitungsvertrages designierter Nachfolger fest.[54] Immerhin hatte der CORA als selbstständiges Rückerstattungsberufungsgericht dann mit vier Jahren von 1951 bis 1955 doch mehr als doppelt so lange Bestand wie seine beiden Vorgänger. Insgesamt war aber die oberste Instanz in Rückererstattungssachen in der amerikanischen Besatzungszone mit drei einschneidenden Reformen in sieben Jahren von ständigem Wandel geprägt.

2. Die Entwicklung in der britischen Besatzungszone

Mit nur einer Reform in fünf Jahren war bei der obersten Instanz in Rückerstattungssachen in der britischen Besatzungszone demgegenüber etwas mehr Kontinuität festzustellen. Zunächst existierte von 1950 bis 1954 in Herford ein Board of Review (BOR), dem dann von 1954 bis 1955 ebenfalls in Herford der Supreme Restitution Court for the British Zone (SRC) als unmittelbares Vorgängergericht des Zweiten Senats des Obersten Rückerstattungsgerichts nachfolgte.

a) Der Board of Review (BOR) in Herford (1950 bis 1954)

Bereits in dem am 12. Mai 1949 in Kraft getretenen BrREG war von der britischen Militärregierung die Notwendigkeit der Errichtung einer obersten Instanz in Rückerstattungssachen erkannt und verankert worden. So war in Art. 61 BrREG „bestimmt, daß die Militärregierung einen Board of Review

---

53 Verfahrensordnung des United States Court of Restitution Appeals of the High Commission for Germany vom 10. Juni 1951, in der Sammlung der „Gesetze, Verordnungen und Ausführungsbestimmungen" bei *Rudolf Harmening / Wilhelm Hartenstein / Hans W. Osthoff / Rudolf Falk*, Rückerstattungsgesetz. Kommentar zum Gesetz über die Rückerstattung feststellbarer Vermögensgegenstände (Gesetz Nr. 59 der Militärregierung), Blätter Nr. 44–46 der 4. Lieferung. Bemerkenswert ist in diesem Zusammenhang, dass *Walter Schwarz* diese erste eigene Verfahrensordnung des selbstständigen CORA in seiner Darstellung völlig unberücksichtigt ließ und stattdessen eine deutlich später erfolgte Änderung der Verfahrensordnung vom 25. November 1953 als erste und einzige Maßnahme nach dem 7. Juni 1951 nannte. – *Walter Schwarz*, Rückerstattung nach den Gesetzen der Alliierten Mächte, 1974, S. 276 („Die Verfahrensvorschriften wurden geändert.") mit Fußnote 6: („Am 25. 11. 1953.").

54 Zum zeitlichen Ablauf siehe Kapitel 3. A. III.

(Nachprüfungsausschuß)[55] bestellen soll, um alle auf Grund des Rückerstattungsgesetzes erlassenen Entscheidungen und Anordnungen nachzuprüfen, für nichtig zu erklären, zu ergänzen, auszusetzen oder anderweitig abzuändern."[56]

Mit dem Hinweis, dass „es zweckmäßig ist, diesen Board of Review unverzüglich zu bestellen", erließ daraufhin der Stellvertretende Hohe Kommissar des Vereinigten Königreichs, C. E. Steel, die „6. Durchführungsverordnung zum Gesetz Nr. 59 der Militärregierung" (DVO6)[57], die nach Art. 8 DVO6 am 21. April 1950 in Kraft trat[58]. Mit ihr wurde nach Art. 1 S. 1 DVO6 der „Board of Review [...] zu dem Zwecke und mit den Befugnissen errichtet, die in Artikel 61 des Rückerstattungsgesetzes und in dieser Verordnung [scil. in der DVO6] erwähnt sind." Damit gab es nun auch in der britischen Besatzungszone eine oberste Instanz in Rückerstattungssachen.[59]

---

55 Wie bereits zwei Jahre zuvor beim US-BOR hatte auch hier wieder allein die unglückliche Verwendung des Ausdrucks „Board of Review" schon im Vorfeld der Errichtung Anlass zu Kritik geboten. So schrieb der Rechtsanwalt und Dozent an der Staatlichen Akademie für Verwaltungswissenschaften in Speyer *Josef Franz Hubert Peters*: „Leider ist nur ein Board und nicht ein Court eingesetzt worden. [...] Der Board of Review hat das Recht, trotzdem es sich nicht um ein Gericht handelt, alle gerichtlichen Entscheidungen aufzuheben [...] Ein unsystematisches Ergebnis." – *Josef Franz Hubert Peters*, Kommentar zur Rückerstattung – Britische Zone, 1949, S. 230 (Artikel 61, Rn 1 und 3). Eher unterschwellig formulierten der Amtsgerichtsrat *Bernhard Dammann* und der Regierungsassessor a.D. *Fritz Heitkamp* ihre Kritik: „Der Board of Review kann alle – auch rechtskräftige – Entscheidungen aller Wiedergutmachungsbehörden nicht nur überprüfen, abändern, sondern auch ‚gestaltend' entscheiden. Er dürfte dabei aber auch an die Bestimmungen des Gesetzes gebunden sein." – *Bernhard Dammann / Fritz Heitkamp*, Rückerstattung feststellbarer Vermögensgegenstände an Opfer der nationalsozialistischen Unterdrückungsmaßnahmen, 1949, S. 100.

56 So der Wortlaut der Einleitung 6. Durchführungsverordnung zum Gesetz Nr. 59 der Militärregierung (Amtsblatt der Alliierten Hohen Kommission Nr. 19 vom 13. Mai 1950, S. 292). In Details davon abweichend lautet der Wortlaut des Art. 61 BrREG: „Ein von der Militärregierung zu bestellender Board of Review kann alle auf Grund dieses Gesetzes erlassenen Entscheidungen nachprüfen, sie für nichtig erklären, ergänzen, aussetzen oder sonst abändern." (Amtsblatt der Militärregierung Deutschland – Britisches Kontrollgebiet, Nr. 28, S. 1169 [1184]). Der in Teilen der Literatur (z.B. *Walter Schwarz*, Rückerstattung nach den Gesetzen der Alliierten Mächte, 1974, S. 276) in diesem Zusammenhang genannte Art. 63 BrREG ist nicht einschlägig. Er enthält Kostenbestimmungen zum Verfahren vor den Wiedergutmachungsbehörden.

57 Amtsblatt der Alliierten Hohen Kommission Nr. 19 vom 13. Mai 1950, S. 292 ff.

58 Amtsblatt der Alliierten Hohen Kommission Nr. 19 vom 13. Mai 1950, S. 292 (294).

59 Im Nachhinein ebbte dann auch die anfänglich an der Verwendung des Ausdrucks „Board of Review" festgemachte Kritik ab. So konnte bald festgestellt werden, dass „der Board [...] alle gerichtlichen Befugnisse eines Zivilgerichts der Kontrollkommission" hatte und „seine Gerichtsbarkeit [...] eine reine Revisionsgerichtsbarkeit" war (*Rudolf Harmening / Wilhelm Hartenstein / Hans W. Osthoff / Rudolf Falk*, Rückerstattungsgesetz. Kommentar zum Gesetz über die Rückerstattung feststellbarer Ver-

Die Stadt Herford war als Sitz des BOR in der DVO6 nicht ausdrücklich festgelegt.[60] In Art. 1 S. 2 DVO6 war lediglich vorgesehen, dass der BOR „an denjenigen in der Britischen Zone belegenen Orten und zu denjenigen Zeitpunkten, die der Vorsitzende bestimmt“, tagt. Jedoch kam die Entscheidung zu Gunsten der Stadt Herford als Sitz des BOR bereits durch eine Fristenregelung in Art. 6 DVO6 zum Ausdruck, nach der alle Anträge auf Nachprüfung „innerhalb der nachfolgenden Fristen bei dem Schriftführer des Boards im Rathaus Herford einzureichen“ waren. Der Grund für diese an eher versteckter Stelle verankerte und auf den ersten Blick zunächst auch nicht nachvollziehbare Entscheidung zu Gunsten der Stadt Herford als Sitz des BOR erklärt sich dann auch erst im Zusammenhang mit einer ebenfalls nicht an einer herausragenden Stelle der DVO6 getroffenen Personalentscheidung. So stellt Art. 2 Nr. 2 DVO6 fest: „Der Registrar des Obersten Gerichtshofes ist Schriftführer des Board.“

Der in Art. 2 Nr. 2 DVO6 genannte Oberste Gerichtshof der Kontrollkommission in der Britischen Zone hatte seinen Sitz bereits seit 1. April 1947 in Räumen des Rathauses der Stadt Herford. In diesem Zusammenhang liefert eine Aktennotiz aus dem Stadtarchiv Herford vom 16. Juni 1983 wertvolle Hintergrundinformationen:[61]

> „Betr.: Beschlagnahme von Rathausräumen durch Dienststellen der Militärregierung nach dem Einmarsch der Alliierten Truppen am 4.4.1945, insbesondere durch den ‚Supreme Court‘ für die brit. Zone.

---

mögensgegenstände [Gesetz Nr. 59 der Militärregierung], Kommentar Art. 61, Blatt Nr. 200 Rs. der 3. Lieferung). Selbst die *Freiherren Reinhard und Hans von Godin*, die in der ersten Auflage ihres Kommentars den US-BOR im Vorfeld seiner Errichtung scharf verurteilt hatten (siehe oben), äußerten sich in der zweiten Auflage ihres Kommentars nicht kritisch zur Errichtung des britischen BOR (*Reinhard Freiherr von Godin / Hans Freiherr von Godin*, Rückerstattung feststellbarer Vermögensgegenstände in der amerikanischen und britischen Besatzungszone und in Berlin, Zweite Auflage, 1950, S. 457 (Britische Zone Art. 61).

60 Zwar schreibt *Walter Schwarz*: „Er [scil. der Board of Review] wurde durch den Brit. Hohen Kommissar für Deutschland mit Sitz in Herford errichtet.“ Und er belegt dies in einer Fußnote mit dem Hinweis auf „DVO No. 6 zum MilRegGesetz No. 59 vom 21. 4. 1950, Amtsbl. No. 19 v. 13. 5. 1950, S. 292“ (so bei *Walter Schwarz*, Rückerstattung nach den Gesetzen der Alliierten Mächte, 1974, S. 276 mit Fußnote 10). Tatsächlich war die Stadt Herford in der DVO6 jedoch nicht ausdrücklich als Sitz des BOR festgelegt, und auch sonst enthält die DVO6 keine ausdrücklichen Angaben zum Sitz des BOR.

61 Aktennotiz aus dem Stadtarchiv Herford vom 16. Juni 1983, dankenswerterweise in Kopie zur Verfügung gestellt vom Leiter des Stadt- und Verwaltungsarchivs der Stadt Herford, Christoph Laue.

Verwaltungsbericht vom 1.4.1945–31.3.1946, Seite 22: Mit dem Einzug der alliierten Truppen mußten für die Militärregierung im Rathaus die Räume 37–55 freigemacht werden. Diese Diensträume wurden für die Unterbringung von Verwaltungsdienststellen der Militärregierung benötigt. Das Katasteramt wurde daraufhin im Hause Kurfürstenstr. 17 und das Versicherungs- und Standesamt im Gebäude des Weinklubs, Auf der Freiheit 3 untergebracht.

Verwaltungsbericht vom 1.4.1946–31.3.1947, Seite 23: Die Räume 37–55 des Rathauses waren weiterhin von der Militärregierung beschlagnahmt, dazu war der große Sitzungssaal im Rathaus von der Besatzungsmacht belegt.

Lt. Akte des Hauptamts: Vergebung und Benutzung von Rathausräumen, Az. 10/0777, Laufzeit 1912–1949: mußten bis zum 31.3.1947 die Räume 85–95 für die Zwecke des ‚Control Commissions Supreme Court' freigemacht werden. Daraus ist zu schließen, daß dieses Gericht am 1.4.1947 im Rathaus eingerichtet wurde, wozu auch der große Sitzungssaal zur Verfügung stehen mußte. Lt. einem Schreiben des Lt. Col. Donner, vom 27.4.1948, tagte der Control Commissions High Court nur noch bis zum 28.5.1948 in Herford. Der Supreme Court war das oberste Gericht der Kontrollkommission in der britischen Zone. Er wurde anstelle der Gerichte der Militärregierung durch die Verordnung Nr. 68 geschaffen, (bekanntgegeben im Amtsblatt Nr. 15 der Militärregierung Deutschland, britisches Kontrollgebiet) die am 1.1.1947 in Kraft trat. Der ‚Supreme Court' bestand lt. dieser Verordnung aus dem ‚High Court' und dem ‚Court of Appeal'."

Der in Art. 2 Nr. 2 DVO6 mit den Aufgaben des Schriftführers des BOR betraute „Registrar des Obersten Gerichtshofes" ist aus deutscher Sicht am ehesten als Geschäftsstellenleiter mit erweiterten Aufgaben und Befugnissen zu verstehen.[62] Mit der in Art. 2 Nr. 2 DVO6 getroffenen Personalentscheidung wurde mithin nicht nur der Aufgabenbereich des Registrars des Obersten Gerichtshofs der Kontrollkommission in der Britischen Zone um die für den BOR zu erledigenden Aufgaben erweitert, sondern zugleich auch die Entscheidung zu Gunsten der Stadt Herford als Sitz des BOR getroffen.

Die personelle Zusammensetzung des BOR ergab sich aus Art. 2 Abs. 1 DVO6. Danach setzte sich der BOR aus drei Mitgliedern zusammen. In Art. 2 Abs. 1 a) DVO6 herausgehoben war zunächst ein „Richter des [...] Obersten Gerichtshofs der Kontrollkommission, der [...] als Vorsitzender des Board fungieren" sollte. Da nach Art. 7 DVO6 der deutsche Wortlaut der Durchführungsverordnung „der maßgebende Wortlaut" ist, ist nur die Bezeichnung „Vorsitzender des Board" zutreffend. Nicht zuletzt wohl auf Grund der Formulierung in der englischen Fassung „President of the Board" ist aber dennoch auch die Bezeichnung „Präsident des BOR" zu finden.[63] Neben dem Vorsit-

62 Näheres zum Berufsbild des Registrars in Kapitel 3. B. IV. 1. b).

63 So z.B. bei *Edward Arthur Marsden*, in: BMF / Walter Schwarz (Hrsg.), Wiedergutmachung nationalsozialistischen Unrechts, Band II, 1981, S. 611 (612).

zenden des Board bestand der BOR nach Art. 2 Abs. 1 b) DVO6 aus „zwei sonstigen Personen, von denen einer schon wenigstens fünf Jahre zur Praxis als Rechtsanwalt (Advocate oder Solicitor) in einem Gericht mit unbeschränkter Gerichtsbarkeit, entweder in Zivil- oder in Strafsachen in irgendeinem Teil des Herrschaftsbereichs seiner Majestät zugelassen gewesen ist oder dort ein Richteramt bekleidet hat“. So war der BOR letztlich ausschließlich mit britischen Richtern besetzt.[64] Diese drei britischen Richter hatten alle Entscheidungen des BOR nach Art. 4 Abs. 1 S. 1 DVO6 „mit Stimmenmehrheit zu treffen und schriftlich niederzulegen“. Gegen diese Entscheidungen war dann nach Art. 4 Abs. 1 S. 2 DVO6 „keine Berufung zulässig“.

Weitere Befugnisse des BOR sowie das Wesentliche zum Verfahren ergaben sich aus Art. 3 bis 6 DVO6: So war beim BOR nach Art. 3 Abs. 1 DVO6 sowohl die Revision von Entscheidungen der Beschwerdeinstanzen als auch die Sprungrevision von Entscheidungen der Tatsacheninstanzen möglich. Die Beteiligten konnten beim BOR sowohl eine Nachprüfung einer Entscheidung oder eines Beschlusses des Zivilsenats des Oberlandesgerichts nach Art. 3 Abs. 1 Alt. 2 DVO6 (Revision) als auch eine Nachprüfung einer Entscheidung oder eines Beschlusses der Wiedergutmachungskammer nach Art. 3 Abs. 1 Alt. 1 DVO6 (Sprungrevision) beantragen. Im Unterschied zu den obersten Instanzen in Rückerstattungssachen in der amerikanischen Zone, bei denen eine Sprungrevision nur aus wenigen, abschließend aufgezählten Gründen möglich war,[65] gab es eine solche Beschränkung der Sprungrevision auf bestimmte Revisionsgründe beim britischen BOR nicht. Nach Art. 3 Abs. 3 S. 1 DVO6 konnte der BOR „die von ihm nachgeprüfte Entscheidung oder den von ihm nachgeprüften Entschluß in seiner Gesamtheit oder teilweise bestätigen, abändern oder aufheben und an die Wiedergutmachungskammer oder den Zivilsenat des Oberlandesgerichts zurückverweisen, von dem die Sache verhandelt wurde.“ Und nach Art. 3 Abs. 3 S. 2 DVO6 waren alle Entscheidungen und Beschlüsse des BOR für das jeweils zuständige deutsche Gericht bindend und von diesem zu vollstrecken.

Über die in Art. 3 bis 6 DVO6 enthaltenen Bestimmungen hinaus konnte der Vorsitzende des BOR nach Art. 5 S. 1 DVO6 mit „Zustimmung des Hauptberaters in Rechtsangelegenheiten [...] Vorschriften für den Geschäftsgang und das Verfahren des Board erlassen, widerrufen oder abändern.“ Die erstmals am

64 *Edward Arthur Marsden*, in: BMF / Walter Schwarz (Hrsg.), Wiedergutmachung nationalsozialistischen Unrechts, Band II, 1981, S. 611 (612); *Walter Schwarz*, Rückerstattung nach den Gesetzen der Alliierten Mächte, 1974, S. 277.

65 Vgl. Art. 3 Abs. 2 AVO4-G59 beim US-BOR sowie Art. 2 Abs. 2 AVO7-G59 und Art. 1 Abs. 5 G21 beim CORA. Siehe auch Kapitel 3. A. I. 1. a).

4. Juli 1950 veröffentlichten Verfahrensvorschriften des BOR wurden vom Vorsitzenden des BOR, Graham Rogers, bereits „mit Wirkung vom 28. Dezember 1951“ durch die „erste abgeänderte Fassung“ vom 19. Dezember 1951 (VV-BOR1) ersetzt.[66]

Exemplarisch sind hier einige interessante Bestimmungen dieser Verfahrensvorschriften herauszuheben: So musste ein Nachprüfungsantrag an den BOR nach Art. 1 Abs. 1 Lit. g VV-BOR1 eine Erklärung darüber enthalten, „ob der Antragsteller eine mündliche Verhandlung beantragt oder nicht“. Nach Art. 2 Abs. 4 VV-BOR1 prüfte dann „der Board die Akten, um festzustellen, ob der Board in diesem Fall eine derartige Verhandlung für notwendig oder wünschenswert erachtet“. Falls sich der BOR entschloss, „eine mündliche Verhandlung zu gestatten“, wurde der Antrag nach Art. 2 Abs. 6 VV-BOR1 dem Antragsgegner zugestellt. Dieser hatte dann nach Art. 2 Abs. 8 VV-BOR1 unter Einhaltung detaillierter Formerfordernisse die Gelegenheit zu einer Entgegnung auf den Antrag. Dann war nur noch der Antragsteller berechtigt, nach Art. 2 Ziff. 9 VV-BOR1 „eine Antwort einzureichen“ und zu replizieren. Weitere Schriftsätze durften die Beteiligten ohne Genehmigung des BOR nach Art. 2 Ziff. 10 VV-BOR1 nicht mehr einreichen.

---

66 Die VV-BOR1 wurden mit der Bezeichnung „Vorschriften betr. das Verfahren vor dem Board of Review (Nachprüfungsausschuß) gemäß der 6. Durchführungsverordnung zum Gesetz 59 Vom [sic] 19. Dezember 1951“ aufgenommen in die Sammlung der „Gesetze, Verordnungen und Ausführungsbestimmungen“ bei *Rudolf Harmening / Wilhelm Hartenstein / Hans W. Osthoff / Rudolf Falk*, Rückerstattungsgesetz. Kommentar zum Gesetz über die Rückerstattung feststellbarer Vermögensgegenstände (Gesetz Nr. 59 der Militärregierung), Blätter Nr. 35 A 2 Rs.–35 A 4 Rs. der 3. Lieferung. In der Gesetzessammlung „Gesetzgebung zur Rückerstattung feststellbarer Vermögensgegenstände an Opfer der nationalsozialistischen Unterdrückungsmaßnahmen. Nach dem Stande vom 1. März 1953. Veröffentlicht im Auftrage des Legal Adviser des Hohen Kommissars des Vereinigten Königreichs. E.A. Marsden Secretary Board of Review“ wurden die VV-BOR1 auf den Seiten 107–117 aufgenommen mit der Bezeichnung „Board of Review (Nachprüfungsausschuß) (Gemäß der 6. Durchführungsverordnung zum Gesetz 59) Verfahrensvorschriften (erste abgeänderte Fassung)“ und mit dem *-Zusatz „Ersetzen mit Wirkung vom 28. 12. 51 die am 4. 7. 50 veröffentlichten Verfahrensvorschriften.“ Art. 12 Abs. 32 VV-BOR1 lautet: „Diese Vorschriften treten am Tage der Veröffentlichung der Verordnung Nr. 237 des Hohen Kommissars des Vereinigten Königreichs für Deutschland anstelle der Verfahrensvorschriften vom 4. Juli 1950 in Kraft.“ Bemerkenswert ist hier ebenso wie im Zusammenhang mit der ersten eigenen Verfahrensordnung des selbstständigen CORA (s.o.) die Darstellung bei *Walter Schwarz*. Bei ihm drängt sich der Eindruck auf, er habe auch die erste Fassung der Verfahrensvorschriften des BOR vom 4. Juli 1950 gar nicht erst zur Kenntnis genommen. Denn er schrieb: „Auch hier gab sich das Gericht seine Verfahrensordnung selbst.“ Und er belegte dies nur mit dem Hinweis „Vom 19. 12. 1951; mehrfach geändert.“ (so bei *Walter Schwarz*, Rückerstattung nach den Gesetzen der Alliierten Mächte, 1974, S. 277 mit Fußnote 1).

Ähnlich war es, wenn der Antragsteller keine mündliche Verhandlung beantragte oder der BOR es ablehnte, eine mündliche Verhandlung zu gestatten. Dann prüfte der BOR nach Art. 3 Abs. 13 VV-BOR1 die Akten, „ob prima facie ein Grund zur Gewährung der verlangten Abhilfe oder eines Teils derselben vorhanden" war. Nur wenn der BOR dabei zu der Ansicht gelangte, „daß der Antrag einen prima facie Grund zur Änderung der angefochtenen Entscheidung oder des angefochtenen Beschlusses" ergab, wurde der Antrag nach Art. 3 Abs. 15 S. 1 VV-BOR1 dem Antragsgegner zugestellt. Dieser hatte dann nicht nur nach Art. 3 Abs. 15 S. 2 i.V.m. Art. 2 Abs. 8 VV-BOR1 die Gelegenheit zu einer Entgegnung auf den Antrag, sondern konnte nach Art. 3 Abs. 15 S. 3 VV-BOR1 auch eine mündliche Verhandlung beantragen. Aber selbst wenn der BOR diesem Antrag nicht stattgab, war nur noch der Antragsteller berechtigt, nach Art. 3 Ziff. 16 VV-BOR1 zu replizieren, und die Beteiligten durften nach Art. 3 Ziff. 17 VV-BOR1 weitere Schriftsätze ohne Genehmigung des BOR nicht mehr einreichen.

Allerdings konnte es auch noch deutlich knapper werden, wenn der Antragsteller keine mündliche Verhandlung beantragte oder wenn der BOR es ablehnte, eine mündliche Verhandlung zu gestatten. Wenn der BOR dann bei der Prüfung der Akten nach Art. 3 Abs. 13 VV-BOR1 zu der Ansicht gelangte, „daß der Antrag keinen Grund zu Änderung der angefochtenen Entscheidung oder des angefochtenen Beschlusses" ergab, dann wurde der Antrag nach Art. 3 Abs. 14 VV-BOR1 endgültig zurückgewiesen, und in der selben Sache war „kein weiterer Antrag seitens des Antragstellers oder zu seinen Gunsten zulässig".[67]

b) Der Supreme Restitution Court for the British Zone (SRC) in Herford (1954 bis 1955)

Der britische Board of Review, der errichtet worden war, nachdem sein so heftig kritisierter amerikanischer Namensvetter schon längst ersetzt war, stand nie so sehr wie jener im Zentrum der Kritik und hatte dann auch mit vier Jahren von 1950 bis 1954 mehr als doppelt so lange Bestand. Letztlich war es Personalmangel[68], der die Briten dazu bewog, ihre oberste Instanz in Rückerstattungssachen nur wenige Monate vor der ohnehin längst geplanten und

67 Genau auf diese Konstellation bezieht sich *Walter Schwarz* mit seiner zutreffenden Feststellung: „Auch der BOR konnte die Nachprüfung *‚a limine'* als grundlos ablehnen." (so bei *Walter Schwarz*, Rückerstattung nach den Gesetzen der Alliierten Mächte, 1974, S. 277, [Hervorh. im Original]).

68 Dazu Kapitel 3. A. II.

beschlossenen Errichtung des Obersten Rückerstattungsgerichts[69] zu reformieren und ihn mit Wirkung vom 1. August 1954 durch den Supreme Restitution Court for the British Zone (SRC) zu ersetzen.

Insoweit erließ der Hohe Kommissar des Vereinigten Königreichs, F. R. Hoyer Millar, am 26. Juli 1954 die „Verordnung Nr. 255" (VO255)[70], die nach Art. 4 VO255 am 1. August 1954 in Kraft trat. Mit ihr wurde nach Art. 1 VO255 die den BOR betreffende DVO6 von 1950 durch die im Anhang der VO255 enthaltene „6. Durchführungsverordnung (Neufassung) zum Gesetz Nr. 59 der Militärregierung" (DVO6N)[71] ersetzt. Nach Art. 1 Abs. 1 der neuen DVO6N wurde der BOR aufgelöst und in Art. 1 Abs. 2 DVO6N festgestellt, dass das „Oberste Rückerstattungsgericht für die Britische Zone" an dessen Stelle tritt. Obwohl nach Art. 11 DVO6 auch bei der DVO6N der deutsche Wortlaut „der maßgebende Wortlaut" ist, hat sich neben der deutschen Bezeichnung „Oberstes Rückerstattungsgericht für die Britische Zone" insbesondere die Bezeichnung „SRC" als Abkürzung der im englischen Wortlaut gewählten Formulierung „Supreme Restitution Court for the British Zone" weitgehend durchgesetzt.

Anders als noch vier Jahre zuvor bei der den BOR betreffenden DVO6 von 1950 kommt die erneut zu Gunsten der Stadt Herford getroffene Entscheidung in der DVO6N deutlicher zum Ausdruck – wenn auch wiederum nicht an herausragender Stelle und nicht ausdrücklich zum Sitz des Gerichts, sondern nur zum Sitz der Geschäftsstelle formuliert. So lautet der zweite Absatz des mit „Geschäftsstelle des Gerichts" überschriebenen Art. 5 DVO6N: „So lange keine anderweitige Verfügung des Hohen Kommissars des Vereinigten Königreichs ergeht, ist der Sitz der Geschäftsstelle im Rathaus in Herford, Westfalen."

Die personelle Zusammensetzung des SRC ergab sich aus dem die „Mitglieder des Gerichtes" regelnden Art. 2 DVO6N. Danach setzte sich der SRC nach Art. 2 Abs. 1 DVO6N nicht mehr nur aus drei Mitgliedern zusammen, sondern

---

69 Zum zeitlichen Ablauf siehe Kapitel 3. A. III.

70 Verordnung Nr. 255 – Aufhebung der bestehenden und Erlassung einer abgeänderten Fassung der 6. Durchführungsverordnung zum Gesetz Nr. 59 der Militärregierung (Rückerstattung feststellbarer Vermögensgegenstände an Opfer der nationalsozialistischen Unterdrückungsmaßnahmen) vom 26. Juli 1954 (VO255), Amtsblatt der Alliierten Hohen Kommission Nr. 117 vom 28. Juli 1954, S. 3012 f.

71 6. Durchführungsverordnung (Neufassung) zum Gesetz Nr. 59 der Militärregierung (Rückerstattung feststellbarer Vermögensgegenstände an Opfer der nationalsozialistischen Unterdrückungsmaßnahmen) vom 26. Juli 1954 (DVO6N), Amtsblatt der Alliierten Hohen Kommission Nr. 117 vom 28. Juli 1954, S. 3013 ff.

aus „einem Präsidenten" (der nun endlich passend zum englischen Wortlaut „President" auch im deutschen Wortlaut als „Präsident" und nicht mehr nur als „Vorsitzender" bezeichnet war), ferner aus „einem Stellvertretenden Präsidenten" sowie aus „Richtern", deren Anzahl nach Art. 2 Abs. 1 DVO6N vom Hohen Kommissar des Vereinigten Königreichs bestimmt wurde. Hinsichtlich der erforderlichen persönlichen Qualifikation der Mitglieder des SRC kamen nicht mehr so eng formulierte Voraussetzungen wie die des Art. 2 DVO6 zum Tragen. Vielmehr mussten „alle Mitglieder des Gerichtes" nach Art. 2 Abs. 6 DVO6N schlicht „über geeignete juristische Vorbildung und Erfahrung verfügen." Darüber hinaus räumte Art. 2 Abs. 3 S. 2 DVO6N dem Hohen Kommissar des Vereinigten Königreichs die Möglichkeit ein, „die Regierung der Bundesrepublik Deutschland [...] [zu] ersuchen, einen [sic!] oder mehrere Personen zur Ernennung vorzuschlagen", so dass der SRC nicht mehr wie noch zuvor der BOR ausschließlich mit britischen Richtern besetzt war.[72]

Allerdings hatten nicht alle Mitglieder des Gerichts, sondern nach Art. 3 Abs. 1 DVO6N grundsätzlich nur drei von ihnen „an den Entscheidungen des Gerichtes teilzunehmen". Zwar hatte der Präsident nach Art. 3 Abs. 2 S. 1 DVO6N die Befugnis, „diejenigen Mitglieder, die an einer Entscheidung teilzunehmen" hatten, zu bestimmen. Er hatte dabei jedoch nicht die freie Auswahl, sondern war durch die Vorgaben in Art. 3 Abs. 2 S. 2 und Abs. 3 DVO6N beschränkt. Als eines der drei Mitglieder musste der Präsident, „wenn verfügbar, selbst" an Entscheidungen teilnehmen und den Vorsitz führen oder anderenfalls den Stellvertretenden Präsidenten teilnehmen und den Vorsitz führen lassen. Als ein weiteres der drei Mitglieder hatte der Präsident „einen der durch die Bundesregierung vorgeschlagenen Richter zur Teilnahme zu bestimmen, es sei denn, daß nach Ablauf einer angemessenen, durch den Präsidenten festzusetzenden Frist kein solcher Richter verfügbar" war. Damit war grundsätzlich gewährleistet, dass an den Entscheidungen des SRC auch ein deutscher Richter beteiligt war.

Neben den nach Art. 3 Abs. 1 DVO6N grundsätzlich vorgesehenen Entscheidungen durch drei Mitglieder des SRC kamen in zwei Ausnahmefällen auch Entscheidungen durch fünf Mitglieder des SRC in Betracht.[73] Zum einen

---

72 Zu den Hintergründen der Entscheidung für eine Beteiligung deutscher Richter an der Rechtsprechung des SRC siehe unten Kapitel 3. A. II.

73 Aber auch in diesen beiden Ausnahmefällen trifft nicht zu, was *Walter Schwarz* über die Entscheidungen des SRC feststellt: „Der SRC entschied in der Besetzung von zwei britischen, zwei deutschen und einem neutralen Richter als dem Vorsitzenden." (so bei *Walter Schwarz*, Rückerstattung nach den Gesetzen der Alliierten Mächte, 1974, S. 277). Einen neutralen Richter als Präsidenten gab es beim SRC (noch) nicht (vgl. Art. 2 DVO6N). Dies war tatsächlich erst später bei den drei Senaten des Obersten

konnte der Präsident nach Art. 4 Abs. 1 S. 1 DVO6N „nach eigenem Ermessen die Teilnahme von fünf Mitgliedern des Gerichtes an der Entscheidung einer Sache verfügen, die eine Rechtsfrage von außergewöhnlicher Schwierigkeit aufwirft". Und zum anderen war das Verfahren in jeder Sache, an der drei Mitglieder des Gerichts teilnahmen, nach Art. 4 Abs. 2 DVO6N dann „auszusetzen, wenn der Vorsitzende [scil. nach Art. 3 Abs. 3 DVO6N entweder der Präsident oder der Stellvertretende Präsident] nach angemessener Beratung der teilnehmenden Mitglieder zu der Ansicht gelangt[e], daß die Entscheidung sich in Widerspruch zu einer früheren Entscheidung des Gerichtes oder des vormaligen Boards setzen würde". In diesen beiden Ausnahmefällen bestimmte der Präsident nach Art. 4 Abs. 4 DVO6N „zwei weitere Mitglieder des Gerichtes zur Teilnahme an der Verhandlung". Um zu gewährleisten, dass an diesen Entscheidungen durch fünf Mitglieder des SRC nicht nur ein deutscher Richter beteiligt war, hatte grundsätzlich einer dieser beiden weiteren Mitglieder „ein durch die Bundesregierung vorgeschlagener Richter zu sein, es sei denn, daß nach Ablauf einer angemessenen, von dem Präsidenten festzusetzenden Frist kein solcher Richter verfügbar" war.

Anders als noch zuvor beim BOR waren alle Entscheidungen des SRC nach Art. 8 Abs. 1 DVO6N nicht nur grundsätzlich mit Stimmenmehrheit zu fassen und schriftlich auszufertigen, sondern auch mit Entscheidungsgründen zu versehen. Darüber hinaus mussten nach Art. 8 Abs. 2 DVO6N die Mitglieder des SRC, die an einer Entscheidung teilgenommen haben, die Entscheidung unterschreiben, um mit ihrer Unterschrift zu bekunden, „daß die betreffende Entscheidung eine Entscheidung des Gerichtes ist".

Dies war aber nur eine der Bestimmungen, mit denen der nach außen zu vermittelnden Geschlossenheit und Einheitlichkeit der Entscheidungen des SRC ein deutlicher Vorrang vor den individuellen Interessen seiner Richter eingeräumt wurde. So konnte zwar jeder Richter, der an einer Entscheidung teilgenommen hatte, nach Art. 8 Abs. 3 S. 1 DVO6N „innerhalb von zehn Tagen nach der Unterzeichnung einer Entscheidung durch ihn seine persönlichen Gründe für Zustimmung zu jener Entscheidung oder Abweichung davon schriftlich und mit seiner Unterschrift versehen niederlegen, und diese unterschriebene Aufzeichnung dem Präsidenten übersenden". Bezüglich dieser Aufzeichnung hatte der Präsident aber nach Art. 8 Abs. 3 S. 1 a.E. DVO6N nur die

Rückerstattungsgerichts vorgesehen (vgl. Art. 2 Abs. 1 Unterabs. (c) SORG). Und auch erst bei den drei Senaten des Obersten Rückerstattungsgerichts und nicht bereits beim SRC gab es dann tatsächlich die von *Walter Schwarz* genannten Entscheidungen „in der Besetzung von zwei britischen, zwei deutschen und einem neutralen Richter als dem Vorsitzenden" (vgl. Art. 8 Abs. 1 SORG). Dazu siehe auch Kapitel 3. B. II.

„Ablage mit der Entscheidung zu verfügen". Darüber hinaus durfte nach Art. 8 Abs. 3 S. 2 DVO6N „weder das Vorhandensein noch der Inhalt einer solchen Aufzeichnung [...] veröffentlicht oder irgendjemand außer den Mitgliedern des Gerichts, dem Geschäftsstellenleiter oder Angehörigen des Geschäftsstellenpersonals mitgeteilt werden".

Noch einen deutlichen Schritt weiter ging die Bestimmung des Art. 8 Abs. 4 DVO6N. Danach durften die Richter „ihre Ansichten über Fragen, die von dem Gericht oder dem vormaligen Board entschieden worden sind, oder über die Auslegung des Rückerstattungsgesetzes nicht veröffentlichen". Edward Arthur Marsden, der sowohl beim Zweiten Senat des Obersten Rückerstattungsgerichts in Herford als auch bereits beim BOR und beim SRC als Geschäftsstellenleiter[74] tätig gewesen war und in dieser Funktion gute Gelegenheit gehabt hatte, von Persönlichkeit und Ansichten der Richter dieser Gerichte einen unmittelbaren Eindruck zu gewinnen, schreibt[75], es sei anzunehmen, dass die „außergewöhnliche Vorschrift" des Art. 8 Abs. 4 DVO6N „auf besonderen Wunsch der britischen Richter beim BOR in Herford eingeführt worden war". Diese seien „immer darüber erstaunt gewesen, dass deutsche Richter in Rechtszeitschriften ihre Meinung über Rechtsfragen kundgaben, über die sie vielleicht schon entschieden haben oder möglicherweise sogar noch zu entscheiden haben würden". Wahrscheinlich habe „man dieser für englische Begriffe ganz ungewöhnlichen Methode von vornherein einen Riegel vorschieben" wollen.[76] Das Veröffentlichungsverbot des Art. 8 Abs. 4 DVO6N wirkte sich dann nicht nur auf die Richter des SRC aus, sondern galt später i.V.m. Art. 9 Abs. 1 b SORG weiterhin auch für die Richter des Zweiten Senats des Obersten Rückerstattungsgerichts. Darüber hinaus sind dann beim Obersten Rückerstattungsgericht auch die Richter der anderen Senate dieser für sie nicht geltenden Beschränkung gefolgt.[77]

---

74 Zum Amt des Geschäftsstellenleiters siehe unten Kapitel 3. B. IV. 1.

75 *Edward Arthur Marsden*, in: BMF / Walter Schwarz (Hrsg.), Wiedergutmachung nationalsozialistischen Unrechts, Band II, 1981, S. 611 (628).

76 In diesem Zusammenhang verweist *Edward Arthur Marsden* in Fußnote 19 auf eine „Stellungnahme von LGDir. i.R. *Dopffel*, einem Mitglied des CSR, zu Entscheidungen dieses Gerichts in JZ 1951, 785" (Hervorh. im Original). *Karl Dopffel* war von 1955 bis 1961 Richter beim Obersten Rückerstattungsgericht und zuvor von 1950 bis 1955 Richter beim CSR. Im Rahmen einer „Anmerkung" zu drei Entscheidungen des CSR vom 12. Oktober 1951 setzte er sich in der JZ 1951, 785 f., ausführlich und kritisch mit der Rechtsprechung des CSR aber auch mit der des BOR, des CORA und mehrerer unterer Instanzen in Rückerstattungssachen auseinander.

77 So *Edward Arthur Marsden*, in: BMF / Walter Schwarz (Hrsg.), Wiedergutmachung nationalsozialistischen Unrechts, Band II, 1981, S. 611 (628).

Wie zuvor beim BOR war dann auch beim SRC als oberster Instanz in Rückerstattungssachen in der britischen Besatzungszone nach Art. 8 Abs. 5 DVO6N ein „weiterer Rechtszug gegen Entscheidungen des Gerichtes [...] ausnahmslos ausgeschlossen".

Auch im Übrigen übte der SRC nach Art. 1 Abs. 3 DVO6N „sowohl die in Artikel 61 des Gesetzes Nr. 59 der Militärregierung [...] bezeichneten Befugnisse des Board of Review[78] als auch die ihm durch die gegenständliche Durchführungsverordnung [scil. durch die DVO6N] übertragenen Befugnisse aus". Damit konnte der SRC alle auf Grund des BrREG erlassenen Entscheidungen „nachprüfen, sie für nichtig erklären, ergänzen, aussetzen oder sonst abändern", und seine Befugnisse sowie das Wesentliche zum Verfahren ergaben sich aus Art. 6 bis 10 DVO6N:

Zunächst unterscheidet sich Art. 7 Abs. 1 DVO6N inhaltlich nicht von Art. 3 Abs. 1 DVO6. Damit war wie zuvor beim BOR dann auch weiterhin beim SRC sowohl eine Revision von Entscheidungen der Beschwerdeinstanzen als auch eine nicht auf bestimmte Revisionsgründe beschränkte Sprungrevision von Entscheidungen der Tatsacheninstanzen möglich. Allerdings enthielt Art. 7 Abs. 2 DVO6N nun eine zuvor in der DVO6 nicht geregelte Einschränkung der Möglichkeit einer Revision in Fällen, in denen die Entscheidungen der ersten und zweiten Instanz übereinstimmten.[79] Nach Art. 7 Abs. 2 (i) S. 1

---

78 Die dem BOR in Art. 61 BrREG übertragenen zentralen Befugnisse („Ein von der Militärregierung zu bestellender Board of Review kann alle auf Grund dieses Gesetzes erlassenen Entscheidungen nachprüfen, sie für nichtig erklären, ergänzen, aussetzen oder sonst abändern.") galten damit weiterhin auch für den SRC und in der Folge dann später nach Art. 9 Abs. 1 b SORG auch für den Zweiten Senat des Obersten Rückerstattungsgerichts.

79 Hier ist die zuvor für den BOR geltende Rechtslage nicht eindeutig dokumentiert. Zwar stellte *Walter Schwarz* fest: „Wenn aber die Entscheidungen der ersten und der zweiten Instanz übereinstimmten (*duae sententiae conformes*), war der Nachprüfungsantrag nur nach Zulassung durch die Beschwerdeinstanz oder durch den BOR selbst gestattet." (so bei *Walter Schwarz*, Rückerstattung nach den Gesetzen der Alliierten Mächte, 1974, S. 277, [Hervorh. im Original]). Aber derartiges war für den BOR in der DVO6 vom 21. April 1950 tatsächlich *nicht* geregelt, und eine entsprechende Regelung taucht erst später für den SRC in der DVO6N vom 26. Juli 1954 auf (vgl. Art. 7 Abs. 2 (i) DVO6N). Andererseits spricht einiges für die von *Walter Schwarz* getroffene Feststellung. So enthalten die Verfahrensvorschriften des BOR in der ersten geänderten Fassung vom 19. Dezember 1951 in Art. 7 Abs. 24 VV-BOR1 Bestimmungen über „Ein Ersuchen um Genehmigung zur Einreichung eines Nachprüfungsantrags gemäß Artikel 3, Absatz 1A der 6. Durchführungsverordnung". Einen solchen „Artikel 3, Absatz 1A" enthält die DVO6 vom 21. April 1950 jedoch nicht. Es dürfte aber davon auszugehen sein, dass es eine (zwischen dem 21. April 1950 und dem 19. Dezember 1951) geänderte Fassung der DVO6 gab, in der es einen nachträglich ergänzten „Artikel 3,

DVO6N war ein Nachprüfungsantrag an den SRC dann grundsätzlich nicht zulässig, wenn zuvor „eine Entscheidung oder ein Beschluß einer Wiedergutmachungskammer ohne Änderung von dem Zivilsenat des Oberlandesgerichts bestätigt worden ist“. Ausnahmsweise konnte aber der Nachprüfungsantrag von der Beschwerdeinstanz oder vom SRC selbst zugelassen werden. Zum einen hatte bereits der Zivilsenat des Oberlandesgerichts die Möglichkeit, eine Genehmigung zur Einreichung eines Nachprüfungsantrags mit der Begründung zu erteilen, „daß es sich um eine Rechtsfrage von außergewöhnlicher Bedeutung handelt“. Und zum anderen konnte der SRC selbst die Genehmigung zur Einreichung eines Nachprüfungsantrags erteilen. Dabei konnte die Genehmigung nach Art. 7 Abs. 2 (i) S. 2 DVO6N zwar von jedem Mitglied des SRC allein erteilt, aber nur durch eine mit Stimmenmehrheit gefasste Entscheidung[80] des SRC verweigert werden. Abweichend vom grundsätzlichen Erfordernis, nach Art. 8 Abs. 1 DVO6N alle Entscheidungen „mit Entscheidungsgründen zu versehen“, konnten aber „Gesuche an das Gericht um Genehmigung zur Einreichung eines Nachprüfungsantrags“ nach Art. 7 Abs. 3 DVO6N „ohne Angaben von Gründen bewilligt oder abgelehnt werden“.

Über die in der DVO6N enthaltenen Bestimmungen hinaus konnte das Gericht nach Art. 6 Abs. 1 S. 1 DVO6N „durch Beschluß aller verfügbaren Mitglieder seine Geschäfts- und Verfahrensordnung bestimmen, ändern oder widerrufen“. Eine solche Geschäfts- und Verfahrensordnung des SRC hätte nach Art. 6 Abs. 1 S. 2 DVO6N „im Amtsblatt der Alliierten Hohen Kommission veröffentlicht“ werden müssen. Dies ist jedoch nicht geschehen. Die Mitglieder des SRC haben von ihrem Recht, eine Geschäfts- und Verfahrensordnung bestimmen zu dürfen, keinen Gebrauch gemacht. Stattdessen fanden neben den in der DVO6N selbst enthaltenen Bestimmungen beim SRC auch weiterhin die Verfahrensvorschriften des BOR Anwendung, so wie es auch beim Wechsel der Vorgängergerichte des Obersten Rückerstattungsgerichts in der amerikanischen Besatzungszone praktiziert worden war.[81] Aber während es dort für dieses Vorgehen keine ausdrückliche Rechtsgrundlage gegeben hatte, war hier die Fortdauer der Anwendbarkeit der Verfahrensvorschriften des BOR in Art. 6 Abs. 1 S. 3 DVO6N ausdrücklich vorgesehen.[82] Tatsächlich fanden die alten

---

Absatz 1A“ gab, der die von *Walter Schwarz* für den BOR beschriebene und später für den SRC in den Art. 7 Abs. 2 (i) DVO6N übernommene Reglung enthielt.

80 Siehe oben.

81 Vgl. Kapitel 3. A. I. 1. b) und c).

82 Art. 6 Abs. 1 S. 3 DVO6N: „Die Verfahrensvorschriften des vormaligen Board finden, bis zur Erlassung einer neuen Geschäfts- und Verfahrensordnung durch das Gericht gemäß diesem Absatz, sinngemäß Anwendung.“

Verfahrensvorschriften des BOR dann sogar noch über den SRC hinaus in der ersten Zeit des Obersten Rückerstattungsgerichts bei dessen Zweitem Senat weiterhin Anwendung, da die DVO6N als Anhang der VO255 nach Art. 9 Abs. 2 SORG i.V.m. Art. 1 (a) (i) ÜV-Teil III „so auszulegen und anzuwenden" war, dass der Zweite Senat an die Stelle des SRC trat.[83]

Dass aber dem SRC letztlich keine lange Lebensdauer beschieden sein würde, stand von vornherein fest, nachdem die Briten mit ihm nur wenige Monate vor der ohnehin bereits zuvor beschlossenen Nachfolge durch den Zweiten Senat des Obersten Rückerstattungsgerichts noch ihren über vier Jahre bewährten BOR ersetzt hatten. Aber trotz dieser einen späten Reform war die oberste Instanz in Rückerstattungssachen in der britischen Besatzungszone dann doch eher von Kontinuität geprägt, insbesondere im Vergleich zum ständigen Wandel in der amerikanischen Besatzungszone.

3. Die Entwicklung in der französischen Besatzungszone – Der Cour Supérieure pour les Restitutions (CSR)

Während also in der britischen Besatzungszone zwei und in der amerikanischen Besatzungszone gar drei Gerichte als oberste Instanz in Rückerstattungssachen Vorgängergerichte des Zweiten bzw. Dritten Senats des Obersten Rückerstattungsgerichts waren, gab es in der französischen Besatzungszone nur ein solches Gericht. Der Cour Supérieure pour les Restitutions (CSR) war das einzige Vorgängergericht des Ersten Senats des Obersten Rückerstattungsgerichts. Er existierte von 1950 bis 1955 in Rastatt.

Anders als in den rechtlichen Regelungen der Rückerstattung in der britischen und in der amerikanischen Besatzungszone war in der für die Rückerstattung in der französischen Besatzungszone maßgeblichen VO120 vom 10. November 1947 keine Regelung aufgenommen worden, die wie Art. 69 USREG und Art. 61 BrREG[84] bereits nähere Bestimmungen über eine zu errichtende

83 Die Verfahrensvorschriften des BOR wurden – nachdem sie auch über den BOR hinaus sowohl für den SRC als auch in den ersten Monaten für den Zweiten Senat des Obersten Rückerstattungsgerichts noch weiterhin anzuwendendes Recht geblieben waren – schließlich erst am 8. November 1956 durch die Geschäfts- und Verfahrensordnung des Zweiten Senats des Obersten Rückerstattungsgerichts vom 28. Juni 1956 (BGBl. 1956 II, 936–946 – Bekanntmachung vom 29. Oktober 1956, Inkrafttreten mit ihrer Veröffentlichung im Bundesgesetzblatt am Tag der Ausgabe, dem 8. November 1956) ersetzt. Dazu stellte *Walter Schwarz* letztlich durchaus zutreffend fest: „Seine Verfahrensordnung [scil. die Geschäfts- und Verfahrensordnung des Zweiten Senats des Obersten Rückerstattungsgerichts] enthielt keine wesentlichen Änderungen gegenüber der des BOR." (so bei *Walter Schwarz*, Rückerstattung nach den Gesetzen der Alliierten Mächte, 1974, S. 277 mit Fußnote 4).

84 Siehe oben Kapitel 3. A. I. 1. a) und Kapitel 3. A. I. 2. a).

oberste Instanz in Rückerstattungssachen enthielt.[85] Insofern hatte sich die französische Militärregierung lediglich auf Bestimmungen zur ersten Instanz in Rückerstattungssachen beschränkt und diese im Dritten Abschnitt der VO120 zum „Verfahren" in Art. 12 VO120 festgeschrieben:

> „Bei jedem Gericht erster Instanz werden eine oder mehrere besondere Kammern errichtet, denen die Zurückerstattung des Vermögens übertragen wird, das Gegenstand von Beraubungsakten gewesen ist. Diese Kammern tragen den Namen ‚Restitutionskammer'. Jede Restitutionskammer besteht aus einem Vorsitzenden und zwei auf Vorschlag des Gerichtspräsidenten vom Justizminister des Landes bestimmten Beisitzern, von denen einer ein Opfer des Nationalsozialismus sein muß. Die so errichteten Kammern sind unter Ausschaltung jeder anderen Gerichtsbarkeit zuständig zur [sic!] Entscheidung über Klagen von Opfern der den Vorschriften dieser Verordnung unterfallenden Akte."

Dass in der französischen Besatzungszone letztlich aber nicht nur ausschließlich Restitutionskammern als Gerichte erster Instanz errichtet werden sollten, sondern durchaus eben auch Gerichte höherer Instanzen vorgesehen waren, das fand seinen Niederschlag in der – nicht nur für Nichtjuristen – erst bei genauerer Betrachtung nachvollziehbaren Regelung des Art. 17 VO120:

> „Die Bestimmungen des gemeinen Rechts über Rechtsmittel und Einspruch sowie über die Beteiligung Dritter am Rechtsstreit (Paragraphen 64 ff. ZPO.) bleiben aufrechterhalten."

Auf Grund dieser Regelung waren in Rückerstattungssachen in der französischen Besatzungszone neben weiteren dort genannten Vorschriften der deutschen Zivilprozessordnung unter anderem eben auch die §§ 542 ff. ZPO aus dem „Abschnitt 2. Revision" im „Buch 3. Rechtsmittel" der ZPO anzuwenden. Und um nun nach Art. 17 VO120 in der französischen Besatzungszone Revisionsverfahren in Rückerstattungssachen nach §§ 542 ff. ZPO durchführen zu können, bestand letztlich nach Art. 17 VO120 (i.V.m. §§ 542 ff. ZPO) auch in der französischen Besatzungszone die Notwendigkeit, ein Revisionsgericht für Rückerstattungssachen und damit wie in der britischen und in der amerikanischen Besatzungszone eine oberste Instanz in Rückerstattungssachen zu errichten.

---

85 Zu weiteren inhaltlichen Unterschieden der französischen VO120 gegenüber dem amerikanischen USREG und dem britischen BrREG im Überblick: *Bernhard Kemper* und *Herbert Burkhard*, Kommentar zum Bundesrückerstattungsgesetz, 1957, S. 13; *Georg Blessin* und *Hans Wilden*, Bundesrückerstattungsgesetz. Kommentar, 1958, S. 24 f.; *Bernhard Dammann / Fritz Heitkamp*, Rückerstattung feststellbarer Vermögensgegenstände an Opfer der nationalsozialistischen Unterdrückungsmaßnahmen, 1949, S. 1; ausführlicher: *Peter Goetze*, Die Rückerstattung in Westdeutschland und Westberlin, 1950, S. 11 ff.; *Gertrud Döring*, Wiedergutmachung: Rückerstattung. Nachtrag 1, 1949, S. 19 ff.

Daraufhin erließ der „Botschafter Frankreichs, Hoher Kommissar der Republik für Deutschland", André François-Poncet, am 8. September 1950 die „Verordnung Nr. 252 über die Errichtung eines Obergerichtes für Rückerstattungssachen" (VO252).[86] Mit ihr wurde nach Art. 1 VO252 „zur Anwendung des Artikels 17 der Verordnung Nr. 120 des Französischen Oberbefehlshabers in Deutschland [...] ein Revisionsgericht für Rückerstattungssachen errichtet, das die Bezeichnung ‚Obergericht für Rückerstattungssachen' trägt." Da aber im Amtsblatt der Alliierten Hohen Kommission Nr. 35 auf der Seite 603 unmittelbar vor der VO252 festgelegt ist, dass „soweit nichts anderes bestimmt ist, [...] für die von dem Hohen Kommissar der Französischen Republik oder in seinem Auftrag erlassenen Rechtsvorschriften der französische Text der amtliche Text" ist, und da in der VO252 nichts anderes bestimmt war, lautete die dem amtlichen französischen Text des Art. 1 VO252 zu entnehmende Bezeichnung des Gerichts „Cour Supérieure pour les Restitutions". Deren Abkürzung „CSR" hat sich dann auch im deutschen Sprachgebrauch weitgehend durchgesetzt.

Die tatsächliche Errichtung des CSR erfolgte dann allerdings noch nicht an dem Tag, an dem die „Verordnung Nr. 252 über die Errichtung eines Obergerichtes für Rückerstattungssachen" mit ihrer Veröffentlichung im Amtsblatt der Alliierten Hohen Kommission Nr. 35 in Kraft trat (26. September 1950). Stattdessen sollten danach noch einige Wochen vergehen. Erst nachdem die VO252 durch die Verordnung Nr. 255 vom 14. Dezember 1950 (VO255)[87] erstmals geändert worden war, konnte in Art. 12 VO252 in der Fassung des Art. 1 VO255 die Rede sein von „dem 12. Dezember 1950, dem Tage der Errichtung des Obergerichts". Und Edward Arthur Marsden weist darauf hin, dass es Eröffnungsfeierlichkeiten des CSR am 12. Dezember 1950 gegeben habe.[88]

86 Verordnung Nr. 252 über die Errichtung eines Obergerichtes für Rückerstattungssachen vom 8. September 1950 (VO252), Amtsblatt der Alliierten Hohen Kommission Nr. 35 vom 26. September 1950, S. 603–606; später abgeändert und ergänzt durch die „Verordnung Nr. 255. Änderung der Verordnung Nr. 252 über die Errichtung eines Obergerichtes für Rückerstattungssachen" vom 14. Dezember 1950 (VO255), Amtsblatt der Alliierten Hohen Kommission Nr. 42 vom 28. Dezember 1950, S. 709 und durch die „Verordnung Nr. 281. Änderung der Verordnungen Nr. 241 vom 1. Juni 1950 und Nr. 252 vom 8. September 1950" vom 26. September 1953, Amtsblatt der Alliierten Hohen Kommission Nr. 108 vom 15. Oktober 1953, S. 2699–2700.

87 Verordnung Nr. 255. Änderung der Verordnung Nr. 252 über die Errichtung eines Obergerichtes für Rückerstattungssachen vom 14. Dezember 1950 (VO255), Amtsblatt der Alliierten Hohen Kommission Nr. 42 vom 28. Dezember 1950, S. 709.

88 *Edward Arthur Marsden*, in: BMF / Walter Schwarz (Hrsg.), Wiedergutmachung nationalsozialistischen Unrechts, Band II, 1981, S. 611 (612, Fußnote 9).

Der Sitz des CSR war in der VO252 nicht festgelegt worden. Nach Art. 3 VO252 war lediglich bestimmt, dass der Sitz des Obergerichts „durch Verfügung des Französischen Hohen Kommissars in Deutschland bestimmt“ werden sollte. Die spätere Entscheidung zu Gunsten der Stadt Rastatt als Sitz des CSR[89] war naheliegend, da in Rastatt bereits zuvor das Obergericht der französischen Gerichte der Hohen Kommission seinen Sitz hatte[90] und der CSR dort gut angegliedert werden konnte.

Die personelle Zusammensetzung des CSR ergab sich aus Art. 4 VO252. Danach entschied der CSR „rechtsgültig mit 5 Richtern, von denen der Präsident und 2 Beisitzer Angehörige der französischen Justiz (magistrat de l'ordre judiciaire français) und 2 Beisitzer deutsche Berufsrichter“ waren. Nach Art. 6 Abs. 1 VO252 wurden der Präsident und die französischen Beisitzer „auf Vorschlag des Chefs der Justizverwaltung durch Verfügung des Französischen Hohen Kommissars in Deutschland ernannt“. Die deutschen Beisitzer wurden nach Art. 6 Abs. 2 VO252 ebenfalls vom Französischen Hohen Kommissar ernannt, allerdings „auf Vorschlag der Justizminister der Länder der französischen Besatzungszone“[91]. Die erstmalige Ernennung von Mitgliedern des CSR nach den Bestimmungen des Art. 6 VO252 erfolgte durch die Anordnung Nr. 159 vom 14. November 1950.[92] Alle Richter des CSR waren dort nur im Nebenamt tätig.[93]

89 Artikel 1 der Anordnung Nr. 157 über den Sitz des Obergerichtes für Rückerstattungssachen vom 12. Oktober 1950, Amtsblatt der Alliierten Hohen Kommission Nr. 37 vom 19. Oktober 1950, S. 632.

90 Verfügung Nr. 152 über den Sitz und die gebietsmäßige Zuständigkeit der französischen Gerichte der Alliierten Hohen Kommission vom 1. Juni 1950 (VF152), Amtsblatt der Alliierten Hohen Kommission Nr. 24 vom 24. Juni 1950, S. 440–441. Nach Art. 1 VF152 umfassten die französischen Gerichte der Hohen Kommission „ein Obergericht“ und „fünf Gerichte erster Instanz“. Das Obergericht hatte nach Art. 2 VF152 seinen Sitz in Rastatt und war zuständig „für die ganze französische Besatzungszone in Deutschland und für den französischen Sektor von Berlin.“ Nach Art. 3 VF152 gab es Gerichte erster Instanz in Freiburg (für das Land Baden), in Reutlingen (für das Land Württemberg), in Koblenz (für das Land Rheinland-Pfalz mit Ausnahme des Regierungsbezirks Pfalz), in Neustadt (für den Regierungsbezirk Pfalz) und in Berlin (für den französischen Sektor von Berlin).

91 1950 die Länder Rheinland-Pfalz, Baden und Württemberg-Hohenzollern (vgl. Art. 17 VO252).

92 Anordnung Nr. 159 über die Ernennung der Mitglieder des Obergerichts für Rückerstattungssachen vom 14. November 1950 (AO159), Amtsblatt der Alliierten Hohen Kommission Nr. 39 vom 15. November 1950, S. 674. Art. 1 AO159: „Auf Vorschlag des Conseiller pour les Affaires Judiciaires wird zum Präsidenten des Obergerichts für Rückerstattungssachen ernannt: M. Jean Marion, magistrat à la Cour d'Appel de Paris.“; Art. 2 AO159: „Als Beisitzer am Obergericht für Rückerstattungssachen werden ernannt: auf Vorschlag des Conseiller pour les Affaires Judiciaires: M. Alfred Wenin-

Die Befugnisse des CSR sowie Wesentliches zum Verfahren ergeben sich zum einen aus Art. 9 bis 16 VO252. Zum anderen kommt es aber insoweit auf eine andere Vorschrift der VO252 entscheidend an, die nicht nur deshalb hier besonders hervorzuheben ist. Denn mit Art. 8 VO252 hatte sich der französische Gesetzgeber entschieden, einen Schritt zu gehen, zu dem sich keine der beiden anderen westlichen Besatzungsmächte bei den anderen fünf Vorgängergerichten des Obersten Rückerstattungsgerichts hatte durchringen können: Er hatte sich für die ausdrückliche Anordnung der Anwendbarkeit deutschen Rechts im Verfahren bei der obersten Instanz in Rückerstattungssachen entschieden. So war in Art. 8 VO252 festgelegt, dass vorbehaltlich abweichender Bestimmungen in den Art. 9 bis 16 VO252 „die Vorschriften der §§ 545 bis 566 der deutschen Zivilprozeßordnung auf die bei dem Obergericht eingeleiteten Revisionsverfahren Anwendung" fanden.

Diese Entscheidung zugunsten der Anwendbarkeit deutschen Rechts ist aus französischer Perspektive allerdings eher nur als konsequente Fortsetzung einer anderen Entscheidung zu sehen, die noch weitaus auffälliger aus den sonst bei den westlichen Besatzungsmächten üblichen Entscheidungen herausragt, nämlich die in Art. 4 VO252 getroffene Entscheidung zu Gunsten der Beteiligung deutscher Richter an der Rechtsprechung der obersten Instanz in Rückerstattungssachen in der französischen Besatzungszone. Eine solche Entscheidung kam für die anderen beiden westlichen Besatzungsmächte jedenfalls 1950 (noch) nicht in Betracht. So hatte sich der amerikanische Gesetzgeber letztlich erst 1955 beim Obersten Rückerstattungsgericht und zuvor bei keinem der drei Vorgängergerichte in der amerikanischen Besatzungszone zu einer Beteiligung deutscher Richter durchringen können und der britische Gesetzgeber nur wenig früher ab Sommer 1954 beim SRC.

Angesichts der Einzigartigkeit dieser beiden wesentlichen Abweichungen von den Entscheidungen der anderen beiden westlichen Besatzungsmächte verwundert es nicht, dass ein diesbezüglicher Ausschnitt einer Rede des Chefs der

ger, président du Tribunal Supérieur, M. Gustave Lévy, vice-président du Tribunal Supérieur, M. Charles Tschiember, juge au Tribunal Supérieur, M. Pierre Hinschberger, juge au Tribunal Français, Mitglieder der französischen Justiz, auf Vorschlag des Justizministers des Landes Baden: Herr Dr. Julius Federer, Oberlandesgerichtsrat, Herr Günther Kaulbach, Senatspräsident, auf Vorschlag des Justizministers des Landes Rheinland-Pfalz: Herr Dr. Herbert Kleinewefers, Oberlandesgerichtsrat, Herr Dr. Heinz Dubro, Landgerichtsrat, auf Vorschlag des Justizministers des Landes Württemberg-Hohenzollern: Herr Dr. Karl Dopffel, Oberlandesgerichtsrat, Herr Dr. Josef Bumiller, Oberlandesgerichtsrat."

93 *Walter Schwarz*, Rückerstattung nach den Gesetzen der Alliierten Mächte, 1974, S. 321. Siehe dazu auch Kapitel 3. B. II. 5.

französischen Justizverwaltung nicht nur Überzeugung und gute Absichten hinter einer mutigen Entscheidung erkennen lässt, sondern durchaus auch etwas wie eine Rechtfertigung wirkt. Von dieser Rede berichtet Edward Arthur Marsden am Rande seiner knappen Ausführungen zum CSR beinahe versteckt in einer Fußnote[94]:

> „Bei den Eröffnungsfeierlichkeiten des CSR am 12. Dezember 1950 hatte *M. Lebegue*, Chef des Services de la Justice, gesagt, daß es immer die Absicht der französischen Regierung gewesen sei, sich auf dem Gebiet der RE [scil. der Rückerstattung] so wenig wie möglich von den Regeln des allgemeinen deutschen Rechts und der deutschen Verfahrensordnung zu entfernen, und dies sei auch bei der Einrichtung dieses Gerichts der Wunsch gewesen. Man habe deshalb bei der Besetzung des Gerichts im Gegensatz zu den benachbarten Besatzungszonen einen gemischten Gerichtshof vorgesehen. ‚Durch diese enge Zusammenarbeit französischer und deutscher Richter unter völliger Gleichberechtigung haben die französischen Behörden dem Vertrauen Ausdruck geben wollen, das sie dem neuen deutschen Richterstand entgegenbringen und auch auf diesem Gebiet ihren aufrichtigen Wunsch nach direkter und loyaler Zusammenarbeit dokumentiert.‘ Mögliche Schwierigkeiten aus der sprachlichen Verschiedenheit, aus der unterschiedlichen Berufsausbildung und aus der Unterschiedlichkeit der Gerichtsbräuche könnten mit gutem Willen überwunden werden.“

Mit dieser in Art. 4 der VO252 vom 8. September 1950 getroffenen Entscheidung zu Gunsten der Beteiligung deutscher Richter an der Rechtsprechung der obersten Instanz in Rückerstattungssachen in der französischen Besatzungszone stand nicht nur eine wesentliche Abweichung von den zuvor mehrfach getroffenen Entscheidungen der anderen beiden westlichen Besatzungsmächte im Raum. Vielmehr wurde damit der erste Schritt einer Entwicklung zurückgelegt, die insbesondere von deutscher Seite lange gefordert worden war, aber zunächst kaum Aussicht auf Verwirklichung hatte.

II. Die umstrittene Beteiligung deutscher Richter an der Rechtsprechung des Obersten Rückerstattungsgerichts und seiner Vorgängergerichte

Die Forderung einer Beteiligung deutscher Richter an der Rechtsprechung einer obersten Instanz in Rückerstattungssachen war nicht erst im Zusammenhang mit der Entscheidung in der französischen Besatzungszone aufgekommen. Sie wurde bereits erhoben, seitdem sich die amerikanische Militärregierung zwei Jahre zuvor in der rückwirkend am 10. August 1948 in Kraft getre-

---

94 *Edward Arthur Marsden*, in: BMF / Walter Schwarz (Hrsg.), Wiedergutmachung nationalsozialistischen Unrechts, Band II, 1981, S. 611 (612, Fußnote 9 mit einem abschließenden Hinweis auf den „volle[n] Text der Rede in Band 1 der Entscheidungen des CSR 1955 S. 29.“), (Hervorh. im Original).

tenen AVO4 vom 1. September 1948 entschieden hatte, dass nach Art. II Abs. 1 S. 3 AVO4 nur „amerikanische Staatsbürger" als Mitglieder des US-BOR ernannt werden konnten. Diese im Spätsommer 1948 in der amerikanischen Besatzungszone getroffene Entscheidung gegen eine Beteiligung deutscher Richter an der Rechtsprechung der obersten Instanz in Rückerstattungssachen wurde jedoch keineswegs revidiert. Vielmehr wurde sie nicht nur in der amerikanischen Besatzungszone in späteren Regelungen erneut bestätigt, sondern auch in der britischen Besatzungszone noch zum Vorbild genommen und dort ebenfalls umgesetzt. Nicht einmal ein Jahr vor der Entscheidung in der französischen Besatzungszone zu Gunsten der Beteiligung deutscher Richter an der Rechtsprechung des CSR hielten die Amerikaner noch einmal deutlich an ihrer bisherigen Linie fest. Mit der Folge, dass nach Art. 1 der am 1. Januar 1950 in Kraft getretenen AVO7 vom 28. Dezember 1949 auch der CORA ausschließlich mit amerikanischen Richtern zu besetzen war. Und nur wenige Monate vor der französischen Entscheidung folgten die Briten noch den Amerikanern, so dass nach Art. 2 der am 21. April 1950 in Kraft getretenen DVO6 dann eben auch der britische BOR nur mit britischen Richtern zu besetzen war.

Selbst nach der französischen Entscheidung blieben die Amerikaner noch ihrem 1948 einmal eingeschlagenen Weg treu und besetzten ihren reformierten CORA auch nach Art. 7 G21 vom 24. Mai 1951 weiterhin ausschließlich mit amerikanischen Richtern. Dem Vorbild der französischen Entscheidung aber dennoch zu folgen, dazu konnten sich die Briten dann auch erst mit der am 1. August 1954 in Kraft getretenen DVO6N vom 26. Juli 1954 durchringen. Sie besetzten ihren dem BOR nachfolgenden SRC nach Art. 2 Abs. 3 S. 2 DVO6N nicht mehr nur mit britischen, sondern auch mit deutschen Richtern.[95] Die Amerikaner hingegen blieben konsequent. In der amerikanischen Besatzungszone sollten auch weiterhin neben den amerikanischen Richtern keine deutschen Richter bei einem der drei verschiedenen Vorgängergerichte des Dritten Senats des Obersten Rückerstattungsgerichts an der Rechtsprechung der obersten Instanz in Rückerstattungssachen beteiligt sein.

Das sollte sich dann erst 1955 mit der Errichtung des Obersten Rückerstattungsgerichts ändern.[96] Aber die Entwicklung weg von der im Herbst 1948 gegen eine Beteiligung deutscher Richter getroffenen amerikanischen Entscheidung war trotz der wegweisenden französischen Entscheidung des Spätsommers 1950 noch lang. Es galt, viele Hürden zu überwinden.

95 Zu den Hintergründen dieser Entscheidung für eine Beteiligung deutscher Richter an der Rechtsprechung des SRC siehe unten am Ende dieses Kapitels (Kapitel 3. A. II.).

Die insbesondere auf deutscher Seite immer wieder erhobene Forderung einer Beteiligung deutscher Richter an der Rechtsprechung der obersten Instanzen in Rückerstattungssachen in allen drei Besatzungszonen der West-Alliierten wurde bereits im Herbst 1950, lediglich wenige Wochen nach der französischen Entscheidung, im Deutschen Bundestag der ersten Wahlperiode thematisiert. Dokumentiert ist eine Ankündigung der Bundesregierung, sich um eine Neuregelung in der amerikanischen und in der britischen Zone nach französischem Vorbild zu bemühen. In diesem Zusammenhang liegt die von dem Mitglied des Bundestages „Dr. von Brentano und Fraktion" unterzeichnete „Anfrage Nr. 125 der Fraktion der CDU/CSU betr. Rückerstattungsgesetz Nr. 59 und V.O.Nr. 120." vom 10. Oktober 1950 als Drucksache Nr. 1455 vor. Eine der drei darin enthaltenen Fragen lautete:

> „Was gedenkt die Bundesregierung zu tun, um offenkundige Härten des Militärregierungsgesetzes Nr. 59 zu beheben?"[97]

Für die Bundesregierung antwortete der Bundesminister der Justiz, Dr. Thomas Dehler (FDP), am 4. November 1950 (Drucksache Nr. 1567). Nach ausführlicher Darstellung der Sach- und Rechtslage stellte er fest, die Bundesregierung sehe sich „angesichts dieser Sachlage und in objektiver Abwägung der berechtigten Interessen beider Seiten [...] im wesentlichen nicht in der Lage, eine Abänderung der Rückerstattungsgesetzgebung bei der AHK [scil. der Alliierten Hohen Kommission] vorzuschlagen", obwohl dies „wenigstens mit dem Ziele einer Vereinheitlichung des zonal zersplitterten Rückerstattungsrechtes sehr erwünscht" sei. Abschließend konzentrierte sich Bundesminister Dr. Dehler auf die Forderung einer Beteiligung deutscher Richter an der Rechtsprechung der obersten Instanzen in Rückerstattungssachen in allen drei Besatzungszonen der West-Alliierten und stellte entsprechende Bemühungen der Bundesregierung in Aussicht:

> „Eine Vereinheitlichung wird lediglich insoweit erstrebt, und von der Bundesregierung bei den derzeitigen Verhandlungen mit den Besatzungsmächten vorgeschlagen werden können, als in der amerikanischen und britischen Zone entsprechend der kürzlichen Neuregelung in der französischen Besatzungszone zu den von den Besatzungsmächten geschaffenen Rückerstattungsobergerichten (Court of Restitution Appeals in der amerikanischen und Board of Review in der britischen Zone) auch deutsche Beisitzer zugezogen werden sollten. Eine derartige Beiziehung würde, ohne die berechtigten Ansprüche der Rückerstattungsberechtigten zu gefährden, der Anpassung der Entscheidungen dieser Gerichte an die allgemeinen

96 Näheres zur personellen Zusammensetzung des Obersten Rückerstattungsgerichts siehe unten Kapitel 3. B. II.

97 BT-Drs. 1/1455 vom 10. Oktober 1950.

> Vorschriften des deutschen Rechts und der Vermeidung von Mißverständnissen zwischen diesen Gerichten und den deutschen Unterinstanzen dienen."[98]

Einen detaillierten Einblick in die am 4. November 1950 von Bundesminister Dr. Dehler im Bundestag angekündigten Bemühungen der Bundesregierung und insbesondere auch einen Blick hinter die Kulissen der in den folgenden Jahren mit den Alliierten geführten Verhandlungen gewährt Edward Arthur Marsden, der die Entwicklung auf britischer Seite während seiner Tätigkeit als Legal Adviser des Hohen Kommissars des Vereinigten Königreichs gut hatte verfolgen können. Einleitend weist Marsden darauf hin, seine Ausführungen beruhten auf seinen „eigenen Notizen, den Akten der Gerichte sowie den [...] liebenswürdigerweise vom Bundesjustizministerium zur Verfügung gestellten Akten 9161/3-4 III Bd. 1-5 (Vertrag zur Regelung aus Krieg und Besatzung entstandener Fragen, Teil III, Innere Rückerstattung) mit den Protokollen des erwähnten Unterausschusses."[99] So hatte Marsden die Gelegenheit, nicht nur auf der Grundlage seiner eigenen Erlebnisse, sondern darüber hinaus auch noch mit Hilfe nicht für jedermann zugänglicher Quellen ausführlich und gut nachvollziehbar zu schildern, wie es der Bundesregierung mit ihren am 4. November 1950 angekündigten Bemühungen gelang, ihre Forderung einer Beteiligung deutscher Richter an der Rechtsprechung der obersten Instanzen in Rückerstattungssachen in allen drei Besatzungszonen der West-Alliierten in die Tat umzusetzen:[100]

> „Als im nächsten Jahr die Verhandlungen zwischen der Bundesregierung und der Alliierten Hohen Kommission über die Ablösung des Besatzungsregimes einsetzten, gingen die Besatzungsmächte hierauf ein. Diese Verhandlungen fanden vor dem Unterausschuß ‚Innere Rückerstattung und Innere Wiedergutmachung' statt. Die erste Sitzung erfolgte am 1. Dezember 1951, die 15. und letzte am 20. Mai 1952. Bei den Besprechungen dieses Ausschusses nahm die Erörterung der Satzung des Obersten Rückerstattungsgerichts einen breiten Raum ein. Im Zuge der Überführung der bis dahin den Besatzungsmächten vorbehaltenen Befugnisse auf dem Gebiet der inneren RE [scil. Rückerstattung] gaben sie ihrer Bereitwilligkeit Ausdruck, die bisherigen ausschließlich mit nichtdeutschen Richtern besetzten höchsten RE-Gerichte aufzulösen und an ihre Stelle ‚ein gemischtes Überprüfungsgericht in Rückerstattungssachen' treten zu lassen.
>
> Bevor ein Entwurf für ein solches Gericht vorgelegt werden konnte, fanden längere Erörterungen zwischen den Rechtsberatern der drei Besatzungsmächte und ihren Heimatministerien statt. Zur Erwägung stand einmal ein Gericht mit Zuständigkeit

98 BT-Drs. 1/1567 vom 4. November 1950.

99 *Edward Arthur Marsden*, in: BMF / Walter Schwarz (Hrsg.), Wiedergutmachung nationalsozialistischen Unrechts, Band II, 1981, S. 611 (613, Fußnote 11).

100 *Edward Arthur Marsden*, in: BMF / Walter Schwarz (Hrsg.), Wiedergutmachung nationalsozialistischen Unrechts, Band II, 1981, S. 611 (613 f.), (Hervorh. im Original).

für ganz Westdeutschland, mit Richtern aller drei früheren Besatzungsmächte und deutschen Richtern besetzt. Von einem so gestalteten Gericht versprach man sich eine möglichst weitgehende Vereinheitlichung der Rechtsprechung in allen drei früheren Zonen trotz weiterbestehender unterschiedlicher Gesetzgebung, befürchtete aber, daß mit einem solchen Gericht Verzögerungen in der Abwicklung eintreten würden, da besonders die Auslegung und Anwendung der in einer Zone erlassenen Gesetzestexte und der bisherigen Rechtsprechung durch in einem anderen Rechtssystem ausgebildete Richter zusätzliche Schwierigkeiten mit sich bringen würden. Ein ganz anderer Vorschlag ging dahin, in der französischen Zone das dortige Obergericht in der bisherigen Form weiterbestehen zu lassen, und zwar unter Verankerung in dem vorgesehenen Vertragswerk. In den anderen beiden Zonen sollten in gleicher Weise besetzte selbständige Gerichte errichtet werden. Man war sich darüber klar, daß eine solche Lösung zunächst Vorteile bringen würde, aber auf lange Sicht schon bestehende Unterschiede in der Rechtsentwicklung in den drei Zonen verewigen würde.

Der gewählte Vorschlag war ein Mittelweg. Die Alliierten Mächte legten den Entwurf einer Satzung für das ORG [scil. das Oberste Rückerstattungsgericht in Herford] mit drei *Senaten* vor und erklärten, daß sie für die Zusammensetzung aller Senate das Rastatter Gericht mit einer gemischten Zusammensetzung als Vorbild genommen hätten. Die Senate sollten also mit einem Richter der jeweiligen früheren Besatzungsmacht als Präsidenten, zwei weiteren Beisitzern dieser Macht und zwei deutschen Beisitzern entscheiden. Diese Zusammensetzung hätte auch nach deutscher Ansicht bisher gut gearbeitet, und sie käme deutschen Wünschen entgegen. Wie in der später vereinbarten und jetzt vorliegenden Satzung sollte das Gericht ein Präsidium (damals Präsidialrat genannt) mit organisatorischen Vollmachten haben, das aber aus den drei alliierten Präsidenten und den jeweils ranghöchsten deutschen Richtern der drei Senate, also aus sechs Mitgliedern bestehen sollte. Jeder der drei Senate sollte die Befugnisse der früheren Besatzungsgerichte zonenweise übernehmen. Die durch die Errichtung und Tätigkeit des Gerichts entstehenden Kosten, einschließlich der Kosten der von den drei [sic!] Mächten gestellten Richter und Bediensteten, sollten von der Bundesrepublik getragen werden.

Auf deutscher Seite hätte man früher eine 3 : 2 Besetzung als Fortschritt verbucht. Nach Beendigung des Besatzungsregimes war man aber mit einer solchen Besetzung nicht mehr zufrieden. Mit der Wiedererlangung der deutschen Souveränität waren Gerichte mit Gerichtsbarkeit und Sitz in der Bundesrepublik, die weiterhin mit einer Mehrzahl von alliierten Richtern besetzt wären, unvereinbar. Es erschien auch undenkbar, daß einem so zusammengesetzten Gericht die letztinstanzliche Entscheidung über die Ansprüche der ‚dritten Masse', d. h. die von der Bundesrepublik zu tragenden Verpflichtungen gemäß dem späteren BRüG [scil. dem Bundesrückerstattungsgesetz vom 19. Juli 1957[101]], übertragen werden könnte.

Es erhoben sich Stimmen, die auf die Überführung der obersten Gerichtsbarkeit in deutsche Hände drängten. Die deutsche Justiz habe sich auch auf diesem Gebiete

101 Bundesgesetz zur Regelung der rückerstattungsrechtlichen Geldverbindlichkeiten des Deutschen Reichs und gleichgestellter Rechtsträger (Bundesrückerstattungsgesetz – BRüG) vom 19. Juli 1957 (BGBl. 1957 I, 734 ff.).

bewährt. Die meisten Entscheidungen der unteren Instanzen blieben unangefochten, und die in dem Überleitungsvertragsentwurf enthaltene Garantie der Aufrechterhaltung der alliierten RE-Gesetzgebung müßte allen Wünschen genügen. Andererseits war man sich auch klar, daß gegenüber dem von den Alliierten aufgestellten Entwurf nur beschränkte Änderungswünsche durchgesetzt werden konnten.

Demgegenüber machten die Alliierten geltend, daß in ihren Staaten die Verfolgtenverbände und andere Organisationen auf eine Beibehaltung der bisherigen Zusammensetzung drängten und die Anwendung des Rastatter Modells für alle drei Zonen schon ein Entgegenkommen bedeute, über das man nicht hinausgehen könne. Es bestände in der Welt und insbesondere in den Kreisen der Verfolgten noch große Besorgnis wegen einer loyalen Durchführung des RE-Programms, wenn dieses allein in deutsche Hände gelegt würde.

Man befürchtete allerdings auf alliierter Seite, daß eine zu starre Haltung die Zustimmung der Bundesrepublik zur Übernahme der Verpflichtungen, die im 3. Teil des Überleitungsvertrages auf dem Gebiete der inneren RE vorgesehen waren, in Frage stellen würde. Andererseits war man besorgt, daß ein Nachgeben in diesem Punkt als ein Sieg der ‚antirestitution lobby‘ ausgelegt werden würde und so möglicherweise die negative Einstellung der RE-Verpflichteten gegenüber dem RE-Programm verhärten würde. Um der deutschen Seite ein Einverständnis zu erleichtern, erklärten deshalb die alliierten Mächte, daß die von ihnen zu ernennenden Richter keine Besatzungs- oder Ministerialbeamte sein würden, sondern völlig unabhängige Persönlichkeiten. Daher sei man auch zu gegenseitigen Beratungen vor den Ernennungen bereit.

Die Verhandlungen zogen sich hin. Die Streitfrage über die Zusammensetzung des Gerichts wurde zuletzt nicht im Unterausschuß, sondern erst Anfang März 1952 auf höchster Ebene entschieden. Ein Kompromiß bot sich an; er fand sich in dem Modell internationaler Schiedsgerichte, in dem üblicherweise ein neutraler Schiedsrichter mit einem oder zwei Beisitzern jeder der beiden streitenden Mächte entscheidet. Die Alliierten legten einen neuen Entwurf auf dieser Basis mit einem neutralen Präsidenten und je zwei deutschen und alliierten Beisitzern vor, auf den man sich, nach Erledigung mannigfaltiger Einzelfragen, verhältnismäßig schnell einigte.“

Damit war bereits Anfang 1952 der Weg geebnet für eine Beteiligung deutscher Richter an der Rechtsprechung der drei Senate des Obersten Rückerstattungsgerichts. Tatsächlich auch beschritten wurde dieser Weg dann aber erst gut dreieinhalb Jahre später, als das Oberste Rückerstattungsgericht Ende 1955 seine Tätigkeit aufnehmen konnte. In der Zwischenzeit blieb jedoch erst einmal weiterhin alles beim Alten. Die Amerikaner wichen konsequent nicht vorzeitig von ihrem 1948 einmal eingeschlagenen Weg ab. Und auch bei den Briten sah es zunächst nicht danach aus, dass sie von ihrem 1950 nach amerikanischem Vorbild eingeschlagenen Weg abweichen wollten. Dass sie es dann im Sommer 1954, knapp eineinhalb Jahre vor der Aufnahme der Tätigkeit des Obersten Rückerstattungsgerichts, dennoch taten, hatte schlicht pragmatische Gründe.

Auch in diesem Zusammenhang gewährt wieder Edward Arthur Marsden einen Einblick in die Entwicklung und in die nicht jedermann zugänglichen Hintergründe dieser Entscheidung. Während seiner Tätigkeit beim BOR hatte er die dortigen Entwicklungen in den Jahren 1952 bis 1954 aus unmittelbarer Nähe verfolgen können und konnte so im Nachhinein aus der Erinnerung an die eigenen Erlebnisse berichten:[102]

> „Während dieser Zeit war der BOR mit seiner Arbeit in erheblichen Rückstand geraten und konnte seiner laufenden Eingänge nicht mehr Herr werden. Nach britischer Ansicht war die erforderlich gewordene Verstärkung am besten und am schnellsten durch Beteiligung von im RE-Recht geschulten deutschen Beisitzern zu erreichen.
>
> Ende 1953 trat der Britische Hohe Kommissar an die Bundesregierung mit der Frage heran, ob man deutscherseits bereit wäre, zur baldigen Abwicklung der Rückstände zwei Richter mit guter RE-rechtlicher Erfahrung und englischen Sprachkenntnissen vorzuschlagen, die er dann zu Beisitzern bei einem umgestalteten Obersten Gericht in der britischen Zone ernennen würde.
>
> Die Bundesregierung ging grundsätzlich gern auf die Vorschläge ein, schlug aber mit Hinweis auch auf das inzwischen errichtete ORG Berlin [scil. das Oberste Rückerstattungsgericht für Berlin] vor, doch schon jetzt in der britischen Zone die inzwischen ausgehandelte neue Art der Besetzung des ORG [scil. des Obersten Rückerstattungsgerichts in Herford] mit einem neutralen Richter und zwei deutschen und zwei britischen Beisitzern in Kraft zu setzen. Die britische Besatzungsmacht war aber zu diesem Zeitpunkt zu einer derart weitgehenden Umgestaltung des Gerichts in ihrer Zone nicht bereit und befürchtete unangemessene Verzögerungen.
>
> Nach längeren Verhandlungen über die Gestaltung des neuen Gerichts und die Stellung der vorgesehenen deutschen Richter erließ der Brit. HK [scil. der Britische Hohe Kommissar] am 26. Juli 1954 die VO Nr. 255 mit einer Neufassung der 6. DVO zum BrREG, in der das Oberste Rückerstattungsgericht für die britische Zone (SRC) errichtet wurde. Es sollte in zwei Kammern mit je einem deutschen Beisitzer entscheiden, hatte aber die Möglichkeit, als Gesamtgericht mit fünf Richtern, darunter zwei deutschen Beisitzern, zu tagen, wenn eine Rechtsfrage von außergewöhnlicher Bedeutung zu beurteilen war. Hiervon wurde später dreimal Gebrauch gemacht.
>
> Nach Rückfrage bei den Ländern hatte das Bundesjustizministerium im Mai 1954 zwei Richter vorgeschlagen, die beide über langjährige RE-Praxis in der britischen Zone verfügten. Sie wurden vom Brit. HK als Beisitzer ernannt und nahmen schon im August des Jahres ihre Tätigkeit auf. Beide Herren wurden bei der Errichtung des 2. Senats im folgenden Sommer 1955 auch zu ständigen Richtern im 2. Senat ernannt, und beide haben ihm bis zu ihrer Pensionierung angehört."

102 *Edward Arthur Marsden*, in: BMF / Walter Schwarz (Hrsg.), Wiedergutmachung nationalsozialistischen Unrechts, Band II, 1981, S. 611 (616 f.).

III. Die Geburtsstunde des Obersten Rückerstattungsgerichts in Herford am 15. Dezember 1955

Die Frage „*Seit wann gab es das Oberste Rückerstattungsgericht in Herford?*“ kann ohne weiteres zutreffend mit „Seit dem Jahre 1955.“ beantwortet werden. Für eine genauere Antwort bedarf es aber einer Differenzierung. Hier kommt es zum einen auf die Frage an „*Wann wurde das Oberste Rückerstattungsgericht formell errichtet?*“, zum anderen auf die Frage „*Seit wann existierte das Oberste Rückerstattungsgericht tatsächlich?*“

Als maßgeblicher Anknüpfungspunkt für die Beantwortung der Frage nach dem Datum der formellen Errichtung des Obersten Rückerstattungsgerichts in Herford ist dessen rechtliche Grundlage näher zu betrachten. Entscheidend ist insoweit die Formulierung „Es wird hiermit ein Oberstes Rückerstattungsgericht errichtet“. Sie findet sich im Vertrag zur Regelung aus Krieg und Besatzung entstandener Fragen, Dritter Teil, Innere Rückerstattung, Artikel 6 Abs. 1 S. 1.[103] Das Oberste Rückerstattungsgericht in Herford beruhte damit auf dem gemeinhin nur kurz als „Überleitungsvertrag“ bezeichneten „Vertrag zur Regelung aus Krieg und Besatzung entstandener Fragen“.[104]

Diesen Vertrag schlossen „die Bundesrepublik Deutschland, die Vereinigten Staaten von Amerika, das Vereinigte Königreich von Großbritannien und Nordirland und die Französische Republik“ als einen der vier Bonner Verträge bereits am 26. Mai 1952 in Bonn.[105] Die nach Art. 59 Abs. 2 GG erforderliche Zustimmung erfolgte durch das „Gesetz betreffend den Vertrag vom 26. Mai 1952 über die Beziehungen zwischen der Bundesrepublik Deutschland und den Drei Mächten mit Zusatzverträgen“ vom 28. März 1954.[106] Die vier Bonner Verträge traten jedoch in ihrer ursprünglichen Fassung nicht in Kraft. Stattdessen wurden neue Verhandlungen aufgenommen, als deren Abschluss am 23. Oktober 1954 in Paris das „Protokoll über die Beendigung des Besatzungs-

103 Vertrag zur Regelung aus Krieg und Besatzung entstandener Fragen (in der gemäß Liste IV zu dem am 23. Oktober 1954 in Paris unterzeichneten Protokoll über die Beendigung des Besatzungsregimes in der Bundesrepublik Deutschland geänderten Fassung), Dritter Teil, Innere Rückerstattung, Artikel 6 Abs. 1 S. 1 1. Hs. (BGBl. 1955 II, 423).

104 BGBl. 1955 II, 405–468. Einleitend dazu auch Kapitel 2.

105 Vertrag über die Beziehungen zwischen der Bundesrepublik Deutschland und den Drei Mächten (BGBl. 1954 II, 61–77); Vertrag über die Rechte und Pflichten ausländischer Streitkräfte und ihrer Mitglieder in der Bundesrepublik Deutschland (BGBl. 1954 II, 78–134); Finanzvertrag (BGBl. 1954 II, 135–156); Vertrag zur Regelung aus Krieg und Besatzung entstandener Fragen (BGBl. 1955 II, 157–239).

106 BGBl. 1954 II, 57 ff.

regimes in der Bundesrepublik Deutschland“ unterzeichnet wurde, mit dem Änderungen in den vier Bonner Verträgen sowie im „Abkommen über die steuerliche Behandlung der Streitkräfte und ihrer Mitglieder“ vereinbart worden waren.[107]

Die Änderungen zum Vertrag zur Regelung aus Krieg und Besatzung entstandener Fragen beschränkten sich jedoch in seinem die Innere Rückerstattung und das Oberste Rückerstattungsgericht betreffenden Dritten Teil lediglich auf geringfügige Ergänzungen und sprachliche Anpassungen, die im Wesentlichen auf Grund der in der Zwischenzeit zum 1. August 1954 erfolgten Ablösung des britischen BOR durch den SRC notwendig geworden waren.[108] Im Übrigen blieben die das Oberste Rückerstattungsgericht betreffenden Regelungen in ihrer am 26. Mai 1952 in Bonn vereinbarten Fassung erhalten.

Die nach Art. 59 Abs. 2 GG erforderliche Zustimmung erfolgte durch das „Gesetz betreffend das Protokoll vom 23. Oktober 1954 über die Beendigung des Besatzungsregimes in der Bundesrepublik Deutschland“ vom 24. März 1955.[109] Die in dessen Artikel 3 vorgesehene Bekanntmachung der „Texte der Bonner Verträge“ in der durch das Pariser Protokoll geänderten Fassung erfolgte dann durch die „Bekanntmachung zum Protokoll vom 23. Oktober 1954 über die Beendigung des Besatzungsregimes in der Bundesrepublik Deutschland“ vom 30. März 1955.[110]

---

107 Protokoll über die Beendigung des Besatzungsregimes in der Bundesrepublik Deutschland (BGBl. 1955 II, 215 ff.) mit Liste I. Änderungen zu dem Vertrag über die Beziehungen zwischen der Bundesrepublik Deutschland und den Drei Mächten (BGBl. 1954 II, 218 ff.), Liste II. Änderungen zu dem Vertrag über die Rechte und Pflichten ausländischer Streitkräfte und ihrer Mitglieder in der Bundesrepublik Deutschland (BGBl. 1954 II, 224 ff.), Liste III. Änderungen zu dem Finanzvertrag (BGBl. 1954 II, 227 ff.), Liste IV. Änderungen zu dem Vertrag zur Regelung aus Krieg und Besatzung entstandener Fragen (BGBl. 1955 II, 234 ff.) und Liste V. Änderungen zu dem Abkommen über die steuerliche Behandlung der Streitkräfte und ihrer Mitglieder (BGBl. 1955 II, 241 ff.).

108 BGBl. 1955 II, 237 f.

109 BGBl. 1955 II, 213 ff.

110 BGBl. 1955 II, 301 ff.; Texte der Bonner Verträge in der durch das Protokoll über die Beendigung des Besatzungsregimes in der Bundesrepublik Deutschland geänderten Fassung nebst ergänzenden Dokumenten (BGBl. 1955 II, 303 ff.); Vertrag über die Beziehungen zwischen der Bundesrepublik Deutschland und den Drei Mächten (in der gemäß Liste I zu dem am 23. Oktober 1954 in Paris unterzeichneten Protokoll über die Beendigung des Besatzungsregimes in der Bundesrepublik Deutschland geänderten Fassung) (BGBl. 1955 II, 305–320); Vertrag über die Rechte und Pflichten ausländischer Streitkräfte und ihrer Mitglieder in der Bundesrepublik Deutschland (in der gemäß Liste II zu dem am 23. Oktober 1954 in Paris unterzeichneten Protokoll über die Beendigung des Besatzungsregimes in der Bundesrepublik Deutschland geänderten

Anders als in Teilen der Literatur beschrieben[111], war mit dieser Bekanntmachung im Bundesgesetzblatt jedoch nicht auch zugleich das Inkrafttreten verbunden. Erst nachdem die Ratifizierungsurkunden von der Bundesrepublik Deutschland und von den Vereinigten Staaten am 20. April 1955 und von der Französischen Republik und dem Vereinigten Königreich von Großbritannien und Nordirland am 5. Mai 1955 hinterlegt worden waren, traten die am 26. Mai 1952 in Bonn geschlossenen und am 23. Oktober 1954 in Paris geänderten Vereinbarungen der vier Staaten „am 5. Mai 1955 12 Uhr mittags in Kraft".[112] Damit lässt sich die erste Frage nach dem Zeitpunkt der formellen Errichtung des Obersten Rückerstattungsgerichts in Herford durch die Formulierung des Art. 6 Abs. 1 S. 1 1. Hs. Vertrag zur Regelung aus Krieg und Besatzung entstandener Fragen, Dritter Teil, Innere Rückerstattung („Es wird hiermit ein Oberstes Rückerstattungsgericht errichtet") in Verbindung mit der „Bekanntmachung über das Inkrafttreten des Protokolls vom 23. Oktober 1954 über die Beendigung des Besatzungsregimes in der Bundesrepublik Deutschland" präzise beantworten: Am 5. Mai 1955 um 12.00 Uhr.

Die zweite Frage, seit wann nämlich das formell am 5. Mai 1955 um 12.00 Uhr errichtete Oberste Rückerstattungsgericht in Herford dann auch tatsächlich existierte, kann nicht an Hand von exakt im Bundesgesetzblatt dokumentierten Gesetzen, völkerrechtlichen Verträgen und Bekanntmachungen beantwortet werden. Allerdings lässt sich bereits direkt aus Artikel 6 des

---

Fassung) (BGBl. 1955 II, 321–380); Finanzvertrag (in der gemäß Liste III zu dem am 23. Oktober 1954 in Paris unterzeichneten Protokoll über die Beendigung des Besatzungsregimes in der Bundesrepublik Deutschland geänderten Fassung) (BGBl. 1955 II, 381–404); Vertrag zur Regelung aus Krieg und Besatzung entstandener Fragen (in der gemäß Liste IV zu dem am 23. Oktober 1954 in Paris unterzeichneten Protokoll über die Beendigung des Besatzungsregimes in der Bundesrepublik Deutschland geänderten Fassung) (BGBl. 1955 II, 405–468); Abkommen über die steuerliche Behandlung der Streitkräfte und ihrer Mitglieder (in der gemäß Liste V zu dem am 23. Oktober 1954 in Paris unterzeichneten Protokoll über die Beendigung des Besatzungsregimes in der Bundesrepublik Deutschland geänderten Fassung) (BGBl. 1955 II, 469–473).

111 Beispielsweise fasste *Walter Schwarz* die wesentlichen Daten eher beiläufig am Rande seiner Ausführungen zum Nachprüfungsverfahren der Rückerstattung in einer Fußnote wie folgt zusammen: „Dritter Teil, Art. 6 des Deutschlandvertrages in der Fassung des Pariser Protokolls v. 23. 10. 1954 über die Beendigung des Besatzungsregimes in der Bundesrepublik, Liste IV, BGBl. II 55, 418 ff. Die Satzung des ORG [scil. des Obersten Rückerstattungsgerichts in Herford] war im Anhang zum Dritten Teil des Vertrages enthalten (BGBl. II 55, 424) und trat durch die Bekanntmachung v. 30. 5. 1955 [sic!] (BGBl. II 55, 301) in Kraft." (so bei *Walter Schwarz*, Rückerstattung nach den Gesetzen der Alliierten Mächte, 1974, S. 276, Fn 7).

112 Bekanntmachung über das Inkrafttreten des Protokolls vom 23. Oktober 1954 über die Beendigung des Besatzungsregimes in der Bundesrepublik Deutschland. Vom 5. Mai 1955 (BGBl. 1955 II, 628).

dritten Teils des Vertrags zur Regelung aus Krieg und Besatzung entstandener Fragen erkennen, dass die am Abschluss des Vertrags beteiligten Parteien schon 1952 davon ausgegangen waren, dass das Oberste Rückerstattungsgericht nicht zugleich mit seiner formellen Errichtung auch tatsächlich existieren und seine Tätigkeit aufnehmen werde. Denn Artikel 6 enthält in seinem Abs. 2 eine vorausschauend formulierte Übergangsregelung für einen Zeitraum von drei Monaten nach der formellen Errichtung des Obersten Rückerstattungsgerichts, nach der die drei Vorgängergerichte der drei Senate des Obersten Rückerstattungsgerichts die in diesem Übergangszeitraum anfallende Arbeit zu erledigen haben:

> „Jedes Gericht, dessen Nachfolge das Oberste Rückerstattungsgericht übernimmt, hat binnen drei Monaten über die bei Inkrafttreten dieses Vertrags im Stadium der endgültigen Erledigung befindlichen Fälle zu entscheiden und alle Fälle, die in diesem Zeitraum noch nicht entschieden sind, auf das Oberste Rückerstattungsgericht überzuleiten.“[113]

Dieser bereits 1952 vertraglich vorgesehene Übergangszeitraum von drei Monaten sollte sich jedoch dann in der Realität des Jahres 1955 als deutlich zu kurz gegriffen herausstellen. Er wurde letztlich mit über sieben Monaten weit überschritten. So stehen für die Beantwortung der Frage, seit wann das formell am 5. Mai 1955 um 12.00 Uhr errichtete Oberste Rückerstattungsgericht in Herford dann auch tatsächlich existierte und seine Tätigkeit aufnahm, Quellen zur Verfügung, an Hand derer die tatsächliche Geburtsstunde mit dem 15. Dezember 1955 angegeben werden kann: Harold P. Romberg, der als Registrar das Amt des Geschäftsstellenleiters beim Obersten Rückerstattungsgericht für Berlin ausgeübt hatte, stellt lediglich knapp fest, das Oberste Rückerstattungsgericht in Herford habe zwar ab dem 5. Mai 1955 bestanden, aber erst am 15. Dezember 1955 seine Tätigkeit aufgenommen.[114] Und Edward Arthur Marsden, der aus der Perspektive des Geschäftsstellenleiters beim SRC und beim Zweiten Senat des Obersten Rückerstattungsgerichts in Herford die Ent-

---

113 Vertrag zur Regelung aus Krieg und Besatzung entstandener Fragen (in der gemäß Liste IV zu dem am 23. Oktober 1954 in Paris unterzeichneten Protokoll über die Beendigung des Besatzungsregimes in der Bundesrepublik Deutschland geänderten Fassung), Dritter Teil, Innere Rückerstattung, Artikel 6 Abs. 2 S. 1 (BGBl. 1955 II, 423). Artikel 6 Abs. 2 S. 2 enthält darüber hinaus eine wichtige Begriffsbestimmung: „Für die Zwecke dieses Vertrags gelten Fälle, die ein Gericht bei Inkrafttreten dieses Vertrags noch nicht zu untersuchen und richterlich zu würdigen begonnen hat oder lediglich in bezug [sic] auf das Verfahren untersucht und richterlich gewürdigt hat, nicht als Fälle, die bei Inkrafttreten dieses Vertrags sich im Stadium der endgültigen Erledigung befinden.“

114 *Harold P. Romberg*, in: BMF / Walter Schwarz (Hrsg.), Wiedergutmachung nationalsozialistischen Unrechts, Band II, 1981, S. 585.

wicklungen im Jahr 1955 in Herford unmittelbar hatte miterleben können, berichtet von der Zeit nach dem 5. Mai 1955:

> „Es vergingen aber noch einige Monate, bis die erforderlichen Verwaltungsmaßnahmen durchgeführt wurden, so daß das Gericht erst am 15. Dezember 1955 seine Tätigkeit aufnehmen konnte.“[115]

Darüber hinaus war der 15. Dezember 1955 aber nicht nur schlicht der erste Arbeitstag des Obersten Rückerstattungsgerichts in Herford. Vielmehr sei, so berichtet Marsden, an diesem Tag das Präsidium des Gerichts zu seiner ersten Sitzung zusammengetreten.[116] Diese erste öffentliche Sitzung habe im Sitzungssaal des Rathauses in Herford stattgefunden.[117] In ihr sei als erstes von den Richtern das in der Satzung des Obersten Rückerstattungsgerichts vorgesehene „Gelöbnis unparteiischer und gewissenhafter Amtsausübung“ abzulegen gewesen.[118] Danach habe „man in einer ersten Beratung des Präsidiums die sofort erforderlich gewordenen organisatorischen Maßnahmen“ getroffen.[119] Erst dann sei die Tätigkeit des Obersten Rückerstattungsgerichts in Herford aufgenommen worden:

> „Nachdem dieses [scil. das Präsidium des Obersten Rückerstattungsgerichts] alle organisatorischen Beschlüsse gefaßt hatte, nahmen die Senate des Gerichts ihre eigentliche Tätigkeit auf.“[120]

Von der Vertragsunterzeichnung am 26. Mai 1952 in Bonn bis zur ersten Sitzung des Präsidiums am 15. Dezember 1955 waren damit gut dreieinhalb Jahre vergangen.

---

115 *Edward Arthur Marsden*, in: BMF / Walter Schwarz (Hrsg.), Wiedergutmachung nationalsozialistischen Unrechts, Band II, 1981, S. 611 (617).

116 *Edward Arthur Marsden*, in: BMF / Walter Schwarz (Hrsg.), Wiedergutmachung nationalsozialistischen Unrechts, Band II, 1981, S. 611 (618).

117 *Edward Arthur Marsden*, in: BMF / Walter Schwarz (Hrsg.), Wiedergutmachung nationalsozialistischen Unrechts, Band II, 1981, S. 611 (620).

118 Dieses „Gelöbnis“ beschreibt *Edward Arthur Marsden* mit dem folgenden Wortlaut: „Als erstes mußten die Richter in einer öffentlichen Sitzung das in Artikel 3, Absatz 4 der Satzung vorgesehene Gelöbnis unparteiischer und gewissenhafter Amtsausübung ablegen.“ So bei *Edward Arthur Marsden*, in: BMF / Walter Schwarz (Hrsg.), Wiedergutmachung nationalsozialistischen Unrechts, Band II, 1981, S. 611 (620). Allerdings ist in diesem Zusammenhang tatsächlich nicht der von *Marsden* genannte Art. 3 Abs. 4, sondern stattdessen Art. 3 Abs. 6 SORG einschlägig: „Die Richter haben sich vor Aufnahme ihrer Tätigkeit in öffentlicher Sitzung zu verpflichten, ihr Amt unparteiisch und gewissenhaft auszuüben.“

119 *Edward Arthur Marsden*, in: BMF / Walter Schwarz (Hrsg.), Wiedergutmachung nationalsozialistischen Unrechts, Band II, 1981, S. 611 (620).

120 *Edward Arthur Marsden*, in: BMF / Walter Schwarz (Hrsg.), Wiedergutmachung nationalsozialistischen Unrechts, Band II, 1981, S. 611 (618).

B. Aufbau und Organisation des Obersten Rückerstattungsgerichts in Herford nach seiner Satzung

Der Blick zurück auf den am 26. Mai 1952 in Bonn unterzeichneten Überleitungsvertrag[121] ist aber auch aus anderem Grunde geboten. Denn bereits in diesem Vertrag hatten die Beteiligten schon alle wesentlichen Entscheidungen über Aufbau und Organisation des Obersten Rückerstattungsgerichts in Herford getroffen und als Anhang zu seinem Dritten Teil die Satzung des Obersten Rückerstattungsgerichts (SORG)[122] festgeschrieben. In dieser Satzung sind insbesondere zwei Bestimmungen für den Aufbau und die Organisation des Obersten Rückerstattungsgerichts entscheidend. Das ist zum einen Art. 1 Abs. 1 SORG: Danach bestand das Oberste Rückerstattungsgericht aus „dem Präsidenten des Gerichtes“, „dem Präsidium (Presidential Council)“ und „drei Senaten (Divisions)“.[123] Ergänzend war dann in Art. 9 Abs. 1 SORG festgelegt, dass das Oberste Rückerstattungsgericht „seine Gerichtsbarkeit und sonstigen Befugnisse durch seine Senate“ ausübte.

I. Die drei Senate des Obersten Rückerstattungsgerichts in Herford – Drei Gerichte in einem

Der Erste Senat des Obersten Rückerstattungsgerichts übte nach Art. 9 Abs. 1 Unterabs. (a) SORG „die Gerichtsbarkeit und sonstigen Befugnisse des durch Verordnung Nr. 252 des französischen Hohen Kommissars errichteten Obergerichtes für Rückerstattungssachen aus“. Er trat damit die Nachfolge des CSR an, der in der französischen Besatzungszone als oberste Instanz in Rückerstattungssachen am 12. Dezember 1950 errichtet worden war. Der Zweite Senat übte nach Art. 9 Abs. 1 Unterabs. (b) SORG „die Gerichtsbarkeit und sonstigen Befugnisse des durch Verordnung Nr. 255 des Hohen Kommissars des Vereinigten Königreichs errichteten Obersten Rückerstattungsgerichtes aus“.

121 Vertrag zur Regelung aus Krieg und Besatzung entstandener Fragen, BGBl. 1955 II, 405–468. Einleitend dazu auch Kapitel 2. C. sowie zum Zustandekommen des Vertrags Kapitel 3. A. III.

122 Vertrag zur Regelung aus Krieg und Besatzung entstandener Fragen. Anhang zum Dritten Teil. Satzung des Obersten Rückerstattungsgerichtes, BGBl. 1955 II, 424–430. Nachfolgend mit SORG abgekürzt. Auch dazu einleitend Kapitel 2. C.

123 Dem Text der deutschen Fassung wurden tatsächlich nur die beiden englischen Begriffe „Presidential Council“ und „Divisions“ als Klammerzusätze hinzugefügt, nicht aber auch die französischen Begriffe „Conseil des Présidents“ und „Chambres“. Den Texten der englischen und der französischen Fassung wurden an dieser Stelle jeweils nur die deutschen Begriffe als Klammerzusätze hinzugefügt. Im Übrigen finden sich derartige Klammerzusätze mit Begriffen der anderen Sprachen an keiner weiteren Stelle in der Satzung.

Er war mithin Nachfolger des SRC, der in der britischen Besatzungszone erst neun Monate vorher am 1. August 1954 den zuvor vom 21. April 1950 bis zum 31. Juli 1954 existierenden BOR als oberste Instanz in Rückerstattungssachen ersetzt hatte. Der Dritte Senat schließlich übte nach Art. 9 Abs. 1 Unterabs. (c) SORG „die Gerichtsbarkeit und sonstigen Befugnisse des durch Gesetz Nr. 21 (in abgeänderter Fassung) des amerikanischen Hohen Kommissars errichteten Court of Restitution Appeals aus". Er stand somit in der Nachfolge des CORA (seit 7. Juni 1951 selbstständiges Gericht und zuvor vom 1. Januar 1950 bis zum 6. Juni 1951 Senat der Amerikanischen Gerichte der Alliierten Hohen Kommission), der in der amerikanischen Besatzungszone den US-BOR (vom 10. August 1948 bis zum 31. Dezember 1949) als oberste Instanz in Rückerstattungssachen ersetzt hatte. Jeder der drei Senate übernahm aber nicht nur nach Art. 9 Abs. 1 Unterabs. (a) bis (c) SORG die Befugnisse seines jeweiligen Vorgängergerichts, sondern bekam nach Art. 1 Abs. 5 S. 2 SORG zunächst auch noch dessen Sitz zugewiesen. So übernahm der Erste Senat zunächst den Sitz des CSR in Rastatt, der Zweite Senat behielt den Sitz seiner beiden Vorgängergerichte BOR und SRC in Herford, und der Dritte Senat verblieb zunächst am Sitz von US-BOR und CORA in Nürnberg. Bereits anhand dieser im Überleitungsvertrag vereinbarten Grundentscheidungen über Aufbau und Organisation wird deutlich, dass das Oberste Rückerstattungsgericht in Herford trotz entsprechender Bezeichnung nicht ein im allgemein üblichen Sinn einheitliches Gericht mit drei Senaten war. Es bestand aus drei Senaten, die an drei verschiedenen Orten mit unterschiedlichen Befugnissen jeweils ihre Gerichtsbarkeit ausübten, und kann daher eher als ein gemeinsames rechtliches Dach für drei zwar als Senate bezeichnete, aber tatsächlich weitgehend eigenständige Gerichte gesehen werden.

II. Die Richter der drei Senate des Obersten Rückerstattungsgerichts

Jedem der drei Senate des Obersten Rückerstattungsgerichts gehörten nach Art. 1 Abs. 2 SORG mindestens fünf Richter an. Diese lassen sich bereits hinsichtlich unterschiedlicher Vorschriften über ihre Ernennung sowie hinsichtlich unterschiedlicher Vorschriften über die Befähigung zum jeweiligen Richteramt, insbesondere zur fachlichen Qualifikation aber auch zur Staatsangehörigkeit, grob in drei Gruppen einteilen. Entsprechend der durch Art. 2 Abs. 1 Unterabs. (a) bis (c) SORG vorgegebenen Systematik[124] ist dies zunächst die

124 Bemerkenswert ist, dass der Text der deutschen Fassung der Satzung bei Art. 2 Abs. 1 Unterabs. (a) bis (c) SORG von den Texten der englischen und der französischen Fassung abweicht: Nur im Text der deutschen Fassung sind die deutschen Richter an erster Stelle in Art. 2 Abs. 1 Unterabs. (a) SORG genannt und die Richter der Drei Mächte an zweiter Stelle in Art. 2 Abs. 1 Unterabs. (b) SORG. In den Texten der englischen und

Gruppe der deutschen Richter, ferner die heterogene Gruppe der Richter der Drei Mächte und schließlich die Gruppe der Richter, die nach Art. 4 Abs. 1 S. 1 SORG als Senatspräsidenten den Vorsitz in den Senaten führten und keiner der beiden ersten Gruppen angehören durften.

Darüber hinaus bestand noch die Möglichkeit, bei Bedarf zusätzlich benötigte Richter zu ernennen. Diese Richter bilden jedoch keine eigene Gruppe. Sie gehörten letztlich stets zu einer der beiden ersten Gruppen, denn sie wurden bei Bedarf entweder als zusätzliche deutsche Richter oder als zusätzliche Richter der Drei Mächte ernannt.

1. Die deutschen Richter

Jeweils zwei der fünf Richter eines jeden der drei Senate des Obersten Rückerstattungsgerichts wurden nach Art. 2 Abs. 1 Unterabs. (a) SORG von der Bundesregierung ernannt. Sie mussten nach Art. 2 Abs. 3 S. 2 SORG „zum Richteramt in einem Lande der Bundesrepublik befähigt sein."

2. Die Richter der Drei Mächte

Jeweils zwei weitere Richter eines jeden der drei Senate des Obersten Rückerstattungsgerichts wurden nach Art. 2 Abs. 1 Unterabs. (b) SORG ernannt, mithin „zwei Richter von der Regierung der Französischen Republik im Falle des ersten Senats, zwei von der Regierung des Vereinigten Königreichs im Falle des zweiten Senats und zwei von der Regierung der Vereinigten Staaten im Falle des dritten Senats".[125]

Nach Art. 2 Abs. 3 S. 1 SORG mussten diese insgesamt sechs „von den Regierungen der Drei Mächte ernannten Richter [...] die Befähigung nach Maßgabe der in Artikel 1 des vorstehenden Teils dieses Vertrags bezeichneten Rechtsvorschriften besitzen". Damit kam es auf diejenigen der in Artikel 1 des dritten Teils des Überleitungsvertrags (ÜV-Teil III) aufgezählten Rechtsvorschriften[126] an, in denen geregelt war, welche Voraussetzungen die Richter der drei Vorgängergerichte erfüllen mussten:

---

der französischen Fassung ist es genau umgekehrt. Im Übrigen finden sich derartige Abweichungen an keiner weiteren Stelle in der Satzung.

125 Sic. Im Text der deutschen Fassung der Satzung findet sich tatsächlich nur die außergewöhnliche Kleinschreibung der Bezeichnung der Senate (erster Senat, zweiter Senat und dritter Senat). In den Texten der englischen und der französischen Fassung hingegen bleibt es bei der konsequenten Großschreibung (First Division, Second Division und Third Division sowie Première Chambre, Deuxième Chambre und Troisième Chambre).

126 BGBl. 1955 II, 419.

Maßgeblich war damit für die beiden von der Regierung der Französischen Republik zu ernennenden Richter des Ersten Senats die in der Aufzählung der Rechtsvorschriften „für die französische Besatzungszone“ in Art. 1 Unterabs. (a) (iii) ÜV-Teil III [127] enthaltene Verordnung Nr. 252 des französischen Hohen Kommissars (VO252)[128]. Für die beiden von der Regierung des Vereinigten Königreichs zu ernennenden Richter des Zweiten Senats kam es hingegen auf die in der Aufzählung der Rechtsvorschriften „für die britische Besatzungszone“ in Art. 1 Unterabs. (a) (i) ÜV-Teil III enthaltene Verordnung Nr. 255 des britischen Hohen Kommissars (DVO6N)[129] an. Und schließlich war für die beiden von der Regierung der Vereinigten Staaten zu ernennenden Richter des Dritten Senats das in der Aufzählung der Rechtsvorschriften „für die amerikanische Besatzungszone“ in Art. 1 Unterabs. (a) (ii) ÜV-Teil III enthaltene Gesetz Nr. 21 des amerikanischen Hohen Kommissars (G21)[130] maßgeblich.

Die in diesen drei Rechtsvorschriften enthaltenen besatzungsrechtlichen Regelungen über die Befähigung zum Richteramt und die damit von den Richtern der drei Vorgängergerichte zu erfüllenden Voraussetzungen unterscheiden sich erheblich voneinander. Daher waren nach dem auf diese Regelungen Bezug nehmenden Art. 2 Abs. 3 S. 1 SORG auch von den Richtern der Drei Mächte in den drei Senaten des Obersten Rückerstattungsgerichts in Herford keine einheitlichen Voraussetzungen zu erfüllen. Stattdessen galten die unterschiedlichen besatzungsrechtlichen Vorschriften über die Befähigung zum Richteramt auch weiterhin am Obersten Rückerstattungsgericht in Herford.

Die beiden von der Regierung der Französischen Republik zu ernennenden Richter des Ersten Senats mussten nach Art. 4 VO252 i.V.m. Art. 2 Abs. 3 S. 1 SORG „Angehörige der französischen Justiz (magistrats de l`ordre judiciare français)“ sein. Eine Ausnahmeregelung gab es in der VO252 nicht. Die beiden von der Regierung des Vereinigten Königreichs zu ernennenden Richter des Zweiten Senats mussten nach Art. 2 Abs. 6 DVO6N i.V.m. Art. 2 Abs. 3

---

127 Im Überleitungsvertrag sind die Artikel nicht nur in die üblichen und mit Ziffern (1, 2, 3 etc.) bezeichneten Absätze (hier deutsch „Absatz“, englisch „paragraph“ und französisch „paragraphe“) gegliedert. Darüber hinaus gibt es auch noch mit kleinen Buchstaben (a, b, c etc.) bezeichnete Unterabsätze (hier deutsch „Unterabsatz“, englisch „sub-paragraph“ und französisch „alinéa“) sowie weitere mit (i), (ii), (iii) etc. bezeichnete Unterpunkte. Diese außergewöhnliche Gliederung fällt in Artikel 1 noch deutlicher auf, weil dort gar keine Absätze, sondern nur Unterabsätze mit Unterpunkten enthalten sind.

128 Zur französischen VO252 in Kapitel 3. A. 3.

129 Zur britischen DVO6N in Kapitel 3. A. 2.

130 Zum amerikanischen G21 in Kapitel 3. A. 1.

S. 1 SORG lediglich „über geeignete juristische Vorbildung und Erfahrung verfügen". Die beiden von der Regierung der Vereinigten Staaten zu ernennenden Richter des Dritten Senats mussten nach Art. 7 Abs. 3 G21 i.V.m. Art. 2 Abs. 3 S. 1 SORG „Juristen mit abgeschlossener Ausbildung und unbescholtene Mitglieder des Anwaltsstandes eines Staates der Vereinigten Staaten oder des Distrikts von Columbia sein und mindestens zehn Jahre als Juristen tätig gewesen sein". Allerdings gab es hier mit Art. 7 Abs. 3 2. Hs. G21 eine Ausnahmeregelung, nach der „in Einzelfällen von den vorstehenden Erfordernissen Befreiung" erteilt werden konnte.

Trotz dieser im Einzelnen unterschiedlichen Anforderungen war damit gleichwohl in jedem der drei Senate eine fachliche Qualifikation der von den Regierungen der Drei Mächte zu ernennenden Richter gewährleistet. Während es allerdings beim Zweiten Senat allein auf die fachliche Qualifikation ankam und beim Dritten Senat Ausnahmen vom zusätzlichen Erfordernis der Mitgliedschaft im amerikanischen Anwaltsstand gemacht werden konnten, begrenzte die ausnahmslose Beschränkung auf Angehörige der *französischen* Justiz den Kreis potentieller Kandidaten für das Richteramt beim Ersten Senat. Denn damit war die Regierung der französischen Republik bei der Auswahl der von ihr zu ernennenden Richter erheblich eingeschränkt, während die Regierungen des Vereinigten Königreichs und der Vereinigten Staaten nicht auf die Juristen des jeweils eigenen Landes beschränkt waren und auch Richter aus anderen Nationen ernennen konnten.

Dieser Unterschied wirkte sich jedoch zunächst praktisch ebenso wenig aus wie die im Einzelnen unterschiedlichen Anforderungen an die fachliche Qualifikation der Richter. Er kam aber dann umso mehr zum Tragen, als insbesondere die ausnahmslose Beschränkung auf Angehörige der *französischen* Justiz beim Ersten Senat der Umsetzung eines wichtigen Reformversuchs[131] entgegen stand.[132] Es wurde nämlich versucht, die Zahl der von den Regierungen der Drei Mächte zu ernennenden Richter von insgesamt sechs (zwei in jedem der drei Senate) auf drei (nur noch einer in jedem der drei Senate) zu reduzieren, ohne dafür die Satzung ändern zu müssen. Nach diesem Plan hätte in jedem Senat der zweite Richter mit der gleichen Staatsangehörigkeit eingespart werden können: Jede Regierung der Drei Mächte sollte in ihrem Senat jeweils nur noch einen Richter des eigenen Landes ernennen. Die entscheidende Idee war es nun, neben diesem einen Richter dann in jedem Senat auch noch zusätzlich

131 Zu den Hintergründen dieses Reformversuchs sowie zu weiteren Reformen und Reformversuchen in Kapitel 4.

132 Vgl. dazu *Edward Arthur Marsden*, in: BMF / Walter Schwarz (Hrsg.), Wiedergutmachung nationalsozialistischen Unrechts, Band II, 1981, S. 611 (623 f.).

die beiden Richter zu ernennen, die von den beiden anderen Mächten in deren Senaten bereits ernannt worden waren. Damit wäre dann zwar die Zahl der formellen Ernennungen von sechs auf neun gestiegen, denn jeder der drei Richter wäre in jedem der drei Senate einmal ernannt worden. Aber durch die Personenidentität hätte die Zahl der tatsächlich ernannten Richter von ursprünglich sechs auf nunmehr drei reduziert werden können. Mit den so insgesamt nur noch drei von den Regierungen der Drei Mächte ernannten Richtern hätten dann in jedem der drei Senate neben einem Richter des jeweils eigenen Landes noch zwei weitere – ohne Verstoß gegen Art. 2 Abs. 1 Unterabs. (b) SORG ernannte – Richter unterschiedlicher Staatsangehörigkeit zur Verfügung gestanden. Und von denen hätte jeweils einer vom jeweiligen Senatspräsidenten für die Entscheidung eines Falles hinzugezogen werden können. Allerdings konnten die von den Regierungen des Vereinigten Königreichs und der Vereinigten Staaten ernannten britischen und amerikanischen Richter beim Ersten Senat eben nicht das Hindernis der ausnahmslosen Beschränkung auf Angehörige der *französischen* Justiz überwinden. So hätte diese Reform allenfalls unter Ausklammerung des Ersten Senats, nur beschränkt auf den Zweiten und Dritten Senat umgesetzt werden können und war damit zum Scheitern verurteilt.

3. Die Senatspräsidenten

Anders als die anderen vier Richter eines jeden Senats des Obersten Rückerstattungsgerichts wurde der fünfte Richter, der nach Art. 4 Abs. 1 S. 1 SORG als Senatspräsident den Vorsitz im Senat führte, nicht von der Bundesregierung oder der Regierung einer der Drei Mächte allein ernannt. Stattdessen war in Art. 2 Abs. 1 Unterabs. (c) SORG eine Zusammenarbeit angeordnet. Danach erfolgte die Ernennung durch Vereinbarung zwischen der Bundesregierung und der nach Art. 2 Abs. 1 Unterabs. (b) SORG für die Ernennung von Richtern des jeweiligen Senats zuständigen Regierung einer der Drei Mächte. Für den Fall, dass eine derartige Vereinbarung zwischen der Bundesregierung und der Regierung der Französischen Republik, des Vereinigten Königreichs oder der Vereinigten Staaten nicht getroffen werden konnte, war nach Art. 2 Abs. 1 Unterabs. (c) a.E. SORG eine Ernennung vom Präsidenten des Internationalen Gerichtshofs vorgesehen.

Die als Senatspräsidenten den Vorsitz in den drei Senaten führenden Richter mussten nach Art. 2 Abs. 3 S. 2 SORG „die in dem Lande ihrer Staatsangehörigkeit oder ihres Wohnsitzes für die Ernennung zum Richteramt erforderlichen oder gleichwertige Befähigungen besitzen“. Ferner durfte ein Senatspräsident nach Art. 2 Abs. 1 Unterabs. (c) a.A. SORG „weder deutscher Staatsangehöriger noch Staatsangehöriger einer der Drei Mächte sein“. Dies wurde zumeist dahingehend interpretiert, dass „nur ein neutraler Richter als Senatspräsident“ in Betracht komme[133] oder mit dem Schwerpunkt auf der Herkunft formuliert: „der Vorsitzende war ein Richter aus einem neutralen Land.“[134] In beiden Fällen wird aber die Realität des Obersten Rückerstattungsgerichts insoweit zutreffend wiedergegeben, als bei der Bestimmung des Art. 2 Abs. 1 Unterabs. (c) a.A. SORG nur das Bemühen um Neutralität im Vordergrund stand. Dieses Bemühen war dann aber nicht in letzter Konsequenz auch in die Tat umzusetzen. Denn bei genauer Beachtung des Wortlauts des Art. 2 Abs. 1 Unterabs. (c) a.A. SORG musste ein Senatspräsident eben nicht aus einem neutralen Land stammen, sondern durfte eben nur „weder deutscher Staatsangehöriger noch Staatsangehöriger einer der Drei Mächte sein“. Damit bestand aber nun ohne Weiteres die Möglichkeit, dass die Senatspräsidenten Staatsangehörige eines Staates waren, mit dem sich Deutschland im Kriegszustand befunden hatte. Und so waren dann tatsächlich neben dem Schweden Gunnar Lagergren und dem Schweizer Charles Barde auch die beiden Dänen Hans Gram Bechmann und Carl Seidelin-Larsen sowie der Norweger Jacob Aars-Rynning Senatspräsidenten beim Obersten Rückerstattungsgericht in Herford.[135]

Nach Art. 4 Abs. 2 SORG führten die Senatspräsidenten nicht nur bei allen Sitzungen ihres Senats den Vorsitz, sie verteilten auch „die Geschäfte unter den Mitgliedern des Senats“, bestimmten die Sitzungstermine und waren „allgemein für die Verwaltung“ ihres Senats verantwortlich. Damit entsprachen Stellung und Aufgabenbereich der drei Senatspräsidenten weitestgehend dem Berufsbild der Präsidenten der Vorgängergerichte des Obersten Rückerstattungsgerichts.[136] Nur scheinbar liegt hier eine Verlagerung der Kompetenzen von den Gerichtspräsidenten der Vorgängergerichte auf eine vermeintliche untere Ebene der Senatspräsidenten des Obersten Rückerstattungsgerichts vor. Tatsächlich kommt hier aber nur die in Art. 9 Abs. 1 SORG festgelegte Grund-

133 So beispielsweise *Edward Arthur Marsden*, in: BMF / Walter Schwarz (Hrsg.), Wiedergutmachung nationalsozialistischen Unrechts, Band II, 1981, S. 611 (623).

134 So *Walter Schwarz*, Rückerstattung nach den Gesetzen der Alliierten Mächte, 1974, S. 276, Fn 7.

135 *Edward Arthur Marsden*, in: BMF / Walter Schwarz (Hrsg.), Wiedergutmachung nationalsozialistischen Unrechts, Band II, 1981, S. 611 (626); zu den Namen der Präsidenten vgl. die Liste der Präsidenten und Richter des Obersten Rückerstattungsgerichts in Herford im Anhang.

136 Vgl. insoweit Art. II Abs. 2 AVO4 zum Präsidenten des US-BOR, Art. 1 Abs. 3 G21 zum Präsidenten des CORA, Art. 5 S. 1 DVO6 i.V.m. Art. 11 Ziff. 31 VV-BOR1 zum Präsidenten bzw. Vorsitzenden des britischen BOR, Art. 3 und 4 DVO6N zum Präsidenten des SRC, im einzelnen siehe oben Kapitel 3. A. I.

satzentscheidung zum Tragen, nach der jeder der drei Senate die „Gerichtsbarkeit und sonstigen Befugnisse" seines jeweiligen Vorgängergerichts ausübte. Damit mussten eben auch die Kompetenzen der Gerichtspräsidenten der Vorgängergerichte zwangsläufig auf die Senatspräsidenten übertragen werden. Eine Übertragung auf den Präsidenten das Obersten Rückerstattungsgerichts hätte die gewollte Kontinuität der Eigenständigkeit der Senate als Nachfolger der Vorgängergerichte durchbrochen.[137] Auch hier wird wieder deutlich, dass das Oberste Rückerstattungsgericht in Herford trotz entsprechender Bezeichnung eben nicht ein im allgemein üblichen Sinn einheitliches Gericht mit drei Senaten war. Vielmehr leiteten die drei Senatspräsidenten ihre Senate unter dem gemeinsamen rechtlichen Dach des Obersten Rückerstattungsgerichts eher wie weitgehend eigenständige Gerichte.

Edward Arthur Marsden, der im Laufe seiner langjährigen Tätigkeit als Geschäftsstellenleiter beim Obersten Rückerstattungsgericht in Herford die ideale Gelegenheit gehabt hatte, von Persönlichkeit und Arbeitsweise der Senatspräsidenten einen unmittelbaren Eindruck zu gewinnen, gab insgesamt eine sehr positive Beurteilung ab:[138]

> „Die Senate hatten das Glück, überragende Richterpersönlichkeiten, die über langjährige internationale Erfahrungen verfügten, zu ihren Präsidenten zu zählen. Für sie alle war bei ihrer Ernennung die Rückerstattung ein fremdes Rechtsgebiet. Die hier entwickelte Gesetzgebung und Rechtsprechung verlangte von ihnen eine völlig neue Einstellung und ein besonderes Einfühlungsvermögen. Alle haben sich für diese Aufgabe voll eingesetzt und in der Durchführung der Wiedergutmachung ihr vornehmstes Ziel gesehen."

Tatsächlich belegen die Lebensläufe der Senatspräsidenten des Obersten Rückerstattungsgerichts in Herford durchweg mehrere Stationen als Richter an verschiedenen internationalen Gerichten.[139] Daher kann zumindest im Hinblick auf die von Marsden genannten langjährigen internationalen Erfahrungen durchaus von außergewöhnlichen und aus der breiten Masse der Richterschaft herausragenden Richterpersönlichkeiten gesprochen werden. Darüber hinaus liegen aber auch keine Quellen vor, denen eine negative Kritik an Persönlichkeit und Arbeitsweise der Senatspräsidenten zu entnehmen wäre, so dass Marsdens positive Einschätzung der Senatspräsidenten hier unwidersprochen bleiben kann.

---

137 Dazu auch Kapitel 3. B. III. 4.

138 *Edward Arthur Marsden*, in: BMF / Walter Schwarz (Hrsg.), Wiedergutmachung nationalsozialistischen Unrechts, Band II, 1981, S. 611 (626).

139 Vgl. auch hier die Liste der Präsidenten und Richter des Obersten Rückerstattungsgerichts in Herford im Anhang.

4. Die zusätzlich benötigten Richter

Über die Standardbesetzung der Senate mit jeweils zwei deutschen Richtern, weiteren zwei Richtern einer der Drei Mächte und einem Senatspräsidenten hinaus bestand aber noch die Möglichkeit, bei Bedarf zusätzlich benötigte Richter zu ernennen. Diese Richter bilden jedoch keine eigene Gruppe. Sie gehörten letztlich stets zu einer der beiden erstgenannten Gruppen, denn sie wurden bei Bedarf entweder als zusätzliche deutsche Richter nach Art. 2 Abs. 1 Unterabs. (a) SORG oder als zusätzliche Richter einer der Drei Mächte nach Art. 2 Abs. 1 Unterabs. (b) SORG ernannt. Das Präsidium konnte nach Art. 1 Abs. 6 Unterabs. (b) SORG „mit Zustimmung der Bundesregierung und der Regierungen der Drei Mächte" die Zahl der Richter bestimmen, „die von jedem Senat zusätzlich zu den gemäß Artikel 2 ernannten Richtern benötigt werden".

Aus verschiedenen Gründen hat das Präsidium von diesem Recht in mehreren Fällen Gebrauch gemacht und die Anzahl der Richter in den einzelnen Senaten über das in Art. 1 Abs. 2 SORG vorgesehene Minimum von fünf hinaus erhöht: Der wohl wichtigste Grund war wieder in der von vornherein gewollten und in den Normen der Satzung angelegten Kontinuität beim Übergang von den Vorgängergerichten auf das Obersten Rückerstattungsgericht zu sehen. Als die drei Senate die Nachfolge ihrer Vorgängergerichte antraten, sollte so den Regierungen der Drei Mächte und der Bundesregierung ermöglicht werden, in jedem Senat die Richter zu ernennen, die schon bei den Vorgängergerichten zusätzlich tätig gewesen waren.[140] Es gab aber noch einen weiteren sehr wichtigen Grund dafür, zusätzliche Richter zu ernennen. Denn in der Satzung des Obersten Rückerstattungsgerichts in Herford waren keine stellvertretenden Richter wie beim Obersten Rückerstattungsgericht für Berlin vorgesehen. So sollten es die zusätzlichen Richter auch ermöglichen, auf jeden Fall eine Vertretung bei Ausschluss, Krankheit oder längerem Urlaub eines Richters zu gewährleisten.[141]

Neben diesen beiden bereits von vornherein in der Satzung angelegten Gründen für eine Ernennung zusätzlicher Richter machte aber bald noch ein weiterer Grund eine Ernennung zusätzlicher Richter erforderlich. Bereits aufgrund der Entscheidung des Präsidiums in seiner ersten Sitzung am 15. Dezember 1955 war eine zusätzliche dritte deutsche Richterstelle beim Zweiten und Dritten Senat geschaffen worden. Darüber hinaus wurde es dann aber beim Zwei-

---

140 *Edward Arthur Marsden*, in: BMF / Walter Schwarz (Hrsg.), Wiedergutmachung nationalsozialistischen Unrechts, Band II, 1981, S. 611 (620).

141 *Marsden*, ebda.

ten Senat nötig, für die Erledigung eines Falles eine vierte deutsche Richterstelle zu schaffen und dafür einen zusätzlichen Richter zu ernennen. Nachdem zwei deutsche Richter nach Art. 3 Abs. 4 SORG nicht bei der Entscheidung dieses Falles mitwirken durften, da sie vorher bereits mit der Sache befasst waren, standen auf diese Weise wieder zwei deutsche Richter im Zweiten Senat für die Entscheidung zur Verfügung.[142]

5. Der Status der Richter des Obersten Rückerstattungsgerichts

Nähere Betrachtung verdienen auch einige Besonderheiten des Status der Richter des Obersten Rückerstattungsgerichts. Bemerkenswert ist zunächst die (grundsätzliche) Hauptamtlichkeit des Richteramtes. Noch beim US-BOR als erstem der drei Vorgängergerichte des Dritten Senats durften die Richter ihre Aufgaben nicht neben anderen richterlichen oder sonstigen Aufgaben wahrnehmen, sondern mussten nach Art. II Abs. 1 S. 4 AVO4 „ihre ganze Arbeitskraft ihren Aufgaben als Mitglieder des Boards widmen“. Und obwohl es eine derartige Vorschrift für die Richter des Obersten Rückerstattungsgerichts in der Satzung nicht mehr gab, waren – jedenfalls in den ersten Jahren – die Richter des Obersten Rückerstattungsgerichts dort hauptamtlich beschäftigt, allerdings mit zwei Ausnahmen: Eine dieser Ausnahmen war einer der beiden amerikanischen Richter, der gleichzeitig beim Obersten Rückerstattungsgericht für Berlin tätig war. Als zweite Ausnahme waren die fünf Richter des Ersten Senats nicht hauptamtlich beim Ersten Senat tätig[143]. Damit wurde beim Ersten Senat des Obersten Rückerstattungsgerichts konsequent das weitergeführt, was bereits von den fünf – ebenfalls nur nebenamtlich tätigen – Richtern beim Vorgängergericht CSR praktiziert worden war[144]. Sowohl der Präsident als auch die übrigen vier Richter des Ersten Senats waren darüber hinaus nicht regelmäßig am Sitz des Senats in Rastatt anwesend, sondern kamen „nur zu den Sitzungen nach Rastatt“.[145]

---

142 Dazu Kapitel 3. A. III. sowie *Edward Arthur Marsden*, in: BMF / Walter Schwarz (Hrsg.), Wiedergutmachung nationalsozialistischen Unrechts, Band II, 1981, S. 611 (628 mit Fußnote 18).

143 Ausführlich berichtet *Edward Arthur Marsden*: „Außer den Richtern des 1. Senats und einem der beiden amerikanischen Richter, der gleichzeitig beim ORG Berlin tätig war, waren alle Richter des ORG Herford für den größten Teil der vergangenen Zeit dort hauptamtlich beschäftigt. Bei Abschluß dieses Berichts trifft dies für keinen Richter mehr zu.“ So bei *Edward Arthur Marsden*, in: BMF / Walter Schwarz (Hrsg.), Wiedergutmachung nationalsozialistischen Unrechts, Band II, 1981, S. 611 (627).

144 *Walter Schwarz*, Rückerstattung nach den Gesetzen der Alliierten Mächte, 1974, S. 321.

145 *Edward Arthur Marsden*, in: BMF / Walter Schwarz (Hrsg.), Wiedergutmachung nationalsozialistischen Unrechts, Band II, 1981, S. 611 (630).

In der Satzung des Obersten Rückerstattungsgerichts waren im Übrigen mehrere Vorschriften enthalten, die den besonderen Status der Richter des Obersten Rückerstattungsgerichts unterstreichen und neben den differenzierten Bestimmungen über die Ernennung der Richter insbesondere deren Amtszeit, Rang, Immunität und Gehälter regeln.

a) Die Amtszeit der Richter

Nach Art. 3 Abs. 1 S. 1 SORG wurden „alle Richter erstmalig für eine Amtszeit von zwei Jahren ernannt, und ihre Amtszeit verlängert[e] sich danach für jeweils ein Jahr“. Sollte eine Amtszeit nach Ablauf nicht verlängert werden, so war der Richter nach Art. 3 Abs. 1 S. 2 SORG „mindestens sechs Monate im voraus schriftlich davon zu benachrichtigen“. Eine solche Benachrichtigung war nach Art. 3 Abs. 1 S. 3 SORG Aufgabe der Regierung, die nach Art. 2 Abs. 1 SORG bereits für die Ernennung des jeweiligen Richters zuständig war. Für den Fall des Unterbleibens der Benachrichtigung war in Art. 3 Abs. 1 S. 4 SORG das Verbleiben des Richters im Amt für ein weiteres Jahr vorgesehen.

Nach Art. 3 Abs. 2 SORG konnte ein Richter „jederzeit auf eigenen Wunsch aus seinem Amt ausscheiden“, er hatte dann nur noch „sein Amt bis zum Amtsantritt seines Nachfolgers fortzuführen“.

Nach Art. 3 Abs. 3 SORG durfte ein Richter grundsätzlich nicht „während seiner Amtszeit seines Amtes enthoben werden“. Allerdings konnte das Präsidium nach Art. 2 Abs. 4 SORG „den Sitz eines Richters für freigeworden erklären, wenn nach seiner Auffassung der Richter ohne hinreichenden Grund einer Sitzung ferngeblieben ist, für die er ordnungsgemäß bestimmt war, oder seine Obliegenheiten in sonstiger Weise gewissenhaft zu erfüllen unterlassen hat“. Für eine solche Entscheidung war in Art. 5 Abs. 3 SORG nicht die sonst erforderliche einfache Stimmenmehrheit der neun Mitglieder des Präsidiums[146] vorgesehen, sondern eine Zweidrittelmehrheit. Ein derartiger Beschluss ist aber nie notwendig geworden.[147]

Eine „durch den Ablauf der Dienstzeit des Richters, seinen Tod, seinen Rücktritt oder seine Amtsenthebung“ frei gewordene Stelle war nach Art. 2 Abs. 5 SORG durch eine Ernennung „in gleicher Weise wie die Ernennung des zu ersetzenden Mitglieds“ (Art. 2 Abs. 1 SORG) und „innerhalb eines Monats nach Freiwerden der Stelle“ zu besetzen. Diese Monatsfrist hat sich in der

---

146 Näheres zum Präsidium in Kapitel 3. B. III. sowie insbesondere zu den neun Mitgliedern des Präsidiums nach Art. 5 Abs. 2 SORG in Kapitel 3. B. III. 1.

147 *Edward Arthur Marsden*, in: BMF / Walter Schwarz (Hrsg.), Wiedergutmachung nationalsozialistischen Unrechts, Band II, 1981, S. 611 (627).

Praxis aber als deutlich zu knapp erwiesen, insbesondere, wenn es um die Neubesetzung frei gewordener Stellen der Senatspräsidenten ging. Denn dann war zur Ernennung des Nachfolgers nach Art. 2 Abs. 1 Unterabs. (c) SORG eine Vereinbarung zwischen der Bundesregierung und der nach Art. 2 Abs. 1 Unterabs. (b) SORG für die Ernennung von Richtern des jeweiligen Senats zuständigen Regierung einer der Drei Mächte erforderlich. Die für derartige Vereinbarungen deutlich zu knapp bemessene Frist wurde besonders in den drei Fällen deutlich, als die Senatspräsidenten Charles Barde, Hans Gram Bechmann und Jacob Aars-Rynning, bevor sie in den Ruhestand treten konnten, während ihrer Amtszeit starben.[148] So konnte die für die Vereinbarung gesetzte Monatsfrist nie eingehalten werden.[149] Andererseits hat sich aber auch nicht die Notwendigkeit der – für den Fall, dass die Vereinbarung gar nicht zustande kommen sollte – in Art. 2 Abs. 1 Unterabs. (c) a.E. SORG vorgesehenen Ernennung des Nachfolgers durch den Präsidenten des Internationalen Gerichtshofs ergeben.[150]

Art. 1 Abs. 4 S. 2 SORG enthält dann noch die konsequente Schlussfolgerung, dass die Amtszeit aller Richter eines Senats dann enden sollte, wenn der Senat nach Art. 1 Abs. 4 S. 1 SORG aufzulösen sei, weil es keine Fälle mehr zu bearbeiten gebe.[151]

b) Der Rang der Richter

In die Satzung des Obersten Rückerstattungsgerichts ist mit Art. 3 Abs. 5 Unterabs. (a) 1. Hs. SORG auch eine Bestimmung über den Rang der Richter aufgenommen worden. Danach haben die Richter des Obersten Rückerstattungsgerichts „während ihrer Amtszeit den Rang der entsprechenden Mitglieder des Bundesgerichtshofs". Hier spricht viel dafür, dass auf diese Weise für qualifizierte Juristen ein Anreiz geschaffen werden sollte, sich für eine Tätigkeit als Richter am Obersten Rückerstattungsgericht zu interessieren. In diesem Zusammenhang lohnt sich ein Blick in die Biografie eines der deutschen Richter am Obersten Rückerstattungsgericht in Herford. So berichtet der Journalist Thomas Vogelsang in einem in der „Neuen Westfälischen" vom 3. Fe-

148 Vgl. auch hier die Liste der Präsidenten und Richter des Obersten Rückerstattungsgerichts in Herford im Anhang sowie *Edward Arthur Marsden*, in: BMF / Walter Schwarz (Hrsg.), Wiedergutmachung nationalsozialistischen Unrechts, Band II, 1981, S. 611 (626).

149 *Edward Arthur Marsden*, in: BMF / Walter Schwarz (Hrsg.), Wiedergutmachung nationalsozialistischen Unrechts, Band II, 1981, S. 611 (627).

150 *Marsden*, ebda.

151 Dazu in Kapitel 3. B. III. 2. a).

bruar 1994 veröffentlichten Zeitungsartikel unter der Überschrift „Bundesrichter a. D. Dr. Heinrich Gulatz vollendet sein 80. Lebensjahr“:[152]

> „[Er] stieg bis 1958 zum Landgerichtsdirektor in Bielefeld auf. Als in München das Bundespatentamt gegründet wurde, wäre er gern in die bayrische Metropole, die er aus der Studienzeit in guter Erinnerung hatte, gewechselt. Er fuhr 1961 nach Bonn ins Justizministerium – und kam mit einer Stelle im mit Richtern aus dem In- und Ausland besetzten Obersten Rückerstattungsgericht zurück [...]“

Edward Arthur Marsden konnte schließlich feststellen, dass „tatsächlich [...] in den letzten Jahren alle deutschen Richter des Obersten Rückerstattungsgerichts während ihrer Amtszeit zu Bundesrichtern ernannt“ wurden.[153]

c) Die Immunität der Richter

Ebenfalls in Art. 3 Abs. 5 SORG geregelt ist eine weitere Besonderheit zu Gunsten der Richter des Obersten Rückerstattungsgerichts, die im Vorfeld der Errichtung des Gerichts bereits beim Entwurf der Satzung Anlass zu kontroversen Diskussionen gegeben hatte: die Immunität der Richter. Allerdings sind hier – ebenso wie in den Bestimmungen des Art. 3 Abs. 5 SORG selbst – zwei verschiedene Ausprägungen der Immunität der Richter des Obersten Rückerstattungsgerichts zu unterscheiden.

Keinen nennenswerten Widerstand gab es gegenüber der in Art. 3 Abs. 5 Unterabs. (b) SORG geregelten Immunität. Danach genossen die „nichtdeutschen Richter [...] im Bundesgebiet während ihrer Amtszeit die Vorrechte und Immunitäten, die den Mitgliedern diplomatischer Missionen zustehen.“ Es war ohne weiteres nachvollziehbar und auch gesellschaftlich akzeptiert, die französischen, britischen und amerikanischen Richter der Drei Mächte sowie die Senatspräsidenten anderer Nationalitäten als Staatsangehörige einer fremden Nation, die in Deutschland ein Amt auf der Grundlage des von Deutschland mit den anderen Staaten geschlossenen Überleitungsvertrags ausübten, so zu behandeln wie Diplomaten und ihnen auch die entsprechenden Sonderrechte zuzubilligen.

Nicht so problemlos schien allerdings zunächst die Frage zu beantworten zu sein, ob den Richtern darüber hinaus auch Immunität gegenüber gerichtlicher Verfolgung für ihre Amtshandlungen zugebilligt werden sollte. Denn nach alliierten Vorschlägen sollten nicht nur die französischen, britischen und amerika-

---

152 *Thomas Vogelsang*, Bundesrichter a. D. Dr. Heinrich Gulatz vollendet sein 80. Lebensjahr. 30 Jahre Nazi-Opfern zu ihrem Recht verholfen, in: Neue Westfälische – Herforder Kreisanzeiger Nr. 28 vom 3. Februar 1994, S. 20.

153 *Edward Arthur Marsden*, in: BMF / Walter Schwarz (Hrsg.), Wiedergutmachung nationalsozialistischen Unrechts, Band II, 1981, S. 611 (627).

nischen Richter der Drei Mächte sowie die Senatspräsidenten anderer Nationalitäten, sondern alle Richter des Gerichts, einschließlich der deutschen Richter, „von jeder gerichtlichen Verfolgung für alle ihre Amtshandlungen befreit werden“.[154]

> „Besonders von Seiten der deutschen Opposition wurde bezweifelt, ob eine solche Freistellung besonders gegen strafrechtliche Verfolgung in einem Rechtsstaat wegen späterer Handlungen von vornherein gewährt werden könnte, und ob eine solche Immunität den deutschen Richtern zuteil werden sollte, die ja in ihrem Heimatland Recht sprächen.“

Auch beim Entwurf der Satzungen der anderen durch den Überleitungsvertrag geschaffenen gerichtlichen Instanzen habe diese Frage eine Rolle gespielt, und es sei schließlich „[f]ür alle diese Instanzen [...] eine ihrer Art nach gleiche Lösung gefunden [worden], die den deutschen Richtern dieselbe Immunität wie ihren ausländischen Kollegen“ – auch gegenüber gerichtlicher Verfolgung für ihre Amtshandlungen – zubilligte.

Tatsächlich genossen schließlich uneingeschränkt alle Richter des Obersten Rückerstattungsgerichts nach Art. 3 Abs. 5 Unterabs. (a) 2. Hs. SORG „während ihrer Amtszeit und nach deren Ablauf Immunität gegenüber gerichtlicher Verfolgung für Handlungen, die sie in Ausübung ihres Amtes vorgenommen haben.“

> „Irgendwelche Bedenken, daß diese Besserstellung der deutschen Richter gegenüber ihren Kollegen bei anderen deutschen Gerichten den verfassungsrechtlichen Gleichheitsgrundsatz verletzen könnte, mußten hinter dem berechtigten Interesse, sie mit ihren ausländischen Richterkollegen bei einem gemeinsam vereinbarten international besetzten Gericht gleichzustellen, zurücktreten.“[155]

Umso erstaunlicher ist es, dass die gleiche Fragestellung bei einem anderen in dieser Zeit errichteten Gericht genau entgegengesetzt entschieden wurde. Denn während im *Überleitungsvertrag* die Gleichstellung der ausländischen und deutschen Richter, die an den im Überleitungsvertrag geschaffenen gerichtlichen Instanzen tätig sein sollten, vereinbart wurde, war in dem ungefähr gleichzeitig abgeschlossenen *Abkommen über deutsche Auslandsschulden* (eher bekannt als Londoner Schuldenabkommen)[156], das am 27. Februar 1953 in London unterzeichnet worden war, eine solche Gleichstellung der ausländi-

---

154 Hierzu und im Folgenden: *Edward Arthur Marsden*, in: BMF / Walter Schwarz (Hrsg.), Wiedergutmachung nationalsozialistischen Unrechts, Band II, 1981, S. 611 (615).

155 *Edward Arthur Marsden*, in: BMF / Walter Schwarz (Hrsg.), Wiedergutmachung nationalsozialistischen Unrechts, Band II, 1981, S. 611 (615 f.).

156 Abkommen über deutsche Auslandsschulden vom 27. Februar 1953, BGBl. 1953 II, 333–485; vgl. auch *Helmut Buschbom*, in: BMF / Walter Schwarz (Hrsg.), Wiedergutmachung nationalsozialistischen Unrechts, Band II, 1981, S. 1 (45 f.).

schen und deutschen Richter, die an dem nach Art. 28 Abs. 1 dieses Abkommens errichteten Schiedsgerichtshof in Koblenz tätig sein sollten, nicht vorgesehen.[157]

d) Die Gehälter der Richter

Nach Art. 7 Abs. 2 SORG war die Finanzierung der „Gehälter und Vergütungen" der Richter letztlich ausschließlich von der Bundesrepublik Deutschland[158] zu tragen. Im Einzelnen wurde jedoch auch hier wieder wie bei der Ernennung und der erforderlichen Qualifikation bei jeder der drei Richtergruppen unterschiedlich verfahren: So wurden die Gehälter der Richter der Drei Mächte nach Art. 7 Abs. 2 Unterabs. (a) SORG von der Macht, die den Richter nach Art. 2 Abs. 1 Unterabs. (b) SORG ernannt hatte, „nach Beratung mit der Bundesregierung festgesetzt und bezahlt und von der Bundesrepublik der beteiligten Macht erstattet". Die Gehälter der deutschen Richter, die von der Bundesregierung nach Art. 2 Abs. 1 Unterabs. (a) SORG ernannt worden waren, wurden nach Art. 7 Abs. 2 Unterabs. (b) SORG „von der Bundesregierung nach Beratung mit der beteiligten Macht festgesetzt und von der Bundesrepublik bezahlt". Die Gehälter der Senatspräsidenten, die nach Art. 2 Abs. 1 Unterabs. (c) SORG durch Vereinbarung zwischen der Bundesregierung und der nach Art. 2 Abs. 1 Unterabs. (b) SORG für die Ernennung von Richtern des jeweiligen Senats zuständigen Regierung einer der Drei Mächte ernannt worden waren, wurden nach Art. 7 Abs. 2 Unterabs. (c) SORG „im Einvernehmen zwischen der Bundesregierung und den Regierungen der Drei Mächte festgesetzt und von der Bundesrepublik bezahlt".

III. Das Präsidium und der Präsident des Obersten Rückerstattungsgerichts

Die Richter der drei Senate des Obersten Rückerstattungsgerichts stellten auch die Mitglieder des mit weit reichenden Befugnissen ausgestatteten Präsidiums des Obersten Rückerstattungsgerichts sowie im regelmäßigen Wechsel auch den Präsidenten des Obersten Rückerstattungsgerichts.

---

157 Vgl. Art. 3 Abs. 3 b der „Satzung des Schiedsgerichtshofes für das Abkommen über deutsche Auslandsschulden" (Anlage IX des Abkommens), BGBl. 1953 II, 466; so auch *Edward Arthur Marsden*, in: BMF / Walter Schwarz (Hrsg.), Wiedergutmachung nationalsozialistischen Unrechts, Band II, 1981, S. 611 (616, Fußnote 16).

158 Zu diesem Zweck waren jeweils im Bundeshaushaltsplan innerhalb des Einzelplans zum Geschäftsbereich des Bundesministers der Justiz Haushaltspositionen für das Oberste Rückerstattungsgericht in Herford vorgesehen. Beispiele dafür aus dem Bundeshaushaltsplan für das Rechnungsjahr 1958 (BT-Drs. 3/354 vom 17. April 1958) in Kapitel 4. A.

1. Die Zusammensetzung des Präsidiums

Das Präsidium war eine besondere Einrichtung des Obersten Rückerstattungsgerichts in Herford. Es entspricht in etwa dem Verwaltungsrat oder Kuratorium, wie es bei vielen internationalen Gerichten üblich ist.[159]

Nach Art. 5 Abs. 2 SORG setzte sich das Präsidium ursprünglich[160] aus neun Mitgliedern zusammen. Aus jeder der drei Richtergruppen eines jeden der drei Senate gehörte jeweils ein Richter dem Präsidium an. Damit waren neben den drei Senatspräsidenten (Art. 5 Abs. 2 Unterabs. (a) SORG) aus jedem Senat einer der beiden „von der Bundesregierung bestimmten Richter" (Art. 5 Abs. 2 Unterabs. (b) SORG) sowie aus jedem Senat einer der beiden Richter der Drei Mächte (Art. 5 Abs. 2 Unterabs. (c) SORG) als Mitglieder im Präsidium vertreten. Damit war die Zusammensetzung des Präsidiums tatsächlich so geregelt, dass, so zu Recht Edward Arthur Marsden, „ein vollkommen ausgewogenes Gremium geschaffen worden" war.[161]

Insbesondere auch dieser internationalen Besetzung des Obersten Rückerstattungsgerichts in Herford mit Richtern verschiedener Nationalitäten war es geschuldet, die Amtssprachen des Obersten Rückerstattungsgerichts nicht einheitlich, sondern in Art. 10 SORG differenziert zu regeln. Für die einzelnen Senate war es ausreichend, jeweils nur zwei Amtssprachen, die Sprachen der beiden jeweils beteiligten Nationen, vorzusehen – deutsch und französisch im Ersten Senat sowie deutsch und englisch im Zweiten und Dritten Senat. Für das Präsidium war es erforderlich, entsprechend seiner Zusammensetzung aus neun Richtern aller drei Senate auch alle drei Amtssprachen – deutsch, französisch und englisch – vorzusehen.

2. Die wesentlichen Aufgaben des Präsidiums

Die Aufgaben und weit reichenden Befugnisse des Präsidiums ergaben sich aus mehreren über die Satzung des Obersten Rückerstattungsgerichts verteilten Vorschriften: Art. 1 Abs. 6 und 7 SORG, Art. 2 Abs. 4 SORG sowie Art. 5 Abs. 5 bis 7 SORG. Sie beschränkten sich allerdings auf die Verwaltung und die Organisation des Gerichts. In der Satzung war nicht vorgesehen, dass das Präsidium auch eine richterliche Funktion ausübte. Insoweit stellte Art. 9

---

159 *Edward Arthur Marsden*, in: BMF / Walter Schwarz (Hrsg.), Wiedergutmachung nationalsozialistischen Unrechts, Band II, 1981, S. 611 (620).

160 Zu den späteren Änderungen der ursprünglichen Zusammensetzung des Präsidiums in Kapitel 4. B.

161 *Edward Arthur Marsden*, in: BMF / Walter Schwarz (Hrsg.), Wiedergutmachung nationalsozialistischen Unrechts, Band II, 1981, S. 611 (620).

Abs. 1 SORG klar, dass das Oberste Rückerstattungsgericht seine Gerichtsbarkeit nur durch seine drei Senate – und zwar jeder Senat innerhalb der ihm zugeordneten Besatzungszone der Drei Mächte – ausübte. Das Präsidium war, wie Edward Arthur Marsden zutreffend beobachten konnte, „deshalb insbesondere nicht in der Lage, als übergeordnete Instanz für eine einheitliche Rechtsprechung der Senate zu sorgen oder überhaupt die Entscheidungen der Senate zu beeinflussen“.[162]

a) Entscheidungen über Aufbau, Organisation und Personalplanung

Art. 1 Abs. 6 SORG verlieh dem Präsidium die Befugnis, mehrere für das gesamte Gericht zentrale organisatorische Entscheidungen zu treffen. Erforderlich war jedoch bei diesen Entscheidungen jeweils die Zustimmung der Bundesregierung und der Regierungen der Drei Mächte. Zunächst hatte das Präsidium das Recht, nach Art. 1 Abs. 6 Unterabs. (a) SORG „einen neuen Sitz für das Gericht oder einen seiner Senate“ zu bestimmen. Dieses Recht übte das Präsidium insgesamt drei Mal aus. Erstmals 1961 bei der Verlegung des Dritten Senats von Nürnberg nach Herford, dann wieder 1968 bei der Verlegung des Ersten Senats von Rastatt nach Herford und schließlich 1984 bei der Verlegung des Gerichts von Herford nach München.[163]

Bereits in seiner ersten Sitzung am 15. Dezember 1955 bestimmte das Präsidium erstmals nach Art. 1 Abs. 6 Unterabs. (b) SORG „die Zahl der Richter, die von jedem Senat zusätzlich zu den gemäß Artikel 2 ernannten Richtern benötigt werden“.[164] Nach Art. 1 Abs. 6 Unterabs. (c) SORG hatte das Präsidium des Weiteren das Recht, „den Zeitpunkt der Auflösung eines jeden Senats“ zu bestimmen. Insoweit gab es jedoch in Art. 1 Abs. 4 S. 1 SORG die Vorgabe, dass ein Senat aufgelöst wird, „wenn keine Fälle mehr zu bearbeiten sind.“ Art. 1 Abs. 4 S. 3 SORG enthält dann die konsequente Schlussfolgerung, dass das Oberste Rückerstattungsgericht „mit Auflösung des letzten Senats aufgelöst“ wird. Insbesondere aber die Bestimmung des Art. 1 Abs. 4 S. 1 SORG war etwas zu voreilig gestaltet worden. In diesem Zusammenhang berichtet Edward Arthur Marsden von einer Entscheidung des Präsidiums aus dem Jahr 1972:[165]

---

162 *Marsden*, ebda.

163 Zur Verlegung des Dritten Senats von Nürnberg nach Herford (1961) und zur Verlegung des Ersten Senats von Rastatt nach Herford (1968) in Kapitel 4. A. sowie zur Verlegung des Gerichts von Herford nach München (1984) in Kapitel 4. C.

164 Dazu Kapitel 3. B. II. 4.

165 *Edward Arthur Marsden*, in: BMF / Walter Schwarz (Hrsg.), Wiedergutmachung nationalsozialistischen Unrechts, Band II, 1981, S. 611 (624).

„In Vorbereitung später erforderlich werdender Schritte hat das Präsidium schon im Jahre 1972 in einem Beschluß die Satzung dahin ausgelegt, daß ein Senat erst dann aufgelöst werden kann, wenn bei ihm oder bei den deutschen RE-Organen seines Zuständigkeitsbereichs keine Fälle mehr zu bearbeiten sind. Dieser Beschluß hat seine Tragweite schon bewiesen. Ende 1972 hatte der 1. Senat keinen Fall mehr zu bearbeiten. Am Jahresende 1974 waren aber wieder 4 Fälle vor diesem Senat anhängig. Seitdem sind weitere Fälle eingegangen."

Aber nicht nur mit dieser Thematik der Auflösung eines Senats musste sich das Präsidium auseinandersetzen, sondern insbesondere in den 1960er und 1970er Jahren auch mit verschiedenen anderen organisatorischen Reformen und Reformversuchen.[166]

Das von allen in Art. 1 Abs. 6 SORG genannten Rechten vom Präsidium am häufigsten ausgeübte Recht war nach Art. 1 Abs. 6 Unterabs. (d) SORG die Bestimmung der „Aufstellung von Verwaltungs- und anderem nichtrichterlichen Personal, das das Gericht oder ein Senat benötigt". Der diese weitreichende Personalhoheit einschränkende letzte Halbsatz des Art. 1 Abs. 6 Unterabs. (d) SORG („soweit dies nicht durch diese Satzung bestimmt ist") bezieht sich auf die Geschäftsstellenleiter der drei Senate, für die in der Satzung gesonderte Regelungen enthalten sind. Die Geschäftsstellenleiter eines jeden der drei Senate wurden nach Art. 6 Abs. 1 SORG von der jeweiligen Regierung einer der Drei Mächte vorgeschlagen und nach Art. 5 Abs. 6 S. 1 SORG vom Präsidium gemäß diesen Vorschlägen ernannt.[167]

Darüber hinaus konnte das Präsidium nach Art. 5 Abs. 6 S. 2 1. Hs. SORG „auch sein eigenes Verwaltungspersonal ernennen". Nach Art. 5 Abs. 6 S. 2 2. Hs. SORG war dieses Personal „der Aufsicht des Präsidenten des Gerichts unterworfen" und konnte auf Wunsch des Präsidiums „von der Bundesregierung vorgeschlagen werden".[168]

Im Übrigen lag der Schwerpunkt der gesamten Personalplanung des Obersten Rückerstattungsgerichts im Verantwortungsbereich des Präsidiums, dem in diesem Zusammenhang die Aufgabe zugewiesen war, jährlich einen Stellenbedarfsplan für die drei Senate des Obersten Rückerstattungsgerichts aufzustel-

---

166 Dazu Kapitel 4. B.

167 Näheres zu den Geschäftsstellenleitern in Kapitel 3. B. IV. 1.

168 Wenn die Bundesrepublik Deutschland – so wie hier – richterliches, Verwaltungs- oder sonstiges Personal nach den jeweiligen Vorschriften der Satzung vorzuschlagen oder zu ernennen hatte, dann fiel die praktische Umsetzung in den Aufgabenbereich der Verwaltungsabteilungen des Obersten Rückerstattungsgerichts, die als Dienststellen des Bundesjustizministeriums eingerichtet worden waren, um alle Verpflichtungen der Bundesrepublik Deutschland im Zusammenhang mit dem Obersten Rückerstattungsgericht erfüllen zu können. Dazu auch Kapitel 3. B. IV. 2. c).

len. Nach Art. 1 Abs. 7 SORG reichte „das Präsidium bei der Bundesregierung und den Regierungen der Drei Mächte jährlich Berichte ein, worin sein Bedarf an richterlichem und anderem Personal für die auf den Zeitpunkt des Berichts folgenden zwölf Monate angegeben wird." Dieser jährliche Stellenbedarfsplan des Präsidiums bedurfte dann stets der Zustimmung der Regierungen der Drei Mächte und der Bundesregierung[169], ehe die einzelnen Regierungen unabhängig die zur Besetzung der Stellen bestimmten Personen – mit Ausnahme der vom Präsidium selbst zu ernennenden Geschäftsstellenleiter[170] – ernannten.[171]

Einen Eindruck von den regelmäßig erforderlichen Arbeiten zur Vorbereitung der jährlich bei den Regierungen einzureichenden Stellenbedarfspläne für die drei Senate des Obersten Rückerstattungsgerichts vermittelt Edward Arthur Marsden. Er war während seiner Tätigkeit als Geschäftsstellenleiter in die Erledigung dieser Aufgaben selbst mit eingebunden und berichtet davon zwar nur kurz, aber nicht ohne zwischen den Zeilen einen gewissen Stolz auf die geleistete Arbeit durchschimmern zu lassen: So habe sich „in Vorbereitung der jeweiligen Stellenpläne [...] bald eine enge Zusammenarbeit zwischen den Präsidenten und den Geschäftsstellenleitern" der drei Senate des Obersten Rückerstattungsgerichts sowie „den zuständigen Beamten im Bundesjustizministerium", das „für die kostentragende Bundesrepublik Deutschland federführend" war, entwickelt. Diese enge Zusammenarbeit habe dazu geführt, „dass letztlich schon vorher eingehend besprochene Pläne dem Präsidium vorgelegt werden konnten und Schwierigkeiten vermieden wurden." In diesem Zusammenhang gewährt Edward Arthur Marsden dann nach seinem zurückhaltenden Hinweis „Es mag interessant sein, den ursprünglichen Umfang der ersten Stellenpläne festzuhalten" auch einen detaillierten Einblick in die wesentlichen Daten der ersten Stellenbedarfspläne:

> „Außer den Richtern, den Geschäftsstellenleitern, den Staatsvertretern (beim 1. Senat) und den Arbeitern, d.h. Putzfrauen und Kraftfahrern, waren beim 1. Senat 2 französische und 7 deutsche Angestellte sowie ein deutscher Beamter in Nebenbeschäftigung tätig; beim 2. Senat 4 britische Mitarbeiter und 55 deutsche Beamte und Angestellte; beim 3. Senat 32 deutsche Beamte und Angestellte."

In diesem Zusammenhang versäumte es Marsden nicht, zumindest in einer Fußnote darauf hinzuweisen, dass der Schwerpunkt der Arbeit des Obersten

---

169 *Edward Arthur Marsden*, in: BMF / Walter Schwarz (Hrsg.), Wiedergutmachung nationalsozialistischen Unrechts, Band II, 1981, S. 611 (620 f.).

170 Siehe oben sowie in Kapitel 3. B. IV. 1.

171 Hierzu und zum Folgenden: *Edward Arthur Marsden*, in: BMF / Walter Schwarz (Hrsg.), Wiedergutmachung nationalsozialistischen Unrechts, Band II, 1981, S. 611 (621).

Rückerstattungsgerichts 1956 beim Zweiten (eben „*seinem*“) Senat gelegen hatte. Und schließlich offenbart er dann auch noch, mit welchen Kosten diese im Stellenbedarfsplan vorgesehene Personalstärke verbunden war:

> „Das Ausgabevolumen des auf drei Orte verteilten Gerichts einschließlich der von der Bundesrepublik an die Alliierten zu erstattenden Beträge betrug 1956 1 932 000 DM, davon entfielen 1 692 000 DM auf Personalausgaben.“

Im Vergleich zu diesen doch beeindruckenden Zahlen des Jahres 1956 fallen die von Marsden lediglich knapp in einer Fußnote genannten Zahlen der späten Jahre 1979/80 deutlich bescheidener aus, insbesondere unter Berücksichtigung der zwischenzeitlichen Preissteigerungsraten:

> „Am 30. 6. 1980 bestand das Personal der drei in Herford zusammengefaßten Senate aus 5 deutschen Angestellten. Die Gesamtausgaben des Gerichts betrugen 1979 621 000 DM, davon 555 000 DM für Personalausgaben.“

b) Entscheidungen über Amtsenthebungen von Richtern und Geschäftsstellenleitern

Nach Art. 3 Abs. 3 SORG durfte zwar grundsätzlich kein Richter und (i.V.m. Art. 6 Abs. 3 SORG) auch kein Geschäftsstellenleiter während seiner Amtszeit seines Amtes enthoben werden. Die Fälle des Art. 2 Abs. 4 SORG waren jedoch ausdrücklich von diesem Verbot ausgenommen, so dass eine Amtsenthebung eines Richters[172] und (wiederum i.V.m. Art. 6 Abs. 3 SORG) auch eine Amtsenthebung eines Geschäftsstellenleiters bei Pflichtverstößen ausnahmsweise möglich war.

Die für eine solche Amtsenthebung zu überwindenden Hürden waren nicht sehr hoch. Nach der abschließenden Aufzählung in Art. 2 Abs. 4 SORG sollte eine Amtsenthebung bereits durch nicht sehr schwer wiegende Pflichtverstöße gerechtfertigt sein können, die auch nur nach „Auffassung“ des Präsidiums vorliegen mussten. So konnte das Präsidium bereits „den Sitz eines Richters für freigeworden erklären, wenn nach seiner Auffassung der Richter ohne hinreichenden Grund einer Sitzung ferngeblieben ist, für die er ordnungsgemäß bestimmt war, oder seine Obliegenheiten in sonstiger Weise gewissenhaft zu erfüllen unterlassen hat“. Damit hätten bereits einmalige geringfügige Gründe ausreichen können. Die eigentliche Hürde aber war das Erfordernis einer Entscheidung des Präsidiums mit Zweidrittelmehrheit, die als einzige Ausnahme der sonst bei Entscheidungen des Präsidiums vorgesehenen einfachen Stimmenmehrheit bei Entscheidungen über Amtsenthebungen nach Art. 5 Abs. 3 SORG erforderlich war. Damit mussten nicht mehr nur mindestens fünf, son-

---

172 Dazu Kapitel 3. B. II. 5. a).

dern mindestens sechs von den neun in Art. 5 Abs. 2 SORG vorgesehenen Mitgliedern des Präsidiums der „Auffassung" sein, dass das Verhalten ihres Richterkollegen eine grundsätzlich nicht zulässige Amtsenthebung ausnahmsweise rechtfertigt. Tatsächlich ist eine solche Entscheidung des Präsidiums nie notwendig geworden.[173]

c) Prüfung von Fragen von gemeinsamem Interesse für mehr als einen Senat des Obersten Rückerstattungsgerichts

Nach Art. 5 Abs. 5 Unterabs. (a) SORG war das Präsidium zuständig, „auf Verlangen eines seiner Mitglieder Fragen zu prüfen, die von gemeinsamem Interesse für mehr als einen Senat" waren „und die Senatspräsidenten entsprechend zu unterrichten". Damit war dem Präsidium und seinen Mitgliedern in der Satzung ein wesentliches Instrument zur Harmonisierung der drei Senate und zu einem engeren Miteinander innerhalb des Obersten Rückerstattungsgerichts an die Hand gegeben worden.

Um dieses in der Satzung vorgesehene Instrument entsprechend seiner großen Möglichkeiten nutzen zu können, hätten solche in Art. 5 Abs. 5 Unterabs. (a) SORG erwähnten Fragen von gemeinsamem Interesse für mehr als einen Senat aber auch in der Realität der drei Senate des Obersten Rückerstattungsgerichts auftauchen und von den Mitgliedern des Präsidiums ernsthaft gestellt werden müssen. Im Vordergrund standen aber weniger eventuelle gemeinsame Interessen der drei Senate als vielmehr die jeweiligen Einzelinteressen jedes einzelnen der drei Senate. Hier wird ein weiteres Mal deutlich, dass es sich beim Obersten Rückerstattungsgericht in Herford trotz entsprechender Bezeichnung eben nicht um ein im allgemein üblichen Sinn einheitliches Gericht mit drei Senaten handelte, sondern eher um ein gemeinsames rechtliches Dach für drei zwar als Senate bezeichnete, aber tatsächlich weitgehend eigenständige Gerichte, die ihre Eigenständigkeit schon im Hinblick auf die jeweils eigenen rechtlichen Wurzeln so weit wie möglich aufrecht erhalten und schon gar nicht zu Gunsten der anderen einschränken oder aufgeben wollten.

Auch hier ist es wieder Edward Arthur Marsden, der mit Hilfe seiner Erinnerungen an seine Dienstzeit als Geschäftsstellenleiter beim Zweiten Senat einen Blick hinter die Kulissen des Obersten Rückerstattungsgerichts gestattet:[174] Er stellt schlicht fest, es habe sich im Zusammenhang mit der Prüfung von Fragen von gemeinsamem Interesse für mehr als einen Senat des Obersten Rückerstat-

---

173 So *Edward Arthur Marsden*, in: BMF / Walter Schwarz (Hrsg.), Wiedergutmachung nationalsozialistischen Unrechts, Band II, 1981, S. 611 (627).

174 *Edward Arthur Marsden*, in: BMF / Walter Schwarz (Hrsg.), Wiedergutmachung nationalsozialistischen Unrechts, Band II, 1981, S. 611 (621).

tungsgerichts schon bald gezeigt, „daß Schritte in dieser Richtung sehr schwer zu verwirklichen waren". Es sei „mit einigen Ausnahmen auch nie gelungen, hier weitgehende Beschlüsse im Präsidium zu fassen, z.B. über das Tragen von Roben bei mündlichen Verhandlungen, eine einheitliche Dienstzeit oder Ferienordnung." Insbesondere Vorschläge, die „mittelbar das in einzelnen Senaten geübte Verfahren selbst betrafen", seien „aufgrund der verschiedenartigen Gesetzesbestimmungen und besonders wegen des fundamentalen Unterschieds zwischen der im 1. Senat anzuwendenden ZPO und dem nach angelsächsischem Recht geprägten Verfahren vor den beiden anderen Senaten sowie den verschiedenen Sprachen meist von vornherein zum Scheitern verurteilt" gewesen. Dies habe sich so in mehreren Fällen gezeigt, unter anderem „bei Vorschlägen für eine einheitliche Regelung in der Behandlung von Armenrechtsanträgen, die Anwendung von Gesetzen einer Besatzungszone in einer anderen Besatzungszone, besonders aber auch bei dem Versuch, eine einheitliche Verfahrensordnung für die Senate zu erarbeiten."

d) Entscheidungen über Auslegung und Anwendung der Satzung des Obersten Rückerstattungsgerichts

Noch eine weitere, sehr weit reichende Befugnis war dem Präsidium in der Satzung eingeräumt worden. So war das Präsidium nach Art. 5 Abs. 5 Unterabs. (b) 1. Alt. SORG „zuständig, über die Auslegung oder Anwendung dieser Satzung [...] zu entscheiden". Mit dieser Bestimmung hatten es die vier Regierungen Amerikas, Großbritanniens, Frankreichs und Deutschlands, die gemeinsam die Satzung des Obersten Rückerstattungsgerichts als Bestandteil des Überleitungsvertrages vertraglich vereinbart hatten, dann dem Präsidium überlassen, allein und vor allem unabhängig und unbeeinflusst von den vier Regierungen zu entscheiden, wie diese Satzung angewendet und im einzelnen ausgelegt werden sollte.[175] Überspitzt formuliert hatte das Präsidium damit von den vier Regierungen eine Generalvollmacht erhalten, über Art und Umfang der eigenen Befugnisse, Rechte und Pflichten selbst zu entscheiden.

In diesem Zusammenhang berichtet Edward Arthur Marsden[176] (wieder einmal eingeleitet von einer seiner durchweg wohlwollenden Bewertungen des Ober-

175 Die dem Präsidium in Art. 5 Abs. 5 Unterabs. (b) 1. Alt. SORG eingeräumte Befugnis kommentiert *Edward Arthur Marsden* mit den Worten: „In diesem Punkte waren seine Entschließungen für alle Beteiligten verbindlich und nicht von der Zustimmung der vier Regierungen abhängig." So bei *Edward Arthur Marsden*, in: BMF / Walter Schwarz (Hrsg.), Wiedergutmachung nationalsozialistischen Unrechts, Band II, 1981, S. 611 (622).

176 *Edward Arthur Marsden*, in: BMF / Walter Schwarz (Hrsg.), Wiedergutmachung nationalsozialistischen Unrechts, Band II, 1981, S. 611 (622).

sten Rückerstattungsgerichts, dass hier „vom Präsidium für das reibungslose Funktionieren des Gerichts und seiner Fortentwicklung Wertvolles geleistet worden" sei) von einer Entscheidung des Präsidiums über die Vorschrift des Art. 5 Abs. 3 1. Hs. SORG („Das Präsidium entscheidet mit Stimmenmehrheit der neun Mitglieder"): So habe das Präsidium schon frühzeitig entschieden, „daß es ordnungsgemäß besetzt ist, auch wenn zu einer vom Präsidenten festgesetzten Sitzung weniger als die neun vorgesehenen Mitglieder erscheinen, vorausgesetzt, daß mindestens fünf Mitglieder anwesend sind und alle neun Mitglieder ordnungsgemäß geladen worden waren." Mit dieser Entscheidung seien zwar vom Präsidium „zuerst Bedenken bei einer der beteiligten Mächte zu überwinden" gewesen, „die befürchtete, daß dadurch das ausgewogene Kräfteverhältnis im Präsidium untergraben werden würde". Diese Entscheidung habe aber „eine Lücke in der Satzung" geschlossen und „sich schon bald als sehr wichtig bei der plötzlichen ernsten Erkrankung eines der drei Senatspräsidenten" erwiesen.[177]

Dass das Präsidium darüber hinaus nach Art. 5 Abs. 5 Unterabs. (b) 2. Alt. SORG auch noch zuständig war, „über alle sonstigen Angelegenheiten, die ihm diese Satzung überträgt, zu entscheiden", kann dann allenfalls noch als wiederholende Klarstellung und Hervorhebung der weitreichenden Befugnisse des Präsidiums gesehen werden. Notwendig war diese Bestimmung jedenfalls nicht mehr. Denn wer, wenn nicht das Präsidium, sollte zuständig sein, die in der Satzung dem Präsidium bereits übertragenen Angelegenheiten zu entscheiden?

e) Verfahrensvorschriften des Präsidiums

Schließlich konnte das Präsidium nach Art. 5 Abs. 7 SORG auch seine eigenen Verfahrensvorschriften bestimmen. In der Satzung waren aber bereits die wesentlichen Vorschriften über Mehrheitsentscheidungen (Art. 5 Abs. 3 SORG) und das Zusammentreten des Präsidiums (Art. 5 Abs. 4 SORG) enthalten. Daher gab es für das Präsidium keinen zwingenden Grund dafür, von der ihm in Art. 5 Abs. 7 SORG eingeräumten Möglichkeit wie die Senate durch den Erlass einer detaillierten Verfahrensordnung Gebrauch zu machen. Das Präsidium konnte sich darauf beschränken, lediglich über einzelne Fragen zum Ablauf seines Verfahrens zu entscheiden. Dementsprechend konnte dann auch Edward Arthur Marsden aus seiner Erinnerung berichten:[178]

---

177 Zu einer weiteren derartigen Entscheidung des Präsidiums in Kapitel 4. B.

178 *Edward Arthur Marsden*, in: BMF / Walter Schwarz (Hrsg.), Wiedergutmachung nationalsozialistischen Unrechts, Band II, 1981, S. 611 (621).

„Für den Erlaß einer umfassenden Regelung ergab sich keine Notwendigkeit; aber das Präsidium gab sich schon früh das Recht, ohne Sitzung im schriftlichen Umlaufverfahren Beschlüsse zu fassen, vorausgesetzt, daß Einstimmigkeit unter den Mitgliedern bestand. Dies führte normalerweise dazu, daß in der Regel nur eine Sitzung im Jahr abgehalten wurde und zwischen den Sitzungen dringend gewordene organisatorische Maßnahmen auf schriftlichem Wege erledigt werden konnten."

Abschließend sei hier noch wiedergegeben, wie Marsden nach seinen eigenen Eindrücken, die er während seiner Zeit beim Obersten Rückerstattungsgericht gewonnen hatte, im Nachhinein das Präsidium, die Mitglieder des Präsidiums und deren Tätigkeit beurteilte:[179]

„Zusammenfassend kann gesagt werden, daß trotz anfänglich oft diametral entgegenstehender Ansichten und lebhafter Auseinandersetzungen in den Beratungen des Präsidiums Beschlüsse letzten Endes fast immer einstimmig gefaßt wurden. Es besteht Grund zu der Annahme, daß nach den Vorstellungen der Mächte beim Abfassen der Satzung in erster Linie das Präsidium für das einwandfreie Arbeiten des Gerichts verantwortlich sein sollte. Grundlegende Änderungen – sei es in der Zahl der Richter, Verlegung des Sitzes eines Senats, Auflösung eines Senats, Entlassung von Mitarbeitern oder Amtsenthebung eines Richters – sollte [sic!] nicht ohne vorhergehende Beschlußfassung durch das Präsidium erfolgen. Die in vielen dieser Fälle erforderliche Zustimmung der beteiligten Mächte zu den Beschlüssen des Präsidiums war wohl mehr als Sicherheitsmaßnahme gedacht. Wenn dies die Absicht war, dann hat sich das Präsidium als Organ des Gerichts im vollen Umfange bewährt."

3. Der Präsident des Obersten Rückerstattungsgerichts

In der Satzung ist der Präsident des Obersten Rückerstattungsgerichts zunächst an herausragender Stelle noch vor dem Präsidium und den Senaten erwähnt – Art. 1 Abs. 1 SORG:

„Das Gericht besteht (a) aus dem Präsidenten des Gerichtes, (b) dem Präsidium (Presidential Council), (c) drei Senaten (Divisions)."

Das kann zumindest auf den ersten Blick zu der Annahme verleiten, der Präsident des Obersten Rückerstattungsgerichts habe auch tatsächlich so eine entsprechend herausragende Stellung innerhalb des Obersten Rückerstattungsgerichts innegehabt. Eben ganz so, wie es dieser Art. 1 Abs. 1 SORG vermuten lässt und wie es auch nicht nur bei allen sechs Vorgängergerichten des Obersten Rückerstattungsgerichts der Fall war[180], sondern wie es auch allgemein bei anderen Gerichten weitgehend üblich ist.

---

179 *Edward Arthur Marsden*, in: BMF / Walter Schwarz (Hrsg.), Wiedergutmachung nationalsozialistischen Unrechts, Band II, 1981, S. 611 (626).

180 Vgl. insoweit Art. II Abs. 2 AVO4 zum Präsidenten des US-BOR, Art. 1 Abs. 3 G21 zum Präsidenten des CORA, Art. 5 S. 1 DVO6 i.V.m. Art. 11 Ziff. 31 VV-BOR1 zum

Allerdings enthält die Satzung des Obersten Rückerstattungsgerichts dann nur noch zwei weitere Vorschriften, in denen das Amt des Präsidenten überhaupt erwähnt ist. In Art. 5 Abs. 1 SORG als erster dieser beiden Vorschriften wurde lediglich die personelle Besetzung dieses Amts geregelt. Danach war für das Amt des Präsidenten des Obersten Rückerstattungsgerichts keine personelle Kontinuität vorgesehen, sondern ein regelmäßiger Wechsel: Nach Art. 5 Abs. 1 S. 2 SORG führten die drei Senatspräsidenten das Amt des Präsidenten des Obersten Rückerstattungsgerichts „abwechselnd jeweils für die Dauer von vier Kalendermonaten“. Eine Funktion zu erfüllen hatte der Präsident dann nach der Satzung nur im Zusammenhang mit den Sitzungen des Präsidiums, denn Art. 5 Abs. 4 SORG schrieb vor: „Das Präsidium tritt am Sitze des Gerichtes jeweils zusammen, wenn der Präsident dies bestimmt.“ Weitere Bestimmungen über das Amt des Präsidenten des Obersten Rückerstattungsgerichts enthielt die Satzung nicht. Der Präsident hatte nach der Satzung keine besonderen Befugnisse, weder Rechte noch Pflichten. Ihm wurden keine eigenen Aufgaben übertragen.

Diese außergewöhnlich schwache Stellung eines Gerichtspräsidenten verwundert zwar zunächst, war aber letztlich angesichts der besonderen Konstellation des Obersten Rückerstattungsgerichts kaum anders denkbar: Die schwache Stellung seines Präsidenten ist die konsequente Folge der zuvor getroffenen Entscheidung, das Oberste Rückerstattungsgericht nicht als einheitliches Gericht mit drei Senaten zu gestalten, sondern eher als drei weitgehend eigenständige Gerichte unter einem mehr oder weniger gemeinsamen rechtlichen Dach. So war dann auch sichergestellt, dass die weitgehende Eigenständigkeit eines jeden der drei Senate – jedenfalls nicht ohne selbst an der Entscheidung beteiligt zu sein und schon gar nicht von einem starken Präsidenten – eingeschränkt werden konnte.

Stattdessen waren die wesentlichen Entscheidungen innerhalb der Senate selbst zu treffen. Nur soweit in der Satzung Entscheidungen unter dem gemeinsamen rechtlichen Dach für alle Senate vorgesehen waren, blieben die wesentlichen Entscheidungen dem Präsidium vorbehalten, so dass sie dann zumindest unter Beteiligung gleich vieler Mitglieder aller drei Senate inklusive der Senatspräsidenten getroffen werden konnten. Ebenso konsequent dem Erhalt der weitgehenden Eigenständigkeit der drei Senate und der starken Stellung der drei Senatspräsidenten entsprach dann auch die Vorschrift des Art. 5 Abs. 1 SORG. Danach durfte (oder musste) jeder der drei Senatspräsidenten

Präsidenten bzw. Vorsitzenden des britischen BOR, Art. 3 und 4 DVO6N zum Präsidenten des SRC. Im einzelnen dazu auch in Kapitel 3. A. I.

einmal in jedem Jahr für einen Zeitraum von vier Monaten formell an der Spitze des gesamten Obersten Rückerstattungsgerichts stehen, ohne dass für ihn damit mehr Befugnisse verbunden waren als er als Senatspräsident ohnehin schon hatte.[181]

IV. Die nichtrichterlichen Angehörigen und Einrichtungen des Obersten Rückerstattungsgerichts

Neben den Richtern, dem Präsidium und dem Präsidenten des Obersten Rückerstattungsgerichts verdienen auch die besonderen nichtrichterlichen Angehörigen und Einrichtungen des Obersten Rückerstattungsgerichts eine nähere Betrachtung, insbesondere zunächst die Geschäftsstellenleiter der drei Senate des Obersten Rückerstattungsgerichts mit ihren außergewöhnlich weit reichenden Befugnissen.

1. Die Geschäftsstellenleiter der drei Senate des Obersten Rückerstattungsgerichts

Jeder der drei Senate des Obersten Rückerstattungsgerichts bestand nach Art. 1 Abs. 2 SORG nicht nur aus den Richtern, sondern auch aus „einem Geschäftsstellenleiter und einer Geschäftsstelle und ausreichendem Personal, um seine Aufgaben wirksam zu erfüllen." Die besondere Bedeutung der Geschäftsstellenleiter der drei Senate des Obersten Rückerstattungsgerichts wird bereits auf den ersten Blick in die Satzung schon an Hand der zahlreichen, sie betreffenden Regelungen deutlich. So ist mit Art. 6 SORG nicht nur ein ganzer von insgesamt nur zehn Artikeln der Satzung allein den die Geschäftsstellenleiter betreffenden Regelungen gewidmet. Und auch darüber hinaus finden sich noch in anderen Artikeln weitere Regelungen, die erkennen lassen, welche Bedeutung der Satzungsgeber den Geschäftsstellenleitern der drei Senate und den von ihnen wahrzunehmenden Aufgaben beigemessen hat.

Die Bedeutung der Geschäftsstellenleiter lässt sich auch daran erkennen, dass die sie betreffenden Regelungen nicht den das Verwaltungs- und sonstige Personal betreffenden Regelungen entsprachen, sondern eher den die Richter betreffenden Regelungen. Zunächst fanden mehrere der die Richter betreffenden Regelungen nach Art. 6 Abs. 3 SORG entsprechende Anwendung für die Geschäftsstellenleiter. Und weitere die Geschäftsstellenleiter betreffende Regelungen waren zumindest sehr eng an die die Richter betreffenden Regelungen

181 Zu den Umständen, die dazu führten, dass ab 1975 nur noch ein einziger Präsident des Obersten Rückerstattungsgerichts (mit einem Stellvertreter) das Präsidium leitete und seine Sitzungen festsetzte, in Kapitel 4. B.

angelehnt. Das galt bereits für die Ernennung der Geschäftsstellenleiter[182]: Ebenso wie bei den von den Regierungen der Drei Mächte zu ernennenden Richtern war auch bei den Geschäftsstellenleitern der drei Senate ein entscheidender Einfluss der Regierungen der Drei Mächte vorgesehen. So war in Art. 6 Abs. 1 SORG festgelegt, dass die Geschäftsstellenleiter der drei Senate von den Regierungen der Drei Mächte vorgeschlagen wurden: Und zwar „der Geschäftsstellenleiter des ersten Senats von der Regierung der Französischen Republik“ (Art. 6 Abs. 1 Unterabs. (a) SORG), „der Geschäftsstellenleiter des zweiten Senats von der Regierung des Vereinigten Königreichs“ (Art. 6 Abs. 1 Unterabs. (b) SORG) und „der Geschäftsstellenleiter des dritten Senats von der Regierung der Vereinigten Staaten von Amerika“ (Art. 6 Abs. 1 Unterabs. (c) SORG).[183]

Im Unterschied zu den von den Regierungen der Drei Mächte zu ernennenden Richtern wurden die Geschäftsstellenleiter der drei Senate von den Regierungen der Drei Mächte allerdings nur vorgeschlagen und nicht auch ernannt. Stattdessen ist in Art. 5 Abs. 6 1. Hs. SORG geregelt, dass das Präsidium die Geschäftsstellenleiter „gemäß den Vorschlägen nach Absatz (1) des Artikels 6“ ernennt. Ursprünglich hatten erste Satzungsentwürfe der Alliierten vorgesehen, dass die Geschäftsstellenleiter – ebenso wie die Richter – von den Regierungen der Drei Mächte auch allein ernannt werden sollten. Die letztlich dann in die Satzung aufgenommene Regelung, nach der die Ernennung der Geschäftsstellenleiter durch das Präsidium gemäß den Vorschlägen der Regierungen der Drei Mächte zu erfolgen hatte, „wurde auf Vorschlag der deutschen Regierung gewählt, um auch ihr einen Einfluß einzuräumen“[184]. So lag dann die Ernennung der Geschäftsstellenleiter nach Art. 5 Abs. 6 1. Hs. SORG i.V.m. Art. 6 Abs. 1 SORG nicht mehr ausschließlich nur in der Entscheidungsbefugnis der Drei Mächte. Vielmehr war damit mittels der drei von der Bundesregierung ernannten deutschen Richter, die im Präsidium vertreten waren, ein nicht unerheblicher deutscher Einfluss bei der nach Art. 5 Abs. 3 SORG mit einfacher Stimmenmehrheit zu treffenden Entscheidung des neunköpfigen Präsidiums über die Ernennung der Geschäftsstellenleiter gemäß den Vorschlägen der Regierungen der Drei Mächte vorgesehen.

182 Für die Ernennung der Geschäftsstellenleiter waren nicht nur sehr ähnliche, sondern auch ebenso differenzierte Regelungen vorgesehen wie für die Ernennung der Richter. Vgl. Kapitel 3. B. II.

183 Zur Kleinschreibung der Bezeichnung der Senate im Text der deutschen Fassung der Satzung siehe oben in Kapitel 3, Fußnote 125.

184 *Edward Arthur Marsden*, in: BMF / Walter Schwarz (Hrsg.), Wiedergutmachung nationalsozialistischen Unrechts, Band II, 1981, S. 611 (628).

Nach der Ernennung wurde die besondere Bedeutung der Geschäftsstellenleiter des Obersten Rückerstattungsgerichts in Herford dann an Hand der ihnen in der Satzung zugestandenen Privilegien deutlich. Denn die wesentlichen Privilegien, die den Richtern des Obersten Rückerstattungsgerichts in Herford nach der Satzung zustanden, standen nach Art. 6 Abs. 3 SORG auch den Geschäftsstellenleitern zu: So durfte nach Art. 3 Abs. 3 SORG i.V.m. Art. 6 Abs. 3 SORG ein Geschäftsstellenleiter ebenso wie ein Richter während seiner Amtszeit grundsätzlich gar nicht, bzw. ausnahmsweise nur dann seines Amtes enthoben werden, wenn das Präsidium mit Zweidrittelmehrheit eine Amtsenthebung auf Grund von Pflichtverstößen für gerechtfertigt ansah[185]. Darüber hinaus genossen die Geschäftsstellenleiter wie die Richter nach Art. 3 Abs. 5 Unterabs. (b) SORG i.V.m. Art. 6 Abs. 3 SORG „im Bundesgebiet während ihrer Amtszeit die Vorrechte und Immunitäten, die den Mitgliedern diplomatischer Missionen zustehen“ und nach Art. 3 Abs. 5 Unterabs. (a) 2. Hs. SORG i.V.m. Art. 6 Abs. 3 SORG „während ihrer Amtszeit und nach deren Ablauf Immunität gegenüber gerichtlicher Verfolgung für Handlungen, die sie in Ausübung ihres Amtes vorgenommen haben.“[186]

Bei den Gehältern der Geschäftsstellenleiter waren in der Satzung die gleichen Bestimmungen vorgesehen wie bei den von den Regierungen der Drei Mächte ernannten Richtern[187]. So wurden die Gehälter nach Art. 7 Abs. 2 Unterabs. (a) SORG von der Macht, deren Regierung den Geschäftsstellenleiter nach Art. 6 Abs. 1 SORG vorgeschlagen hatte, „nach Beratung mit der Bundesregierung festgesetzt und bezahlt und von der Bundesrepublik der beteiligten Macht erstattet“. Mit dem Vorschlagen der Geschäftsstellenleiter durch die Regierung einer der Drei Mächte korrespondierte nicht nur die Bezahlung, sondern auch ein Aufsichtsrecht. So unterstand ein Geschäftsstellenleiter des Obersten Rückerstattungsgerichts in Herford nach Art. 7 Abs. 3 SORG „der verwaltungsmäßigen und dienststrafrechtlichen Aufsicht“ der Regierung, die ihn nach Art. 6 Abs. 1 SORG vorgeschlagen hatte. Nach Art. 5 Abs. 6 2. Hs. SORG waren die Geschäftsstellenleiter im Übrigen „jedoch unmittelbar und ausschließlich dem Präsidenten ihres Senats verantwortlich.“

Mit dieser Bestimmung in Art. 5 Abs. 6 2. Hs. SORG kommt nicht nur zum Ausdruck, dass ein gerichtsexterner Einfluss auf die Tätigkeit der Geschäftsstellenleiter ausgeschlossen werden sollte. Die Beschränkung der Verantwortlichkeit der Geschäftsstellenleiter allein gegenüber dem Präsidenten nur eines

185 Dazu Kapitel 3. B. III. 2. b).

186 Dazu Kapitel 3. B. II. 5. c).

187 Dazu Kapitel 3. B. II. 5. d).

Senats korrespondiert darüber hinaus unmittelbar mit Art. 6 Abs. 2 SORG. Danach hatte jeder Geschäftsstellenleiter der drei Senate des Obersten Rückerstattungsgerichts in Herford „die gleichen Befugnisse und Obliegenheiten wie der Geschäftsstellenleiter oder Sekretär des Gerichtes, dessen Nachfolge sein Senat“ am 15. Mai 1955 übernommen hatte. Auch hier wird wieder deutlich, dass es sich beim Obersten Rückerstattungsgericht in Herford letztlich nur um „drei Gerichte in einem“ handelte. So wie in der Zeit zuvor, als es in den drei Besatzungszonen der West-Alliierten noch drei völlig voneinander unabhängige oberste Instanzen in Rückerstattungssachen gab, galten eben auch in der Folgezeit für die tägliche Arbeit der Geschäftsstellenleiter des Obersten Rückerstattungsgerichts in Herford noch immer keine einheitlichen Bestimmungen. Stattdessen mussten nach Art. 6 Abs. 2 SORG weiterhin die Rechtsquellen der drei Besatzungszonen der West-Alliierten angewendet werden, die zuvor bereits für die Tätigkeit der Geschäftsstellenleiter und Sekretäre der jeweiligen Vorgängergerichte maßgeblich waren.

Die auf Grund der Unterschiede in Tradition und Rechtspraxis bei den drei alliierten Westmächten voneinander abweichenden französischen, britischen und amerikanischen Vorstellungen von Stellung und Tätigkeit der Geschäftsstellenleiter oder Sekretäre eines Gerichts hatten in den für die Vorgängergerichte maßgeblichen besatzungsrechtlichen Bestimmungen ihren Niederschlag gefunden. Diese blieben auch bei den drei Senaten des Obersten Rückerstattungsgerichts in Herford weiterhin anwendbar und sorgten so für eine Uneinheitlichkeit des Berufsbildes der Geschäftsstellenleiter und ihrer täglichen Arbeit.[188] Besondere Bestimmungen über die Notwendigkeit einer bestimmten Staatsangehörigkeit der Geschäftsstellenleiter gab es zwar nicht[189], waren jedoch auch nicht erforderlich. Denn schon allein die Rücksicht auf die jeweilige Tradition und Rechtspraxis sorgte dafür, dass von den Regierungen der Drei Mächte nur Geschäftsstellenleiter mit entsprechenden Kenntnissen und Erfahrungen aus dem eigenen Land und Rechtskreis zur Ernennung vorgeschlagen wurden. In der Folge existierten so letztlich drei verschiedene Berufsbilder eines Geschäftsstellenleiters des Obersten Rückerstattungsgerichts in Herford nebeneinander.

---

188 In diesem Zusammenhang stellt dann auch *Edward Arthur Marsden* fest: „Es muß also in erster Linie auf die REG-Bestimmungen [scil. die Bestimmungen der Rückerstattungsgesetze] zurückgegriffen werden, die zum Teil die Stellung dieser Amtsinhaber bei einem Gericht in seinem [sic!] Heimatland widerspiegeln.“ – *Edward Arthur Marsden*, in: BMF / Walter Schwarz (Hrsg.), Wiedergutmachung nationalsozialistischen Unrechts, Band II, 1981, S. 611 (629).

189 So auch *Edward Arthur Marsden*, in: BMF / Walter Schwarz (Hrsg.), Wiedergutmachung nationalsozialistischen Unrechts, Band II, 1981, S. 611 (628).

a) Der Greffier beim Ersten Senat

Der Erste Senat des Obersten Rückerstattungsgerichts übte nach Art. 9 Abs. 1 Unterabs. (a) SORG „die Gerichtsbarkeit und sonstigen Befugnisse" des CSR aus und hatte dessen Nachfolge als oberste Instanz in Rückerstattungssachen in der französischen Besatzungszone angetreten[190]. Wie schon beim CSR waren daher Stellung und Tätigkeit des Geschäftsstellenleiters dann auch beim Ersten Senat des Obersten Rückerstattungsgerichts entscheidend geprägt von dem im französischen Rechtssystem üblichen Verständnis von Stellung und Tätigkeit eines Geschäftsstellenleiters.

In Frankreich sind die *Greffiers* oder *Greffiers-en-Chef* erst seit 1965 Beamte, nachdem sie zuvor freiberuflich tätig waren (*officiers ministériels titulaires d`une charge*).[191] Sie haben normalerweise eine Spezialausbildung und sind Hilfskräfte des Richters. Zu ihren Aufgaben gehört es, die Maßnahmen der Richter zu beurkunden und anzufertigen.

So hatte dann auch der *Greffier* beim CSR weitgehende Rechte und selbstständige Aufgaben, die aber keine richterlichen Funktionen einschlossen. Bestimmungen über die Stellung und die Tätigkeit des *Greffiers* beim CSR waren in der VO252 jedoch nicht enthalten. Als einzige insoweit einschlägige Vorschrift der VO252 stellte Art. 7 S. 2 VO252 klar, woher ein Geschäftsstellenleiter („le greffier en chef") des CSR zu kommen hatte: Er wurde „vom Chef der Justizverwaltung zur Verfügung gestellt." Darüber hinaus enthält die Geschäftsordnung des CSR vom 12. Dezember 1950 noch eine die Tätigkeit des *Greffiers* beim CSR betreffende Vorschrift, nach der er alle Revisionsanträge „ohne Prüfung der Zulässigkeit in ein besonderes Register einzutragen" hat. Als der Erste Senat des Obersten Rückerstattungsgerichts am 5. Mai 1955 die Nachfolge des CSR als oberste Instanz in Rückerstattungssachen in der französischen Besatzungszone antrat, blieb der bisherige *Greffier* des CSR dann auch als Geschäftsstellenleiter des Ersten Senats des Obersten Rückerstattungsgerichts im Amt.

b) Der Registrar beim Zweiten Senat

Der Zweite Senat des Obersten Rückerstattungsgerichts übte nach Art. 9 Abs. 1 Unterabs. (b) SORG „die Gerichtsbarkeit und sonstigen Befugnisse" des SRC aus und hatte dessen Nachfolge als oberste Instanz in Rückerstat-

---

190 Vgl. Kapitel 3. B. I. 1.

191 Hierzu und zum Folgenden: *Edward Arthur Marsden*, in: BMF / Walter Schwarz (Hrsg.), Wiedergutmachung nationalsozialistischen Unrechts, Band II, 1981, S. 611 (629).

tungssachen in der britischen Besatzungszone angetreten[192]. Wie schon beim SRC (und auch zuvor beim BOR) waren daher Stellung und Tätigkeit des Geschäftsstellenleiters dann auch beim Zweiten Senat des Obersten Rückerstattungsgerichts entscheidend geprägt von dem im britischen Rechtssystem üblichen Verständnis von Stellung und Tätigkeit eines Geschäftsstellenleiters.

Dieses besondere britische Berufsbild eines Geschäftsstellenleiters ist im Vergleich mit dem im französischen, amerikanischen und deutschen Rechtssystem üblichen Berufsbild von erweiterten Aufgaben und Befugnissen geprägt. So sind in England die *Registrars* und *Masters* des *High Court* Volljuristen und haben sowohl Verwaltungs- wie richterliche Aufgaben.[193]

Dementsprechend bereitete dann auch der *Registrar* beim BOR und beim SRC das Verfahren bis zur Entscheidungsreife vor und sorgte für die Zustellung und die Veröffentlichung der Entscheidungen. Über die Stellung und die Tätigkeit des *Registrars* beim BOR und beim SRC finden sich einige Bestimmungen sowohl in der für den BOR maßgeblichen DVO6 als auch in der für den SRC maßgeblichen DVO6N: Gut zu erkennen ist, dass das besondere britische Berufsbild eines Geschäftsstellenleiters gemeint war und bei den obersten Instanzen in Rückerstattungssachen in der britischen Besatzungszone realisiert werden sollte. So wurde die enge Anlehnung von Stellung und Tätigkeit des Geschäftsstellenleiters beim SRC an das im britischen Rechtssystem übliche Verständnis von Stellung und Tätigkeit eines Registrars bereits bei der Formulierung der DVO6N betont, indem innerhalb des nach Art. 11 DVO6N maßgeblichen deutschen Wortlauts der DVO6N in Art. 5 Abs. 1 DVO6N zur Klarstellung der Bezeichnung „Geschäftsstellenleiter“ die englische Bezeichnung „Registrar“ hinzugefügt wurde: „Das Gericht erhält einen Geschäftsstellenleiter (‚Registrar‘) und eine Geschäftsstelle.“ Das im britischen Rechtssystem übliche Verständnis von Stellung und Tätigkeit eines Registrars war dann nach Art. 6 Abs. 2 SORG auch für den Geschäftsstellenleiter beim Zweiten Senat des Obersten Rückerstattungsgerichts in Herford ebenso maßgeblich wie zuvor nach Art. 5 Abs. 1 DVO6N für den Geschäftsstellenleiter beim SRC.

Über diese besondere Ausprägung des Berufsbilds hinaus enthält die DVO6N auch weitere für den Geschäftsstellenleiter beim SRC maßgebliche Bestimmungen. Eine dieser Bestimmungen der DVO6N wurde dann auch zum Vorbild genommen für eine mit dem gleichen Regelungsgehalt in die Satzung

192 Vgl. Kapitel 3. B. I. 2.

193 Hierzu und zum Folgenden: *Edward Arthur Marsden*, in: BMF / Walter Schwarz (Hrsg.), Wiedergutmachung nationalsozialistischen Unrechts, Band II, 1981, S. 611 (629).

des Obersten Rückerstattungsgerichts in Herford aufgenommene Bestimmung: Ebenso wie später die Geschäftsstellenleiter der drei Senate des Obersten Rückerstattungsgerichts in Herford nach Art. 5 Abs. 6 2. Hs. SORG „unmittelbar und ausschließlich dem Präsidenten ihres Senats verantwortlich“ waren, so war auch schon der Geschäftsstellenleiter beim SRC nach Art. 5 Abs. 3 2. Hs. DVO6N „für die Arbeit der Geschäftsstelle unmittelbar und ausschließlich dem Präsidenten verantwortlich“.

Der besonderen Ausprägung des Berufsbilds des britischen Geschäftsstellenleiters entspricht dann auch wieder die Bestimmung des Art. 5 Abs. 3 1. Hs. DVO6N. Danach wurde der Geschäftsstellenleiter beim SRC in der britischen Besatzungszone nicht wie sein Kollege beim CSR in der französischen Besatzungszone schlicht „vom Chef der Justizverwaltung zur Verfügung gestellt“[194], sondern „vom Hohen Kommissar des Vereinigten Königreichs ernannt“ und damit hinsichtlich der Ernennung ebenso behandelt wie in Art. 3 Abs. 2 S. 1 DVO6N auch die Richter des SRC. Im Einzelnen konnte diese Regelung der Ernennung der Geschäftsstellenleiter durch einen Hohen Kommissar nicht vom SRC auch für das Oberste Rückerstattungsgericht in Herford übernommen werden. Sie wurde durch die Regelung der Ernennung der Geschäftsstellenleiter nach Art. 5 Abs. 6 1. Hs. SORG i.V.m. Art. 6 Abs. 1 SORG vom Präsidium gemäß den Vorschlägen der jeweiligen Regierung einer der Drei Mächte ersetzt. Das Prinzip aber, die Geschäftsstellenleiter hinsichtlich ihrer Ernennung ebenso zu behandeln wie die Richter, wurde damit vom SRC der britischen Besatzungszone für alle drei Senate des Obersten Rückerstattungsgerichts in Herford in die Satzung übernommen.

Ebenso übernommen wurde dann auch der *Registrar* des SRC als Geschäftsstellenleiter des Zweiten Senats des Obersten Rückerstattungsgerichts in Herford, als dieser am 5. Mai 1955 die Nachfolge des SRC als oberste Instanz in Rückerstattungssachen in der britischen Besatzungszone antrat[195].

c) Der Clerk of Court beim Dritten Senat

Der Dritte Senat des Obersten Rückerstattungsgerichts übte nach Art. 9 Abs. 1 Unterabs. (c) SORG „die Gerichtsbarkeit und sonstigen Befugnisse“ des CORA aus und hatte dessen Nachfolge als oberste Instanz in Rückerstattungs-

---

194 Art. 7 S. 2 VO252.

195 *Edward Arthur Marsden*, in: BMF / Walter Schwarz (Hrsg.), Wiedergutmachung nationalsozialistischen Unrechts, Band II, 1981, S. 611 (629). Marsden schildert dies eher beiläufig in einem knappen Satz und ohne einen Hinweis darauf, dass er selbst derjenige war, der als Geschäftsstellenleiter im Amt blieb, als der Zweite Senat des Obersten Rückerstattungsgerichts die Nachfolge des SRC antrat.

sachen in der amerikanischen Besatzungszone angetreten[196]. Wie schon beim CORA (und auch zuvor beim US-BOR) waren daher Stellung und Tätigkeit des Geschäftsstellenleiters dann auch beim Dritten Senat des Obersten Rückerstattungsgerichts entscheidend geprägt von dem im amerikanischen Rechtssystem üblichen Verständnis von Stellung und Tätigkeit eines Geschäftsstellenleiters.

Trotz im Übrigen großer Übereinstimmungen des britischen und des amerikanischen Rechtssystems weicht das amerikanische Berufsbild eines Geschäftsstellenleiters erheblich von dem im britischen Rechtssystem üblichen Verständnis von Stellung und Tätigkeit eines Geschäftsstellenleiters ab. Insbesondere beinhaltet die Tätigkeit eines Geschäftsstellenleiters im amerikanischen Rechtssystem keine richterlichen Aufgaben. So ist der *Clerk of Court* in den USA dann auch in der Regel der Verwaltungs- und Urkundsbeamte des Gerichts, aber kein Volljurist.[197] Dem entsprach der Aufgabenbereich des *Clerk of Court* beim CORA: Seine Hauptaufgabe war „der Verkehr mit den Parteien, bei dem ihm seine Befugnisse durchaus einen gewissen Spielraum ließen, sowie die Verwahrung und Betreuung der Gerichtsakten. Bei ihm wurden die Entscheidungen des Gerichts hinterlegt, und er war für ihre Veröffentlichung und Verteilung verantwortlich." Tatsächlich „wurde der Posten" des *Clerk of Court* beim CORA dann auch nicht von einem Juristen, sondern „von einem erfahrenen Verwaltungsmann wahrgenommen".

Die im Vergleich zum britischen *Registrar* deutlich geringere, eher mit dem französischen *Greffier* vergleichbare Bedeutung des amerikanischen *Clerk of Court* spiegelt sich auch in den für den CORA und den US-BOR maßgeblichen Rechtsgrundlagen wider: Bestimmungen über die Stellung und die Tätigkeit des *Clerk of Court* beim US-BOR waren in der für den US-BOR maßgeblichen AVO4 nicht enthalten. In Art. II Abs. 3 S. 2 AVO4 war lediglich die Ernennung von „Verwaltungspersonal" (im englischen Text „clerks") vorgesehen. In der für den CORA als Senat der Amerikanischen Gerichte der Alliierten Hohen Kommission maßgeblichen AVO7 wird ein *Clerk of Court* mit keinem Wort erwähnt. Auch in dem für den CORA als selbstständiges Gericht maßgeblichen G21, das dann nach Art. 6 Abs. 2 SORG auch für den Geschäftsstellenleiter beim Dritten Senat des Obersten Rückerstattungsgerichts in Herford maßgeblich war, finden sich nur sehr wenige Bestimmungen über den *Clerk of Court*. Diese lassen sein Berufsbild aber in Abgrenzung zum *Re-*

---

196 Vgl. Kapitel 3. B. I. 3.

197 Hierzu und zum Folgenden: *Edward Arthur Marsden*, in: BMF / Walter Schwarz (Hrsg.), Wiedergutmachung nationalsozialistischen Unrechts, Band II, 1981, S. 611 (629).

gistrar und in Ähnlichkeit zum *Greffier* durchaus zutreffend einschätzen. Entsprechend dem amerikanischen Rechtsverständnis, nach dem der *Clerk of Court* nur Verwaltungs- und Urkundsbeamte des Gerichts ist, nicht aber Aufgaben eines Volljuristen wie der britische Registrar zu erledigen hatte[198], wird der *Clerk of Court* im deutschen Text[199] des G21 zunächst konsequenterweise als „Urkundsbeamter" bezeichnet.[200] Ferner ist für den *Clerk of Court* nicht eine den Richtern entsprechende Ernennung wie beim britischen *Registrar* vorgesehen, sondern mit Art. 6 Abs. 3 S. 1 G21 eine ebenso schlichte Regelung wie in Art. 7 S. 2 VO 252 für den französischen Greffier: „Der Gerichtsverwaltungsbeamte bestellt im Rahmen der den auswärtigen Dienst betreffenden amerikanischen Gesetze und Verordnungen einen Urkundsbeamten und amerikanisches und deutsches Verwaltungs- und Hilfspersonal zum Dienst am Rückerstattungsberufungsgericht."

Auffällig ist, dass in den englischen Text der Satzung des Obersten Rückerstattungsgerichts für die Geschäftsstellenleiter die dem amerikanischen Sprachgebrauch folgende Bezeichnung „*Court Clerk*" bzw. deren Kurzform „*Clerk*" und nicht die dem britischen Sprachgebrauch folgende Bezeichnung „*Registrar*" übernommen wurde.[201] Dies lässt sich weder sachlich noch sprachlich zwingend begründen, kann aber durchaus auf einen größeren Einfluss amerikanischer Juristen bei der Formulierung der Satzung zurückzuführen sein. Auffällig ist aber auch, dass es beim Geschäftsstellenleiter keine personelle Kontinuität beim Wechsel vom CORA auf den Dritten Senat gab. So wird lediglich ohne Angabe näherer Umstände berichtet, dass am 5. Mai 1955 der *Greffier* des CSR als Geschäftsstellenleiter des Ersten Senats und auch der *Registrar* des SRC als Geschäftsstellenleiter des Zweiten Senats in die Dienste des Obersten Rückerstattungsgerichts übernommen wurden.[202] Warum nicht auch der *Clerk of Court* des CORA als Geschäftsstellenleiter des Dritten Senats in die Dienste des Obersten Rückerstattungsgerichts übernommen wurde, muss offen bleiben.

---

198 *Edward Arthur Marsden*, in: BMF / Walter Schwarz (Hrsg.), Wiedergutmachung nationalsozialistischen Unrechts, Band II, 1981, S. 611 (630).

199 Der deutsche Text des G21 ist aber nicht der amtliche Text. Vgl. Amtsblatt der Alliierten Hohen Kommission Nr. 1 vom 23. September 1949, S. 1: „Nur die französischen und englischen Texte sind amtlich; die deutsche Übersetzung dient nur dem Zwecke der Information."

200 So in Art. 6 Abs. 2 S. 2 G21 und in Art. 6 Abs. 3 G21.

201 In Art. 1 Abs. 2 SORG „Clerk". In Art. 5 Abs. 6 SORG „Court Clerk". In Art. 6 SORG sowohl „Clerk" als auch „Court Clerk".

202 *Edward Arthur Marsden*, in: BMF / Walter Schwarz (Hrsg.), Wiedergutmachung nationalsozialistischen Unrechts, Band II, 1981, S. 611 (629).

d) Die wesentlichen Aufgaben der Geschäftsstellenleiter aller drei Senate des Obersten Rückerstattungsgerichts

Einige der wesentlichen Aufgaben der Geschäftsstellenleiter aller drei Senate des Obersten Rückerstattungsgerichts beschreibt Walter Schwarz in einem nur kurzen Absatz im Rahmen seiner umfangreichen Auseinandersetzung mit der Rückerstattung nach den Gesetzen der Alliierten Mächte:[203] Im Hinblick auf die Bedeutung der Geschäftsstellenleiter für das Nachprüfungsverfahren bei den drei Senaten des Obersten Rückerstattungsgerichts stellt Schwarz hier zunächst nur sehr allgemein fest, dass „die Richter durch den Leiter der Geschäftsstelle weitgehend unterstützt“ wurden. Nach einem Hinweis auf die „über das nur Technische hinausgehobene Stellung“ des Registrars im angelsächsischen Verfahren konzentriert er sich dann ausschließlich auf die in der Außenwirkung des Obersten Rückerstattungsgerichts und insbesondere für die am Verfahren Beteiligten unmittelbar auffällige und daher für ihn wohl entscheidende aller Aufgaben und beschreibt die Funktion des Geschäftsstellenleiters als die „eines Mittlers zwischen den Richtern und den Parteien“. „Seine Funktion war notwendig, seine Tätigkeit höchst fruchtbar.“ Im Einzelnen hält er dazu fest:

> „Er hatte bei den Obersten RE-Gerichten die Richter vor dem oft gesuchten und stets unerwünschten Kontakt mit den Parteien und ihren Bevollmächtigten außerhalb des Gerichtssaales abzuschirmen. Er konnte die Beteiligten auf Entscheidungen des Gerichts hinweisen und durch Empfehlung der Rücknahme des Rechtsmittels auf eine Entlastung des Gerichts hinwirken. Er konnte Vergleichsverhandlungen anregen, einleiten und durchführen.“

(1) Parteienverkehr / Mittler zwischen Richtern und Parteien

Eine umfangreichere und auch zahlreiche Details des Berufsalltags berücksichtigende Darstellung der wesentlichen Aufgaben der Geschäftsstellenleiter der drei Senate des Obersten Rückerstattungsgerichts bietet erneut Edward Arthur Marsden[204], der im Rahmen seiner literarischen Beschäftigung mit den Geschäftsstellenleitern des Obersten Rückerstattungsgerichts in erster Linie eine Schilderung seiner eigenen langjährigen Tätigkeit und der Tätigkeit seiner Kollegen abgeliefert hat, dabei aber die knappe Darstellung von Schwarz bestätigt. Auch Marsden sah die „vornehmliche Aufgabe aller Geschäftsstellenleiter des Obersten Rückerstattungsgerichts“ darin, „den Verkehr mit den Parteien abzuwickeln“, und schildert, dass dadurch nur die Geschäftsstellenleiter

---

203 *Walter Schwarz*, Rückerstattung nach den Gesetzen der Alliierten Mächte, 1974, S. 281.

204 Zum Folgenden: *Edward Arthur Marsden*, in: BMF / Walter Schwarz (Hrsg.), Wiedergutmachung nationalsozialistischen Unrechts, Band II, 1981, S. 611 (630).

„und nicht die Richter mit den Parteien und deren Anwälten in Berührung kamen“. Er beschränkt sich zur Erklärung aber nicht nur wie Walter Schwarz auf einen schlichten Hinweis auf die Stellung des Registrars im angelsächsischen Verfahren, sondern wechselt die Perspektive und erklärt die Beschränkung des Verkehrs mit den Parteien ausschließlich auf die Geschäftsstellenleiter damit, dass den angelsächsischen Richtern, „außer bei mündlichen Verhandlungen oder bei Besprechungen im Richterzimmer in Anwesenheit beider Parteien (*in chambers*), jeder persönliche Parteienverkehr unbekannt“ ist.

Angesichts des mit dem Parteienverkehr verbundenen, nicht unerheblichen Aufwands ist es auch ohne weiteres gut nachvollziehbar, dass sich dann auch die deutschen Richter der drei Senate des Obersten Rückerstattungsgerichts dieser „bewährten Praxis“ angelsächsischer Rechtstradition anschlossen.

Für die von Walter Schwarz mit seinem schlichten Hinweis auf die Stellung des Registrars im angelsächsischen Verfahren noch offen gelassene Erklärungslücke hinsichtlich des Ersten Senats in der französischen Besatzungszone bietet Edward Arthur Marsden einen nachvollziehbaren Ansatz. Er weist darauf hin, dass sich der Umstand, dass auch beim Ersten Senat in der französischen Besatzungszone dann nach angelsächsischer Rechtstradition nur der Geschäftsstellenleiter und nicht die Richter mit den Parteien und deren Anwälten in Berührung kamen, zwangsläufig entwickelt hatte, da der Präsident und die Richter beim Ersten Senat nicht hauptamtlich tätig waren[205] und nur zu den Sitzungen nach Rastatt kamen.

Edward Arthur Marsden räumt zwar ein, dass es für viele Anwälte und Parteien „zuerst befremdend“ gewesen sein mag, „sich statt dem berichterstattenden Richter dem Geschäftsstellenleiter gegenüberzusehen“. Er stellt dann aber mit einigem Selbstbewusstsein und nicht zuletzt wohl auch in Erinnerung an seine eigene langjährige Tätigkeit fest, dass die Anwälte und Parteien „aber im allgemeinen [...] doch bald den Vorteil dieser Einrichtung erkannt [haben], die ein freies Gespräch mit einer nicht an der Entscheidung beteiligten, aber im Verfahren besonders bewanderten Person ermöglichte.“ Mit dieser Einschätzung wird Marsden dann auch nicht so falsch gelegen haben. Denn sowohl Anwälte als auch Parteien dürften es wohl durchaus zu schätzen gewusst haben, dass die Geschäftsstellenleiter „Fragen über das Verfahren oder den Stand der Sache“ beantworteten, auf „die einschlägigen Verfahrensvorschriften“ hinwiesen und auch „über schon ergangene Entscheidungen des Senats zu einer aufgeworfenen Rechtsfrage unterrichten“ konnten, was „mittelbar des öfteren zu Rücknahmen und Vergleichen geführt“ hat. Auf der anderen Seite werden es

205 Dazu Kapitel 3. B. II. 5.

die Richter zu schätzen gewusst haben, dass die Geschäftsstellenleiter „ihren Präsidenten über gleich gelagerte Fälle“ unterrichteten, „damit diese zu gleicher Zeit bearbeitet werden“ konnten.

(2) Übersetzungen

Im weiteren Sinne auch noch der Funktion eines Mittlers zwischen den Richtern und den Parteien zuzuordnen ist eine weitere wichtige Aufgabe der Geschäftsstellenleiter der international besetzten und nach Art. 10 SORG jeweils mit zwei Amtssprachen[206] ausgestatteten Senate des Obersten Rückerstattungsgerichts: Sie hatten für die Herstellung der erforderlichen Übersetzungen zu sorgen, und die Dolmetscher und Übersetzer unterstanden ihrer Aufsicht.[207] Dieses Aufgabengebiet umfasste mehr als die schlichte Bezeichnung „Übersetzungen“ auf den ersten Blick vermuten lässt: Da im Rahmen der Verfahren vor den Senaten des Obersten Rückerstattungsgerichts die Schriftsätze in den beiden Amtssprachen der Senate, d.h. in deutsch und englisch bzw. in deutsch und französisch einzureichen waren,[208] wurden von den Parteien regelmäßig Originale und Übersetzungen eingereicht. Edward Arthur Marsden berichtet aus seiner eigenen Berufserfahrung,[209] dass diese Übersetzungen „oft ungenügend“ waren und verbessert werden mussten, „besonders durch Einfügung der in der Rückerstattungspraxis entwickelten Spezialausdrücke“. Im weiteren Verlauf der Verfahren sei dann für die Übersetzungen der angefochtenen Entscheidungen der Vorinstanzen sowie der anderen für die Richter erforderlichen Dokumente zu sorgen gewesen. Der Übersetzertätigkeit sei „bei allen Senaten große Bedeutung beigemessen“ worden. Insbesondere habe man „Kartotheken

---

206 Dazu Kapitel 3. B. III. 1.

207 *Edward Arthur Marsden*, in: BMF / Walter Schwarz (Hrsg.), Wiedergutmachung nationalsozialistischen Unrechts, Band II, 1981, S. 611 (630).

208 Art. 15 Abs. 2 der Geschäfts- und Verfahrensordnung des Zweiten Senats des Obersten Rückerstattungsgerichts vom 29. Oktober 1956 (BGBl. 1956 II, 936 ff.): „Der Nachprüfungsantrag muß in sieben Stücken in englischer Sprache und in fünf Stücken in deutscher Sprache bei der Geschäftsstelle eingereicht werden“. Art. XI Abs. 1 der Verfahrensordnung des Dritten Senats des Obersten Rückerstattungsgerichts vom 18. Juni 1957 (BGBl. 1957 II, 489 ff.): „Die Einreichung von Nachprüfungsanträgen [...] hat in sechsfacher Ausfertigung entweder in englischer Sprache oder in deutscher Sprache zu erfolgen. Jedoch müssen Übersetzungen in vierfacher Ausfertigung eingereicht werden“. Vgl. auch Art. 2 Ziff. 2 der Verfahrensvorschriften des BOR vom 19. Dezember 1951 (erste abgeänderte Fassung): „Fünf Exemplare dieses Antrags in englischer Sprache [...] und ein Exemplar in deutscher Sprache müssen [...] eingereicht werden“. Im Übrigen auch *Edward Arthur Marsden*, in: BMF / Walter Schwarz (Hrsg.), Wiedergutmachung nationalsozialistischen Unrechts, Band II, 1981, S. 611 (630).

209 Zum Folgenden: *Edward Arthur Marsden*, in: BMF / Walter Schwarz (Hrsg.), Wiedergutmachung nationalsozialistischen Unrechts, Band II, 1981, S. 611 (630).

und Sammlungen von Fachausdrücken und anderen öfter wiederkehrenden Begriffen angefertigt“ und auch deutsche Gesetze übersetzt, wie z.B. beim Zweiten Senat „wesentliche Teile der ZPO ins Englische“. Darüber hinaus sei auf die Übersetzungen für die zweisprachigen Entscheidungsbände viel Sorgfalt verwandt worden, so dass Hinweise auf schlechte Übersetzungen dann auch selten gewesen seien. Hier kommt Edward Arthur Marsden wieder einmal zu einer durchweg positiven Bewertung der von ihm und seinen Kollegen geleisteten bzw. verantworteten Arbeit. Nach einem ausdrücklichen Hinweis darauf, dass die unteren Instanzen „bei Zurückverweisung einer Sache, in der der fremdsprachliche Text des Beschlusses des Obersten Rückerstattungsgerichts maßgeblich war, auf die Übersetzung angewiesen“ waren, stellt er pauschal fest: „Hieraus haben sich jedoch keine Mißverständnisse oder Fehlbeurteilungen ergeben.“ Marsden beschränkt sein Lob allerdings nicht nur auf die Geschäftsstellenleiter sondern weitet seine positive Bewertung auch auf die anderen Beteiligten am Obersten Rückerstattungsgericht aus:

> „In Erkennung der wichtigen, den Dolmetschern und Übersetzern zukommenden Aufgaben haben auch deutsche und ausländische Richter durch interne Fortbildungskurse und Vorträge über Sprach- und Rechtsprobleme zur Förderung dieses Stabes in höchst anzuerkennender Weise beigetragen. In gleicher Weise hat sich der französische Geschäftsstellenleiter für eine Fortbildung in der französischen Sprache eingesetzt.“

(3) Veröffentlichungen

Die Zuständigkeit der Geschäftsstellenleiter der drei Senate des Obersten Rückerstattungsgerichts erstreckte sich dann auch noch auf weitere Aufgaben, die durchaus mit einiger Außenwirkung verbunden waren. So war ihre Verantwortung nicht nur auf die Übersetzungen für die zweisprachigen Entscheidungsbände beschränkt. Sie erstreckte sich auf alle mit der Veröffentlichung der Entscheidungen[210] verbundenen Aufgaben, von der „Zusammenstellung und Druckvorbereitung der Entscheidungen in beiden Sprachen des Gerichts zur Veröffentlichung“ über den „Vertrieb der Entscheidungssammlung“ bis zum „Verkehr mit den juristischen Zeitschriften“. Und darüber hinaus waren die Geschäftsstellenleiter auch „für die Bibliothek und die Anfertigung von Statistiken verantwortlich“.[211]

---

210 So vorgesehen in der Geschäfts- und Verfahrensordnung des Zweiten Senats des Obersten Rückerstattungsgerichts vom 29. Oktober 1956 (BGBl. 1956 II, 936 ff.) in Art. 10: „Eine Sammlung von Entscheidungen des Senats [...] wird von Zeit zu Zeit in einer vom Senat zu bestimmenden Form und Art gedruckt und veröffentlicht.“

211 *Edward Arthur Marsden*, in: BMF / Walter Schwarz (Hrsg.), Wiedergutmachung nationalsozialistischen Unrechts, Band II, 1981, S. 611 (630 f.).

(4) Besondere Aufgaben beim Zweiten Senat

Das dem britischen *Registrar* entsprechende Berufsbild des Geschäftsstellenleiters beim Zweiten Senat des Obersten Rückerstattungsgerichts war geprägt von erweiterten Aufgaben und Befugnissen eines Volljuristen mit richterlichen Aufgaben. Es hob sich damit von den dem französischen *Greffier* bzw. dem amerikanischen *Clerk of Court* entsprechenden Berufsbildern der Geschäftsstellenleiter beim Ersten und Dritten Senat deutlich ab. So lässt sich zwischen den Zeilen dann auch durchaus etwas Stolz auf die eigene Arbeit herauslesen, wenn Edward Arthur Marsden detailliert schildert, welche besonderen „Aufgaben, die nur von einem Volljuristen wahrgenommen werden" konnten, er selbst im Lauf seiner Tätigkeit als Geschäftsstellenleiter des Zweiten Senats wahrgenommen hatte[212]:

> „Nach Art. 29 der Verfahrensordnung des 2. Senats kann der Geschäftsstellenleiter jede Partei auf die Nichtbeachtung dieser Verfahrensordnung hinweisen und eine Frist setzen, das Versäumte nachzuholen; er kann alle Fristen der Verordnung bis zu drei Monaten verlängern – aber nicht die in der 6. DVO selbst festgelegten Fristen für die Einlegung von Rechtsmitteln; er kann, vorbehaltlich einer späteren Anordnung des Senats, Befreiung von den Formvorschriften erteilen und mit bestimmten Ausnahmen über jeden, in Zwischenverfahren gestellten Antrag, sowie über Verfahrensfragen entscheiden. Er kann den Streitwert festsetzen, wenn dieser nicht einen Teil der Entscheidung selbst bildet. Er kann vom Einreichen von Übersetzungen befreien, was besonders für Unbemittelte oder im nichtenglischen Sprachgebiet lebende ausländische Antragsteller das Verfahren wesentlich erleichtern kann. Er entscheidet auch über das Einreichen weiterer Schriftsätze, außer in Sachen, die nach Erledigung des normalen Schriftverkehrs schon einem Berichterstatter vorliegen; er erläßt auch prozeßleitende Anordnungen. Ohne daß dies in der Verfahrensordnung ausdrücklich erwähnt ist, kann gegen seine Entscheidung der Senat angerufen werden, was aber kaum geschehen ist."

---

212 *Edward Arthur Marsden*, in: BMF / Walter Schwarz (Hrsg.), Wiedergutmachung nationalsozialistischen Unrechts, Band II, 1981, S. 611 (631). Zum Vergleich nachfolgend der Wortlaut des Art. 29 der Geschäfts- und Verfahrensordnung des Zweiten Senats des Obersten Rückerstattungsgerichts vom 29. Oktober 1956 (BGBl. 1956 II, 936 ff. [945]): „Artikel 29 Befugnisse des Geschäftsstellenleiters (1) Der Geschäftsstellenleiter kann jede Partei auf die Nichtbeachtung der Verfahrensordnung hinweisen und sie auffordern, innerhalb einer von ihm festzulegenden Frist das Versäumte nachzuholen. (2) Der Geschäftsstellenleiter kann die Fristen dieser Geschäfts- und Verfahrensordnung bis zu höchstens drei Monaten verlängern. (3) Vorbehaltlich einer etwaigen späteren Anordnung des Senats kann der Geschäftsstellenleiter zeitweilig oder aus besonderen Gründen von den Erfordernissen der Artikel 13, 15, 19, 20, 21 und 27 über die Anzahl der einzureichenden Stücke und Übersetzungen befreien. (4) Vorbehaltlich dieser Vorschriften und der vom Präsidenten jeweils zu erlassenden Anweisungen kann der Geschäftsstellenleiter über jeden im Zwischenverfahren gestellten Antrag und jede sonstige Verfahrensfrage entscheiden mit Ausnahme von Anträgen gemäß Artikel 27 und 28."

Auch wenn Marsdens abschließende Beurteilung der Geschäftsstellenleiter und ihrer Tätigkeit als positive Selbsteinschätzung der eigenen Arbeit subjektiv gefärbt sein dürfte, dürfte sie angesichts der vielfältigen von den Geschäftsstellenleitern erledigten Aufgaben und der damit insbesondere für die Richter verbundenen Vorteile und Erleichterungen zutreffend sein:

> „Für die deutschen Stellen waren die weitgehenden Befugnisse der Geschäftsstellenleiter, besonders des 2. Senats, zuerst fremdartig. Es waren aber gerade die deutschen Richter, die, nachdem sie mit dem System vertraut geworden waren, die stärksten Verfechter für dessen Beibehaltung waren. Ohne diese Arbeitsteilung wäre es den Senaten schwer geworden, ihre Aufgaben in angemessener Zeit zu erledigen.“[213]

2. Besondere Einrichtungen und Angehörige des Obersten Rückerstattungsgerichts

Neben den Geschäftsstellenleitern mit ihren außergewöhnlich weit reichenden Befugnissen und Aufgaben gab es mit den Rechtsberatern in den Rechtsabteilungen des Obersten Rückerstattungsgerichts, mit den Staatsvertretern und mit den Verwaltungsabteilungen drei weitere Einrichtungen des Obersten Rückerstattungsgerichts, die eine nähere Betrachtung verdienen.

a) Die Rechtsberater in den Rechtsabteilungen

Bereits in der amerikanischen AVO4 von 1948 war vorgesehen, dass der USBOR nach Art. II Abs. 3 S. 1 AVO4 einen „Rechtsberater“ (Legal Advisor) ernennt, „der ihn in Fragen des deutschen Rechts zu beraten hat“. Eine derartig eindeutig formulierte Vorschrift gab es dann zwar in den für den späteren CORA maßgeblichen Bestimmungen der AVO7 und des G21 nicht mehr. Jedoch war auch für den CORA noch vorgesehen, dass der „Richterrat der Amerikanischen Gerichte der Alliierten Hohen Kommission für Deutschland“ nach Art. 1 Abs. 3 AVO7 „jeweils die notwendigen oder erforderlichen Maßnahmen zum Zwecke der Erleichterung des Verfahrens vor dem Rückerstattungsberufungsgericht“ beantragt. Marsden berichtet:

> „Beim CORA in Nürnberg wurden schon bald nach Beginn seiner Tätigkeit deutsche Juristen eingestellt, deren vordringliche Aufgabe es sein sollte, die amerikanischen Richter in Fragen des deutschen Rechts zu beraten. Mit der Zeit wurde hieraus eine besondere Rechtsabteilung des Gerichts, die am Ende des CORA aus fünf Volljuristen bestand und mannigfaltige Aufgaben hatte. Insbesondere fertigte sie in jedem Fall ein Gutachten (*review*) an, das den Tatbestand, die prozessuale Entwicklung des Falles, die Streitfragen vor den unteren Instanzen und den Nachprüfungsantrag darlegte, sowie eine begründete Empfehlung enthielt, ob der Nach-

---

213 *Edward Arthur Marsden*, in: BMF / Walter Schwarz (Hrsg.), Wiedergutmachung nationalsozialistischen Unrechts, Band II, 1981, S. 611 (631).

prüfungsantrag nach dem in der US-Zone praktizierten Vorverfahren zugelassen werden sollte oder nicht. Dies war für den Berichterstatter eine große Hilfe und nahm ihm viel Such- und Kleinarbeit ab, ohne ihn aber von seiner eigenen Verantwortung zu entbinden. In der Regel fügte der Berichterstatter seinem eigenen Urteilsvorschlag den Bericht der Rechtsberater bei."[214]

„Darüber hinaus machte [sic] die Rechtsabteilung Bericht über die Rechtsentwicklung in RE-Sachen. Am wichtigsten waren die eigenen Kommentare (*discourses*) zu den Entscheidungen der deutschen RE-Gerichte in der US-Zone. Dies war möglich, da Abschriften aller dort erlassenen Entscheidungen von den Instanzen an den CORA zu senden waren, unabhängig davon, ob ein Rechtsmittel eingelegt worden war oder nicht. Auf diese Weise waren die Richter stets auf dem neuesten Stand und wurden frühzeitig über neu auftretende Probleme oder neue Rechtsansichten unterrichtet."[215]

Diese vielfältigen und insbesondere für die Richter zweifellos sehr hilfreichen Tätigkeitsbereiche der Rechtsberater in den Rechtsabteilungen des CORA hatten sich im Lauf der Zeit jedoch nur zusätzlich entwickelt. Die ursprüngliche und wesentliche Aufgabe der Rechtsberater war und blieb die Beratung der ausschließlich amerikanischen Richter des CORA in Fragen des deutschen Rechts. Aber eben diese ursprüngliche und wesentliche Aufgabe der Rechtsberater verlor einen Großteil ihrer Bedeutung, als der Dritte Senat des Obersten Rückerstattungsgerichts 1955 die Nachfolge des CORA antrat. Zuvor waren sowohl beim US-BOR als auch beim CORA ausschließlich amerikanische Richter tätig gewesen, die der erstmals bereits 1948 in Art. II Abs. 3 S. 1 AVO4 als notwendig erkannten Beratung „in Fragen des deutschen Rechts" dringend bedurft hatten. Nunmehr waren aber auch deutsche Richter neben ihren amerikanischen Kollegen beim Dritten Senat des Obersten Rückerstattungsgerichts tätig. Sie brachten nicht nur die entsprechenden Kenntnisse und Fähigkeiten „in Fragen des deutschen Rechts" mit in die tägliche Senatsarbeit ein, sondern konnten auch bei Bedarf die Beratung ihrer amerikanischen Kollegen übernehmen. Damit wäre es auch durchaus in Betracht gekommen, Rechtsabteilungen und Rechtsberater beim Dritten Senat des Obersten Rückerstattungsgerichts von Anfang an als entbehrlich zu betrachten und gar nicht erst vom CORA zu übernehmen. Tatsächlich war es dann auch nicht die nun nicht mehr so dringend zu erledigende Aufgabe der Beratung in Fragen des deutschen Rechts, die einer solchen Entscheidung entgegenstand. Vielmehr standen die Tätigkeitsbereiche der Rechtsberater im Vordergrund, die sich im Lauf der Zeit in den Rechtsabteilungen des CORA nur zusätzlich zu deren

214 *Edward Arthur Marsden*, in: BMF / Walter Schwarz (Hrsg.), Wiedergutmachung nationalsozialistischen Unrechts, Band II, 1981, S. 611 (631), (Hervorh. im Original).

215 *Edward Arthur Marsden*, in: BMF / Walter Schwarz (Hrsg.), Wiedergutmachung nationalsozialistischen Unrechts, Band II, 1981, S. 611 (632), (Hervorh. im Original).

ursprünglicher Aufgabe entwickelt hatten. So scheint es sehr gut nachvollziehbar, dass die Richter des Dritten Senats des Obersten Rückerstattungsgerichts nicht auf etwas verzichten wollten, wovon die Richter des CORA zuvor jahrelang profitiert hatten. Damit wurden dann trotz erheblich reduzierter Notwendigkeit Rechtsabteilungen und Rechtsberater vom CORA auch beim Dritten Senat des Obersten Rückerstattungsgerichts übernommen. Und es sollte insgesamt noch zehn Jahre dauern, ehe es dort keinen Rechtsberater mehr gab. Edward Arthur Marsden gewährt insofern einen kurzen Einblick in die Entwicklung der Rechtsabteilungen und Rechtsberater beim Dritten Senat:

> „Mit der Errichtung des 3. Senats wurde die Rechtsabteilung allmählich verkleinert, und einige ihrer früheren Aufgaben verloren durch die Beteiligung deutscher Richter an Bedeutung. Nur noch ein Rechtsberater begleitete den Senat 1961 nach Herford. Nachdem er eine Zeit lang auch für den 2. Senat tätig gewesen war, verließ auch dieser Herford Ende 1965, um eine Richterstelle beim Bundespatentgericht einzunehmen.“[216]

In der britischen Besatzungszone hatte der Verordnungsgeber in der für den BOR maßgeblichen DVO6 weder die Einrichtung einer Rechtsabteilung noch die Ernennung eines Rechtsberaters vorgesehen. Anders als in der amerikanischen Besatzungszone war der britische Verordnungsgeber bei den ausschließlich britischen Richtern des BOR nicht von einem besonderen Beratungsbedarf in Fragen des deutschen Rechts ausgegangen. Immerhin fand dann aber doch die Erkenntnis, dass bei den Richtern des BOR im Laufe ihrer Tätigkeit eventuell irgendein Beratungsbedarf entstehen könnte, in Art. 2 Abs. 3 DVO6 ihren Niederschlag. Danach konnte der BOR „diejenigen Beisitzer ernennen und diejenigen Sachverständigen zu seiner Beratung und Unterstützung zuziehen, die er für erforderlich hält.“ So hätte die oberste Instanz in Rückerstattungssachen in der britischen Besatzungszone dann durchaus ohne Rechtsabteilungen und Rechtsberater nach amerikanischem Vorbild auskommen können. Zumal in der britischen Besatzungszone die ursprüngliche und wesentliche Aufgabe der Rechtsberater den Großteil ihrer Bedeutung ja nicht erst mit Errichtung des Obersten Rückerstattungsgerichts verloren hatte, sondern bereits ein Jahr früher. Denn bei dem 1954 dem BOR nachfolgenden SRC waren auch schon deutsche Richter neben ihren britischen Kollegen tätig gewesen.[217] Dennoch konnte in der britischen Besatzungszone eine dem amerikanischem Vorbild im Wesentlichen sehr ähnliche Entwicklung von Rechtsabteilungen und Rechtsberatern beobachtet werden, die allerdings in einigen Details sehr individuelle Züge trug. Ein interessanter Eindruck vom Verlauf dieser Entwicklung ergibt

216 *Marsden*, ebda.

217 Dazu Kapitel 3. A. I. 2. b) sowie Kapitel 3. A. II.

sich wiederum aus den Erinnerungen von Edward Arthur Marsden. Er hatte diese Entwicklung während seiner Tätigkeit als Geschäftsstellenleiter beim BOR, beim SRC und beim Zweiten Senat des Obersten Rückerstattungsgerichts aus nächster Nähe verfolgen können und gewährt auch hier wieder einmal einen tiefen Blick hinter die Kulissen[218]:

> „Aufgrund eines Berichts des CORA-Präsidenten war der Präsident des BOR von den Vorzügen und mannigfaltigen Einsatzmöglichkeiten einer derartigen Rechtsabteilung so beeindruckt, daß auf seine Veranlassung das Bundesjustizministerium gebeten wurde, dem Gericht zwei junge deutsche Juristen mit ausreichenden englischen Sprachkenntnissen zur Verfügung zu stellen. Deren Aufgaben waren hauptsächlich Beratung des Präsidenten und der britischen Richter im deutschen Recht und Unterrichtung über Präzedenzfälle, Vorarbeit für die Berichterstatter in den anhängigen Fällen, Sammlung von Material in Fragen deutschen Rechts für die britischen Beisitzer, Abfassung der Entscheidungsleitsätze und Vorbereitung der erlassenen Entscheidungen für die Veröffentlichung. Die Herforder Richter legten Wert auf ausführliche und umfassende Unterrichtung, aber es sollten – im Gegensatz zu CORA in Nürnberg – irgendwelche daraus zu ziehende Schlüsse oder Empfehlungen für den Einzelfall nicht vorgebracht werden.
>
> Nach Inkrafttreten des BRüG [scil. des Bundesrückerstattungsgesetzes vom 19. Juli 1957[219]] und der folgenden Änderungsgesetze fertigten die Rechtsberater jeweils Aufstellungen über die davon betroffenen Fälle an, die die Arbeit des Gerichts sehr erleichterten und den Senat u.a. in die Lage versetzten, viele Fälle sofort durch eine ähnlich lautende kurze Entscheidung an die Kammern zur endgültigen Erledigung zurückzuverweisen.
>
> Ein besonderes Ergebnis der Arbeit der Rechtsabteilung des 2. Senats war das Ende 1960 veröffentlichte Fundheft. Dieses Fundheft gab in der Form von Leitsätzen einen Überblick über alle bis zum 31. Mai 1960 erlassenen Entscheidungen des Senats, systematisch gegliedert nach den einschlägigen gesetzlichen Vorschriften, zusammen mit einem Stichwortverzeichnis.
>
> Zu Anfang bestand die Rechtsabteilung beim 2. Senat aus einem britischen Mitglied (das im März 1960 zum Richter ernannt wurde) und zwei deutschen Juristen. Seit September 1962 hatte dann der 2. Senat keine eigenen Rechtsberater mehr."

Auch in der französischen Besatzungszone hatte der Verordnungsgeber in der für den CSR maßgeblichen VO252 weder die Einrichtung einer Rechtsabteilung noch die Ernennung eines Rechtsberaters vorgesehen. Allerdings musste der französische Verordnungsgeber bei den Richtern des CSR auch nicht von einem besonderen Beratungsbedarf in Fragen des deutschen Rechts ausgehen.

---

218 *Edward Arthur Marsden*, in: BMF / Walter Schwarz (Hrsg.), Wiedergutmachung nationalsozialistischen Unrechts, Band II, 1981, S. 611 (632).

219 Bundesgesetz zur Regelung der rückerstattungsrechtlichen Geldverbindlichkeiten des Deutschen Reichs und gleichgestellter Rechtsträger (Bundesrückerstattungsgesetz – BRüG) vom 19. Juli 1957 (BGBl. 1957 I, 734 ff.).

Denn beim CSR waren schon von Anfang an nicht nur französische sondern auch deutsche Richter tätig[220], die nicht nur die entsprechenden Kenntnisse und Fähigkeiten in Fragen des deutschen Rechts mit in die tägliche Senatsarbeit einbrachten, sondern bei Bedarf auch die Beratung ihrer französischen Kollegen übernehmen konnten. Damit lag bereits ein entscheidender Grund dafür vor, dass dann auch tatsächlich sowohl beim CSR als auch bei dem ihm nachfolgenden Ersten Senat des Obersten Rückerstattungsgerichts weder Rechtsberater ernannt noch Rechtsabteilungen errichtet wurden. Zudem konnten auch die Aufgaben, die die Rechtsberater in der amerikanischen und in der britischen Besatzungszone – über ihre ursprüngliche Aufgabe der Beratung in Fragen des deutschen Rechts hinaus – noch zusätzlich übernommen hatten, in der französischen Besatzungszone nicht als überzeugendes Argument dafür herangezogen werden, dort ebenfalls Rechtsberater zu ernennen oder Rechtsabteilungen zu errichten. Denn jedenfalls ein nicht unerheblicher Teil dieser für die Richter sehr hilfreichen Aufgaben wurde beim CSR und dann später auch beim Ersten Senat des Obersten Rückerstattungsgerichts von den Staatsvertretern übernommen.

b) Die Staatsvertreter

Die Möglichkeit der Ernennung von Staatsvertretern ist in der Satzung des Obersten Rückerstattungsgerichts ausdrücklich vorgesehen. In Art. 1 Abs. 3 S. 1 SORG ist bestimmt: „Staatsvertreter können bei jedem der Senate in der Weise ernannt werden, wie die Bundesregierung und die Regierungen der Drei Mächte dies gegebenenfalls beschließen." Darüber hinaus ist für die Staatsvertreter dann in Art. 1 Abs. 3 S. 2 SORG die entsprechende Geltung der Vorschriften des Art. 2 Abs. 3, 4 und 5 SORG und des Art. 3 Abs. 1, 4, 5 und 6 SORG angeordnet. Damit waren die Staatsvertreter in den wesentlichen Entscheidungen – von der für ihre Ernennung erforderlichen Qualifikation über ihre Amtszeit bis hin zur Ernennung ihres Nachfolgers im Amt – weitgehend ebenso zu behandeln wie die von den Regierungen der Drei Mächte ernannten Richter[221].

Von der in Art. 1 Abs. 3 S. 1 SORG für alle Senate eingeräumten Möglichkeit der Ernennung eines Staatsvertreters wurde ausschließlich beim Ersten Senat des Obersten Rückerstattungsgerichts Gebrauch gemacht. Beim Zweiten und Dritten Senat war ein Amt wie das des Staatsvertreters ebenso wenig vorgesehen wie bereits zuvor bei allen ihren Vorgängergerichten in der britischen und

---

220 Dazu Kapitel 3. A. I. 3 sowie Kapitel 3. A. II.

221 Vgl. dazu Kapitel 3. B. II. 2.

amerikanischen Besatzungszone. So hat dann auch Art. 1 Abs. 3 SORG seine Wurzeln ausschließlich im Rückerstattungsrecht der französischen Besatzungszone. Das Amt des Staatsvertreters im Sinne des Art. 1 Abs. 3 SORG geht zurück auf das Amt des französischen „Commissaire du Gouvernement“[222], das zuvor bereits in der für den CSR maßgeblichen VO252 vorgesehen war. Nach Art. 5 VO252 wurden die „Aufgaben der Staatsanwaltschaft bei dem Obergericht [...] ausgeübt durch einen Regierungskommissar, der Angehöriger der französischen Justiz [...] ist; [...]“ Diese Aufgaben haben nichts mit Strafrecht und der Tätigkeit der deutschen Staatsanwaltschaft zu tun. Insofern liegt lediglich eine zumindest missverständliche Übersetzung des französischen Textes des Art. 5 VO252 vor. Zur Klarstellung sei hier der französische Text, der anders als die deutsche Übersetzung der amtliche Text ist[223], wiedergegeben:

> „Les fonctions du Ministère Public sont assurées près la Cour Supérieure par un Commissaire du Gouvernement, magistrat de l'ordre judiciaire français, [...]“

Über einige Einzelheiten zum Amt des Staatsvertreters beim Ersten Senat des Obersten Rückerstattungsgerichts berichtet Edward Arthur Marsden[224]:

> „Interessant waren die Aufgaben der *Staatsvertreter* bei dem Verfahren vor dem 1. Senat. Als Vertreter des öffentlichen Interesses sind sie dem französischen Zivilprozeßverfahren eigentümlich. Ein französischer Richter (bis Oktober 1960) und ein deutscher Staatsanwalt (bis Januar 1958)[225] waren beim 1. Senat tätig. Ihre vornehmste Aufgabe war es, dem Gericht bei der Wahrheitsfindung und Gesetzesauslegung zu helfen. Sie wiesen insbesondere auf eventuelle Vorentscheidungen hin und brachten Unterlagen und Materialien über den Gesetzeszweck bei. Nachdem sie ihre Akten erhalten hatten, fertigten sie ihre schriftlichen Anträge. In der Sitzung stellten sie ihre Anträge nach den Parteivertretern. Sie waren trotz ihres Namens nicht reine Vertreter der deutschen oder französischen Regierung. Traditionsgemäß leitete sich ihre Stellung von der des *Commissaire du gouvernement* beim *Conseil d'Etat* [scil. dem französischen Staatsrat] ab. Sie waren zwar in ihren schriftlichen Anträgen weisungsgebunden, sie konnten aber in den Sitzungen auch ihre persönliche Meinung ausdrücken. Im Gegensatz zum Verfahren in Frankreich waren sie aber nicht befugt, selber Revision zur Wahrung des Rechts einzulegen.“

---

222 Der französische „Commissaire du Gouvernement“ wird im Deutschen vielfach etwas sperrig aber durchaus treffend als „Entscheidungsvorbereitungsrichter“ bezeichnet.

223 Dazu oben in Kapitel 3. A. I. 3.

224 *Edward Arthur Marsden*, in: BMF / Walter Schwarz (Hrsg.), Wiedergutmachung nationalsozialistischen Unrechts, Band II, 1981, S. 611 (648 f.), (Hervorh. im Original).

225 „Das Amt wurde mit der Begründung nicht verlängert, daß die Rechtsprechung des 1. Senats sich gefestigt hätte, und das deutsche Zivilprozeßrecht die Beteiligung eines Staatsvertreters im allgemeinen nicht kenne.“ – *Edward Arthur Marsden*, in: BMF / Walter Schwarz (Hrsg.), Wiedergutmachung nationalsozialistischen Unrechts, Band II, 1981, S. 611 (648, Fußnote 51).

c) Die Verwaltungsabteilungen

Eine weitere Einrichtung darf hier im Zusammenhang mit den Besonderheiten des Obersten Rückerstattungsgerichts nicht unerwähnt bleiben: Am Sitz jedes Senats wurden mit Inkrafttreten der Satzung Verwaltungsabteilungen eingerichtet.[226] Bemerkenswert ist zunächst, dass diese Verwaltungsabteilungen keine Organe des Obersten Rückerstattungsgerichts waren und in der Satzung nicht einmal erwähnt sind.

Die Einrichtung der Verwaltungsabteilungen ist jedoch eng verbunden mit den Bestimmungen des Art. 7 SORG, aus denen sich zahlreiche Verpflichtungen der Bundesrepublik Deutschland im Zusammenhang mit dem Obersten Rückerstattungsgericht ergeben. So hatte die Bundesrepublik Deutschland nach Art. 7 Abs. 1 SORG die „Einrichtungen und Räumlichkeiten" die von den drei Senaten des Obersten Rückerstattungsgerichts benutzt wurden, „auf ihre Kosten" zu unterhalten. Dann war nach Art. 7 Abs. 2 SORG die Finanzierung der „Gehälter und Vergütungen des richterlichen, Verwaltungs- und sonstigen Personals des Gerichtes" von der Bundesrepublik Deutschland zu tragen. Darüber hinaus waren diese Gehälter und Vergütungen dann auch entsprechend den differenzierten Vorschriften des Art. 7 Abs. 2 SORG festzusetzen und zu bezahlen oder denjenigen, die sie festzusetzen und zu bezahlen hatten, im Nachhinein zu erstatten.[227] Nach Art. 7 Abs. 3 SORG war von der Bundesrepublik Deutschland auch die Aufgabe der „verwaltungsmäßigen und dienststrafrechtlichen Aufsicht" über die von ihr vorgeschlagenen oder ernannten Personen zu erfüllen. Und nicht zuletzt waren die entsprechenden Entscheidungen zu treffen, wenn die Bundesrepublik Deutschland richterliches, Verwaltungs- oder sonstiges Personal nach den jeweiligen Vorschriften der Satzung vorzuschlagen oder zu ernennen hatte.

Zur Erfüllung aller Aufgaben im Zusammenhang mit diesen Verpflichtungen wurden dann die Verwaltungsabteilungen des Obersten Rückerstattungsgerichts als Dienststellen des Bundesjustizministeriums eingerichtet.[228] Obwohl sie als solche eben keine Organe des Obersten Rückerstattungsgerichts waren, erschienen ihre Mitarbeiter dennoch im Stellenplan des Obersten Rückerstattungsgerichts. Damit war zum einen dokumentiert, dass die Verwaltungsabteilungen gemäß den Verpflichtungen der Bundesrepublik Deutschland den Be-

226 *Edward Arthur Marsden*, in: BMF / Walter Schwarz (Hrsg.), Wiedergutmachung nationalsozialistischen Unrechts, Band II, 1981, S. 611 (633).

227 Dazu auch Kapitel 3. B. II. 5. d).

228 Hierzu und zum Folgenden: *Edward Arthur Marsden*, in: BMF / Walter Schwarz (Hrsg.), Wiedergutmachung nationalsozialistischen Unrechts, Band II, 1981, S. 611 (633).

langen des Obersten Rückerstattungsgerichts dienten. Und zum anderen war so auch eine eindeutige Zuordnung der in den Verwaltungsabteilungen anfallenden Personalkosten zu den anderen mit dem Obersten Rückerstattungsgericht in Verbindung stehenden Kosten gewährleistet.

In diesem Zusammenhang erinnert sich Edward Arthur Marsden, während seiner Tätigkeit als Geschäftsstellenleiter des Zweiten Senats auch mit den Aufgaben der Verwaltungsabteilungen beschäftigt gewesen zu sein. So sei von den Verwaltungsabteilungen jeweils in Zusammenarbeit mit ihm selbst bzw. mit den beiden anderen Geschäftsstellenleitern regelmäßig der Vorschlag für das besondere Kapitel des Obersten Rückerstattungsgerichts im Gesamthaushaltsplan des Justizministeriums aufgestellt worden. Darüber hinaus betont er, die Leiter der Verwaltungsabteilungen seien „erfahrene Beamte des gehobenen Justizdienstes“ gewesen, „die den ausländischen Präsidenten, Richtern und Geschäftsstellenleitern beratend zur Seite stehen konnten“. Auch insgesamt findet sich bei Marsden wieder eine seiner sehr positiven Bewertungen der von seinen Kollegen beim Obersten Rückerstattungsgericht geleisteten Arbeit. Nach seiner Ansicht hat sich die Einrichtung der Verwaltungsabteilungen des Obersten Rückerstattungsgerichts „in der schnellen Bewältigung der täglich anfallenden Verwaltungsaufgaben einschließlich aller finanziellen Fragen sehr bewährt.“

Viertes Kapitel
Entwicklung seit 1956 und Ende des Obersten Rückerstattungsgerichts in Herford

Die Entwicklung des Obersten Rückerstattungsgerichts in Herford war von Beginn an geprägt von zwei Entwicklungen: einerseits von einem ständigen Rückgang der zu erledigenden Fälle, andererseits von den Veränderungen, die in Folge der mit diesem Rückgang einhergehenden gerichtsorganisatorischen Maßnahmen eintraten.

Der Rückgang der zu erledigenden Fälle lässt sich bereits gut verdeutlichen durch einen schlichten Vergleich der Zahl der Fälle, die schon *vor* dem Stichtag der Geburtsstunde des Obersten Rückerstattungsgerichts in Herford am 15. Dezember 1955 eingereicht worden waren, mit der Zahl der Fälle, die erst *nach* dem 15. Dezember 1955 eingereicht wurden:[1] So wurden während der im Vergleich nur sehr kurzen Zeit der Existenz der Vorgängergerichte des Obersten Rückerstattungsgerichts (von 1948 bis 1955 knapp sieben Jahre in der amerikanischen Besatzungszone und von 1950 bis 1955 knapp fünf Jahre in der britischen und in der französischen Besatzungszone)[2] sowie im Übergangszeitraum zwischen dem 6. Mai und dem 15. Dezember 1955[3] insgesamt 3.673 eingereichte Fälle statistisch erfasst. Im Vergleich dazu wurden dann beim Obersten Rückerstattungsgericht in Herford in einem erheblich größeren Zeitraum von fast 25 Jahren vom 15. Dezember 1955 bis zum 30. Juni 1980 nur noch weniger als halb so viele eingereichte Fälle, insgesamt 1.820, gezählt. Mithin war der weitaus größte Teil der insgesamt von den obersten Instanzen in Rückerstattungssachen zu erledigenden Arbeit bereits in der Zeit vor der Errichtung des Obersten Rückerstattungsgerichts in Herford angefallen und von den Vorgängergerichten auch überwiegend schon erledigt worden.

Im Einzelnen hatte der CSR in der französischen Besatzungszone von den 378 bei ihm eingereichten Fällen 369 Fälle erledigen können und nur neun unerledigte Fälle an den Ersten Senat des Obersten Rückerstattungsgerichts überleiten müssen. Zu den neun übergeleiteten Fällen kamen fünf Fälle, die im Übergangszeitraum zwischen dem 6. Mai und dem 15. Dezember 1955 eingereicht

---

1 Grundlage der folgenden Zahlenangaben ist die bis zum 30. Juni 1980 geführte Statistik bei *Edward Arthur Marsden*, in: BMF / Walter Schwarz (Hrsg.), Wiedergutmachung nationalsozialistischen Unrechts, Band II, 1981, S. 611 (677 f.).

2 Siehe oben Kapitel 3. A. I.

3 Siehe oben Kapitel 3. A. III.

worden waren, sowie 128 zwischen dem 15. Dezember 1955 und dem 30. Juni 1980 eingereichte Fälle. Von diesen insgesamt 142 Fällen konnte der Erste Senat des Obersten Rückerstattungsgerichts bis zum 30. Juni 1980 fast alle (141) Fälle erledigen. Nur ein Fall war zu diesem Zeitpunkt beim Ersten Senat noch nicht erledigt. Weniger „abgearbeitet“ war der Stand in der britischen Besatzungszone. Hier hatten BOR und SRC von den 1.541 bei ihnen eingereichten Fällen 1.035 Fälle erledigen können und 506 unerledigte Fälle an den Zweiten Senat des Obersten Rückerstattungsgerichts übergeleitet. Zu diesen 506 übergeleiteten Fällen kamen noch 84 Fälle hinzu, die im Übergangszeitraum zwischen dem 6. Mai und dem 15. Dezember 1955 eingereicht worden waren, sowie weitere 943 zwischen dem 15. Dezember 1955 und dem 30. Juni 1980 eingereichte Fälle. Von diesen insgesamt 1.533 Fällen konnte der Zweite Senat des Obersten Rückerstattungsgerichts bis zum 30. Juni 1980 fast alle (1.532) Fälle erledigen. Auch hier blieb nur ein einziger Fall unerledigt. US-BOR und CORA in der amerikanischen Besatzungszone schließlich hatten von den 1.612 bei ihnen eingereichten Fällen immerhin 1.413 Fälle erledigen können und nur 199 unerledigte Fälle an den Dritten Senat des Obersten Rückerstattungsgerichts überleiten müssen. Zu diesen 199 übergeleiteten Fällen kamen 53 Fälle, die im Übergangszeitraum zwischen dem 6. Mai und dem 15. Dezember 1955 eingereicht worden waren, sowie 749 zwischen dem 15. Dezember 1955 und dem 30. Juni 1980 eingereichte Fälle. Von diesen insgesamt 1.001 Fällen konnte der Dritte Senat des Obersten Rückerstattungsgerichts bis zum 30. Juni 1980 fast alle (999) Fälle erledigen. Zwei Fälle hatte der Dritte Senat zu diesem Zeitpunkt noch nicht erledigt.

Damit ergibt sich als Gesamtbilanz für alle drei westlichen Besatzungszonen, dass die Vorgängergerichte des Obersten Rückerstattungsgerichts in Herford von den insgesamt 3.531 bei ihnen eingereichten Fällen immerhin 2.817 Fälle erledigt und nur 714 unerledigte Fälle an die drei Senate des Obersten Rückerstattungsgerichts in Herford übergeleitet hatten. Zu diesen 714 übergeleiteten Fällen kamen 142 Fälle, die im Übergangszeitraum zwischen dem 6. Mai und dem 15. Dezember 1955 eingereicht worden waren, sowie 1.820 zwischen dem 15. Dezember 1955 und dem 30. Juni 1980 eingereichte Fälle hinzu. Von diesen insgesamt 2.676 Fällen seit dem 6. Mai 1955 konnten die drei Senate des Obersten Rückerstattungsgerichts bis zum 30. Juni 1980 – der Statistik von Edward Arthur Marsden nach – 2.672 Fälle erledigen. Nur vier Fälle waren zu diesem Zeitpunkt beim Obersten Rückerstattungsgericht in Herford noch zu erledigen.

Angesichts des Rückgangs der von den Senaten zu erledigenden Fälle, der von Beginn seiner Existenz an das Bild des Obersten Rückerstattungsgerichts in

Herford bestimmte, verwundert es nicht, dass bereits von Beginn der Gerichtstätigkeit an weitreichende organisatorische Reformen bis hin zur Auflösung des Gerichts diskutiert wurden. Hervorzuheben ist in diesem Zusammenhang insbesondere die in den 1960er Jahren umgesetzte Konzentration der zu Beginn auf drei, mehrere hundert Kilometer voneinander entfernte Standorte über das Gebiet der Bundesrepublik Deutschland verstreuten Senate an einem Standort in Herford.

A. Die Konzentration aller drei Senate in Herford (1961 und 1968)

Das Oberste Rückerstattungsgericht hatte zwar nach Art. 1 Abs. 5 S. 1 SORG seinen Sitz in Herford. Der Sitz seiner drei Senate wurde jedoch – ebenso wie deren Gerichtsbarkeit und sonstige Befugnisse – von den jeweiligen Vorgängergerichten übernommen und dementsprechend in der Satzung geregelt. Infolgedessen hatte nach Art. 1 Abs. 5 S. 2 SORG nur der Zweite Senat – wie zuvor BOR und SRC – seinen Sitz am Sitz des Obersten Rückerstattungsgerichts in Herford. Weit davon entfernt hatte der Erste Senat seinen Sitz – wie zuvor der CSR – in Rastatt, und der Dritte Senat war – wie zuvor US-BOR und CORA – in Nürnberg angesiedelt. Diese Regelung war in der Satzung jedoch von vornherein nicht auf Dauer vorgesehen und festgeschrieben. Stattdessen war unmittelbar im Anschluss an diese Satzungsregelung bereits im nächsten Absatz des Art. 1 SORG die Möglichkeit eingeräumt, die ursprüngliche Regelung zu ändern. Als erste der dem Präsidium in Art. 1 Abs. 6 SORG verliehenen Befugnisse, „mit Zustimmung der Bundesregierung und der Regierungen der Drei Mächte“ für das Oberste Rückerstattungsgericht zentrale organisatorische Entscheidungen zu treffen, nannte die Satzung nämlich in Art. 1 Abs. 6 Unterabs. (a) SORG die Befugnis des Präsidiums, „einen neuen Sitz für das Gericht oder einen seiner Senate“ zu bestimmen.

Wie sich zeigte, machte das Präsidium des Obersten Rückerstattungsgerichts von diesem Sitzbestimmungsrecht aber nicht aus eigener Initiative Gebrauch. Stattdessen zeigt die Entwicklungsgeschichte des Gerichts, dass das Präsidium erst auf Vorschlag der Bundesregierung in dieser Hinsicht aktiv wurde. Dabei war dieser Vorschlag der Bundesregierung, den Sitz des Ersten Senats von Rastatt nach Herford und den Sitz des Dritten Senats von Nürnberg nach Herford zu verlegen, nicht etwa das primäre Ziel der Bundesregierung gewesen. Vielmehr war er das Ergebnis eines Kompromisses, nachdem ein ursprünglich viel weiter reichendes Ziel der Bundesregierung nicht durchgesetzt und erreicht werden konnte. Denn nur weniger als drei Jahre nach der Geburtsstunde des Obersten Rückerstattungsgerichts sind bereits ernsthafte Bestrebungen dokumentiert, die auf sein schnelles Ende gerichtet waren.

So wurde die Auflösung des gerade erst errichteten Obersten Rückerstattungsgerichts bereits etwas mehr als zwei Jahre nach seiner Errichtung im Deutschen Bundestag der dritten Wahlperiode im Zusammenhang mit dem Haushaltsgesetz 1958 thematisiert. Dies dokumentiert der „Bericht des Haushaltsausschusses (13. Ausschuß) zum Entwurf eines Gesetzes über die Feststellung des Bundeshaushaltsplans für das Rechnungsjahr 1958 (Haushaltsgesetz 1958)" vom 17. April 1958[4]. In diesem Bericht wird zunächst ersichtlich, dass der Einzelplan 07 zum Geschäftsbereich des Bundesministers der Justiz in seinem Kapitel 07 06 als Titel 103 und 104 die folgenden Haushaltspositionen für das Oberste Rückerstattungsgericht in Herford enthielt: „Dienstbezüge, Zulagen und Zuwendungen für beamtete Hilfskräfte 334 700 DM" und „Bezüge der nichtbeamteten Kräfte a) Vergütung der Angestellten 1 071 600 DM b) Löhne der Arbeiter 91 900 DM". Dies waren für die damalige Zeit hohe Haushaltsansätze, wie der Vergleich mit dem ungleich bedeutenderen Bundesgerichtshof in Karlsruhe verdeutlicht; für diesen waren im Kapitel 07 04 als Titel 103 und 104 enthalten: „Dienstbezüge, Zulagen und Zuwendungen für beamtete Hilfskräfte 818 800 DM" und „Bezüge der nichtbeamteten Kräfte a) Vergütung der Angestellten 1 251 200 DM b) Löhne der Arbeiter 227 800 DM". Angesichts dieser Zahlen erscheint es sehr gut nachvollziehbar, dass der Bericht neben den einzelnen Haushaltspositionen dann auch den folgenden Antrag des Haushaltsausschusses enthält:

> „Der Bundestag wolle beschließen, [...] die folgende Entschließung zu fassen: Die Bundesregierung wird ersucht, in Verhandlungen mit den Vertragspartnern sich um die Auflösung des Obersten Rückerstattungsgerichts in Herford und die Überleitung seiner Zuständigkeit auf die deutsche Gerichtsbarkeit zu bemühen."

„Diese Entschließung war", so berichtet Edward Arthur Marsden[5], „am 2. Oktober 1958 auch gefaßt worden." Danach habe die Entwicklung dann aber eine ganz andere Richtung eingeschlagen:

> „Vor dem Ausschuß erklärten später Vertreter des BMJ [scil. des Bundesministeriums der Justiz], daß bei Auflösung des ORG [scil. des Obersten Rückerstattungsgerichts in Herford] seine Geschäfte vom BGH [scil. vom Bundesgerichtshof] fortgesetzt werden müßten. Da es aber zweifelhaft sei, ob dann die Stetigkeit der Rechtsprechung erhalten bleibe, habe man sich entschieden, die Senate zusammenzulegen. Auf Einwand eines Ausschußmitgliedes betonte der damalige Bundesjustizminister *Schäffer* nochmals, daß es sich nicht empfehle, die Zuständigkeit an den BGH abzugeben."

---

4 BT-Drs. 3/354 vom 17. April 1958.

5 *Edward Arthur Marsden*, in: BMF / Walter Schwarz (Hrsg.), Wiedergutmachung nationalsozialistischen Unrechts, Band II, 1981, S. 611 (622), (Hervorh. im Original).

Edward Arthur Marsden berichtet überdies, es sei damals bekannt geworden, dass der Präsident des Bundesgerichtshofs Hermann Weinkauff sich sehr energisch gegen eine solche Übergabe ausgesprochen hatte.[6] Schließlich habe die Bundesregierung im Jahre 1960 den Vorschlag gemacht, das gesamte Oberste Rückerstattungsgericht mit allen seinen drei Senaten in Herford zu konzentrieren, um auf diese Weise „die Einheitlichkeit der Rechtsprechung zu fördern, eine rasche Erledigung der anhängigen Fälle zu erreichen und allgemein zwecks Kostenersparnis die Verwaltung zu vereinfachen". Insofern habe man sich auch aus nahe liegenden Gründen für Herford entschieden, da dort nicht nur „schon der Sitz des Gerichts als solches war" sondern auch bei dem Zweiten Senat in Herford „zu dieser Zeit noch die meisten Fälle anhängig waren."[7]

Dieser Vorschlag stieß jedoch nur im Hinblick auf die Verlegung des Dritten Senats von Nürnberg nach Herford bei den Regierungen der Drei Mächte ohne Weiteres auf Zustimmung und konnte insoweit dann auch schnell in die Tat umgesetzt werden. So wurde schon am 10. Dezember 1960 der für diese Verlegung erforderliche Beschluss vom Präsidium des Obersten Rückerstattungsgerichts nach Art. 1 Abs. 6 Unterabs. (a) 2. Alt. SORG gefasst:

> „Auf Grund der von den Regierungen der Vier Mächte[8] gegebenen Zustimmung hat das Präsidium gemäß Artikel 1 Absatz 6 der Satzung des Gerichts [...] beschlossen: Der Sitz des Dritten Senats des Obersten Rückerstattungsgerichts wird mit Zustimmung der Regierungen der Vier beteiligten Mächte am 1. Juli 1961 nach Herford verlegt."[9]

Damit war der Zweite Senat des Obersten Rückerstattungsgerichts ab dem 1. Juli 1961 nun nicht mehr allein in Herford.

Der Erste Senat aber blieb zunächst weiterhin noch in Rastatt. Edward Arthur Marsden berichtet in diesem Zusammenhang von Widerstand und „anfänglichen Bedenken der französischen Regierung":[10]

> „Französischerseits war man nicht gegen eine Zusammenlegung der drei Senate an einen Ort, hielt aber Herford für mögliche mündliche Verhandlungen zu entlegen.

---

6 *Marsden*, ebda.

7 *Marsden*, ebda.

8 Sic. Abweichend vom Wortlaut des Art. 1 Abs. 6 SORG („mit Zustimmung der Bundesregierung und der Regierungen der Drei Mächte") und anders, als es sonst in den Jahrzehnten der Nachkriegszeit allgemein üblich war, wurde die Bundesregierung hier zumindest sprachlich mit den Regierungen der Drei Mächte auf eine Stufe gestellt.

9 Bekanntmachung über die Verlegung des Dritten Senats des Obersten Rückerstattungsgerichts von Nürnberg nach Herford vom 1. Juni 1961, BGBl. 1961 II, 564.

10 *Edward Arthur Marsden*, in: BMF / Walter Schwarz (Hrsg.), Wiedergutmachung nationalsozialistischen Unrechts, Band II, 1981, S. 611 (622 f.).

> Man hatte daher besonders Koblenz vorgeschlagen, wo schon andere internationale Gerichte ihren Sitz hatten."

Insgesamt sollte es noch fast sieben Jahre dauern, ehe die französische Regierung schließlich doch dem Vorbild der amerikanischen Entscheidung folgte und einer Verlegung des Ersten Senats von Rastatt ebenfalls nach Herford zustimmte. So konnte der für diese Verlegung erforderliche Beschluss vom Präsidium des Obersten Rückerstattungsgerichts nach Art. 1 Abs. 6 Unterabs. (a) 2. Alt. SORG erst am 18. Januar 1968 gefasst werden:

> „Auf Grund des Artikels 1 Absatz 6 der Satzung des Obersten Rückerstattungsgerichts in Herford [...] beschließt das Präsidium des Obersten Rückerstattungsgerichts mit Zustimmung der Bundesregierung und der Regierungen der Drei Mächte[11], daß der Sitz des Ersten Senats dieses Gerichts mit Wirkung vom 1. April 1968 von Rastatt nach Herford verlegt wird."[12]

Damit war das Oberste Rückerstattungsgericht in Herford ab dem 1. April 1968, mithin erst fast 13 Jahre nach seiner Errichtung, vollständig mit allen seinen drei Senaten in Herford angekommen und nicht mehr auf drei Standorte über das Gebiet der Bundesrepublik Deutschland verstreut.

B. Organisatorische Reformen und Reformversuche (insbesondere in den 1960er und 1970er Jahren)

Neben dem Vorhaben der Konzentration aller drei Senate an einem Standort in Herford wurden im Hinblick auf den Rückgang der zu erledigenden Fälle insbesondere mit dem Ziel einer Kostenersparnis von Beginn an auch noch eine Reihe gerichtsorganisatorischer Reformüberlegungen angestellt. Eine der im Laufe der Existenz des Obersten Rückerstattungsgerichts diskutierten und letztlich auch tatsächlich umgesetzten organisatorischen Reformüberlegungen war der Plan, die Zahl der Senatspräsidenten zu reduzieren. Edward Arthur Marsden zufolge[13] hat die Bundesregierung schon früh den Vorschlag gemacht, dass es fortan nicht mehr drei Senatspräsidenten geben solle, sondern dass stattdessen nur noch „ein neutraler Richter als Senatspräsident – im Verhinderungsfalle sein Stellvertreter – allen drei Senaten vorsitzen sollte". Um diesen Vorschlag in die Praxis umsetzen zu können, habe „das Präsidium in einer Entschließung im Jahre 1962 die Satzung dahin aus[gelegt], daß der Präsident eines Senats auch Präsident eines anderen Senats sein kann, wenn er da-

11 Hier war man wieder zur Formulierung des Art. 1 Abs. 6 SORG zurückgekehrt.

12 Bekanntmachung über die Verlegung des Ersten Senats des Obersten Rückerstattungsgerichts von Rastatt nach Herford vom 13. Februar 1968, BGBl. 1968 II, 108.

13 *Edward Arthur Marsden*, in: BMF / Walter Schwarz (Hrsg.), Wiedergutmachung nationalsozialistischen Unrechts, Band II, 1981, S. 611 (623).

zu von den beteiligten Mächten ernannt wird, und daß das Präsidium auch ordnungsgemäß zusammengesetzt ist, wenn weniger als drei Senatspräsidenten an den Sitzungen teilnehmen".[14]

Erst zehn bzw. 13 Jahre später wurde die so ermöglichte Reduzierung der Zahl der Senatspräsidenten dann in zwei Schritten auch tatsächlich umgesetzt. Dabei wurden die in Folge des Todes zweier Senatspräsidenten frei gewordenen Stellen nicht mit einem neuen Richter besetzt, sondern jeweils mit einem Richter, der bereits Präsident eines anderen Senats war. So wurde nach dem Tod des Schweizers Charles Barde 1972 der Norweger Jacob Aars-Rynning, der als Nachfolger des Dänen Carl Seidelin-Larsen bereits seit 1958 Präsident des Zweiten Senats war, zugleich auch zum Präsidenten des Ersten Senats ernannt. Knapp drei Jahre später verstarb 1975 auch Jacob Aars-Rynning. Daraufhin wurde der Schwede Gunnar Lagergren, der als Nachfolger des Dänen Hans Gram Bechmann seit 1964 Präsident des Dritten Senats war, zugleich auch zum Präsidenten des Ersten und des Zweiten Senats ernannt. Damit gab es ab 1975 mit Gunnar Lagergren nur noch einen einzigen Richter, der Präsident aller drei Senate des Obersten Rückerstattungsgerichts in Herford war. Gunnar Lagergren war damit zugleich auch nicht mehr nur nach Art. 5 Abs. 1 S. 2 SORG „abwechselnd jeweils für die Dauer von vier Kalendermonaten", sondern dauerhaft Präsident des Obersten Rückerstattungsgerichts. Für den Fall seiner Verhinderung wurde 1975 der Schwede Ivan Olof Wallenberg, der als Nachfolger des Schweden Torsten Salén seit 1965 Präsident des Obersten Rückerstattungsgerichts für Berlin war, zum Stellvertretenden Präsidenten aller drei Senate des Obersten Rückerstattungsgerichts in Herford ernannt.[15]

Nicht in die Tat umgesetzt werden konnte demgegenüber ein anderer Reformversuch. Dieser zielte darauf, die Zahl der Richter der Drei Mächte zu reduzieren.[16] Auf die gleiche Weise wie bei den Senatspräsidenten sollten die Richter der Drei Mächte nicht mehr nur bei einem der drei Senate ernannt werden, sondern zugleich auch bei den jeweils anderen beiden Senaten. Dieser Plan, die Senate umzugestalten und dabei jeweils einen der beiden Richter der Drei Mächte einzusparen, ohne dafür die Satzung ändern zu müssen, war aber we-

14 *Marsden*, ebda.

15 *Edward Arthur Marsden*, in: BMF / Walter Schwarz (Hrsg.), Wiedergutmachung nationalsozialistischen Unrechts, Band II, 1981, S. 611 (623 und 679); *Harold P. Romberg*, in: BMF / Walter Schwarz (Hrsg.), Wiedergutmachung nationalsozialistischen Unrechts, Band II, 1981, S. 585 (606 f.). Zu den biografischen Daten vgl. auch die Liste der Präsidenten und Richter des Obersten Rückerstattungsgerichts in Herford im Anhang.

16 Näheres zu diesem Reformversuch und zu den Gründen für sein Scheitern siehe oben in Kapitel 3. B. II. 2.

gen der unterschiedlichen besatzungsrechtlichen Regelungen über die Befähigung zum Richteramt in den drei Senaten von vornherein zum Scheitern verurteilt.

Derartige Hindernisse gab es bei einigen weiteren Reformvorschlägen der Bundesregierung nicht. Sie konnten – wenngleich nicht ohne beträchtliche Zeitverzögerung – umgesetzt werden. Von diesen Vorschlägen und ihrer Verwirklichung berichtet Edward Arthur Marsden:[17]

> „Bei allen drei Senaten sollten nach den Vorstellungen der Bundesregierung dieselben zwei deutschen Richter – möglicherweise mit einem dritten als Vertreter – tätig sein. Dies ist endgültig im Jahre 1972 geschehen mit der Maßgabe, daß der dritte Richter, der hauptamtlich am ORG Berlin beschäftigt ist, in Herford nur tätig werden soll, wenn einer der anderen beiden deutschen Richter verhindert ist, oder wenn er als Mitglied des Präsidiums (3 deutsche Mitglieder) oder aus anderen besonderen Gründen hinzugezogen werden muß."

Umgesetzt wurde auch der Vorschlag der Bundesregierung, dass jedem Senat nur zwei ausländische beisitzende Richter evtl. mit einem Vertreter angehören sollten.[18] Insofern war hilfreich, dass das Präsidium nach Art. 1 Abs. 6 Unterabs. (b) SORG „mit Zustimmung der Bundesregierung und der Regierungen der Drei Mächte" selbst „die Zahl der Richter, die von jedem Senat zusätzlich zu den gemäß Artikel 2 ernannten Richtern benötigt werden", bestimmen konnte.

Auch hinsichtlich der Geschäftsstellenleiter kam es zu Einsparungen. Hier forderte die Bundesregierung, dass nach Möglichkeit nur ein Geschäftsstellenleiter für alle drei Senate tätig sein sollte. Dies ist bald – zumindest teilweise – umgesetzt worden, indem – wie Edward Arthur Marsden, der von dieser Maßnahme selbst betroffen war, berichtet[19] – „bereits im Jahre 1966 der Geschäftsstellenleiter des 2. Senats auch zum Geschäftsstellenleiter des 3. Senats ernannt worden" ist. Da aber der Erste Senat 1966 noch in Rastatt beheimatet war, kam insoweit eine Zusammenlegung der Geschäftsstellenleitung noch nicht in Frage.

Der Umsetzung noch weiter reichender Reformvorschläge aber standen – ebenso wie zuvor schon seit den 1950er Jahren – auch in den 1970er Jahren noch immer nicht überwindbare Hindernisse im Weg. Dies galt nicht nur weiterhin für die von Beginn an immer wieder aufkommenden Vorschläge, beide

---

17 *Edward Arthur Marsden*, in: BMF / Walter Schwarz (Hrsg.), Wiedergutmachung nationalsozialistischen Unrechts, Band II, 1981, S. 611 (623).

18 *Marsden*, ebda.

19 *Marsden*, ebda.

obersten Rückerstattungsgerichte bzw. auch nur das Oberste Rückerstattungsgericht in Herford aufzulösen und die Zuständigkeit auf den Bundesgerichtshof überzuleiten. Dies galt ferner auch für Vorschläge, die zum Ziel hatten, das Oberste Rückerstattungsgericht in Herford mit dem Obersten Rückerstattungsgericht für Berlin zu einem gemeinsamen Obersten Rückerstattungsgericht zusammenzufassen. In diesem Zusammenhang geht Edward Arthur Marsden darauf ein, dass 1972 in der Presse, unter anderem in der Süddeutschen Zeitung vom 6. Oktober 1972, Berichte über einen Brief eines Berliner Politikers an Bundeskanzler Willy Brandt erschienen seien. In diesem Brief sei „angeregt" worden, „zur Kostenersparnis und aus anderen Gründen das Berliner und das Herforder Gericht zu vereinen oder ihre Gerichtsbarkeit auf einen Senat des Bundesgerichtshofs zu übertragen".[20] Ausführlich schildert Edward Arthur Marsden daraufhin die Gründe, warum derartigen Vorschlägen und Anregungen – zumindest in den 1970er Jahren – noch nicht habe gefolgt werden können.[21] Zunächst werden insoweit Schwierigkeiten verfahrensmäßiger Art ins Spiel gebracht:

> „Solche Überlegungen und Anregungen könnten nur durchgeführt werden, wenn die Satzung des Gerichts geändert würde. Zu einer Änderung der Satzung und des Überleitungsvertrages müßten alle beteiligten Mächte in einem langwierigen Verfahren mitwirken. Eine Neuregelung auf diesem Teilgebiet würde außerdem die Gefahr mit sich bringen, daß dann noch von verschiedenen Seiten weitere Wünsche auf anderweitige Änderungen des Überleitungsvertrages laut würden."

Sodann kommen völkerrechtlich begründete Argumente:

> „Bedenken gegen eine Vereinigung der beiden Gerichte könnten sich aus ihrer unterschiedlichen Natur ergeben, denn das Berliner Gericht ist nicht aufgrund vertraglicher Vereinbarung, sondern durch ein Gesetz der Alliierten Kommandatura errichtet worden. Würde das Berliner Gericht die Herforder Gerichtsbarkeit übernehmen, dann müßte der Bund ihm vertraglich zugesicherte Rechte aufgeben, die ihm in Berlin nicht zustehen. Es könnten sich auch Schwierigkeiten aufgrund des besonderen Status von Berlin ergeben."

Schließlich wartet Edward Arthur Marsden mit einem gleichheitsrechtlichen Argument auf:

> „Gegen die Übertragung der Gerichtsbarkeit auf ein Bundesgericht könnten auch verfassungsrechtliche Bedenken geltend gemacht werden. Die ORGe [scil. die beiden Obersten Rückerstattungsgerichte] und ihre Vorgängergerichte haben in den Jahren ihres Bestehens eine feste Rechtsprechung entwickelt, die von einem deutschen Bundesgericht vielleicht nicht in vollem Ausmaße übernommen werden würde. Dies könnte zu einer Verletzung des Gleichheitsgrundsatzes führen."

---

20 *Edward Arthur Marsden*, in: BMF / Walter Schwarz (Hrsg.), Wiedergutmachung nationalsozialistischen Unrechts, Band II, 1981, S. 611 (625).

21 *Marsden*, ebda.

Insgesamt verteidigt Edward Arthur Marsden mithin auch Anfang der 1980er Jahre noch den bis dahin eingeschlagenen Weg, der angesichts der stark verminderten Fallzahlen die Auflösung des Gerichts und die Übertragung seiner (Rest-)Aufgaben auf ein Bundesgericht zu vermeiden gesucht und stattdessen den Weg von Personaleinsparungen verfolgt hatte:

> „Aus allen diesen Gründen bietet sich der schon eingeschlagene Weg an, beide Gerichte – unter Aufrechterhaltung ihrer Selbständigkeit – weitgehend mit den gleichen Richtern zu besetzen. Dadurch ist es leichter, eine einheitliche Rechtsprechung zu erreichen und Kosten zu sparen. So ist schon heute der amerikanische Richter in Berlin gleichzeitig einer der amerikanischen Richter in Herford; das gleiche gilt für den britischen Richter in Berlin. Auch der dritte deutsche Richter in Herford hat diese Doppelfunktion, und der Berliner Präsident ist Stellvertreter des Herforder Präsidenten für alle drei Senate."

C. Die Verlegung des Sitzes von Herford nach München (1984)

Trotz dieser Gegenargumente verstummten die Überlegungen, das Oberste Rückerstattungsgericht aufzulösen und seine Zuständigkeiten auf den Bundesgerichtshof überzuleiten, aber nicht. Der Rückgang der vom Obersten Rückerstattungsgericht in Herford zu entscheidenden Fälle machte jedem klar, dass sich das Gericht in einem Prozess des „Wartens auf sein Ende" befand. Einen guten Einblick in diese letzte Zeit des Obersten Rückerstattungsgerichts in Herford gewährt der Journalist Hartmut Braun in einem in der „Neuen Westfälischen" vom 28. Mai 1983 veröffentlichten Zeitungsartikel.[22] Schon die Überschrift kennzeichnet treffend die Lage: „99,5 Prozent der Arbeit getan / Aufbruchstimmung dauert an. Warten auf das Ende: Das Oberste Rückerstattungsgericht in Herford". Sodann schreibt Hartmut Braun:

> „Das hohe Gericht hat sich schon vor Jahren ganz in den 3. Stock der früheren Stadtbücherei an der Berliner Straße zurückgezogen, früher waren drei Etagen belegt. Auf dem Flur versperren Aktenschränke den Weg, das Archiv lagert irgendwo im Keller, man lebt in recht beengten Verhältnissen. Vier ältere Damen teilen sich in [sic!] eine Halbtagsstelle, die von ehemals über 400 Planstellen übriggeblieben ist. Zwei Richter halten noch die Stellung: Bundesrichter Dr. Heinz Gulartz [sic![23]] und Dr. Marc J. Robinson. Der Präsident ist nur noch mit seinem Namensschild vertreten: Dr. h.c. Gunnar Lagergren, Reichsmarschall von Schweden.

---

22 *Hartmut Braun*, 99,5 Prozent der Arbeit getan / Aufbruchstimmung dauert an. Warten auf das Ende: Das Oberste Rückerstattungsgericht in Herford, in: Neue Westfälische – Herforder Kreisanzeiger Nr. 122 vom 28. Mai 1983, S. 17.

23 Tatsächlich lautet der Name dieses letzten deutschen Bundesrichters beim Obersten Rückerstattungsgericht in Herford nicht Heinz Gulartz, sondern Heinrich Gulatz, vgl. dazu Kapitel 3. B. II. 5. b) mit Fußnote 152 sowie die Liste der Präsidenten und Richter des Obersten Rückerstattungsgerichts in Herford im Anhang.

Die Aufbruchstimmung in der bedeutendsten Herforder Justizbehörde, dem ‚Obersten Rückerstattungsgericht', währt bereits seit einem Jahrzehnt. ‚99,5 Prozent der Arbeit ist erledigt. Es ist unser beider persönlicher Wunsch, einen Termin für die Schließung dieses Gerichtes genannt zu bekommen', erklären Dr. Robinson und Dr. Gulartz übereinstimmend.

Sie selbst haben auf diese Entscheidung keinen Einfluß. ‚Schon 1972 haben wir, ein höchst ungewöhnlicher Vorgang, Vorschläge für die ›Endzeit‹ unserer Tätigkeit gemacht. Wir verkennen nicht die Problematik, wir wissen um die politischen Dimensionen dieser Entscheidung', sagt Bundesrichter Dr. Gulartz. Er läßt jedoch keinen Zweifel daran, daß seine Kollegen und er die Auflösung des ‚ORG' in Herford und die Übertragung seiner Aufgaben auf den Bundesgerichtshof in Karlsruhe sehr begrüßen würden. [...]

Längst ist es ruhig geworden um das ORG, Sitz Herford. Sehr wenige Fälle sind zu bearbeiten, nur ganz vereinzelt werden fast 40 Jahre nach dem Ende des Faschismus in Deutschland noch Rückerstattungsansprüche geltend gemacht. ‚Aus wohlerwogenen Gründen' (Dr. Gulartz) schiebt die Bundesregierung jedoch den Zeitpunkt noch hinaus, zu dem sie mit den Alliierten Verhandlungen über die Verlagerung der ORG-Aufgaben auf den Bundesgerichtshof aufnehmen wird.

Das haben Dr. Heinz Gulartz und Dr. Marc Robinson, die einzigen ‚ständigen' Richter, zu akzeptieren. Auch wenn es ihnen schwer fallen mag. Dr. Gulartz: ‚Wir haben unsere Pflicht zu tun.'"

Tatsächlich sollte es dann auch in den 1980er Jahren noch nicht zu einer Umsetzung der seit der Errichtung des Obersten Rückerstattungsgerichts immer wieder diskutierten Pläne seiner Auflösung kommen. Stattdessen schlug die Bundesregierung zunächst nur die Verlegung des Obersten Rückerstattungsgerichts von Herford nach München vor. Daraufhin wurde dann am 23. September 1983 der für diese Verlegung erforderliche Beschluss vom Präsidium des Obersten Rückerstattungsgerichts nach Art. 1 Abs. 6 Unterabs. (a) 1. Alt. SORG gefasst:

> „Auf Vorschlag der Regierung der Bundesrepublik Deutschland wird gemäß Artikel 1 Absatz 6 der Satzung des Obersten Rückerstattungsgerichts vorbehaltlich der Zustimmung der Drei Mächte der Sitz des Gerichts zum 1. Januar 1985 von Herford nach München verlegt."[24]

Die „Bekanntmachung über die Verlegung des Sitzes des Obersten Rückerstattungsgerichts von Herford nach München" vom 29. Dezember 1984 enthielt dann nicht nur die Wiedergabe dieses Beschlusses des Präsidiums des Obersten Rückerstattungsgerichts, sondern auch den Hinweis, dass in der Zwischenzeit die Regierungen der Drei Mächte und die Bundesregierung dem Beschluss des Präsidiums zugestimmt hatten.

24 Bekanntmachung über die Verlegung des Sitzes des Obersten Rückerstattungsgerichts von Herford nach München vom 29. Dezember 1984, BGBl. 1985 II, 95.

So endete mit dem Jahreswechsel 1984/1985 die Ära des Obersten Rückerstattungsgerichts in Herford, die seit seiner Errichtung 1955 immerhin 29 Jahre angedauert hatte. Sie sollte in München noch eine fünfjährige Fortsetzung haben, ehe dann kurz vor Weihnachten 1990 schließlich doch die Überleitung der Zuständigkeit auf den Bundesgerichtshof in Karlsruhe erfolgte und damit in Deutschland die internationale Revisionsgerichtsbarkeit in Rückerstattungssachen endgültig endete.

D. Die Auflösung des Obersten Rückerstattungsgerichts (1990)

Den entscheidenden Impuls für die Überleitung der Zuständigkeit auf den Bundesgerichtshof in Karlsruhe gaben erst die historischen Ereignisse des Jahres 1990, die das Ende der Nachkriegszeit in Europa markierten. Erst über 45 Jahre nachdem die bedingungslose Kapitulation der deutschen Truppen am 8. Mai 1945 in Kraft getreten war, wurde am 12. September 1990 in Moskau der als „Zwei-plus-Vier-Vertrag" bekannt gewordene „Vertrag über die abschließende Regelung in bezug [sic] auf Deutschland"[25] unterzeichnet. In diesem Vertrag wurde mit Artikel 7 eine Regelung vereinbart, die letztlich den entscheidenden Ausschlag für das Schicksal des Obersten Rückerstattungsgerichts gab:[26]

> „(1) Die Französische Republik, die Union der Sozialistischen Sowjetrepubliken, das Vereinigte Königreich Großbritannien und Nordirland und die Vereinigten Staaten von Amerika beenden hiermit ihre Rechte und Verantwortlichkeiten in bezug [sic] auf Berlin und Deutschland als Ganzes. Als Ergebnis werden die entsprechenden, damit zusammenhängenden vierseitigen Vereinbarungen, Beschlüsse und Praktiken beendet und alle entsprechenden Einrichtungen der Vier Mächte aufgelöst.
>
> (2) Das vereinte Deutschland hat demgemäß volle Souveränität über seine inneren und äußeren Angelegenheiten."

Damit war es letztlich nur konsequent, dass auf deutscher Seite umgehend eine Initiative zum Erlass von „Vorschriften zur Überleitung der Zuständigkeit der Obersten Rückerstattungsgerichte auf den Bundesgerichtshof" ergriffen wurde und sich der Deutsche Bundestag der elften Wahlperiode mit diesem Thema auseinanderzusetzen hatte. Eingebracht wurde das Thema in ein bereits seit über zwei Jahren laufendes Gesetzgebungsverfahren, das mit dem „Entwurf eines Rechtspflege-Vereinfachungsgesetzes" der Bundesregierung vom 2. Sep-

---

25 Gesetz zu dem Vertrag vom 12. September 1990 über die abschließende Regelung in bezug (sic) auf Deutschland vom 11. Oktober 1990 (BGBl. 1990 II, 1317 ff.). Dort damals korrekt stets mit „b" statt mit „B" geschrieben.

26 BGBl. 1990 II, 1326.

tember 1988[27] begonnen hatte. Ersichtlich ist dieses Anhängen an ein laufendes Gesetzgebungsvorhaben in einer „Beschlußempfehlung und [einem] Bericht des Rechtsausschusses (6. Ausschuß)“ zu diesem Gesetzentwurf:[28]

> „Der so vom Rechtsausschuß zur Annahme empfohlene Entwurf eines Rechtspflege-Vereinfachungsgesetzes sieht folgende wesentliche Maßnahmen vor: [...]
>
> Ferner hat der Ausschuß auf einen gemeinsamen Vorschlag des Bundesministers der Finanzen und des Bundesministers der Justiz Vorschriften zur Überleitung der Zuständigkeit der Obersten Rückerstattungsgerichte auf den Bundesgerichtshof in die Ausschußfassung eingefügt.“

In der „Zusammenstellung des Entwurfs eines Rechtspflege-Vereinfachungsgesetzes – Drucksache 11/3621 – mit den Beschlüssen des Rechtsausschusses (6. Ausschuß)“ im Anhang dieser Beschlussempfehlung findet sich diesbezüglich ein neu eingefügter Artikel 8 a mit einem „Gesetz zur Überleitung der Zuständigkeit der Obersten Rückerstattungsgerichte auf den Bundesgerichtshof“ mit detaillierten Regelungen in insgesamt sieben Paragrafen.[29]

Maßgeblich beteiligt an diesem Gesetzentwurf und damit an der Entscheidung, das Oberste Rückerstattungsgericht nunmehr nach Wiederherstellung der deutschen Einheit und Erlangung der völkerrechtlichen Souveränität aufzulösen, war das Mitglied des Deutschen Bundestages Helmut Buschbom (CDU), der als einer der herausragenden deutschen Juristen auf dem Gebiet des Rückerstattungsrechts gelten kann. Als Berichterstatter und Redner im Rahmen der zweiten Beratung des Entwurfs des Rechtspflege-Vereinfachungsgesetzes in der 233. Sitzung des Deutschen Bundestags der elften Wahlperiode am 30. Oktober 1990[30] erläuterte und begründete Helmut Buschbom das Auflösungsvorhaben:[31]

---

27 Entwurf eines Rechtspflege-Vereinfachungsgesetzes (BR-Drs. 400/88 vom 2. September 1988), nachfolgend Entwurf eines Rechtspflege-Vereinfachungsgesetzes (BT-Drs. 11/3621 vom 1. Dezember 1988).

28 „Beschlußempfehlung und Bericht des Rechtsausschusses (6. Ausschuß) a) zu dem Gesetzentwurf der Bundesregierung – Drucksache 11/3621 – Entwurf eines Rechtspflege-Vereinfachungsgesetzes b) zu dem Gesetzentwurf des Bundesrates – Drucksache 11/4155 – Entwurf eines Gesetzes zur Entlastung der Zivilgerichte“ (BT-Drs. 11/8283 vom 25. Oktober 1990, S. 1 f.).

29 BT-Drs. 11/8283 vom 25. Oktober 1990, S. 40 f.

30 BT-Plenarprotokoll 11. WP / 233. Sitzung vom 30. Oktober 1990 / S. 18501 (A) ff.; S. 18627 (B) ff. (Tagesordnungspunkt 11 a „Zweite und dritte Beratung des von der Bundesregierung eingebrachten Entwurfs eines Rechtspflege-Vereinfachungsgesetzes – Drucksache 11/3621 – Beschlußempfehlung und Bericht des Rechtsausschusses [6. Ausschuß] – Drucksache 11/8283 –“); S. 18634 (B) ff. (Redebeitrag *Helmut Buschboms*).

31 BT-Plenarprotokoll 11. WP / 233. Sitzung vom 30. Oktober 1990 / S. 18635 (C).

> „Zum Schluß erlauben Sie mir noch einige Bemerkungen zu Art. 8a der Beschlußempfehlung auf Drucksache 11/8283. Es handelt sich hier um die Überleitung der Zuständigkeit der Obersten Rückerstattungsgerichte auf den Bundesgerichtshof. Das vorgeschlagene Gesetz enthält die Verfahrensvorschriften zur Erledigung der noch etwa 70 in den ehemaligen Westzonen und Berlin (West), d.h. der Bundesrepublik ohne die ehemalige DDR, anhängigen Rückerstattungsverfahren, auf deren nahtlosen Übergang von den gemischt alliiert-deutschen Revisionsgerichten auf den Bundesgerichtshof die Vertreter der drei Westmächte nach der Suspendierung der alliierten Vorbehaltsrechte mit dem Ablauf des 2. Oktober gedrungen haben. Die Übertragung dieser Verfahren auf den Bundesgerichtshof ändert nichts an den bisherigen Verfahrensgrundsätzen und dem alliierten und deutschen materiellen Rückerstattungsrecht wie es bisher anzuwenden war."

Abschließend hatte Helmut Buschbom die Gelegenheit, seine als Berichterstatter des Rechtsausschusses im Bundestag vorgetragenen Feststellungen zu Inhalt und Zielsetzung des Gesetzentwurfs mit einigen persönlichen Anmerkungen abzurunden, die ihm als einem auf dem Gebiet des Rückerstattungsrechts über mehrere Jahrzehnte herausragend engagierten Juristen am Ende seiner parlamentarischen Tätigkeit als Bundestagsabgeordneter im Zusammenhang mit der Auflösung der Obersten Rückerstattungsgerichte ganz besonders am Herzen gelegen haben werden:[32]

> „Erlauben Sie mir zum Schluß noch eine persönliche Bemerkung: Daß mir heute diese Erläuterung in Rückerstattungssachen als Berichterstatter des Rechtsausschusses obliegt, entbehrt nicht eines eigenen persönlichen Reizes. Im Jahre 1952, also nun schon vor 38 Jahren, wurden mir Justizverwaltungsaufgaben für die Einrichtung des Obersten Rückerstattungsgerichtes für Berlin übertragen. Ab 1954 habe ich diesem Gericht sieben Jahre angehört, um anschließend der erstinstanzlichen Rückerstattungsbehörde in Berlin bis zur Annahme meines Bundestagsmandats im Juni 1981 vorzustehen.
>
> Fast 30 Jahre gehörten meine richterlichen Aufgaben, mein richterliches Engagement der Rückerstattung von Vermögensgegenständen, die in der NS-Zeit rassisch, religiös oder politisch Verfolgten diskriminierend entzogen worden waren. Heute, nach weiteren fast zehn Jahren, am Ende meiner parlamentarischen Tätigkeit, schließt sich der Kreis: ein letzter Dienst den Kindern und Enkeln von Verfolgten. Sie, meine lieben Kollegen und Zuhörer, werden verstehen, daß mich das nicht unberührt läßt."

Der Gesetzentwurf wurde sodann in der zweiten Lesung in der Fassung der Beschlussempfehlung des Rechtsausschusses angenommen.[33] Schließlich fand er auch in der Schlussabstimmung im Rahmen der dritten Beratung „bei Enthaltungen in der Gruppe der PDS und Gegenstimmen bei den GRÜNEN und

32 BT-Plenarprotokoll 11. WP / 233. Sitzung vom 30. Oktober 1990 / S. 18635 (C) und (D).

33 BT-Plenarprotokoll 11. WP / 233. Sitzung vom 30. Oktober 1990 / S. 18636 (D) bis S. 18637 (A).

der PDS“ die Mehrheit der Abgeordneten der Koalitionsfraktionen der CDU/CSU und FDP sowie der oppositionellen SPD.[34] Nachdem abschließend auch noch der Bundesrat in seiner 625. Sitzung am 14. Dezember 1990 zugestimmt hatte[35], waren die gesetzgeberischen Hürden genommen. Als Artikel 9 des Rechtspflege-Vereinfachungsgesetzes vom 17. Dezember 1990 trat das „Gesetz zur Überleitung der Zuständigkeit der Obersten Rückerstattungsgerichte auf den Bundesgerichtshof“[36] am 23. Dezember 1990[37] in Kraft. Am 23. Dezember 1990 endete damit in Deutschland endgültig die Ära der internationalen Revisionsgerichtsbarkeit in Rückerstattungssachen, die über 42 Jahre zuvor am 10. August 1948 mit der Errichtung des US-Bord of Review begonnen hatte.

Knapp drei Monate später, am 13. März 1991, hielt Gunnar Lagergren, der letzte Präsident des Obersten Rückerstattungsgerichts[38] in Herford und seit 1985 in München bei einem Abschiedsessen die folgende Rede:[39]

> „Im Namen der früheren Richter und Mitarbeiter des ehemaligen Obersten Rückerstattungsgerichts München möchte ich Ihnen, Herr Staatsekretär, herzlich dafür danken, daß Sie dem Abschluß unserer Tätigkeit bei diesem Gericht einen so festlichen Rahmen gegeben haben. Wir danken Ihnen auch für die freundlichen Worten [sic!], die Sie für uns gefunden haben.
>
> Mir sei heute ein kurzer Rückblick gestattet.
>
> Die Bundesrepublik Deutschland und die früheren westlichen Besatzungsmächte haben es von Anfang an als ihre gemeinsame Aufgabe angesehen, nationalsozialistisches Unrecht aus einer dunklen Epoche wiedergutzumachen, soweit das überhaupt möglich ist. Dem entsprachen die Gerichtsorganisation und die Zuständigkeiten auf dem Gebiet der Rückerstattung. Sie durchzuführen, oblag zunächst den deutschen Land- und Oberlandesgerichten.

---

34 BT Plenarprotokoll 11. WP / 233. Sitzung vom 30. Oktober 1990 / S. 18637 (A).

35 „Beschluß des Bundesrates zum Rechtspflege-Vereinfachungsgesetz“ (BR-Drs. 835/90 vom 14. Dezember 1990).

36 BGBl. 1990 I, 2847 (2862 f.).

37 Nach Art. 11 Abs. 3 Rechtspflege-Vereinfachungsgesetz trat Art. 9 (das Gesetz zur Überleitung der Zuständigkeit der Obersten Rückerstattungsgerichte auf den Bundesgerichtshof) „am Tage nach der Verkündung in Kraft“. Und die Verkündung des Rechtspflege-Vereinfachungsgesetzes erfolgte im Bundesgesetzblatt, Jahrgang 1990, Teil I, Nr. 71, S. 2833 ff., „Ausgegeben zu Bonn am 22. Dezember 1990“.

38 *Gunnar Lagergren* war seit dem 1. Februar 1964 Präsident des Dritten Senats des Obersten Rückerstattungsgerichts in Herford. Seit dem 15. Dezember 1975 hatte er auch das Amt des Präsidenten des Ersten und des Zweiten Senats übernommen und war so seitdem zugleich Präsident des Obersten Rückerstattungsgerichts in Herford und schließlich auch in München.

39 *Gunnar Lagergren*, zitiert nach: recht. Informationen des Bundesministers der Justiz, 3/91, S. 50 f.

Als letzte Instanz wurden nach dem Kriege Obergerichte von den damaligen Besatzungsmächten errichtet. Ich freue mich sehr, heute den früheren Präsidenten des Obergerichts in Rastatt, Monsieur Marion, Richter a.D. an der Cour de Cassation in Paris, unter uns zu wissen. Er zögerte nicht, nach Gründung des für die Bundesrepublik Deutschland zuständigen Obersten Rückerstattungsgerichts im Jahre 1955 sich als Richter diesem Gericht zur Verfügung zu stellen, an dem er bis zu dessen Auflösung tätig war.

Die Rückerstattung stellte sich allen mit ihr befaßten Behörden und Gerichten als eine gewaltige Aufgabe. Es genügt hier, darauf hinzuweisen, daß rund 1.200.000 Fälle in der Bundesrepublik und in Berlin-West anhängig geworden sind. Das große Werk der Rückerstattung, durch das die Bundesrepublik Deutschland hohe Achtung in der Welt erlangt hat, wäre nicht denkbar ohne die hervorragende Arbeit der deutschen Land- und Oberlandesgerichte. Ihnen fiel die mühevolle Aufgabe zu, im ersten und zweiten Rechtszug über Rückerstattungsansprüche zu entscheiden – oft mit Ermittlungen von Amts wegen über Vorgänge, die ein Menschenalter zurücklagen.

Wir vom ORG München[40] haben festgestellt, daß auch in sehr komplizierten Fällen die Ermittlungen mit großer Sorgfalt und Geduld durchgeführt worden sind. Ich nehme daher gern die Gelegenheit wahr, den deutschen Rückerstattungsgerichten unseren Respekt für ihre Arbeit auszusprechen, die wesentlich zum Erfolg der Rückerstattung beigetragen hat.

Das ORG ist nach fast 35 Jahren am 23. Dezember 1990 aufgelöst worden. Seine letzten Aufgaben werden vom Bundesgerichtshof übernommen. Unter den Richtern und Mitarbeitern des ORG – anfangs mehr als 130 Personen – war ein hohes Maß an Hingabe an die Aufgabe und viel Idealismus vorhanden. Die Schwierigkeiten der dem ORG gestellten Aufgaben liegen in ihrer Art jenseits des herkömmlichen juristischen Rahmens. Fast jede Akte enthielt eine menschliche Tragödie. Unsere Aufgabe konnte nur erfüllt werden, weil die hierfür eingesetzten Richter – im Laufe der Zeit aus acht verschiedenen Nationen – eine harmonisch zusammenarbeitende richterliche Einheit bildeten. Dies war das Ergebnis taktvollen und verständnisvollen Umgangs miteinander. Die internationale Zusammensetzung unseres Gerichts bürgte auch dafür, daß eine ausgewogene Rechtsprechung verwirklicht wurde. Wir bemühten uns um Sachlichkeit, ‚fairness' und ‚common sense'.

Nicht hoch genug einzuschätzen ist der Beitrag unserer Mitarbeiter, die sich weit über ihre Pflichten hinaus für unser gemeinsames Ziel eingesetzt haben. Wir danken der Bundesregierung und besonders dem Bundesministerium der Justiz für die Unterstützung, die wir stets von dieser Seite erfahren haben.

Wir freuen uns, daß das Ende unserer Tätigkeit zusammenfällt mit der Erfüllung des Wunsches des deutschen Volkes nach staatlicher Einheit. Uns bleibt das Bewußtsein, daß ‚We played a role in bringing a measure of justice to some of the victims of national socialism'. Dies waren die Worte unseres hochgeschätzten, inzwischen verstorbenen amerikanischen Kollegen Robinson."

---

40 Unklar bleibt, warum *Gunnar Lagergren* nach nur fünf Jahren ausschließlich München hervorhebt und die langjährige Verbindung mit Herford (das Oberste Rückerstattungsgericht 1955–1984 und er selbst als Präsident 1964–1984) mit keinem Wort erwähnt.

Den Schlusspunkt dieser Untersuchung zum Obersten Rückerstattungsgericht mögen hier aber andere Worte bilden. Zitiert sei noch einmal Edward Arthur Marsden, als Mitbürger jüdischen Glaubens aus dem nationalsozialistischen Deutschland vertrieben, mit den englischen Besatzungstruppen nach Herford, Geburtsstadt seiner Mutter und Sitz des enteigneten Familienunternehmens, zurückgekehrt, langjähriger Geschäftsstellenleiter des Obersten Rückerstattungsgerichts und bis zu seinem Tode Chronist des Gerichts, der wiederum den amerikanischen Richter des Obersten Rückerstattungsgerichts Fred Joseph Harris zitiert:[41]

> „Man sollte [...] das, was der verstorbene amerikanische Richter *Fred Harris* nach der Errichtung des Gerichts im Jahre 1955 gesagt hat, und was [...] Präsident *Gunnar Lagergren* anläßlich des 20-jährigen Bestehens des Gerichts am 15. Dezember 1975 in das Gedächtnis zurückrief, nicht vergessen:
>
> ‚The type of work in which we are here engaged is new to the world and I do hope that after the work is completed it will never again be necessary to repeat it.‘“[42]

41 *Edward Arthur Marsden*, in: BMF / Walter Schwarz (Hrsg.), Wiedergutmachung nationalsozialistischen Unrechts, Band II, 1981, S. 611 (676), (Hervorh. im Original).

42 „Die Art der Arbeit, mit der wir hier befaßt sind, ist für die Welt neuartig, und ich hoffe sehr, daß nach ihrer Vollendung es nie wieder nötig sein wird, eine derartige Arbeit zu wiederholen.“ So bei *Marsden*, ebda.

Fünftes Kapitel
Schlussbemerkungen

Das Oberste Rückerstattungsgericht in Herford war eine der zentralen Institutionen und wesentlichen Bestandteile der Wiedergutmachung nationalsozialistischen Unrechts in Deutschland nach dem Zweiten Weltkrieg. Als oberste Instanz in Rückerstattungssachen für das Gebiet der Besatzungszonen der drei alliierten Westmächte in der Bundesrepublik Deutschland hatte es letztinstanzlich zu entscheiden in allen gerichtlichen Verfahren, in denen es um die Rückerstattung von Vermögen ging, das im Dritten Reich „in der Zeit vom 30. Januar 1933 bis 8. Mai 1945 aus Gründen der Rasse, Religion, Nationalität, Weltanschauung oder politischen Gegnerschaft gegen den Nationalsozialismus“ (so Art. 1 Abs. 1 S.1 des am 10. November 1947 in Kraft getretenen USREG) weggenommen bzw. zwangsweise weggegeben worden war.

Heute ist das Oberste Rückerstattungsgericht in Herford vergessen, obwohl es von 1955 bis 1990, also immerhin 35 Jahre lang bestand. Allerdings war das Gericht auch schon zu seinen Bestehenszeiten wohl nur Insidern bekannt. Dies gilt spätestens ab etwa 1960, einhergehend mit der sich rapide vermindernden Zahl zu erledigender Fälle. Gleichwohl verdient das Oberste Rückerstattungsgericht mehr wissenschaftliche Aufmerksamkeit, als es bislang gefunden hat. Eine monografische Untersuchung fehlt ebenso wie die aufsatzförmige Behandlung von Einzelthemen. Zentral und alleinstehend ist bisher ein zwischen wissenschaftlichem Bericht und subjektiv gefärbter Erinnerung changierender Beitrag von Edward Arthur Marsden in einem Sammelband zum Bundesrückerstattungsgesetz, der 1981 als zweiter Band der vom Bundesminister der Finanzen in Zusammenarbeit mit Walter Schwarz herausgegebenen Reihe zur Wiedergutmachung nationalsozialistischen Unrechts durch die Bundesrepublik Deutschland erschien. Marsden vermittelt, gestützt auf seine langjährige Tätigkeit als Geschäftsstellenleiter sowohl beim Obersten Rückerstattungsgericht als auch bei dessen Vorgängergerichten in der britischen Besatzungszone sowie auch als Legal Adviser des Alliierten Kommissars des Vereinigten Königreichs, neben schlichten Faktenmitteilungen vor allem zahlreiche Blicke hinter die Kulissen sowie persönliche Bewertungen und Eindrücke.

Die vorliegende Untersuchung verdankt den Erinnerungen Marsdens viel, kommt aber auch deutlich über sie hinaus. Sie hat sich vorgenommen, einen Anfang für eine gründlichere wissenschaftliche Aufarbeitung der Leistungen des Obersten Rückerstattungsgerichts in Herford zu machen, indem sie die Rechtsgrundlagen für die Entstehung des Gerichts sowie den konkreten Entstehungsprozess vom Ende des Zweiten Weltkriegs bis 1955 nachzeichnet und sich sodann eingehend mit dem originären Aufbau und der Organisation des Gerichts auseinandersetzt. Es folgt ein kurzer Überblick über die wesentlichen Reformen und Reformversuche während der Tätigkeitszeit des Gerichts sowie eine Schilderung des Endes des Gerichts im Jahre 1990. Bewusst spart die Untersuchung also eine Behandlung des Verfahrensrechts und der wesentlichen Entscheidungen des Obersten Rückerstattungsgerichts aus; dieses sehr umfängliche Thema, das – wie gesagt – ebenfalls nähere wissenschaftliche Aufarbeitung verdient, muss einer anderen Untersuchung überlassen werden, für die aber die wesentlichen Grundlagen geschaffen und Grundfragen geklärt sein dürften.

Die Untersuchung hat zunächst gezeigt, dass es lediglich auf den ersten Blick so scheint, als sei im Jahre 1955 ein neues Gericht als oberste Instanz in Rückerstattungssachen für das Gebiet der Besatzungszonen der drei alliierten Westmächte in der Bundesrepublik Deutschland geschaffen worden. Tatsächlich aber wurden mit dem wegen seiner einheitlichen Bezeichnung nach außen als Einheit erscheinenden Obersten Rückerstattungsgericht lediglich Vorgängergerichte weitergeführt, die in den einzelnen Besatzungszonen bereits seit sieben Jahren (seit 1948 in der amerikanischen Besatzungszone) bzw. seit fünf Jahren (seit 1950 in der britischen und in der französischen Besatzungszone) existierten. Dies war auch von vornherein so gewollt. Denn bereits in der von den drei alliierten Westmächten und der Bundesrepublik Deutschland als Teil des Überleitungsvertrags vereinbarten Satzung des Obersten Rückerstattungsgerichts war in Artikel 9 ausdrücklich vorgesehen, dass jeder der drei Senate die „Gerichtsbarkeit und sonstigen Befugnisse" seines jeweiligen Vorgängergerichts weiterhin ausübte. Insofern wurde das Oberste Rückerstattungsgericht in Herford 1955 nicht als ein im allgemein üblichen Sinn einheitliches Gericht mit drei Senaten errichtet, sondern eher nur als ein gemeinsames rechtliches Dach für drei zwar als Senate bezeichnete, aber tatsächlich weiterhin weitgehend eigenständige Gerichte. Konkret handelte es sich bei diesen „Gerichten" um den französischen CSR als Ersten Senat, den britischen BOR bzw. dessen Nachfolger SRC als Zweiten Senat und den US-BOR bzw. dessen Nachfolger CORA als Dritten Senat. Diese Senate übten an drei verschiedenen Orten mit unterschiedlichen Befugnissen jeweils ihre Gerichtsbarkeit aus. Bei dem Obersten Rückerstattungsgericht in Herford handelte es sich daher tatsächlich um „drei Gerichte in einem".

Ein weiteres wesentliches Ergebnis der Untersuchung liegt in der Feststellung, dass das Oberste Rückerstattungsgericht in Herford errichtet wurde, als der weitaus größte Teil der insgesamt von den obersten Instanzen in Rückerstattungssachen zu erledigenden Arbeit bereits erledigt worden war. In den letzten beiden Jahrzehnten seines Bestehens hatte das Gericht nur noch eine Handvoll Fälle zu bearbeiten. Und dennoch existierte es in der Bundesrepublik Deutschland fast auf den Tag genau 35 Jahre lang – von seiner Geburtsstunde am 15. Dezember 1955 bis zum Inkrafttreten des Gesetzes zur Überleitung der Zuständigkeit der Obersten Rückerstattungsgerichte auf den Bundesgerichtshof am 23. Dezember 1990. Diese lange Zeit seiner Existenz war insbesondere in den letzten Jahrzehnten nicht einer juristischen Notwendigkeit geschuldet und orientierte sich auch nicht (mehr) an einem tatsächlich bestehenden Bedarf. Stattdessen hätte es angesichts seiner immer geringer werdenden Bedeutung näher gelegen, wenn es ein deutlich früheres Ende des Obersten Rückerstattungsgerichts gegeben hätte. Rechtspolitisch wurde das auch diskutiert: Immer wieder kamen Vorschläge, das Gericht aufzulösen und die Zuständigkeit auf den Bundesgerichtshof überzuleiten. Durchsetzen konnten sich solche Anstöße indessen nicht, weil die Bestimmungen des in den frühen 1950er Jahren geschlossenen Überleitungsvertrags einen dauerhaften Fortbestand des Obersten Rückerstattungsgerichts sicherten. Dieser Überleitungsvertrag war nicht nur einer der ersten wesentlichen Schritte der drei alliierten Westmächte und der Bundesrepublik Deutschland, „um einen reibungslosen Übergang von dem Besatzungsregime zu normalen diplomatischen Beziehungen zu erleichtern" (Art. 13 1. Hs. ÜV-Teil I). Vielmehr hatte sich die Bundesrepublik Deutschland mit diesem Vertrag gegenüber den Vereinigten Staaten von Amerika, dem Vereinigten Königreich von Großbritannien und Nordirland und der Französischen Republik unter anderem verpflichtet, die Rückerstattung nach den von den drei westalliierten Besatzungsmächten erlassenen Rechtsvorschriften auch weiterhin durchzuführen (Art. 1 und 2 ÜV-Teil III). Auch erhielt dieser Vertrag die weitere Geltung der besatzungsrechtlichen Rückerstattungsgesetzgebung fast vollständig aufrecht (Art. 3 ÜV-Teil III) und ordnete zudem an, das Oberste Rückerstattungsgericht zu errichten (Art. 6 ÜV-Teil III). Wesentliche Veränderungen, insbesondere die Auflösung des Gerichts und die Überleitung seiner Zuständigkeit auf den Bundesgerichtshof, hätten also stets einer diesen Vertrag ändernden Vereinbarung aller vier Vertragsparteien des Überleitungsvertrags bedurft. Insbesondere im Hinblick auf das Risiko, mit dem Beginn neuer Verhandlungen über die Änderung einzelner Vertragsbestandteile des Überleitungsvertrags letztlich das gesamte fragile politische Gleichgewicht im Europa der Nachkriegszeit gefährden zu können, wurde der im Überleitungsvertrag vereinbarte status quo so lange beibehalten, bis schließlich die historischen Ereignisse des Jahres 1990 das Ende der Nachkriegszeit in Europa markierten. Erst danach besiegelte der als Zwei-plus-Vier-Vertrag bekannt gewordene Vertrag über die abschließende Regelung in Bezug auf Deutschland das

Ende des Obersten Rückerstattungsgerichts: Art. 7 Abs. 2 dieses Vertrags gab Deutschland die volle Souveränität über seine inneren und äußeren Angelegenheiten, und Art. 7 Abs. 1 beendete alle vorherigen Vereinbarungen Deutschlands mit den ehemaligen Besatzungsmächten und ließ es zu, deren Einrichtungen aufzulösen.

Im Feld des Gerichtsaufbaus und der Gerichtsorganisation konnte die Untersuchung vor allem die heterogene Zusammensetzung der Richterschaft des Obersten Rückerstattungsgerichts herausarbeiten. So ließen sich die Richter in drei Gruppen einteilen: die deutschen Richter, die Richter der Drei Mächte, die teilweise auch als alliierte Richter bezeichnet wurden, und die Richter, die als Senatspräsidenten den Vorsitz in den Senaten führten und keiner der beiden ersten Gruppen angehören durften. Letztgenannte wurden zuweilen – wenngleich ungenau – als neutrale Richter bezeichnet. Im Vorfeld der Errichtung des Gerichts war es lange umstritten, ob auch deutsche Richter bei einer obersten Instanz in Rückerstattungssachen zum Einsatz kommen sollten. Eine Vorreiterrolle für die 1955 schließlich beim Obersten Rückerstattungsgericht in Herford realisierte Besetzung nicht nur mit Richtern der Drei Mächte, sondern in gleicher Anzahl auch mit deutschen Richtern spielte dann die französische Militärregierung. Sie ließ bereits ab 1950 beim CSR in der französischen Besatzungszone deutsche Richter mitwirken. Während die Briten die Vorteile dieser Regelung erkannten und 1954 beim SRC dem französischen Beispiel folgten, blieben die Amerikaner zurückhaltend. Bei keinem der drei Vorgängergerichte in der amerikanischen Besatzungszone kamen deutsche Richter zum Einsatz. Erst anlässlich der Errichtung des Obersten Rückerstattungsgerichts schwenkten die Amerikaner auf die französische und zuletzt auch britische Linie ein. Für die zweitgenannte Gruppe der Richter der Drei Mächte galten, weil die unterschiedlichen besatzungsrechtlichen Bestimmungen der Drei Mächte fast vollständig aufrecht erhalten blieben, weiterhin die unterschiedlichen französischen, britischen und amerikanischen Vorschriften über die Befähigung zum jeweiligen Richteramt, insbesondere zur fachlichen Qualifikation und zur Staatsbürgerschaft. Und diejenigen Richter, die als Senatspräsidenten den Vorsitz in den Senaten führten, durften nach Art. 2 Abs. 1 SORG weder Deutsche sein noch Staatsangehörige einer der Drei Mächte. Staatsangehörige von anderen Staaten, mit denen sich Deutschland im Kriegszustand befunden hatte, waren nicht ausgeschlossen, so dass die Senatspräsidenten dann tatsächlich aus Schweden und der Schweiz sowie aus Dänemark und Norwegen kamen. Stellung und Aufgabenbereich der Senatspräsidenten entsprachen weitestgehend dem Berufsbild der Präsidenten der Vorgängergerichte des Obersten Rückerstattungsgerichts. Auch insoweit hatten die Bestimmungen des Überleitungsvertrags für Kontinuität gesorgt und unter dem gemeinsamen rechtlichen Dach des Herforder Obersten Rückerstattungsgerichts „drei Gerichte in einem" mit drei (Senats-)Präsidenten beibehalten. Das Amt des Präsidenten des Obersten Rückerstattungsgerichts war demzufolge schwach ausgestaltet und wurde von den Senatspräsidenten im viermonatigen Wechsel ausgeübt.

Dem Einfluss verschiedener Rechtssysteme verdankt das Oberste Rückerstattungsgericht in Herford auch mehrere – insbesondere für Gerichte in Deutschland – außergewöhnliche nichtrichterliche Angehörige und Einrichtungen. Hervorzuheben sind insofern nicht nur die Geschäftsstellenleiter mit außergewöhnlich weit reichenden Befugnissen, sondern auch – mit einigen einzigartigen Aufgabenbereichen – die Rechtsberater und Rechtsabteilungen, die Staatsvertreter und die Verwaltungsabteilungen.

Schließlich hat die Untersuchung eine Personenidentität herausgefunden, die der Verfasser der bislang einzigen kompakten Darstellung und Kronzeuge des Obersten Rückerstattungsgerichts Edward Arthur Marsden an keiner einzigen Stelle seines Berichts herausgestellt hat. Wer sich inhaltlich mit Marsdens Beitrag beschäftigt hat, wird sich darüber gewundert haben, dass Marsden nicht die distanzierte Perspektive zeigt, wie man sie bei einem im angelsächsischen Rechtssystem zum Juristen ausgebildeten Akteur und Beobachter eigentlich erwarten würde. Stattdessen berichtete er mit dem besonderen Engagement eines unmittelbar betroffenen Menschen. Und das hat auch seinen Grund: Denn Edward Arthur Marsden wurde 1912 in Hamburg als Herbert Adolf Maas und als Sohn jüdischer Eltern geboren, die beide in Auschwitz ermordet wurden. Jurastudium und Promotion absolvierte er in Hamburg. Dann gelang es ihm, 1934 auszuwandern. Nach dem Eintritt in die britische Armee im Jahr 1940 und einem Namenswechsel zu seinem Schutz für den Fall, dass er in deutsche Gefangenschaft geraten sollte, war er schließlich 1947 im Dienst der britischen Besatzungstruppen nach Herford – der Geburtsstadt seiner Mutter und dem Sitz des enteigneten Familienunternehmens Elsbach AG – zurückgekehrt. Dort hat Edward Arthur Marsden die Rückerstattung zu seiner beruflichen Lebensaufgabe gemacht. Diese Verwobenheit von gerichtlicher Aufgabenwahrnehmung und persönlicher Betroffenheit wird für die Rechtsuchenden, denen er als Geschäftsstellenleiter bei ihrer Rechtsverfolgung behilflich sein konnte, sehr vorteilhaft gewesen sein. Sie erklärt aber auch, dass sein Bericht und seine Erinnerungen die Rolle des Obersten Rückerstattungsgerichts in Herford nach 1960 bedeutender einschätzen als sie nach den in dieser Untersuchung gewonnenen Erkenntnissen in den letzten 30 Jahren seiner Existenz tatsächlich noch war.

Anderes gilt hinsichtlich der Bedeutung der obersten Instanzen in Rückerstattungssachen im Zeitraum zwischen 1948 und 1960. In diesen frühen Jahren der Bundesrepublik Deutschland trug die Rückerstattung Wesentliches dazu bei, dass die zunächst unüberbrückbar scheinende Sprachlosigkeit zwischen Deutschen und Juden nach dem Holocaust überwunden und der schwierige Annäherungsprozess zwischen Israel und der Bundesrepublik in Gang gebracht werden konnte. Die symbolische Bedeutung der Rückerstattungsgesetzgebung zunächst durch die Alliierten, sodann durch die Bundesrepublik selbst einschließlich ihrer verfahrensmäßigen Absicherung durch einen wirkungsvollen Rechtsschutz bis hin zum Obersten Rückerstattungsgericht reicht dabei weit über das rein Materielle hinaus. Die Rückerstattung war (neben einer Vielzahl anderer Wiedergutmachungsversuche) ein ganz besonders wichtiger Aspekt der Wiedergewinnung des moralischen Kredits der Deutschen.

Aus heutiger Sicht kann man noch weitergehend urteilen: Die Rückerstattung ist neben der Entschädigung ein wichtiger Präzedenzfall für die Bewältigung der Folgen von Diktaturen und historischem Unrecht gewesen. Sie markiert den Auftakt zur Entwicklung neuer Standards des internationalen Rechts, nach denen Staaten die Verantwortung für Verbrechen an eigenen und fremden Minderheiten übernehmen müssen. In historischer Betrachtung fügt sich die Rückerstattung nach dem Zweiten Weltkrieg ein in eine Entwicklung, die nach dem Ersten Weltkrieg begonnen hat und die das dort entwickelte Prinzip der Kriegsreparationen von Staaten an andere Staaten auch auf Leistungen an Individuen ausgeweitet hat. Im Zuge dieser Entwicklung wurden nicht nur neue Maßstäbe für den Umgang mit den Tätern staatlicher Großverbrechen formuliert, sondern auch für den Umgang mit den Opfern. Gesundheitsschäden, Freiheitsentzug, Entrechtung, Leid und selbst bloße Vermögensschäden mögen zwar nicht durch Rückerstattung abgegolten und „wieder gut gemacht“ werden können. Doch ist mit der Durchführung der Rückerstattung immerhin auch stets die Feststellung verbunden, dass es sich zuvor um Unrecht gehandelt hat. Die mit der Rückerstattung befassten Behörden und Gerichte und an ihrer Spitze das Oberste Rückerstattungsgericht haben in diesem großen Bereich der Bewältigung der Folgen nationalsozialistischen Unrechts in Deutschland einen wesentlichen Beitrag dazu geleistet, dass es einen echten Rückabwicklungsprozess gab, dem auch von Betroffenenseite zugebilligt wurde, er sei weit mehr als eine bloße Alibiveranstaltung gewesen.

ANHANG

Anhang 1
Präsidenten und Richter des Obersten Rückerstattungsgerichts in Herford

Quellen: *Edward Arthur Marsden*, in: BMF / Walter Schwarz (Hrsg.), Wiedergutmachung nationalsozialistischen Unrechts, Band II, 1981, S. 611 (679 ff.) sowie *Harold P. Romberg*, in: BMF / Walter Schwarz (Hrsg.), Wiedergutmachung nationalsozialistischen Unrechts, Band II, 1981, S. 585 (606 ff.). Teilweise aktualisiert.

Präsidenten

CHARLES BARDE * 8.1.1882 † 20.5.1972; Schweizer; Präsident des Ersten Senats vom 28.6.1955 bis zu seinem Tod; 1932 Präsident des Cour de Justice, Genf; 1955 Richter beim Cour de Cassation Cantonale, Genf; Präsident oder Mitglied verschiedener internationaler Schiedsgerichte (u.a. des Gemischten Rumänisch-Österreichischen Schiedsgerichts 1925) und des Schiedsgerichts zur Regelung des Konflikts hinsichtlich der Klagemauer von Jerusalem (1930); (Nachruf: RzW 1973, 88).

HANS GRAM BECHMANN * 29.6.1883 † 25.1.1963; Däne; Präsident des Dritten Senats vom 27.8.1955 bis zu seinem Tod; von 1949 bis 1953 Richter am Oberlandesgericht Kopenhagen; seit 1922 Mitglied der internationalen Gemischten Gerichtshöfe in Ägypten (1940 Präsident in Kairo, 1946 Mitglied des Appellationsgerichts Alexandria).

Dr. h.c. **GUNNAR LAGERGREN** * 23.8.1912 † 28.12.2008; Schwede; Präsident des Dritten Senats ab 1.2.1964, ab 15.12.1975 auch Präsident des Ersten und Zweiten Senats; von 1976 bis 1982 Reichsmarschall (Chef des schwedischen Hofstaates); von 1966 bis 1977 Präsident des Berufungsgerichts für Westschweden in Göteborg; von 1953 bis 1956 Mitglied des Internationalen Gerichts in Tanger; von 1957 bis 1972 Vizepräsident der Schiedskommission in Koblenz; von 1965 bis 1969 Vorsitzender des Indisch-Pakistanischen Western Boundary Case Tribunals, Genf; ab 1966 Mitglied des ständigen Schiedshofes (Cour Permanente d`Arbitrage) in Den Haag; ab 1967 Schiedsrichter beim International Centre for Settlement of Investment Disputes (ICSID), Washington, USA; von 1972 bis 1975 Schiedsrichter des BP/Libyen Concession Tribunals; von 1977 bis 1988 Richter beim Europäischen Gerichtshof für Menschenrechte, Straßburg; von 1981 bis 1984 Präsident des Iran-United States Claims Tribunal, Den Haag.

CARL SEIDELIN-LARSEN * 26.7.1889 † 9.6.1967; Däne; Präsident des Zweiten Senats vom 10.12.1955 bis zum 9.12.1958; ab 1949 im Dänischen Justizministerium; 1926 Richter in Dänemark; von 1930 bis 1949 Richter beim Gemischten Schiedsgerichtshof in Ägypten; 1948 Präsident in Alexandria.

JACOB AARS-RYNNING * 29.10.1907 † 30.3.1975; Norweger; Präsident des Zweiten Senats vom 10.12.1958 und auch Präsident des Ersten Senats vom 25.11.1972 bis zu seinem Tod; von 1951 an Richter am Appellationsgericht in Oslo; von 1945 bis 1948 Norwegischer Delegierter bei der U.N. War Crimes Commission in London; 1949 Leiter der Verwaltungsabteilung im Norwegischen Justizministerium; (Nachruf: RzW 1976, 46).

Ivan Olof Wallenberg * 29.8.1917 † 28.8.1990; Schwede; Stellvertretender Präsident aller drei Senate ab 15.12.1975; Stellvertretender Präsident des ORG für Berlin vom 1.1.64 bis zum 31.12.64; Präsident des ORG für Berlin ab 1.1.1965; Senatspräsident am Oberlandesgericht in Stockholm; von 1952 bis 1955 Präsident eines Handelsrechtssenats des High Court in Äthiopien und zugleich Mitglied des Reichsgerichts Äthiopien; von 1956 bis 1962 Abteilungsleiter im Amte des Ombudsmans (des Parlamentsbeauftragten für das Rechts- und Verwaltungswesen) in Schweden; von 1962 bis 1964 teils Stellvertreter des schwedischen Justizkanzlers, teils Vorsitzender oder Mitglied verschiedener von der schwedischen Regierung ernannter Kommissionen, u.a. der richterlichen Untersuchungskommission im Falle des Spions *Wennerström*; seit 1967 Schiedsrichter beim International Center for Settlement of Investment Disputes (ICSID), Washington, USA; (Nachruf: NJW 1991, 282).

Französische Richter

Pierre Hinschberger * 14.5.1908 † 19.5.1959; Richter beim Ersten Senat vom 21.12.1955 bis zu seinem Tod; Richter beim CSR in Rastatt vom 14.11.1950 bis zum 5.8.1955; Richter am Amtsgericht Thann/Elsaß.

Jean Marion * 21.7.1907; Richter beim Ersten Senat ab 5.5.1955; Präsident des CSR in Rastatt vom 14.11.1950 bis zum 5.8.1955; von 1939 bis 1950 Chef du service de la législation de guerre (Séquestres des biens ennemis, Restitutions, Traités et Textes internationaux) beim französischen Justizminister; 1965 Conseiller à la Cour de Cassation, Paris; 1968 Conseiller à la Cour de Revision de Monaco.

Robert Schmelck * 25.8.1915 † 1990; Richter beim Ersten Senat ab 19.10.1968; Regierungskommissar beim CSR in Rastatt bis zum 16.1.1952; seit 1945 bei der französischen Militärregierung und der Alliierten Hohen Kommission in Deutschland, zuletzt Chef des services de la justice der Französischen Hohen Kommission; 1960 Procureur Général in Algier; 1965 Avocat Général à la Cour de Cassation, Paris; 1974 Directeur de cabinet des französischen Justizministers; 1975 Premier Avocat Général à la Cour de Cassation, Paris; 1980 Premier Président de la Cour de Cassation, Paris.

Joseph Tschiember * 10.2.1901 † 28.4.1969; Richter beim Ersten Senat vom 5.5.1955 bis zum 31.12.1968; Richter beim CSR in Rastatt vom 14.11.1950 bis zum 5.8.1955; Senatspräsident beim Oberlandesgericht Colmar.

Britische Richter

Cecil H. A. Bennet, Q.C. * 14.3.1898 † 19.9.1967; Richter beim Zweiten Senat vom 30.11.1955 bis zum 30.6.1957; Richter beim ORG für Berlin vom 24.4.1953 bis zum 31.8.1955 und vom 1.9.1957 bis zum 31.10.1962; Stellvertretender Richter beim ORG für Berlin vom 1.9.1955 bis zum 31.8.1957; von 1956 bis 1967 Mitglied der Schiedskommission, Koblenz; von 1936 bis 1946 Sudan Legal Service; 1944 Chief Justice im Sudan; 1947 Rechtsberater der Hohen Kommissare für Indien und Pakistan; 1952 Rechtsberater der Regierung von Eritrea; 1952 Queen's Counsel; (Nachruf: The Times 12.10.1967).

Sir Norman George Armstrong Edgley, Q.C., F.S.A. * 19.6.1888 † 4.2.1960; Richter beim Zweiten Senat vom 30.11.1955 bis zu seinem Tod; von 1910 bis 1946 Indian Civil Service (1937 Judge of the High Court Bengal); 1947 Chairman of District Valuation Board under the Coal Industry Nationalization Act; 1953 Richter beim Court of Appeal (Berufungsgericht) der Britischen Hohen Kommission und Präsident des Claims Tribunal (Besatzungsschädengericht) in Herford; 1949 Queen´s Counsel; (Nachruf: DRiZ 1960, 119; The Times 5.2.1960).

Stephen John Henry, OBE * 18.10.1914; Richter beim Zweiten Senat ab 26.2.1975; Mitglied des BOR in Herford von Mai 1952 bis März 1954; Stellvertretender Richter beim ORG für Berlin vom 18.12.1957 bis zum 31.10.1962; Richter beim ORG für Berlin ab 1.11.1962; Solicitor; von Juni 1946 bis 1954 Rechtsberater bei der Britischen Kontrollkommission und Militärregierung; von 1954 bis 1962 Chief Legal Officer der Militärregierung in Berlin; Officer of the Order of the British Empire (OBE).

Marie Ferdinand Philippe Herchenroder, CBE, CMG * 1.1.1893 † 1.9.1968; Richter beim Zweiten Senat vom 1.9.1957 bis zu seinem Tod; Richter beim ORG für Berlin vom 1.9.1955 bis zum 31.8.1957; von 1916 bis 1931 Indian Civil Service; 1936 Docteur en Droit Paris; von 1944 bis 1955 Rechtsberater bei der Britischen Militärregierung und der Britischen Hohen Kommission; Commander of the Order of the British Empire (CBE) und Companion of the Order of St. Michael and St. George (CMG); (Nachruf: DRiZ 1968, 428; The Times 11.9.1968).

John Walter Philip Perkins * 14.5.1912 † 6.1.1960; Richter beim Zweiten Senat vom 1.3.1957 bis zu seinem Tod; 1934 Attorney of the Supreme Court of South Africa; von 1944 bis 1955 Rechtsberater bei der Britischen Militärregierung und der Britischen Hohen Kommission; später Britisches Botschaftsmitglied.

Sir Edward Alec Abbot Snelson, KBE * 31.10.1904 † 8.12.1992; Richter beim Zweiten Senat ab 4.1.1962; von 1929 bis 1947 Indian Civil Service; von 1948 bis 1960 bei der Regierung von Pakistan (1951 Secretary, Justizministerium Karachi); von 1969 bis 1977 Mitglied des Schiedsgerichtshofs für deutsche Auslandsschulden in Koblenz; 1929 Barrister; Knight Commander of the Order of the British Empire (KBE).

Richard Charless Swayne, MBE * 9.10.1905; Richter beim Zweiten Senat vom 4.3.1960 bis zum 3.3.1962; Mitglied des BOR in Herford von 1950 bis 1955; Vizepräsident des SRC in Herford; von 1955 bis 1960 Wissenschaftlicher Mitarbeiter beim Zweiten Senat; von 1946 bis 1952 Rechtsberater bei der Britischen Militärregierung und der Britischen Hohen Kommission; Solicitor; Member of the Order of the British Empire (MBE); (Würdigung: DRiZ 1962, 365).

Edward Harold Wall * 2.11.1908; Richter beim Zweiten Senat ab 1.12.1968; 1947 Begründer und Herausgeber der Rechtszeitschrift „International Law Quarterly" (jetzt „International and Comparative Law Quarterly"); von 1952 bis 1958 ehrenamtlicher Generalsekretär der „Society of Comparative Legislation and International Law" (gegründet 1898); 1958 Mitbegründer des „British Institute of International and Comparative Law"; 1941 Barrister in London.

Amerikanische Richter

Fred Joseph Harris * 19.11.1908 † 12.5.1973; Richter beim Dritten Senat vom 9.5.1955 bis zum 13.12.1972; Richter beim CORA in Nürnberg von 1953 bis 1955; Richter beim ORG für Berlin vom 12.9.1959 bis zum 30.11.1972; 1934 Rechtsanwalt in Illinois, USA; von 1945 an US Foreign Service Reserve Officer; (Nachruf: RzW 1973, 284).

Hardy Campbell Lee, LLB * 13.7.1913; Richter beim Dritten Senat vom 22.4.1956 bis zum 1.4.1959 (als Vertreter der beiden ständigen Richter); 1939 Barrister, London; 1946 Rechtsberater bei der Britischen Kontrollkommission; von 1949 bis 1959 Mitglied des US Foreign Service Staff (1954 Stellvertretender Chef US Legal Affairs Division, Amerikanische Hohe Kommission, Bonn).

Dr. **Marc Jennings Robinson** * 29.5.1908 † 10.11.1990; Richter beim Dritten Senat ab 9.5.1955; ab 1.12.1972 auch Richter beim ORG für Berlin; Präsident des CORA in Nürnberg von 1953 bis 1955; von 1945 bis 1948 Legal Division US Militärregierung und Alliierte Hohe Kommission; von 1948 bis 1955 Richter beim US Court of Appeals in Nürnberg, Amerikanische Hohe Kommission; Mitglied der Schiedskommission Koblenz von 1965 bis 1969; seit 1965 Mitglied des Schiedsgerichtshofs für deutsche Auslandsschulden, Koblenz; von 1950 bis 1968 US Foreign Service Officer.

Dr. **Henry Ferdinand Waldstein** * 18.8.1902 † 10.5.1977; Richter beim Dritten Senat vom 13.12.1972 bis zu seinem Tod; von 1947 an Rechtsanwalt in New York; von 1949 bis 1964 Rechtsberater bei der Amerikanischen Hohen Kommission und der US-Botschaft in Bonn; 1964 Rechtsanwalt Frankfurt/M.; (Nachruf: RzW 1977, 129).

Dr. Dr. h.c. **Leo Magill Goodman** * 7.12.1909 † 1985; Richter beim Dritten Senat ab 21.11.1977; 1934 Attorney-at-Law in New York; von 1948 bis 1954 Richter bei den Amerikanischen Gerichten der Alliierten Hohen Kommission; von 1954 bis 1957 Rechtsberater der US-Botschaft in Wien; 1957-1962 United States Departement of State (Außenministerium der Vereinigten Staaten); von 1962 bis 1970 Generalkonsul der Vereinigten Staaten in Bremen.

Deutsche Richter

Berthold A. Altmann * 21.8.1896; † 9.11.1992; Richter beim Zweiten Senat vom 5.8.1955 bis zum 4.8.1966; Richter beim SRC in Herford vom 15.8.1954 bis zum 4.8.1955; Landgerichtsdirektor und 1950 Vorsitzender der Ersten Wiedergutmachungskammer des Landgerichts Hannover; 1955 Senatspräsident beim Deutschen Patentamt; 1961 Bundesrichter beim Bundesgerichtshof Karlsruhe.

Dr. **Karl Dopffel** * 25.4.1890 † 23.6.1974; Richter beim Ersten Senat vom 27.9.1955 bis zum 11.9.1961, beim Dritten Senat vom 28.9.1956 bis zum 9.10.1961; Richter beim CSR in Rastatt, von 1950 bis 1955; vom 1.1.1951 bis zum 30.4.1956 kommissarischer und vom 1.5.1951 bis zum 29.2.1956 planmäßiger Landgerichtspräsident des Landgerichts Tübingen; (Nachruf: DRiZ 1974, 297).

Dr. **Heinz Dubro** * 1.6.1913 † 18.12.1980; Richter beim Ersten Senat vom 19.1.1956 bis zum 18.1.1961; Richter beim CSR in Rastatt von 1950 bis 1955; vom 1.9.1956 bis zum 31.12.1961 Oberlandesgerichtsrat beim Oberlandesgericht Neustadt a.d.W.

Frank H. Flammger * 1.4.1901 † 24.12.1971; Richter beim Dritten Senat vom 13.9.1955, beim Zweiten Senat vom 2.12.1958 und beim Ersten Senat vom 20.1.1961 bis zu seinem Tod; 1953 Oberlandesgerichtsrat beim Oberlandesgericht Bamberg; 1961 Senatspräsident beim Bundespatentgericht München; 1967 Bundesrichter beim Bundesgerichtshof Karlsruhe; (Nachruf: RzW 1972, 90).

Peter Paul Fuchs * 16.10.1899 † 25.12.1984; Richter beim Zweiten Senat ab 16.1.1956, beim Dritten Senat ab 1.3.1956 und beim Ersten Senat ab 20.1.1961; 1948 Obergerichtsrat beim Deutschen Obergericht für das Vereinigte Wirtschaftsgebiet in Köln; 1952 Deutsches Mitglied beim Claims Tribunal (Besatzungsschädengericht) Herford; 1966 Bundesrichter beim Bundesgerichtshof Karlsruhe; (Nachruf: NJW 1985, 2518).

Dr. **Heinrich Gulatz** * 3.2.1914 † 3.6.2007; Richter beim Dritten Senat ab 16.11.1961, beim Zweiten Senat ab 6.12.1961 und beim Ersten Senat ab 8.5.1968; 1958 Landesgerichtsdirektor und Vorsitzender der Wiedergutmachungskammer beim Landgericht Bielefeld; 1968 Senatspräsident beim Bundespatentgericht München; vom 9.8.1973 bis zum 1.3.1980 Bundesrichter beim Bundesgerichtshof Karlsruhe.

Günter Kaulbach * 26.5.1904 † 1988; Richter beim Ersten Senat vom 17.1.1956 bis zum 16.1.1966; Richter beim CSR in Rastatt von 1950 bis 1955; vom 1.6.1964 bis zum 31.5.1969 Oberlandesgerichtsvizepräsident des Oberlandesgerichts Karlsruhe.

Dr. **Carl Emil Ludwig von Lorck** * 29.8.1892 † 6.6.1975; Richter beim Zweiten Senat vom 3.8.1955 bis zum 2.8.1960; Richter beim SRC in Herford vom 15.8.1954 bis 4.8.1955; 1950 Senatspräsident und Vorsitzender des Wiedergutmachungssenats beim Oberlandesgericht Schleswig; später Senatspräsident beim Deutschen Patentamt in München.

Dr. **Walter Meynen** * 8.3.1900 † 14.7.1976; Richter beim Ersten Senat vom 19.1.1956 bis zum 18.1.1961; Richter beim CSR in Rastatt von 1951 bis 1955; von 1956 bis 1964 Landgerichtspräsident des Landgerichts Mainz.

Eberhard Schmidt-Rost * 17.1.1909 † 15.12.1982; Richter beim Ersten, Zweiten und Dritten Senat ab 18.4.1972; Richter beim ORG für Berlin ab 1.7.1953; vorher Landgerichtsdirektor; (Nachruf: NJW 1983, 982).

Hans Wilden * 10.2.1902 † 1.10.1967; Richter beim Dritten Senat vom 15.8.1955 bis zum 30.9.1956; Oberregierungsrat beim Bundesjustizministerium; 1956 Bundesrichter beim Bundesgerichtshof Karlsruhe; (Nachruf: RzW 1968, 56).

Dr. **Joachim Zelter** * 6.5.1903 † 9.6.1962; Richter beim Ersten Senat vom 27.9.1955 bis zu seinem Tod; Richter beim CSR in Rastatt von 1951 bis 1955; Oberlandesgerichtsrat beim Oberlandesgericht Freiburg i. Br.

Anhang 2
BrREG

Amtsblatt der Militärregierung Deutschland – Britisches Kontrollgebiet
Nr. 28, S. 1169 – 1187.

GESETZ Nr. 59
Rückerstattung feststellbarer Vermögensgegenstände an Opfer der nationalsozialistischen Unterdrückungsmaßnahmen

Um die Rückerstattung von Vermögungsgegenständen an die Personen zu regeln, denen diese Gegenstände in der Zeit vom 30. Januar 1933 bis 8. Mai 1945 aus Gründen der Rasse, Religion, Nationalität oder politischen Überzeugung entzogen worden sind,

WIRD HIERMIT FOLGENDES GESETZ ERLASSEN:

I. ABSCHNITT
Allgemeine Vorschriften

ARTIKEL 1
Grundsätze

1. Zweck des Gesetzes ist es, in möglichst großem Umfange beschleunigt die Rückerstattung feststellbarer Vermögensgegenstände (Sachen und Rechte) an natürliche oder juristische Personen zu bewirken, denen sie in der Zeit vom 30. Januar 1933 bis zum 8. Mai 1945 (im folgenden als die „maßgebende Zeit" bezeichnet) aus Gründen der Rasse, Religion, Nationalität, der politischen Auffassung oder der politischen Gegnerschaft gegen den Nationalsozialismus ungerechtfertigt entzogen worden sind. Vorbehaltlich der Vorschriften des Art. 2 Abs. 5 dieses Gesetzes sind solche Maßnahmen, die während des Krieges ausschließlich mit Rücksicht auf die feindliche Staatsangehörigkeit einer Person getroffen worden sind, nicht als Entziehung von Vermögenswerten aus Gründen der Nationalität anzusehen.

2. Feststellbare Vermögensgegenstände, die aus den Gründen des Abs. 1 ungerechtfertigt entzogen worden sind, können nach den Vorschriften dieses Gesetzes zurückverlangt werden.

3. Vermögensgegenstände sind auch dann an ihren ursprünglichen Inhaber oder dessen Rechtsnachfolger nach den Vorschriften dieses Gesetzes zurückzuerstatten, wenn die Rechte anderer Personen, die von dem begangenen Unrecht keine Kenntnis hatten, zurücktreten müssen. Der Rückerstattung entgegenstehende Vorschriften zum Schutz gutgläubiger Erwerber bleiben außer Betracht, soweit nicht in diesem Gesetz etwas anderes bestimmt ist.

4. Im Sinne dieses Gesetzes werden diejenigen, die einen Rückerstattungsanspruch auf feststellbare Vermögensgegenstände geltend machen können, als „Berechtigte", diejenigen, gegen die der Anspruch gerichtet ist, als „Rückerstattungspflichtige", und Vermögensgegenstände, die Gegenstand des Rückerstattungsanspruches sein können, als „entzogene Vermögensgegenstände" bezeichnet.

II. ABSCHNITT
Ungerechtfertigte Entziehung

ARTIKEL 2
Voraussetzungen ungerechtfertigter Entziehung

1. Im Sinne dieses Gesetzes gelten Vermögensgegenstände als ungerechtfertigt entzogen, wenn der Berechtigte in der maßgebenden Zeit das Eigentum, den Besitz, ein sonstiges daran bestehendes Recht oder ein darauf bestehendes Anwartschaftsrecht verloren hat, und der Verlust beruht

a) auf einem gegen die guten Sitten verstoßenden oder durch Drohung oder durch Zwang veranlaßten oder mit einer widerrechtlichen Besitzentziehung verbundenen Rechtsgeschäft, oder auf einer sonstigen unerlaubten Handlung,

b) auf einem Staats- oder Verwaltungsakt oder auf dem Mißbrauch staatlicher oder behördlicher Machtbefugnis oder

c) auf Maßnahmen der NSDAP, ihrer Gliederungen oder angeschossenen Verbände,

sofern das Rechtsgeschäft, die Wegnahme oder die sonst in Betracht kommende Handlung eine Verfolgungsmaßnahme im Sinne des Art. 1 darstellte oder sich aus einer solchen Verfolgungsmaßnahme ergab.

2. Der Rückerstattungspflichtige kann sich nicht darauf berufen, daß seine Handlungsweise allein schon deshalb nicht rechtswidrig gewesen sei, weil sie allgemeinen Anschauungen entsprochen habe, die eine Schlechterstellung einzelner wegen ihrer Rasse, Religion, Nationalität, ihrer politischen Auffassung oder ihrer politischen Gegnerschaft gegen den Nationalsozialismus zum Inhalt hatten.

3. Als Staats- oder Verwaltungsakt im Sinne des Abs. 1 b) gelten insbesondere Beschlagnahme, Entziehung, Verfall kraft Gesetzes oder durch Gerichtsentscheid oder durch sonstige Verfügung sowie Übertragung auf Grund einer Anordnung des Staates oder eines seiner Beamten (einschließlich eines Treuhänders).

4. Als Mißbrauch der Staatsgewalt gelten insbesondere Entscheidungen der Gerichte und Verwaltungsbehörden, die zwar auf Grund im allgemeinen zu Recht anwendbarer Vorschriften, in diesem Fall aber ausschließlich oder vorwiegend zum Zwecke der Benachteiligung des Betroffenen im Sinne des Art. 1 ergangen sind; als Mißbrauch der Staatsgewalt gilt ferner die Erwirkung von Entscheidungen oder Vollstreckungsmaßnahmen unter Ausnutzung des Umstandes, daß der Berechtigte wegen seiner Rasse, Religion, Nationalität, seiner politischen Auffassung oder seiner politischen Gegnerschaft gegen den Nationalsozialismus zur Wahrung seiner Rechte nicht imstande war. Die Wiedergutmachungsbehörden (Wiedergutmachungsamt, Wiedergutmachungskammer und Oberlandesgericht) haben solche Entscheidungen und Verfügungen der Gerichte oder Verwaltungsbehörden als nichtig zu behandeln ohne Rücksicht darauf, ob gegen sie ein Rechtsmittel gegeben oder die Wiederaufnahme des Verfahrens zulässig war oder ist.

5. Sind Vermögensgegenstände als feindliches Vermögen unter Verwaltung gestellt worden und hat der Verwalter, Pfleger oder sonstige Treuhänder darüber verfügt, so gilt

diese Verfügung als ungerechtfertigte Entziehung, es sei denn, daß der Verwalter, Pfleger oder sonstige Treuhänder sie in ordnungsmäßiger Erfüllung seiner Aufgaben vorgenommen hat.

ARTIKEL 3

Vermutung ungerechtfertigter Entziehung

1. Zu Gunsten des Berechtigten wird vermutet, daß die folgenden in der maßgebenden Zeit abgeschlossenen Rechtsgeschäfte ungerechtfertigte Entziehungen im Sinne des Art. 2 sind:

a) Veräußerungen oder Aufgabe der Vermögensgegenstände durch jemanden, der unmittelbar Verfolgungsmaßnahmen im Sinne des Art. 1 ausgesetzt war;

b) Veräußerung oder Aufgabe der Vermögensgegenstände durch jemanden, der zu einem Personenkreis gehörte, den in seiner Gesamtheit die deutsche Regierung oder die NSDAP durch ihre Maßnahmen aus den Gründen des Art. 1 vom kulturellen und wirtschaftlichen Leben Deutschlands auszuschließen beabsichtigte.

2. Wenn keine anderen Tatsachen eine ungerechtfertigte Entziehung im Sinne des Art. 2 beweisen oder für eine solche Entziehung sprechen, so kann bei einer Veräußerung nach Abs. 1 a) die Vermutung durch den Beweis widerlegt werden, daß der Veräußerer einen angemessenen Kaufpreis erhalten hat und daß er über ihn frei verfügen konnte; angemessen ist ein Geldbetrag, den ein Kauflustiger zu zahlen und ein Verkaufslustiger anzunehmen bereit wäre, wobei bei Geschäftsunternehmen der Firmenwert berücksichtigt wird, den ein solches Unternehmen in den Händen einer Person hatte, die keinen Verfolgungsmaßnahmen im Sinne des Art. 1 unterworfen war.

3. Bei Veräußerungen im Rahmen des Abs. 1 b) dieses Artikels, welche in der Zeit vom 15. September 1935 bis zum 8. Mai 1945 vorgenommen worden sind, kann die sich aus Abs. 1 ergebende Vermutung nur dadurch widerlegt werden, daß außer den in Abs. 2 bezeichneten Tatsachen bewiesen wird:

a) daß das Rechtsgeschäft seinem wesentlichen Inhalt nach auch ohne die Herrschaft des Nationalsozialismus abgeschlossen worden wäre oder

b) daß der Erwerber in besonderer Weise und mit wesentlichem Erfolg den Schutz der Vermögensinteressen des Berechtigten oder seines Rechtvorgängers wahrgenommen hat, z.B. durch Mitwirkung bei einer Vermögensübertragung ins Ausland.

ARTIKEL 4

Schenkungen

Hat ein aus den Gründen des Art. 1 Verfolgter einem anderen in der maßgebenden Zeit Vermögensgegenstände unentgeltlich überlassen, so wird zu Gunsten des Berechtigten vermutet, daß die Überlassung keine Schenkung ist, sondern ein Treuhandverhältnis begründet hat. Diese Vermutung gilt nicht, soweit nach den persönlichen Beziehungen zwischen dem Überlassenden und dem Empfänger eine Anstandsschenkung anzunehmen ist; ein Rückerstattungsanspruch ist in diesem Falle nicht gegeben.

ARTIKEL 5

Treuhandverhältnisse

1. Die Vorschriften des III. bis VII. Abschnittes dieses Gesetzes finden keine Anwendung auf Treuhandverträge, die abgeschlossen worden sind, um einen aus den Gründen des Art. 1 drohenden oder eingetretenen Vermögensschaden abzuwenden oder zu mindern.

2. Verträge der in Abs. 1 bezeichneten Art kann der Berechtigte jederzeit kündigen; die Kündigung wird ohne Rücksicht auf entgegenstehende vertragliche oder gesetzliche Bestimmungen mit ihrem Zugang wirksam.

3. Der Treuhänder kann sich nicht darauf berufen, daß der Treuhandvertrag ein zur Zeit seines Abschlusses bestehendes oder später erlassenes gesetzliches Verbot verletzt habe oder daß ein gesetzliches oder sonstiges Formerfordernis nicht beachtet worden sei, sofern der Mangel der Form auf einer Handlung oder Maßnahme des nationalsozialistischen Systems oder auf die unter diesem System herrschenden Verhältnisse zurückzuführen ist.

III. ABSCHNITT

Allgemeine Bestimmungen über die Rückerstattung

ARTIKEL 6

Berechtigte

Vorbehaltlich der Vorschriften des Art. 8 können diejenigen, denen Vermögen ungerechtfertigt entzogen worden ist, ihre Erben oder sonstige Nachfolger im Recht den Rückerstattungsanspruch geltend machen.

ARTIKEL 7

Ansprüche aufgelöster Vereinigungen und Gesellschaften

Ist eine juristische Person, ein nichtrechtsfähiger Verein oder eine Gesellschaft aus den Gründen des Art. 1 in der maßgebenden Zeit aufgelöst oder zur Selbstauflösung gezwungen worden, so kann der Rückerstattungsanspruch von jedem Teilhaber, Mitglied oder Gesellschafter geltend gemacht werden. Der Rückerstattungsanspruch gilt als zugunsten aller Teilhaber, Mitglieder oder Gesellschafter, denen der gleiche Anspruch zusteht, erhoben. Die Rücknahme des Anspruchs oder ein Vergleich muß von der Wiedergutmachungsbehörde genehmigt werden, vor der der Anspruch anhängig ist. Von der Erhebung des Anspruchs müssen die anderen bekannten Teilhaber, Mitglieder, Gesellschafter oder ihre Rechtsnachfolger einschließlich der nach Art. 8 zu errichtenden Treuhandgesellschaft benachrichtigt werden.

ARTIKEL 8

Treuhandgesellschaften für unbeerbte Nachlässe und nicht beanspruchte Vermögensgegenstände

1. In der britischen Zone werden eine oder mehrere Treuhandgesellschaften nach deutschem Recht errichtet, die die Aufgabe haben, Rückerstattungsansprüche auf entzogene Vermögensgegenstände geltend zu machen, für die kein Anspruch gestellt ist oder keine Erben vorhanden sind.

2. Die Treuhandgesellschaften sollten entzogenes Vermögen beanspruchen,

a) wenn kein Antrag auf Rückerstattung gestellt ist oder

b) wenn das Opfer der nationalsozialistischen Verfolgungsmaßnahmen ohne Hinterlassung eines durch letztwillige Verfügung eingesetzten Erben oder eines erbberechtigen Ehegatten oder sonstigen Verwandten verstorben ist oder stirbt.

3. Die Militärregierung erläßt Ausführungsvorschriften über die Errichtung der Treuhandgesellschaften, die Bestellung ihrer Mitglieder, deren Rechte und Pflichten und über die Personengruppen, auf deren Vermögen die einzelnen Gesellschaften Anspruch erheben können.

ARTIKEL 9

Besondere Rechte der Treuhandgesellschaften

1. Eine nach Art. 8 errichtete Treuhandgesellschaft kann, wenn innerhalb von sechs Monaten nach dem Inkrafttreten dieses Gesetzes hinsichtlich eines entzogenen Vermögensgegenstandes kein Rückerstattungsanspruch angemeldet wird, diesen anmelden und alle zur Sicherstellung des Vermögensgegenstandes erforderlichen Maßnahmen beantragen.

2. Sofern nicht der Berechtigte selbst bis zum 31. Dezember 1949 den Anspruch anmeldet, tritt die Treuhandgesellschaft mit der Anmeldung des Anspruchs durch sie in die Rechtsstellung und die Rechte des Verfolgten als seine Rechtsnachfolgerin ein.

3. Abs. 1 und 2 finden keine Anwendung, soweit der Verfolgte oder sein Rechtsnachfolger in der Zeit vom 8. Mai 1945 bis 31. Dezember 1949 schriftlich und ausdrücklich gegenüber dem Rückerstattungspflichtigen, der zuständigen Wiedergutmachungsbehörde oder dem Zentralanmeldeamt auf seinen Rückerstattungsanspruch verzichtet hat.

ARTIKEL 10

Auskunftspflicht von Rechtsnachfolgern

1. Auf Anordnung der zuständigen Wiedergutmachungsbehörde hat der Berechtigte, der einen Rückerstattungsanspruch als unmittelbarer oder mittelbarer Rechtsnachfolger desjenigen geltend macht, dem Vermögensgegenstände ungerechtfertigt entzogen worden sind, der Wiedergutmachungsbehörde den Namen und die letzte bekannte Anschrift seines Rechtsvorgängers mitzuteilen oder, falls ihm diese unbekannt sind, darüber eine eidesstattliche Versicherung abzugeben.

2. Auf Anordnung hat jede Treuhandgesellschaft hinsichtlich eines jeden von ihr auf Grund dieses Gesetzes erhobenen Anspruchs die ihr bekannten Anschriften derjenigen, die ein rechtliches Interesse an dem Anspruch haben, oder die ihr bekannten, zur Ermittlung jener Personen dienlichen, Einzelheiten mitzuteilen; sind auch diese Einzelheiten unbekannt, so hat sie auf Anordnung eine eidesstattliche Versicherung ihres gesetzlichen Vertreters darüber beizubringen.

ARTIKEL 11

Rückerstattungspflichtige

Rückerstattungspflichtig im Sinne dieses Gesetzes ist in erster Linie, wer bei Inkrafttreten dieses Gesetzes oder bei Erlaß einer Rückerstattungsanordnung das entzogene Vermögen besitzt oder darüber verfügen kann.

ARTIKEL 12

Rechtswirkung der Entscheidung über den Rückerstattungsanspruch

Soweit nicht dieses Gesetz etwas anderes bestimmt, hat die Rückerstattungsanordnung die Wirkung, daß der Verlust der Rechte des Berechtigten oder seines Rechtsvorgängers an dem ungerechtfertigt entzogenen Vermögen als nicht erfolgt gilt.

ARTIKEL 13

Wahlweiser Anspruch auf Nachzahlung

1. Der Berechtigte kann unter Verzicht auf alle sonstigen Ansprüche aus diesem Gesetz von dem Ersterwerber des entzogenen Vermögens den Unterschiedsbetrag zwischen dem dem Berechtigten gezahlten Entgelt und dem bei Abschluß des Rechtsgeschäfts angemessenen Entgelt im Sinne des Art. 3, Abs. 2 beanspruchen. Zu dem Unterschiedsbetrag treten angemessene Zinsen; hierbei finden die Vorschriften dieses Gesetzes über Nutzungen entsprechende Anwendung.

2. Der Anspruch aus Abs. 1 besteht nicht,

a) wenn der Vermögensgegenstand den Berechtigten rechtskräftig wieder zuerkannt ist,

b) wenn eine Sachentscheidung der Wiedergutmachungskammer ergangen ist,

c) wenn sich der Berechtigte mit dem Rückerstattungspflichtigen über den Rückerstattungsanspruch geeinigt hat.

IV. ABSCHNITT

Begrenzung der Rückerstattung

ARTIKEL 14

Enteignung

1. Entzogene Vermögensgegenstände, die nach der Entziehung für einen öffentlichen Zweck enteignet oder einem Unternehmen, für dessen Zwecke eine solche Enteignung stattfinden konnte, verkauft oder zugewendet worden sind, unterliegen der Rückerstattung nicht, wenn sie im Zeitpunkt des Inkrafttretens dieses Gesetzes einem öffentlichen noch als gesetzmäßig anerkannten Zweck dienen.

2. Unterliegen Vermögensgegenstände nach Abs. 1 nicht der Rückerstattung, so muß der jetzige Inhaber den Berechtigten in dem Umfange entschädigen, in dem die Ansprüche des Berechtigten auf Grund des V. Abschnitts dieses Gesetzes nicht zu einer angemessenen Entschädigung führen.

ARTIKEL 15

Schutz des ordnungsmäßigen und üblichen Geschäftsverkehrs

Vorbehaltlich der Vorschriften der Art. 16. und 17 unterliegen nicht der Rückerstattung bewegliche Sachen, die der Eigentümer oder sein Rechtsvorgänger im Wege ordnungsmäßigen Geschäftsverkehrs aus einem einschlägigen Unternehmen erworben hat. Dies gilt jedoch nicht für Gegenstände, die religiöse Bedeutung haben; es gilt ferner nicht für aus Privatbesitz stammende Gegenstände von besonderem künstlerischen, wissenschaftlichen oder gefühlsmäßigen Wert oder für Gegenstände, die im Wege der Versteigerung oder des freihändigen Verkaufs in einem Unternehmen erworben worden sind, das sich in der Hauptsache mit der Verwertung ungerechtfertigt entzogener Vermögensgegenstände befaßte.

ARTIKEL 16

Geld

Seiner Identität nach noch feststellbares Geld unterliegt der Rückerstattung nur, wenn der Rückerstattungspflichtige oder einer seiner Rechtsvorgänger wußte oder den Umständen nach annehmen mußte, daß es dem Berechtigen ungerechtfertigt entzogen worden war.

ARTIKEL 17

Inhaberpapiere

1. In ordnungsmäßigem Geschäftsverkehr erworbene Inhaberpapiere gelten vorbehaltlich der Vorschriften des Abs. 3 dieses Artikels als gutgläubig erworben.

2. Die Vorschriften des Absatzes 1 finden auch Anwendung auf Anteilsrechte an Inhaberpapieren, die sich in Sammelverwahrung befinden.

3. Inhaberpapiere sowie Anteilsrechte an solchen unterliegen jedoch der Rückerstattung nach diesem Gesetz, wenn sie zur Zeit der ungerechtfertigten Entziehung darstellten:

a) eine Beteiligung an Unternehmen mit geringer Gesellschafterzahl, z.B. Familiengesellschaften,

b) eine Beteiligung an Unternehmen, deren Anteile im allgemeinen Geschäftsverkehr nicht gehandelt wurden,

c) eine maßgebliche Beteiligung an Unternehmen, von denen es allgemein oder in Geschäftskreisen bekannt war, daß eine maßgebliche Beteiligung an ihnen in der Hand von Personen war, die zu einem der in Art. 3 Abs. 1 b) bezeichneten Personenkreise gehörten,

d) eine maßgebliche Beteiligung an Gewerbebetrieben, die auf Grund der dritten Verordnung zum Reichsbürgergesetz vom 14. Juni 1938 (RGBl. I S. 627) in ein Verzeichnis eingetragen worden waren.

4. Eine Beteiligung gilt als maßgeblich, wenn sie für sich allein oder auf Grund eines gegenseitigen Interessenabkommens, das vor oder bei der ungerechtfertigten Entziehung bestand, einen entscheidenden Einfluß auf die Geschäftsführung des Unternehmens ermöglichte.

ARTIKEL 18

Rückerstattung bei Veränderung der rechtlichen oder finanziellen Verfassung eines Unternehmens

Ist in der maßgebenden Zeit eine Beteiligung der in Art. 17 Abs. 3 bezeichneten Art ungerechtfertigt entzogen und das Unternehmen selbst aufgelöst oder mit einem anderen Unternehmen verschmolzen oder in ein anderes Unternehmen umgewandelt oder sonstwie in seiner rechtlichen oder finanziellen Verfassung verändert oder ist sein Vermögen ganz oder teilweise auf ein anderes Unternehmen übertragen worden, so kann der Berechtigte beanspruchen, daß er an dem veränderten oder neugestalteten Unternehmen oder dem Unternehmen, das das Vermögen des ursprünglichen Unternehmens ganz oder teilweise übernommen hat, in einer angemessenen Weise beteiligt wird, die, soweit möglich, seine ursprüngliche Beteiligung und die aus ihr fließenden Rechte wiederherstellt.

ARTIKEL 19

Durchführung der Grundsätze des Artikels 18

Bei der Entscheidung über die Maßnahmen, die erforderlich und zweckmäßig sind, um die dem Berechtigten auf Grund des Art. 18 zustehenden Ansprüche durchzusetzen, kann die Wiedergutmachungskammer die Einziehung oder Neuausgabe oder den Austausch von Aktien, Anteilscheinen, Zwischenscheinen oder sonstigen Beteiligungspapieren, eine Beteiligung des Berechtigten an dem in Art. 18 erwähnten umgestalteten Unternehmen, sowie die Vornahme der zur Durchsetzung der Ansprüche rechtlich notwendigen Maßnahmen anordnen. Diese Anordnungen sind grundsätzlich zu Lasten derjenigen durchzuführen, die nach diesem Gesetz rückerstattungspflichtig sind. Zu Lasten sonstiger Anteilsberechtigter sind diese Anordnungen nur insoweit zulässig, als die Anteilsberechtigten aus der ungerechtfertigten Entziehung in Verbindung mit dem in Art. 18 bezeichneten Sachverhalt mittelbar oder unmittelbar Nutzen gezogen haben oder als das Unternehmen selbst auf Grund dieses Gesetzes oder der Vorschriften des Bürgerlichen Gesetzbuchs zur Rückerstattung oder zum Schadenersatz verpflichtet ist, insbesondere auch ein Handeln seiner Organe zu vertreten hat.

ARTIKEL 20

Sonstige Unternehmen

Die Vorschriften der Art. 18 und 19 finden entsprechende Anwendung, wenn eine Einzelfirma, die Beteiligung an einer Offenen Handelsgesellschaft oder Kommanditgesellschaft, die persönliche Beteiligung an einer Kommanditgesellschaft auf Aktien, der Anteil an einer Gesellschaft mit beschränkter Haftung oder an einer Genossenschaft oder Anteile ähnlicher rechtlicher Art ungerechtfertigt entzogen worden sind.

ARTIKEL 21

Zustellung

Soweit in den Fällen nach Art. 18 bis 20 eine Zustellung an unbekannte oder an solche Personen, deren gegenwärtige Anschrift nicht bekannt ist, notwendig ist, wird diese durch öffentliche Zustellung nach Art. 53 Abs. 2 bewirkt.

ARTIKEL 22

Ersatzleistung statt Rückerstattung

1. Ist ein entzogener Vermögensgegenstand nach der ungerechtfertigten Entziehung wesentlich verändert und sein Wert dadurch erheblich gesteigert worden, so kann die Wiedergutmachungskammer an Stelle der Rückerstattung eine angemessene Ersatzleistung anordnen. Dabei hat die Wiedergutmachungskammer den Wert des Gegenstandes zur Zeit der ungerechtfertigten Entziehung sowie die Rechte und Interessen der Beteiligten zu berücksichtigen. Der Berechtigte kann jedoch die Einräumung eines angemessenen Anteils an dem Gegenstand beanspruchen, es sei denn, daß der Rückerstattungspflichtige sich zur Ersatzleistung durch Übertragung ähnlicher gleichwertiger Vermögensgegenstände erbietet.

2. Hat der Rückerstattungspflichtige mit dem entzogenen Vermögensgegenstand eine andere Sache als wesentlichen Bestandteil verbunden, so kann er diese, sofern die Abtrennung möglich ist, abtrennen und für sich behalten. In diesem Falle hat er den entzogenen Vermögensgegenstand auf eigene Kosten wieder in den früheren Zustand zu versetzen. Erlangt der Berechtigte den Besitz der verbundenen Gegenstände, so muß er die Abtrennung dulden; er kann diese jedoch verweigern, bis ihm für den durch die Abtrennung möglicherweise entstehenden Schaden Sicherheit geleistet wird.

3. Bei der Entscheidung, ob ein Vermögensgegenstand eine Wertsteigerung im Sinne des Abs. 1 erfahren hat, ist nur die Wertsteigerung zu berücksichtigen, für die der Rückerstattungspflichtige nach diesem Gesetz Ersatz verlangen kann.

ARTIKEL 23

Rückerstattung eines Inbegriffs von Gegenständen

Ein Berechtigter kann die Rückerstattung einzelner Vermögensgegenstände aus einem ungerechtfertigt entzogenen Inbegriff von Gegenständen nicht verlangen, wenn der Inbegriff als Ganzes zurückerstattet werden kann und die Beschränkung der Rückerstattung auf einzelne Gegenstände zu einer unbilligen Schädigung des Rückerstattungspflichtigen oder der Gläubiger führen würde.

ARTIKEL 24

Schuldnerschutz

Ist eine Forderung ungerechtfertigt entzogen worden, so kann der Schuldner solange mit befreiender Wirkung an den Rückerstattungspflichtigen leisten, bis ihm die Anmeldung des Rückerstattungsanspruchs bekanntgegeben wird. Das gleiche gilt für denjenigen, der bis zur Eintragung eines Rückerstattungsvermerks oder eines Widerspruchs gegen die Richtigkeit des Grundbuchs an einen im Grundbuch als Forderungsberechtigten eingetragenen Rückerstattungspflichtigen leistet.

V. ABSCHNITT
Ersatz- und Nebenansprüche

ARTIKEL 25
Ersatz

1. Ein früherer Inhaber der entzogenen Vermögensgegenstände, der rückerstattungspflichtig sein würde, wenn er noch Inhaber wäre, hat auf Verlangen des Berechtigten eine Entschädigung herauszugeben oder eine Forderung darauf abzutreten, die er während seiner Inhaberschaft erworben hat. Der Berechtigte muß sich das, was er von einem von mehreren Erstattungspflichtigen empfangen hat, auf seine Ansprüche gegen die übrigen anrechnen lassen.

2. Das gleiche gilt hinsichtlich des Ersatzes oder Ersatzanspruches, den der Inhaber oder frühere Inhaber der entzogenen Vermögensgegenstände für deren Verlust, Beschädigung oder Wertminderung erworben hat.

3. Bei ungerechtfertigter Entziehung eines geschäftlichen Unternehmens erstreckt sich der Rückerstattungsanspruch auch auf die nach der Entziehung für das Unternehmen beschafften Vermögensgegenstände, falls nicht der Rückerstattungspflichtige nachweist, daß zur Neubeschaffung keine Mittel des Unternehmens verwendet worden sind. Sind die neubeschafften Gegenstände mit Mitteln des Unternehmens erworben worden, so gilt eine dadurch eingetretene Werterhöhung des Unternehmens als Nutzung im Sinne des Art. 27. Dies gilt entsprechend für einen sonstigen Inbegriff von Vermögensgegenständen. Soweit für die Beschaffung keine Mittel des Unternehmens verwendet worden sind, ist der Rückerstattungspflichtige zur Abtrennung nach Art. 22 Abs. 2 mit der Maßgabe befugt, daß der Berechtigte die Vermögensgegenstände übernehmen kann, wenn andernfalls der Betrieb des Unternehmens ernstlich beeinträchtigt werden würde.

ARTIKEL 26
Rückerstattungsbedingungen

1. Der Rückerstattungspflichtige kann für eine seit dem Tage der ursprünglichen Übertragung eingetretene Werterhöhung der entzogenen Vermögensgegenstände keinen Ersatz beanspruchen. Für Kapitalaufwendungen kann er Ersatz nur insoweit beanspruchen, als die durch sie herbeigeführte Werterhöhung zur Zeit der Rückerstattung der Gegenstände noch vorhanden ist.

2. Sind die entzogenen Gegenstände verloren gegangen, beschädigt oder in ihrem Wert vermindert worden, so ist der Rückerstattungspflichtige schadensersatzpflichtig, sofern er nicht nachweist, daß der Verlust, die Beschädigung oder die Wertminderung, nicht auf seinem Verschulden beruht. Die Ansprüche des Berechtigten aus Art. 25 Abs. 2 bleiben unberührt.

ARTIKEL 27
Nutzungen

1. Der Berechtigte hat Anspruch auf den Reinertrag der Nutzungen, die der Rückerstattungspflichtige und seine Rechtsvorgänger seit der ursprünglichen Übertragung aus den entzogenen Vermögensgegenständen gezogen haben oder hätten ziehen können,

wenn sie das Vermögen nach den Regeln einer ordnungsmäßigen Wirtschaft verwaltet hätten. Bei Ermittlung des Reinertrages sind zu berücksichtigen die von dem Rückerstattungspflichtigen und seinen Rechtsvorgängern für die ordnungsmäßige Instandhaltung des entzogenen Vermögens aufgewandten Beträge, die üblichen Auslagen, die Zinsen für Darlehen, die zur Beschaffung des Kaufpreises aufgenommen worden sind, und eine angemessene Vergütung für die Verwaltung.

2. Die Militärregierung kann in Ausführungsvorschriften gemäß Art. 78 dieses Gesetzes die Rechte und Pflichten nach Abs. 1 allgemein oder für einzelne Gruppen von Fällen näher bestimmen.

ARTIKEL 28

Auskunftspflicht

Die Beteiligten sind einander zu Auskunftserteilung über alle Einzelheiten verpflichtet, die für Ansprüche nach diesem Gesetz von Bedeutung sind. §§ 259-261 BGB finden entsprechende Anwendung.

VI. ABSCHNITT

Fortbestand von Rechten und Haftung für Verbindlichkeiten

ARTIKEL 29

Fortbestand von Rechten

1. Rechte Dritter an dem entzogenen Vermögen bleiben insoweit bestehen, als sie vor der ungerechtfertigten Entziehung bestanden haben und seitdem nicht abgelöst worden oder erloschen sind. Das gleiche gilt für später entstandene Rechte, soweit der Gesamtbetrag aller Haupt- und Nebenforderungen nicht höher ist als der Gesamtbetrag aller Haupt- und Nebenforderungen, die vor der ungerechtfertigten Entziehung bestanden haben („Belastungsgrenze“). Rechte, die nicht auf Geldleistung gerichtet sind, bleiben nur dann bestehen, wenn gleichartige Rechte schon vor der ungerechtfertigten Entziehung bestanden haben und die später entstandenen Rechte keine schwerere Belastung darstellen als die zur Zeit der Entziehung bestehenden Rechte, oder wenn sie auch ohne die Entziehung entstanden wären.

2. Die Belastungsgrenze kann um den Betrag der Belastung erhöht werden, der für wertsteigernde Aufwendungen beschafft worden ist. Sonstige, die Belastungsgrenze übersteigende Rechte Dritter, die aus Aufwendungen herrühren, für die der Rückerstattungspflichtige gemäß Art. 26 Ersatz nicht verlangen kann, erlöschen, soweit nicht der Wert des Vermögensgegenstandes zur Zeit der Rückerstattung durch die Aufwendungen noch entsprechend erhöht ist.

3. Rechte, die für den Berechtigten oder seinen Rechtsvorgänger an dem entzogenen Vermögensgegenstand anläßlich der Entziehung begründet worden sind, bleiben ohne Rücksicht auf die Belastungsgrenze bestehen; Rückerstattungsansprüche des Berechtigten wegen der ungerechtfertigten Entziehung dieser Rechte bleiben unberührt.

4. Rechte, die aus der Abgeltung der Hauszinssteuer herrühren, mit Ausnahme des Rechts auf rückständige Leistungen, bleiben ohne Rücksicht auf die Belastungsgrenze bestehen.

ARTIKEL 30

Übergang von Rechten

Sind Grundstücke durch Rechtsgeschäfte, Rechtshandlungen, Gesetze oder staatliche Hoheitsakte, die im Sinne dieses Gesetzes eine ungerechtfertigte Entziehung darstellen, belastet worden, so gehen die Rechte aus solchen Belastungen auf den Berechtigten über; bei Ermittlung der Belastungsgrenze sind sie nicht zu berücksichtigen.

ARTIKEL 31

Schuldübernahme

War der Berechtigte oder sein Rechtsvorgänger vor der ungerechtfertigten Entziehung eines Grundstückes persönlicher Schuldner einer Forderung, für die an dem Grundstück eine Hypothek, Grundschuld oder Rentenschuld bestellt worden war, so hat der Berechtigte bei der Rückerstattung die persönliche Schuld insoweit zu übernehmen, als die Hypothek, Grundschuld oder Rentenschuld nach den vorstehenden Vorschriften bestehen bleibt. Das gleiche gilt für die Verbindlichkeiten, bei denen der Rückerstattungspflichtige Befreiung gemäß § 257 BGB verlangen kann. Das gleiche gilt ferner für Verbindlichkeiten, die nach Art. 29 Abs. 1 Satz 2 bestehen bleiben und an Stelle von Verbindlichkeiten getreten sind, für die der Berechtigte oder sein Rechtsvorgänger persönlicher Schuldner gewesen war.

ARTIKEL 32

Übertragungsanspruch

1. Der Berechtigte kann verlangen, daß ihm eine an dem zurückzuerstattenden Grundstück bestehende Hypothek, Grundschuld oder Rentenschuld des jetzigen oder früheren Besitzers, der das Grundstück zu irgendeiner Zeit durch ungerechtfertigte Entziehung erlangt hatte, entschädigungslos übertragen wird, soweit die Entziehung auf einem sittenwidrigen Rechtsgeschäft, auf Drohung des Besitzers oder eines Dritten zu seinen Gunsten oder auf einer unerlaubten Handlung beruhte. Dies gilt nicht für die der Hypothek zugrundeliegende persönliche Forderung. Bei Rechten, die vor der Entziehung begründet waren, findet Art. 38 Abs. 3 entsprechende Anwendung.

2. Abs. 1 gilt nicht für Belastungen, die gemäß den Vorschriften dieses Gesetzes einzutragen sind.

ARTIKEL 33

Haftung für Geschäftsverbindlichkeiten

1. Erlangt der Berechtigte ein geschäftliches Unternehmen oder einen sonstigen Vermögensinbegriff zurück, so können die Gläubiger der im Betrieb des Unternehmens begründeten oder auf dem Vermögensinbegriff lastenden Verbindlichkeiten die sich daraus ergebenden Ansprüche auch gegen den Berechtigten geltend machen, soweit sie im Zeitpunkt der Rückerstattung noch bestehen.

2. Die Haftung des Berechtigten beschränkt sich auf den zurückerstatteten Vermögensgegenstand und die sonstigen ihm auf Grund dieses Gesetzes zustehenden Ansprüche. Das Recht des Berechtigten, seine Haftung zu beschränken, richtet sich nach §§ 1990, 1991 BGB.

3. Die Haftung des Berechtigten gemäß Abs. 1 und 2 tritt nicht ein, soweit der Gesamtbetrag der Verbindlichkeiten die in entsprechender Anwendung der Vorschriften des Art. 29 zu ermittelnde Belastungsgrenze übersteigt und der übersteigende Betrag der Verbindlichkeiten auch nicht durch einen nach Art. 25 Abs. 3 sich ergebenden Mehrbetrag der Aktiven gedeckt ist. Die Wiedergutmachungskammer trifft in diesem Falle nach ihrem Ermessen die erforderlichen Maßnahmen in entsprechender Anwendung des Art. 29.

ARTIKEL 34

Miet- und Pachtverhältnisse

1. Hat der Rückerstattungspflichtige oder ein früherer Besitzer ein Grundstück an einen Dritten vermietet oder verpachtet, so kann der Berechtigte dem Mieter oder Pächter gegenüber das Miet- oder Pachtverhältnis mit der gesetzlichen Kündigungsfrist kündigen. Die Kündigung ist erst zulässig, nachdem die Wiedergutmachungsbehörden die Rückerstattungspflicht rechtskräftig festgestellt haben oder diese Pflicht anderweit [sic] anerkannt worden ist. Die Kündigung muß binnen drei Monaten, nachdem eine dieser Voraussetzungen eingetreten ist, ausgesprochen werden.

2. Die Vorschriften des Mieterschutzgesetzes in der Fassung vom 15. Dezember 1942 (RGBl. I S. 712) finden keine Anwendung auf Rückerstattungspflichtige oder deren Rechtsvorgänger, welche die Vermögensgegenstände ungerechtfertigt entzogen haben oder beim Erwerb wußten oder den Umständen nach annehmen mußten, daß die Vermögensgegenstände zu irgendeiner Zeit ungerechtfertigt entzogen worden waren. Die Vorschriften des genannten Gesetzes finden ferner keine Anwendung, soweit der Berechtigte Räume für sich oder seine nahen Angerhörigen als angemessene Wohnung benötigt. Das gleiche gilt, wenn eine Wohnung, die im Zeitpunkt der Entziehung oder der Anmeldung des Rückerstattungsanspruchs im Zusammenhang mit dem Betrieb eines zurückzuerstattenden geschäftlichen Unternehmens benutzt wurde, zur Weiterführung des Unternehmens benötigt wird. Bei Geschäftsräumen finden die Vorschriften des Mieterschutzgesetzes keine Anwendung, wenn der Berechtigte an deren alsbaldiger Rückgabe ein begründetes Interesse hat.

3. Miet- und Pachtverträge, die auf Grund oder mit der Genehmigung der Militärregierung abgeschlossen worden sind, können nur mit deren Zustimmung gekündigt werden.

ARTIKEL 35

Dienstverträge

Der Berechtigte kann laufende Dienstverträge, die der Rückerstattungspflichtige oder ein früherer Inhaber eines zurückzuerstattenden geschäftlichen Unternehmens seit der ungerechtfertigten Entziehung abgeschlossen hatte, ohne Rücksicht auf abweichende Vertragsbestimmungen mit tariflicher oder, bei Fehlen eines Tarifvertrages, mit der gesetzlichen Kündigungsfrist kündigen; sein Recht zur fristlosen Kündigung aus wichtigem Grunde bleibt unberührt. Die Kündigung ist erst zulässig, wenn die Wiedergutmachungsbehörden die Rückerstattungspflicht rechtskräftig festgestellt haben oder diese Pflicht anderweit [sic] anerkannt worden ist. Die Kündigung muß binnen drei Monaten, nachdem eine dieser Voraussetzungen eingetreten ist, ausgesprochen werden.

VII. ABSCHNITT

Ansprüche des Rückerstattungspflichtigen auf Rückgewähr und Ausgleich

ARTIKEL 36

Rückgewährpflicht

1. Vorbehaltlich der Vorschriften des Abs. 3 hat der Berechtigte dem Rückerstattungspflichtigen gegen Rückerstattung des entzogenen Vermögensgegenstandes das erhaltene Entgelt, wenn möglich in Natur, zurückzugewähren. Das Entgelt erhöht sich um den Betrag der vor der Entziehung bestehenden und seither getilgten Belastungen des entzogenen Vermögensgegenstandes, soweit an deren Stelle nicht andere bestehenbleibende Belastungen getreten sind oder die getilgte Belastung nicht selbst auf Grund einer Entziehung im Sinne dieses Gesetzes entstanden ist.

2. Werden von mehreren entzogenen Vermögensgegenständen, für die ein Gesamtentgelt gezahlt worden war, nur einzelne zurückerstattet, so ist das Gesamtentgelt in dem Verhältnis herabzusetzen, in dem die zurückerstatteten Gegenstände zur Zeit der Entziehung zu den gesamten entzogenen Gegenständen standen.

3. Hat der Berechtigte bei der ungerechtfertigten Entziehung ganz oder teilweise die freie Verfügung über die Gegenleistung des Erwerbers aus den Gründen des Art. 1 nicht erlangt, so vermindert sich das Entgelt um den entsprechenden Betrag. Der Berechtigte hat einen ihm unter diesen Umständen etwa zustehenden Entschädigungsanspruch dem Rückerstattungspflichtigen abzutreten.

4. Der Berechtigte hat in keinem Falle mehr zurückzugewähren, als den Wert des entzogenen Vermögensgegenstandes im Zeitpunkt der Rückerstattung abzüglich des Betrages der bestehenbleibenden Belastungen.

ARTIKEL 37

Zurückbehaltungsrecht

Für Ansprüche des Rückerstattungspflichtigen kann ein Zurückbehaltungsrecht nicht geltend gemacht werden, wenn dieses Recht die alsbaldige Rückerstattung des entzogenen Vermögensgegenstandes erheblich verzögern würde. Das gleiche gilt bei Zwangsvollstreckung und Vollziehung des Arrestes in die entzogenen Vermögensgegenstände auf Grund von Gegenansprüchen.

ARTIKEL 38

Gerichtliche Festsetzung der Zahlungsbedingungen

1. Die Wiedergutmachungsbehörden haben die Bedingungen für Zahlungen, die im Zusammenhang mit der Rückerstattung zu leisten sind, unter Berücksichtigung des Zweckes dieses Gesetzes, der Zahlungsfähigkeit des Verpflichteten und bestehender gesetzlicher Zahlungsverbote und -beschränkungen festzusetzen.

2. Der Berechtigte kann im Falle der Rückerstattung von Grundstücken und grundstücksgleichen Rechten verlangen, daß ihm die Rückgewähr des Entgelts für eine angemessene Zeit, höchstens jedoch bis zu zehn Jahren gegen Eintragung einer mit 4 vom Hundert verzinslichen Hypothek zugunsten des Rückerstattungspflichtigen gestundet wird. Die näheren Bedingungen setzen auf Antrag die Wiedergutmachungsbehörden fest.

3. In den Fällen der Art. 26 und 29 Abs. 2 haben die Wiedergutmachungsbehörden die Fälligkeit von Verbindlichkeiten und die Zahlungsbedingungen so zu regeln, daß in keiner Weise die Rückerstattung des entzogenen Vermögensgegenstandes gefährdet oder die Nutzung des Berechtigten unbillig beeinträchtigt wird.

ARTIKEL 39

Rückgriffsansprüche

1. Die Rückgriffsansprüche des Rückerstattungspflichtigen gegen seinen unmittelbaren Rechtsvorgänger bestimmen sich nach den Vorschriften des bürgerlichen Rechts. Die Rückerstattungspflicht gilt als Mangel im Recht im Sinne des Bürgerlichen Gesetzbuches. § 439 Abs. 1 BGB findet keine Anwendung.

2. Die nach Abs. 1 zulässigen Ansprüche können im Falle der Herausgabe von Grundstücken oder beweglichen Sachen nicht nur gegen den unmittelbaren, sondern auch gegen jeden mittelbaren Rechtsvorgänger geltend gemacht werden, der beim Erwerb der Sache nicht im guten Glauben gewesen ist. Diese Rechtsvorgänger haften als Gesamtschuldner. Ein Anspruch gegen sie ist ausgeschlossen, wenn auch der Rückerstattungspflichtige nicht im guten Glauben war.

ARTIKEL 40

Rechte Dritter an den Ansprüchen des Rückerstattungspflichtigen

Rechte an dem entzogenen Vermögensgegenstand, die nach Art. 29 nicht bestehen bleiben, setzen sich fort an den Ansprüchen des Rückerstattungspflichtigen auf Rückgewähr des Entgelts, auf Entschädigung nach diesem Gesetz und an dem, was der Rückerstattungspflichtige zur Befriedigung dieser Ansprüche erhält.

VIII. ABSCHNITT

Allgemeine Verfahrensbestimmungen

ARTIKEL 41

Grundsatz

1. Das Rückerstattungsverfahren beginnt mit der Anmeldung des Anspruchs und soll eine rasche und vollständige Wiedergutmachung gewährleisten. Die Anmeldung eines Anspruchs gemäß der Allgemeinen Verfügung Nr. 10 der Militärregierung (in abgeänderter Fassung) gilt als Anmeldung im Sinne dieses Gesetzes.

2. Die Wiedergutmachungsbehörden haben die Lage, in die der Berechtigte durch Verfolgungsmaßnahmen aus den Gründen des Art. 1 geraten ist, bei Ermittlung des Sachverhalts weitgehend zu berücksichtigen. Dies gilt insbesondere, soweit die Beibringung von Beweismitteln durch Verlust von Urkunden, Tod oder Unauffindbarkeit von Zeugen oder ähnliche Umstände erschwert worden oder unmöglich geworden ist. Eidesstattliche Versicherungen des Berechtigten oder von ihm benannter Zeugen sind zuzulassen, auch wenn derjenige, der die Erklärung abgegeben hat, später verstorben ist.

ARTIKEL 42

Erbrecht und ausländisches Recht

1. Wer sich auf einen Erwerb von Todes wegen beruft, muß sein Recht nachweisen.

2. Ausländisches Recht bedarf des Beweises, soweit es den Wiedergutmachungsbehörden unbekannt ist.

ARTIKEL 43

Todesvermutung

Wenn ein Verfolgter oder ein an seinem Nachlaß Beteiligter seinen letzten bekannten Aufenthalt in Deutschland oder in einem von Deutschland oder seinen Verbündeten beherrschten oder besetzen Gebiet hatte und sein Aufenthalt seit dem 8. Mai 1945 unbekannt ist, ohne daß Nachrichten darüber vorliegen, daß er zu diesem oder einem späteren Zeitpunkt noch gelebt hat, so wird vermutet, daß er am 8. Mai 1945 verstorben ist. Falls nach den Umständen ein anderer Zeitpunkt des Todes wahrscheinlich ist, können die Wiedergutmachungsbehörden diesen als Zeitpunkt des Todes feststellen.

ARTIKEL 44

Sicherungspflicht

1. Die Wiedergutmachungsbehörden haben entzogene Vermögensgegenstände, wenn ein Bedürfnis besteht, in geeigneter Weise sicherzustellen. Sie können zu diesem Zweck von Amts wegen oder auf Antrag einstweilige Verfügungen oder Arrestbefehle erlassen. Diese sind abzuändern oder aufzuheben, wenn die Sicherstellung durch andere als die getroffenen Maßnahmen erreicht werden kann, oder das Bedürfnis für ihre Aufrechterhaltung entfällt.

2. Die Vorschriften der Zivilprozeßordnung über Arrest und einstweilige Verfügung sind in der jeweils geltenden Fassung entsprechend anwendbar.

ARTIKEL 45

Treuhänder

1. Bedürfen entzogene Vermögensgegenstände einer Fürsorge, so ist ein Treuhänder zu bestellen, soweit nicht diese Fürsorge zur Zuständigkeit einer anderen Behörde gehört.

2. Die Militärregierung erläßt Ausführungsvorschriften über die Bestellung und Beaufsichtigung des Treuhänders.

ARTIKEL 46

Zuständigkeit anderer Behörden zu Maßnahmen nach Artikel 44, 45

Soweit für die in Art. 44 und 45 bezeichneten Sicherungsmaßnahmen andere Stellen zuständig sind, haben die Wiedergutmachungsbehörden diese um die erforderlichen Maßnahmen zu ersuchen.

IX. ABSCHNITT

Anmeldeverfahren

ARTIKEL 47

Zentralanmeldeamt

1. Das in der Allgemeinen Verfügung Nr. 10 der Militärregierung (in abgeänderter Fassung) bezeichnete Zentralamt für Vermögensverwaltung nimmt die Aufgaben des Zentralanmeldeamts wahr.

2. Das Zentralanmeldeamt hat jeden bei ihm angemeldeten Anspruch dem nach Art. 51 zuständigen Wiedergutmachungsamt zuzuleiten.

ARTIKEL 48

Frist und Förmlichkeiten der Anmeldung

1. Rückerstattungsansprüche sind fristgerecht und ordnungsgemäß nach den Vorschriften anzumelden, die in der Allgemeinen Verfügung Nr. 10, den sie ergänzenden Bestimmungen und in Ausführungsvorschriften der Militärregierung enthalten sind.

2. Der Anspruch soll, soweit erforderlich, durch Urkunden oder eidesstattliche Versicherungen glaubhaft gemacht werden.

3. Der Anspruch kann rechtswirksam durch einen von mehreren Mitberechtigten angemeldet werden.

4. Die Anmeldung eines Anspruches durch einen Nichtberechtigten wirkt zugunsten des wahren Berechtigten oder der Treuhandgesellschaft.

ARTIKEL 49

Verhältnis zum ordentlichen Rechtsweg

Ansprüche, die unter dieses Gesetz fallen, können, soweit in ihm nichts anderes bestimmt ist, nur in dem Verfahren nach diesem Gesetz und unter Einhaltung seiner Fristen geltend gemacht werden. Ansprüche aus anderen Gründen, die nicht unter dieses Gesetz fallen, können im ordentlichen Rechtsweg geltend gemacht werden.

ARTIKEL 50

Inhalt der Anmeldung

1. Die Anmeldung muß eine Beschreibung der entzogenen Gegenstände sowie die Angaben enthalten, die ein Berechtigter nach dem Vordruck der Allgemeinen Verfügung Nr. 10 machen muß.

2. Das Zentralanmeldeamt oder die Wiedergutmachungsbehörden können die Ergänzung der Anmeldung durch eine Erklärung (gegebenenfalls unter eidesstattlicher Versicherung) über Tatsachen verlangen, die für die Entscheidung über den Anspruch notwendig sind.

3. Hat der Antragsteller seinen Wohnsitz oder gewöhnlichen Aufenthalt nicht in Deutschland und hat er daselbst auch keinen zum Empfang von Zustellungen bevollmächtigten Vertreter bestellt, so kann er einen dort wohnhaften Zustellungsbevollmächtigten benennen. Benennt er diesen binnen einer angemessenen Frist nicht, so hat das

Wiedergutmachungsamt ihn zu bestellen und den Antragsteller davon zu benachrichtigen.

4. Das Zentralanmeldeamt hat dem Antragsteller das Wiedergutmachungsamt mitzuteilen, dem die Anmeldung gemäß Art. 47, Abs. 2 zugeleitet worden ist.

5. Die in Art. 48, Abs. 1 vorgesehene Frist gilt als gewahrt, auch wenn die Anmeldung formelle oder andere Mängel enthält.

ARTIKEL 51

Örtliche Zuständigkeit

1. Das Zentralanmeldeamt hat die Anmeldung des Rückerstattungsanspruchs dem Wiedergutmachungsamt des Bezirks zuzuleiten, in dem sich der entzogene Vermögensgegenstand befindet. Im Falle der Unzuständigkeit verweist das Wiedergutmachungsamt den Rückerstattungsanspruch an das zuständige Amt. Der Verweisungsbeschluß ist für dieses bindend.

2. Ausführungsvorschriften können die örtliche Zuständigkeit, namentlich bei Geltendmachung von Ersatz- und Nebenansprüchen, näher regeln und das Zentralanmeldeamt ermächtigen, in bestimmten Fällen Rückerstattungsbeschlüsse zu erlassen.

ARTIKEL 52

Sachliche Zuständigkeit

Die Wiedergutmachungsbehörden sind sachlich zuständig ohne Rücksicht darauf, ob nach anderen Gesetzbestimmungen ein Rückerstattungsanspruch zur Zuständigkeit der ordentlichen, Verwaltungs- oder sonstigen Gerichte gehören würde oder der Rechtsweg ausgeschlossen wäre.

ARTIKEL 53

Bekanntgabe der Anmeldung

1. Das Wiedergutmachungsamt hat den Rückerstattungsanspruch den Beteiligten durch förmliche Zustellung zur Erklärung binnen zwei Monaten bekanntzugeben. Beteiligte sind der Rückerstattungspflichtige, Mieter und Pächter der entzogenen Vermögensgegenstände, sonstige Berechtigte, sowie diejenigen, deren Einbeziehung in das Verfahren der Berechtigte beantragt. Wenn das Deutsche Reich, ein Land oder ein früheres Land, die vormalige NSDAP, eine ihrer Gliederungen oder einer ihrer angeschlossenen Verbände beteiligt ist, so erfolgt die Zustellung an den zuständigen Landesfinanzminister. In diesen Fällen ist das Land berechtigt, als Partei in dem Verfahren aufzutreten.

2. Ist der Rückerstattungspflichtige oder seine gegenwärtige Anschrift unbekannt oder ist auf Grund der Anmeldung anzunehmen, daß unbekannte Dritte in Ansehung der entzogenen Gegenstände Rechte besitzen, so hat das Wiedergutmachungsamt die Anmeldung des Rückerstattungsanspruchs öffentlich zuzustellen und dabei den Rückerstattungspflichtigen und die unbekannten Dritten aufzufordern, ihre Rechte binnen zwei Monaten (unter Beweisantritt) bei dem Wiedergutmachungsamt anzumelden. Die öffentliche Zustellung erfolgt nach Maßgabe des § 204, Abs. 2 ZPO in der Fassung des Kontrollratsgesetzes Nr. 38 in der für Ladungen vorgeschriebenen Form. Die Zustellung gilt als an dem Tage bewirkt, an welchem seit der Einrückung in das in § 204,

Abs. 2 ZPO bezeichnete Mitteilungsblatt ein Monat verstrichen ist. Richtet sich der Anspruch auf Rückerstattung von Wertpapieren, so hat das Wiedergutmachungsamt die Anmeldung in dem Gesetz Nr. 28 des Wirtschaftsrates vom 22. Juni 1948 (Gesetz- und Verordnungsblatt des Wirtschaftsrates des Vereinigten Wirtschaftsgebietes 1948 S. 53) bezeichneten öffentlichen Anzeiger für das Vereinigte Wirtschaftsgebiet bekanntzugeben; diese Bekanntgabe hat die Wirkung einer Veröffentlichung gemäß § 367 HGB (in der Fassung des § 6 der Verordnung zur Vereinfachung der Bekanntmachungen über Wertpapiere vom 22. Januar 1944 – RGBl. I S. 42).

3. Die Rechtshängigkeit tritt mit Zustellung der Anmeldung ein.

4. Richtet sich der Anspruch auf Rückerstattung eines Grundstücks oder grundstücksgleichen Rechts, so hat das Wiedergutmachungsamt die Eintragung der Anmeldung des Rückerstattungsanspruchs im Grundbuch herbeizuführen (Rückerstattungsvermerk). Der Rückerstattungsvermerk wirkt gegen jeden Dritten.

5. Die Bestimmungen der Zivilprozeßordnung über die Streitverkündung und Nebenintervention finden entsprechende Anwendung.

ARTIKEL 54

Verfahren vor dem Wiedergutmachungsamt

1. Wird innerhalb der Erklärungsfrist eine Erklärung zu dem Rückerstattungsanspruch nicht abgegeben, so gibt das Wiedergutmachungsamt durch Beschluß dem Antrag statt. Wenn über die Belastungsgrenze und den Fortbestand von Rechten kein Streit besteht, so trifft es auch hierüber die erforderlichen Feststellungen.

2. Ist jedoch der Rückerstattungsanspruch nicht schlüssig begründet oder stehen der Richtigkeit der zu seiner Begründung vorgebrachten Behauptungen Eintragungen in öffentlichen Registern oder öffentlichen Urkunden entgegen, die dem Wiedergutmachungsamt vorliegen, so hat dieses den Antragsteller zur Erklärung binnen einer von ihm festzusetzenden angemessenen Frist aufzufordern. Wird innerhalb der Frist eine den Rückerstattungsanspruch rechtfertigende Aufklärung oder Ergänzung des Vorbringens durch den Antragsteller nicht gegeben, so hat das Wiedergutmachungsamt den Antrag als unbegründet zurückzuweisen.

3. Wird eine Erklärung abgegeben, aber eine gütliche Einigung erzielt, so hat das Wiedergutmachungsamt die Vereinbarung auf Antrag schriftlich niederzulegen und den Beteiligten von Amts wegen eine Ausfertigung der Niederschrift zu erteilen.

ARTIKEL 55

Verweisung an das Gericht

1. Kommt eine gütliche Einigung ganz oder teilweise nicht zustande oder gehören die erforderlichen Maßnahmen nicht zur Zuständigkeit des Wiedergutmachungsamts, so verweist dieses insoweit die Sache an die Wiedergutmachungskammer des für seinen Sitz zuständigen Landgerichts. Dies gilt insbesondere auch, wenn lediglich über die Belastungsgrenze, den Fortbestand von Rechten oder die Haftung für Verbindlichkeiten Streit besteht.

2. Durch Ausführungsvorschriften kann die Zuständigkeit auf Landgerichte allgemein, auf bestimmte oder andere als die in Abs. 1 bezeichneten Landgerichte übertragen werden.

ARTIKEL 56

Einspruch

1. Gegen eine Entscheidung des Wiedergutmachungsamts gemäß Art. 51, Abs. 1 Satz 2 und Art. 54, Abs. 1 und 2 kann jeder Beteiligte binnen einem Monat, bei Wohnsitz im Ausland binnen drei Monaten, die Entscheidung der Wiedergutmachungskammer durch Einspruch bei dem Wiedergutmachungsamt anrufen. Die Frist beginnt mit der Zustellung der anzufechtenden Entscheidung. Art. 53, Abs. 2 findet entsprechende Anwendung.

2. Ein Einspruch kann nur auf eine Verletzung des Art. 53, Abs. 1, Satz 2 oder des Art. 54, Abs. 1 oder 2 gestützt werden.

ARTIKEL 57

Vollstreckbarkeit

Aus den von dem Wiedergutmachungsamt ausgefertigten Vereinbarungen und aus seinen rechtkräftigen Beschlüssen findet die Zwangsvollstreckung nach den Vorschriften der Zivilprozeßordnung statt. An Stelle des Vollstreckungsgerichts tritt das Wiedergutmachungsamt. Es kann sich bei Durchführung der Vollstreckung anderer Behörden, insbesondere der Gerichte bedienen.

X. ABSCHNITT

Gerichtliches Verfahren

ARTIKEL 58

Besetzung der Wiedergutmachungskammer

Die Wiedergutmachungskammer besteht aus einem Vorsitzenden und zwei Beisitzern, welche die Befähigung zum Richteramt oder zum höheren Verwaltungsdienst haben müssen und vorbehaltlich der Zustimmung der Militärregierung von dem Justizminister des zuständigen Landes bestellt werden. Die Beisitzer werden, soweit sie nicht selbst Berufsrichter sind, auf die Dauer von drei Jahren ernannt.

ARTIKEL 59

Verfahren

1. Die Wiedergutmachungskammer hat die Rechtsbeziehungen der Beteiligten gemäß diesem Gesetz zu gestalten.

2. Soweit in diesem Gesetz nichts anderes bestimmt ist, sind für das Verfahren die Vorschriften über das Verfahren in Sachen der freiwilligen Gerichtsbarkeit mit folgenden Maßgaben entsprechend anzuwenden:

a) Die Kammer muß eine mündliche Verhandlung anordnen; die Verhandlung ist öffentlich.

b) Auf Antrag des Berechtigten kann das Verfahren bis zur Höchstdauer von sechs Monaten ausgesetzt werden.

c) Die Wiedergutmachungskammer kann über einen von mehreren Ansprüchen oder über Teile eines Anspruches unter Vorbehalt der Entscheidung über eine Widerklage, eine Aufrechnung, ein Zurückbehaltungsrecht oder einen ähnlichen Einwand entscheiden, wenn die Entscheidung über diese Ansprüche oder Einwendungen die Entscheidung über die Rückerstattung erheblich verzögern würde.

d) Die Kammer kann vorbehaltlich der endgültigen Entscheidung die vorläufige Herausgabe entzogener Vermögensgegenstände an den Berechtigten gegen oder ohne Sicherheitsleistung anordnen. Der Berechtigte hat in diesem Falle gegenüber Dritten die Rechtsstellung eines Treuhänders.

ARTIKEL 60

Form und Inhalt der Entscheidung

1. Die Wiedergutmachungskammer entscheidet durch einen mit Gründen versehenen Beschluß, der den Beteiligten zuzustellen ist. Der Beschluß ist vorläufig vollstreckbar. §§ 713, Abs. 2, 713a bis 720 ZPO finden entsprechende Anwendung.

2. Gegen den Beschluß ist innerhalb einer Frist von einem Monat und, wenn der Beschwerdeführer seinen Wohnsitz im Ausland hat, innerhalb einer Frist von drei Monaten sofortige Beschwerde zulässig. Die Frist für die Einlegung der Beschwerde beginnt mit der Zustellung des Beschlusses; Art. 53, Abs. 2 findet entsprechende Anwendung. Über die Beschwerde entscheidet der Zivilsenat des Oberlandesgerichts. Die Beschwerde kann nur darauf gestützt werden, daß die Entscheidung auf einer Verletzung gesetzlicher Vorschriften beruhe. Die Vorschriften der §§ 551, 561, 563 ZPO finden entsprechende Anwendung.

3. Durch Ausführungsvorschriften kann die Zuständigkeit zur Entscheidung über die Beschwerde allgemein auf eins von mehreren Oberlandesgerichten übertragen werden.

ARTIKEL 61

Nachprüfung

Ein von der Militärregierung zu bestellender Board of Review kann alle auf Grund dieses Gesetzes erlassenen Entscheidungen nachprüfen, sie für nichtig erklären, ergänzen, aussetzen oder sonst abändern.

XI. ABSCHNITT

Besondere Vorschriften

ARTIKEL 62

Zuständigkeitsbereinigung

1. Werden Ansprüche der in Artikel 1 bis 40 bezeichneten Art von einem Berechtigten in einem gerichtlichen Verfahren oder im Vollstreckungsverfahren klage- oder einredeweise geltend gemacht, so hat das Gericht das Wiedergutmachungsamt zu benachrichtigen. Das Gericht kann durch unanfechtbaren Beschluß das Verfahren aussetzen und die Zwangsvollstreckung einstweilen einstellen; auf Ersuchen der Wiedergutmachungskammer muß es diese Anordnungen treffen. Die Wiedergutmachungskammer kann die Weiterbehandlung des Anspruchs nach Maßgabe dieses Gesetzes unter Ausschluß des Rechtsweges anordnen oder mit Bindung für die Gerichte den Berechtigten ermächtigen, seinen Anspruch gerichtlich weiterzuverfolgen. Findet ein Rechtsstreit

durch Weiterbehandlung des Anspruchs nach Maßgabe dieses Gesetzes seine Erledigung, so werden die Gerichtskosten niedergeschlagen, die außergerichtlichen Kosten gegeneinander aufgehoben.

2. Das Gericht hat dem Zentralanmeldeamt jede gemäß Abs. 1 getroffene Anordnung mitzuteilen.

XII. ABSCHNITT
Kostenbestimmungen

ARTIKEL 63
Kosten

1. Das Verfahren vor den Wiedergutmachungsbehörden ist grundsätzlich gebührenfrei; Ausführungsvorschriften können für bestimmte Fälle die Erhebung von Kosten, Gebühren und Auslagen vorsehen.

2. Der Berechtigte ist nicht verpflichtet, Vorschüsse oder Sicherheit für Kosten zu leisten.

XIII. ABSCHNITT
Strafbestimmungen

ARTIKEL 64

1. Wer entzogene Vermögensgegenstände veräußert, beschädigt, vernichtet oder beiseiteschafft, um sie dem Zugriff des Berechtigten zu entziehen, wird mit Gefängnis bis zu fünf Jahren und mit Geldstrafe oder mit einer dieser Strafen bestraft, soweit nicht auf Grund anderer Vorschriften eine höhere Strafe verwirkt ist.

2. In besonders schweren Fällen ist die Strafe Zuchthaus bis zu fünf Jahren.

3. Der Versuch ist strafbar.

XIV. ABSCHNITT
Wiederherstellung von Erbrechten und Kindesannahmeverhältnissen

ARTIKEL 65
Erbverdrängung

1. Ist in der maßgebenden Zeit aus den Gründen des Art. 1 durch gesetzliche Maßnahmen ein auf Gesetz oder letztwilliger Verfügung beruhender Erwerb von Todeswegen ausgeschlossen oder der Verfall eines Nachlasses angeordnet worden, so gilt der Ausschluß oder der Verfall als nicht eingetreten.

2. Für die Berechnung von Fristen gilt der Erbfall als mit dem Inkrafttreten dieses Gesetzes eingetreten.

ARTIKEL 66

Anfechtung von Verfügungen von Todeswegen und Erbschaftsausschlagungen

1. Letztwillige Verfügungen und Erbverträge aus der maßgebenden Zeit, in welchen Abkömmlinge, Eltern, Großeltern, voll- und halbbürtige Geschwister und deren Abkömmlinge, sowie Ehegatten von der Erbfolge ausgeschlossen worden sind, um den Nachlaß einem vom Erblasser aus den Gründen des Art. 1 erwarteten Zugriff des Staates zu entziehen, sind anfechtbar. Vorbehaltlich des Abs. 3 finden auf diese Anfechtung die Vorschriften der §§ 2080 ff. oder 2281 ff. BGB Anwendung.

2. Hat eine der im Abs. 1 genannten Personen in der maßgebenden Zeit eine Erbschaft ausgeschlagen, um dadurch einen aus den Gründen des Art. 1 erwarteten Zugriff des Staates auf die Vermögensgegenstände zu verhindern, so ist die Ausschlagung anfechtbar. Vorbehaltlich des Abs. 3 finden auf die Anfechtung die Vorschriften der §§ 1945 ff. BGB Anwendung.

3. Die Anfechtung von letztwilligen Verfügungen, Erbverträgen und Erbschaftsausschlagungen muß bis zum 31. Dezember 1949 erklärt werden.

ARTIKEL 67

Verfolgten-Testament

1. Der Gültigkeit einer in der maßgebenden Zeit errichteten letztwilligen Verfügung steht ein Formmangel nicht entgegen, wenn der Erblasser zu der Verfügung dadurch veranlaßt worden ist, daß er sich in sich einer aus den Gründen des Art. 1 ergebenden unmittelbaren Todesgefahr befand oder zu befinden glaubte, und wenn ihm die Errichtung in gesetzlicher Form nach den Umständen unmöglich oder billigerweise nicht zuzumuten war.

2. Abs. 1 ist nicht anwendbar, wenn der Erblasser nach dem 30. September 1945 eine formgerechte letztwillige Verfügung noch errichten konnte.

ARTIKEL 68

Wiederherstellung von Kindesannahmeverhältnissen

1. Ein in der maßgebenden Zeit aus den Gründen des Art. 1 aufgehobenes Kindesannahmeverhältnis kann durch Vertrag des Annehmenden oder seiner Erben mit dem Kinde oder dessen Erben rückwirkend auf den Zeitpunkt der Aufhebung wiederhergestellt werden. Auf den Wiederherstellungsvertrag finden die Vorschriften der §§ 1741 bis 1772 BGB mit Ausnahme der §§ 1744, 1745, 1747, 1752 und 1753 Anwendung. Die Bestätigung des Wiederherstellungsvertrages durch das Gericht ist auch nach dem Tode der an dem Wiederherstellungsvertrag beteiligten Personen zulässig. Kann einer der Beteiligten nicht bei Gericht erscheinen, so kann zu seiner Vertretung bei der Wiederherstellung des Kindesannahmeverhältnisses ein Pfleger bestellt werden.

2. Ist das Kindesannahmeverhältnis in der maßgebenden Zeit durch gerichtliche Entscheidung aus den Gründen des Art. 1 aufgehoben worden und sind keine Umstände ersichtlich, die einem der Vertragschließenden später das Recht gegeben haben würden, das Kindesannahmeverhältnis von sich aus aufzuheben, so können sowohl der Annehmende als auch das Kind oder beider Erben die Aufhebung der Entscheidung beantragen.

3. Zuständig zur Entscheidung gemäß Abs. 2 ist das Amtsgericht, welches das Kindesannahmeverhältnis aufgehoben hat. Abs. 1, Satz 4 gilt entsprechend. Das Gericht entscheidet nach seinem freien Ermessen unter Berücksichtigung der Interessen der Beteiligten. Das Kindesannahmeverhältnis gilt mit Aufhebung des Beschlusses über seine Auflösung als rückwirkend wiederhergestellt. Das Gericht kann in seiner Entscheidung die Rückwirkung in einzelnen Beziehungen ausschließen.

4. Das Verfahren ist gebühren- und auslagenfrei.

5. Die Wiederherstellung von Kindesannahmeverhältnissen kann nur bis zum 31. Dezember 1949 beantragt werden.

ARTIKEL 69
Zuständigkeit

Über Ansprüche auf Grund der Art. 65 bis 68 entscheiden die ordentlichen Gerichte. Eine Anmeldung bei dem Zentralanmeldeamt ist nicht erforderlich.

XV. ABSCHNITT
Wiederherstellung von Firmen und Namen

ARTIKEL 70
Wiedereintragung einer gelöschten Firma

1. Ist in der maßgebenden Zeit eine Firma im Handelsregister gelöscht worden, nachdem der Betrieb des Unternehmens aus Gründen des Art. 1 eingestellt war, so ist auf Antrag die gelöschte Firma wieder einzutragen, wenn der Betrieb des Unternehmens von den letzten Inhabern oder ihren Erben wieder aufgenommen wird.

2. Wurde das eingestellte Unternehmen zur Zeit der Einstellung von einem Einzelkaufmann betrieben, so steht das Recht auf Wiedereintragung der gelöschten Firma dem letzten Inhaber oder seinen Erben zu; nehmen von mehreren Erben nicht alle den Betrieb wieder auf, so kann die Wiedereintragung der gelöschten Firma verlangt werden, wenn die den Betrieb nicht wieder aufnehmenden Erben der Annahme der gelöschten Firma zustimmen.

3. Wurde das eingestellte Unternehmen zur Zeit der Einstellung von mehreren persönlich haftenden Gesellschaftern betrieben, so besteht das Recht auf Wiedereintragung der gelöschten Firma, wenn entweder alle persönlich haftenden Gesellschafter oder einer oder mehrere von ihnen mit Einverständnis der übrigen den Betrieb des Unternehmens aufnehmen. Für Erben der Gesellschafter gilt Abs. 2 entsprechend.

ARTIKEL 71
Änderung der Firma

Ist eine Firma in der maßgebenden Zeit aus den Gründen des Artikels 1 geändert worden, so kann die frühere Firmenbezeichnung wiederhergestellt werden, wenn derjenige, der zur Zeit der Änderung Firmeninhaber war, oder seine Erben als jetzige Inhaber der Firma die Änderung beantragen. Art. 70, Abs. 2, Satz 2 und Abs. 3 gelten entsprechend.

ARTIKEL 72

Firmen juristischer Personen

Die Vorschriften der Art. 70 und 71 finden auf Firmen juristischer Personen entsprechend Anwendung.

ARTIKEL 73

Wiederherstellung von Firmennamen in sonstigen Fällen

Die Wiedergutmachungskammer kann die Wiederherstellung einer gelöschten oder einer geänderten Firma auch in anderen als den Fällen der Art. 70 bis 72 gestatten, sofern die Führung der alten Firmenbezeichung zum Zwecke der Wiedergutmachung erforderlich ist.

ARTIKEL 74

Vereins- und Stiftungsnamen

Art. 73 gilt entsprechend für die Wiederannahme des früheren Namens durch einen Verein oder eine Stiftung.

ARTIKEL 75

Verfahren

Anträge auf Eintragung von früheren Firmenbezeichnungen im Handelsregister können nur binnen der in diesem Gesetz für Rückerstattungsansprüche vorgesehenen Anmeldefrist gestellt werden. Über diese Anträge entscheidet das Amtsgericht als Registergericht außer in den Fällen des Art. 73. Im übrigen gelten die Vorschriften über das Verfahren in Sachen der freiwilligen Gerichtsbarkeit. Das Verfahren ist gebühren- und auslagenfrei.

XVI. ABSCHNITT

Schlußbestimmungen

ARTIKEL 76

Verjährung

Soweit Ansprüchen nach diesem Gesetz die Vorschriften des Bürgerlichen Gesetzbuchs über Verjährungs-, Ersitzungs- und Ausschlußfristen entgegenstehen würden, gelten diese Fristen als nicht vor dem Ende von sechs Monaten abgelaufen, gerechnet von dem Zeitpunkt, in welchem ein Anspruch auf Grund dieses Gesetzes zur Erstehung [sic] gelangt ist, keinesfalls jedoch vor dem 30. Juni 1950.

ARTIKEL 77

Steuern und Abgaben

1. Steuern und sonstige öffentliche Abgaben werden aus Anlaß der Rückerstattung nicht erhoben. Ansprüche auf öffentliche Abgaben können gegen den Berechtigten für die Zeit, in der ihm die Vermögensgegenstände zu Unrecht entzogen worden waren, nicht geltend gemacht werden.

2. Steuern, einschließlich der Erbschaftssteuer, sonstige öffentliche Abgaben, Gebühren und Kosten werden aus Anlaß des Rückfalls entzogener Vermögensgegenstände nicht erstattet.

ARTIKEL 78

Ausführungsvorschriften

1. Die Militärregierung wird Ausführungsvorschriften über die Errichtung der Wiedergutmachungsämter, Aufgaben und Pflichten erlassen.

2. Soweit nichts anderes in diesem Gesetz bestimmt oder von der Militärregierung angeordnet wird, werden die zur Durchführung dieses Gesetzes erforderlichen Rechts- und Verwaltungsvorschriften von den Ministerpräsidenten der Länder oder den von ihnen bestimmten Landesministern (in der Hansestadt Hamburg vom Bürgermeister oder dem Senat) erlassen.

ARTIKEL 79

Zuständigkeit der deutschen Gerichte

Die deutschen Gerichte werden hiermit ermächtigt, bei allen Verstößen gegen die Vorschriften des Art. 64 die Gerichtsbarkeit unter Beachtung der ihnen durch Gesetz Nr. 2 der Militärregierung in der jeweils geltenden Fassung auferlegten Beschränkung auszuüben.

ARTIKEL 80

Maßgeblicher Text

Der deutsche Text dieses Gesetzes ist der amtliche Text; die Bestimmungen der Verordnung Nr. 3 und des Art. 2, Abs. 5 des Gesetzes Nr. 4 der Militärregierung finden auf diesen Text keine Anwendung.

ARTIKEL 81

Inkrafttreten

Dieses Gesetz tritt am 12. Mai 1949 in Kraft.

IM AUFTRAG DER MILITÄRREGIERUNG

Anhang 3
DVO6

Amtsblatt der Alliierten Hohen Kommission Nr. 19 vom 13. Mai 1950, S. 292 ff.

Britische Zone

DER HOHE KOMMISSAR DES VEREINIGTEN KÖNIGREICHS FÜR DEUTSCHLAND

6. DURCHFÜHRUNGSVERORDNUNG zum Gesetz Nr. 59 der Militärregierung

(Rückerstattung feststellbarer Vermögensgegenstände an Opfer der nationalsozialistischen Unterdrückungsmaßnahmen).

Board of Review

Artikel 61 des Gesetzes Nr. 59 der Militärregierung (nachstehend als das „Rückerstattungsgesetz" bezeichnet) bestimmt, daß die Militärregierung einen Board of Review (Nachprüfungsausschuß) bestellen soll, um alle auf Grund des Rückerstattungsgesetzes erlassenen Entscheidungen und Anordnungen nachzuprüfen, für nichtig zu erklären, zu ergänzen, auszusetzen oder anderweitig abzuändern.

Das Recht zur Bestellung des Board of Review steht nunmehr dem Hohen Kommissar des Vereinigten Königreichs für Deutschland zu.

Da es zweckmäßig ist, diesen Board of Review unverzüglich zu bestellen, wird hiermit folgendes verordnet:

Artikel 1

Errichtung eines Board of Review

Ein Board of Review (nachstehend als der „Board" bezeichnet) wird hiermit zu dem Zwecke und mit den Befugnissen errichtet, die in Artikel 61 des Rückerstattungsgesetzes und in dieser Verordnung erwähnt sind.

Der Board tagt an denjenigen in der Britischen Zone belegenen Orten und zu denjenigen Zeitpunkten, die der Vorsitzende bestimmt.

Artikel 2

Zusammensetzung

1. Der Board setzt sich aus drei Mitgliedern zusammen, und zwar aus den folgenden Personen:

a) einem Richter des nach der Verordnung Nr. 68 der Militärregierung errichteten Obersten Gerichtshofes der Kontrollkommission, der mit Zustimmung des Hauptberaters in Rechtsangelegenheiten des Hohen Kommissars für das Vereinigte Königreich von dem Oberrichter ernannt wird und als Vorsitzender des Board fungieren soll;

b) zwei sonstige Personen, von denen einer schon wenigstens fünf Jahre zur Praxis als Rechtsanwalt (Advocate oder Solicitor) in einem Gericht mit unbeschränkter Gerichtsbarkeit, entweder in Zivil- oder in Strafsachen in irgendeinem Teil des Herrschaftsbereichs Seiner Majestät zugelassen gewesen ist oder dort ein Richteramt bekleidet hat. Diese Personen werden jeweils von dem Hauptberater in Rechtsangelegenheiten ernannt.

2. Der Registrar des Obersten Gerichtshofes ist Schriftführer des Board.

3. Der Board kann diejenigen Beisitzer ernennen und diejenigen Sachverständigen zu seiner Beratung und Unterstützung zuziehen, die er für erforderlich hält.

Artikel 3

Antrag auf Nachprüfung und Befugnisse des Board

1. Wer sich durch eine Entscheidung oder einen Beschluß der Wiedergutmachungskammer, die auf Grund des Artikels 55 des Rückerstattungsgesetzes an das Gericht verwiesen worden ist oder gegen die auf Grund des Artikels 56 des Rückerstattungsgesetzes Einspruch erhoben worden ist, beschwert fühlt und nicht von seinem Recht Gebrauch gemacht hat, eine sofortige Beschwerde auf Grund des Artikels 60 Abs. 2 des Rückerstattungsgesetzes einzulegen, oder wer sich durch eine Entscheidung oder einen Beschluß des Zivilsenats des Oberlandesgerichts, die auf eine auf Grund des Artikels 60 Abs. 2 des Rückerstattungsgesetzes eingelegte Beschwerde erlassen worden sind, beschwert fühlt, kann innerhalb der nachstehend festgesetzten Fristen bei dem Board die Nachprüfung der Entscheidung oder des Beschlusses beantragen.

2. Ein Antrag auf Nachprüfung ist in englischer Sprache abzufassen und durch eine eidliche Erklärung zu erhärten und hat die Gründe anzugeben, aus denen nach Auffassung des Antragstellers die von ihm angefochtene Entscheidung abgeändert oder für nichtig erklärt werden sollte. Der Board soll sich mit einem Antrag nur dann befassen, wenn die Vorschriften des Rückerstattungsgesetzes nicht eingehalten worden sind oder ein grober Fehlspruch ergangen ist.

3. Der Board kann die von ihm nachgeprüfte Entscheidung oder den von ihm nachgeprüften Entschluß in seiner Gesamtheit oder teilweise bestätigen, abändern oder aufheben und den Fall in seiner Gesamtheit oder teilweise an die Wiedergutmachungskammer oder den Zivilsenat des Oberlandesgerichts zurückverweisen, vor dem die Sache verhandelt wurde. Jede Entscheidung und jeder Beschluß des Boards bindet das zuständige deutsche Gericht und ist von ihm zu vollstrecken. Bis zur endgültigen Entscheidung der Sache kann der Board die Aussetzung der Vollstreckung der Entscheidung der Wiedergutmachungskammer oder des Zivilsenats des Oberlandesgerichts anordnen oder die sonstigen vorläufigen Anordnungen erlassen, die ihm nach Lage des Falles gerechtfertigt erscheinen.

4. Der Board hat die Befugnis, Zeugen zu laden, die Vorlegung von Schriftstücken anzuordnen, Eide abzunehmen, Strafe wegen Mißachtung des Board zu verhängen und alle anderen für die ordnungsmäßige Erfüllung seiner Aufgaben notwendigen Anordnungen zu erlassen.

5. Der Hohe Kommissar des Vereinigtes Königreichs kann dem Board Anweisung erteilen, sich zu irgendwelchen Fragen, die der Hohe Kommissar ihm unterbreitet, gutachtlich zu äußern.

Artikel 4

Entscheidungen

1. Alle Entscheidungen des Board, gleichviel, ob es sich dabei um Zwischenentscheidungen oder um endgültige Entscheidungen handelt, sind mit Stimmenmehrheit zu treffen und schriftlich niederzulegen. Gegen Entscheidungen des Board ist keine Berufung zulässig.

2. Alle auf Grund des Artikels 3 dieser Ausführungsverordnung erstatteten Gutachten sind in der von dem Hohen Kommissar für das Vereinigte Königreich zu bestimmenden Art und Weise zu veröffentlichen und für alle deutschen Gerichte und Behörden endgültig und rechtsverbindlich.

Artikel 5

Verfahrensregeln

Mit Zustimmung des Hauptberaters in Rechtsangelegenheiten kann der Vorsitzende Vorschriften für den Geschäftsgang und das Verfahren des Board erlassen, widerrufen oder abändern. Diese Vorschriften sollen bestimmen, daß auf Ansuchen irgendeiner Partei eine mündliche Verhandlung stattfindet.

Artikel 6

Fristen

Alle Anträge auf Nachprüfung sind innerhalb der folgenden Fristen bei dem Schriftführer des Board im Rathaus Herford einzureichen:

a) soweit es sich um eine Entscheidung der Wiedergutmachungskammer handelt, innerhalb einer Frist von einem Monat vom Ablauf der in Artikel 60 Abs. 2 des Rückerstattungsgesetzes für die Einlegung einer sofortigen Beschwerde festgesetzte Frist;

b) soweit es sich um eine Entscheidung des Zivilsenats des Oberlandesgerichts handelt, innerhalb von drei Monaten vom Datum der Entscheidung.

Artikel 7

Maßgebender Wortlaut

Der deutsche Wortlaut dieser Durchführungsverordnung ist der maßgebende Wortlaut.

Artikel 8

Zeitpunkt des Inkrafttretens

Diese Ausführungsverordnung tritt am 21. April 1950 in Kraft.

C. E. STEEL
Stellvertretender Hoher Kommissar des
Vereinigten Königreichs

Anhang 4
VV-BOR1

Gesetzgebung zur Rückerstattung feststellbarer Vermögensgegenstände an Opfer der nationalsozialistischen Unterdrückungsmaßnahmen. Nach dem Stande vom 1. März 1953. Veröffentlicht im Auftrage des Legal Adviser des Hohen Kommissars des Vereinigten Königreichs. E.A. Marsden Secretary Board of Review, S. 107–117.

BOARD OF REVIEW (Nachprüfungsausschuß)

(Gemäß der 6. Durchführungsverordnung zum Gesetz 59)

Verfahrensvorschriften*

(erste abgeänderte Fassung)

**Ersetzen mit Wirkung vom 28.12.51 die am 4.7.50 veröffentlichten Verfahrensvorschriften*

Artikel 1

Nachprüfungsanträge

1. Ein Antrag an den Board muß die Überschrift „Antrag auf Nachprüfung gemäß Gesetz 59, Artikel 61" tragen und folgendes enthalten:

a) Den Namen und die Anschrift des Antragstellers und des etwa in seinem Auftrag handelnden Anwaltes.

b) Die Namen und Anschriften aller anderen Parteien, die von der Entscheidung oder dem Beschluß, um dessen Nachprüfung gebeten wird, betroffen sind, sowie die Namen und Anschriften der Anwälte oder Vertreter aller dieser Parteien, soweit sie bekannt sind.

c) Den Namen der Kammer oder des Gerichts, welches die Entscheidung oder den Beschluß erließ, das Aktenzeichen und das Datum der Entscheidung oder des Beschlusses.

d) Eine kurze Darstellung des Wesens und Gegenstandes des Anspruches. (Eine längere oder eingehende Erklärung ist nicht erforderlich.)

e) Eine kurze Begründung des Antrages auf Nachprüfung, in der genau dargelegt wird, welche Paragraphen des Rückerstattungsgesetzes angeblich nicht beachtet worden sind, und/oder in welcher Weise ein Fehlspruch unterlaufen sein soll. (Dies kann, wenn nötig, durch einen weiteren Schriftsatz ergänzt werden, welcher eingehende Gründe enthält.)

f) Eine Erklärung darüber, welche Art der Abhilfe beantragt wird.

g) Eine Erklärung darüber, ob der Antragsteller eine mündliche Verhandlung beantragt oder nicht.

h) In Fällen, in denen der Antragsteller eine Verlängerung der Frist zum Einreichen des Antrages bei dem Board beantragt, eine Begründung dieses Gesuches.

2. Fünf Exemplare dieses Antrages in englischer Sprache, von denen eines von dem Antragsteller oder von dem in seinem Auftrag handelnden Anwalt unterschrieben sein

muß, und ein Exemplar in deutscher Sprache müssen bei der Geschäftsstelle des Board of Review, Rathaus, Herford, unter Beifügung folgender Schriftstücke eingereicht werden:

a) Eine eidesstattliche Versicherung des Antragstellers dahingehend, daß die in dem Antrag aufgeführten Tatsachen nach seinem besten Wissen, Unterrichtung und Glauben der Wahrheit entsprechen. Wird der Antrag im Namen einer im Ausland lebenden Person eingereicht, kann die eidesstattliche Versicherung von deren Bevollmächtigtem in Deutschland abgegeben werden. Wird der Antrag zugunsten einer juristischen Person, eines nicht rechtsfähigen Vereins oder einer Gesellschaft eingereicht, so kann die eidesstattliche Versicherung von einer ordnungsgemäß dazu befugten Person im Namen einer derartigen juristischen Person, eines nicht rechtsfähigen Vereins oder einer Gesellschaft abgegeben werden.

b) Abschriften und englische Übersetzungen derjenigen Schriftstücke, die sich im Besitz des Antragstellers befinden, und auf die er sich zur Stützung des Antrages beruft. (Die Eingabe von Abschriften oder Übersetzungen der vorinstanzlichen Entscheidungen oder Beschlüsse ist nicht notwendig, da die Gerichtsakten von dem Board angefordert werden.)

c) Eine Liste derjenigen Schriftstücke, die sich nicht im Besitz des Antragstellers befinden (abgesehen von den Gerichtsakten) und betreffs deren eine Anordnung des Board auf Vorlage beantragt wird.

d) Falls eine mündliche Verhandlung beantragt wird, eine Liste der Namen und Anschriften der Personen, die nach Genehmigung des Board als Zeugen gestellt werden sollen, sowie eine kurze Darstellung des Beweisthemas, über das sie aussagen sollen.

e) Falls der Antrag von einem Anwalt eingereicht wird, der den Antragsteller in der vorherigen Instanz nicht vertreten hat, die Vollmacht des Mandanten.

f) Eine ausreichende Anzahl zusätzlicher Abschriften des Antrages in deutscher Sprache, sowie Abschriften des deutschen Wortlauts der in Absatz a), b), c) und d) oben aufgeführten Schriftstücke zwecks Zustellung an alle anderen an dem Verfahren beteiligten Parteien.

3. Ein innerhalb der im Artikel 6 der 6. Durchführungsverordnung festgelegten Frist bei der Geschäftsstelle des Board of Review eingereichter Antrag wird wegen formeller Mängel oder wegen Mangels der notwendigen ihn unterstützenden Schriftstücke nicht zurückgewiesen, vorausgesetzt, daß derartige Mängel innerhalb von 14 Tagen von ihrer Mitteilung durch den Schriftführer des Board an den Antragsteller oder seinen Anwalt richtiggestellt werden. In schwierigen Fällen kann der Vorsitzende eine weitere Frist bestimmen.

Artikel 2

Verfahren, wenn der Antragsteller eine mündliche Verhandlung beantragt

4. Wenn der Antragsteller eine mündliche Verhandlung beantragt, so prüft der Board die Akten, um festzustellen, ob der Board in diesem Fall eine derartige Verhandlung für notwendig oder wünschenswert erachtet.

5. Falls der Board es ablehnt, eine mündliche Verhandlung zu gestatten, so gelangt das Verfahren des Artikels 3 zur Anwendung.

6. Falls der Board sich entschließt, eine mündliche Verhandlung zu gestatten, und eine Vorverhandlung gemäß Absatz 7 nicht für notwendig hält, veranlaßt der Board die Zustellung einer Mitteilung an den Antragsteller oder seinen Anwalt, daß eine mündliche Verhandlung stattfinden wird und die Zustellung einer gleichen Mitteilung – unter Beifügung von Abschriften des Antrages und der ihn begleitenden Schriftstücke – an alle anderen Beteiligten (hiernach „Antragsgegner“ genannt). Alle diese Antragsgegner sind gleichzeitig aufzufordern, innerhalb von 21 Tagen (oder bei Schwierigkeiten innerhalb einer von dem Vorsitzenden etwa gestatteten weiteren Frist) eine Entgegnung auf den Antrag gemäß Absatz 8 einzureichen.

7. Falls der Board eine mündliche Vorverhandlung für notwendig hält, so findet diese zwecks Erlasses von Anweisungen hinsichtlich der mündlichen Verhandlung im Geschäftszimmer des Board vor diesem oder vor einem oder mehreren Angehörigen des Board statt. Bei einer derartigen Vorverhandlung oder einer Fortsetzung einer solchen kann der Board oder der oder die zu diesem Zweck bestellten Angehörigen desselben die Parteien anhören und etwa angebrachte Anordnungen hinsichtlich der Feststellung und Einsicht von Schriftstücken, Vernehmung von Sachverständigen und anderen Zeugen, Art der Beweisaufnahme über bestimmte Tatsachen, Art und Ort der Verhandlung der Streitfragen und andere Angelegenheiten treffen.

8. Eine Entgegnung auf den Antrag muß eine kurze Darstellung der Gründe enthalten, aus denen der Antragsgegner dem Antrag widerspricht, und ihr sind Abschriften und englische Übersetzungen irgendwelcher Schriftstücke, auf die sich der Antragsgegner beruft, beizufügen (mit Ausnahme von Entscheidungen oder Beschlüssen der Vorinstanzen und von Schriftstücken, die der Antragsteller bereits eingereicht hat), sowie eine Liste der sich im Besitz des Antragsgegners befindlichen Schriftstücke betreffs deren eine Anordnung des Board auf Vorlage beantragt wird, und eine Liste der Namen und Anschriften der Personen, die nach Genehmigung des Board als Zeugen gestellt werden sollen, mit einer kurzen Darstellung des Beweisthemas, über das sie aussagen sollen. Eine derartige Entgegnung kann auch einen Gegenantrag enthalten, mit dem Abhilfe mit Bezug auf irgendeinen Teil, der der Nachprüfung unterliegenden Entscheidung oder des Beschlusses beantragt wird. Jedoch wird ein derartiger Gegenantrag, wenn er nur in dieser Form geltend gemacht wird, im Falle einer Zurücknahme des eingereichten Nachprüfungsantrages nicht weiter behandelt.

Es sind fünf Exemplare der Entgegnung in englischer Sprache, von denen eine von dem Antragsgegner (oder im Falle einer im Ausland lebenden Person von seinem Vertreter in Deutschland) oder von dem in seinem Namen handelnden Anwalt unterzeichnet sein muß, sowie ein Exemplar in deutscher Sprache bei der Geschäftsstelle des Board einzureichen. Ferner ist ein Exemplar in deutscher Sprache dem Antragsteller oder seinem Vertreter oder Anwalt in Deutschland zuzustellen.

9. Der Antragsteller ist berechtigt, innerhalb von vierzehn Tagen nach Zustellung der Entgegnung eine Antwort einzureichen. Von dieser Antwort sind fünf Exemplare in englischer und eines in deutscher Sprache bei der Geschäftsstelle des Board of Review einzureichen und ein Exemplar in deutscher Sprache dem Antragsgegner oder seinem Anwalt zuzustellen.

10. Ohne Genehmigung des Board sind weitere Schriftsätze nicht einzureichen.

11. Zeit und Ort der mündlichen Verhandlung werden mindestens vierzehn Tage vorher bekanntgegeben. Beteiligte, außer dem Antragsteller, die bei einer solchen Verhandlung gehört werden wollen, müssen dem Schriftführer des Board und dem Antrag-

steller oder seinem Anwalt spätestens sieben volle Tage vor der Verhandlung von dieser Absicht schriftlich Mitteilung machen.

12. Falls der Board dies für angebracht hält, kann der Antragsteller aufgefordert werden, eine Sicherheit für die Kosten des Verfahrens zu hinterlegen.

Artikel 3

Verfahren, wenn der Antragsteller eine mündliche Verhandlung beantragt

13. Wenn der Antragsteller keine mündliche Verhandlung beantragt, so prüft der Board die Akten, um festzustellen, ob prima facie ein Grund zur Gewährung der verlangten Abhilfe oder eines Teils derselben vorhanden ist.

14. Falls der Board der Ansicht ist, daß der Antrag keinen Grund zu einer Änderung der angefochtenen Entscheidung oder des angefochtenen Beschlusses ergibt, so wird der Antrag zurückgewiesen. Eine derartige Zurückweisung ist endgültig, und in derselben Sache ist kein weiterer Antrag seitens des Antragstellers oder zu seinen Gunsten zulässig.

15. Wenn der Board der Ansicht ist, daß der Antrag einen prima facie Grund zur Änderung der angefochtenen Entscheidung oder des angefochtenen Beschlusses ergibt, so veranlaßt der Board die Zustellung von Abschriften des Antrages und der ihn stützenden Schriftstücke an alle anderen an dem Verfahren beteiligten Parteien, auf die sich nach Ansicht des Board eine derartige Änderung auswirken könnte (nachstehend „Antragsgegner" genannt), und fordert diese Antragsgegner auf, innerhalb von 21 Tagen vom Tage dieser Aufforderung oder bei Schwierigkeiten innerhalb einer von dem Vorsitzenden etwa gestatteten weiteren Frist eine Entgegnung auf den Antrag einzureichen. Die Vorschriften des Artikels 2, Absatz 8 (mit Ausnahme der Bestimmungen über die Vernehmung von Zeugen) finden auf derartige Entgegnungen Anwendung. Jede zur Entgegnung aufgeforderte Partei kann eine mündliche Verhandlung beantragen, in welchem Falle das in Artikel 2 niedergelegte Verfahren sinngemäße Anwendung findet.

16. Der Antragsteller ist berechtigt, innerhalb von vierzehn Tagen von der Zustellung der Entgegnung eine Antwort einzureichen. Die Vorschriften des Absatzes 9 finden auf diese Antwort Anwendung.

17. Ohne Genehmigung des Board sind weitere Schriftsätze nicht einzureichen.

18. Wenn keine derartig aufgeforderte Partei eine mündliche Verhandlung beantragt und der Board es nicht für notwendig hält, Zeugen anzuhören, so wird der Fall nach Lage der Akten entschieden. Falls der Board es für nötig hält, vor Fällung einer Entscheidung Beweise zu erheben, so lädt er die Zeugen vor, die er für notwendig ansieht und gibt den Parteien Gelegenheit, persönlich oder durch einen Anwalt vertreten zu erscheinen, um derartige Zeugen zu vernehmen oder kreuzzuverhören.

Artikel 4

Verfahren bei mündlicher Verhandlung

19. Außer wenn der Board aus besonderen Gründen etwas Gegenteiliges anordnet, wird der Antragsteller oder sein Anwalt bei der mündlichen Verhandlung zuerst gehört. Andere Parteien werden in angemessen erscheinender Reihenfolge gehört. Die Partei, die die Verhandlung eröffnet, hat das Recht zu entgegnen.

20. Der Board hat alles Sachdienliche als Beweismittel zuzulassen. Zeugen werden nur mit Genehmigung des Board vernommen.

Artikel 5

Recht auf Gehör

21. Natürliche Personen, die an dem Antrag beteiligte Parteien sind, können persönlich vor dem Board gehört werden oder können einen Anwalt mit ihrer Vertretung beauftragen. Juristische Personen müssen durch einen Anwalt vertreten erscheinen.

22. Folgende Personen dürfen als Anwälte vor dem Board auftreten:

a) Rechtsanwälte.

b) Wenn eine Partei ihren ständigen Wohnsitz nicht in Deutschland hat, ein zum Auftreten in den oberen Gerichten des Landes, in dem die Partei ihren ständigen Wohnsitz hat, zugelassener Anwalt.

c) Diejenigen anderen juristisch vorgebildeten und in der Rechtspraxis erfahrenen Personen, denen der Vorsitzende jeweils eine allgemeine oder besondere Genehmigung erteilt, vor dem Board aufzutreten.

d) Personen, die nicht gemäß Absatz a), b) oder c) zugelassen oder qualifiziert sind, denen aber gestattet wurde, eine Partei in der Vorinstanz zu vertreten, können für einen Antragsgegner, nicht aber für einen Antragsteller, gehört werden.

Artikel 6

Entscheidung

23. Alle gemäß der vorhergehenden Artikel ergangenen Entscheidungen des Board werden den Parteien und der betreffenden Kammer oder dem betreffenden Gericht schriftlich zugestellt.

Artikel 7

Ersuchen um Genehmigung zur Einreichung eines Nachprüfungsantrages

24. Ein Ersuchen um Genehmigung zur Einreichung eines Nachprüfungsantrages gemäß Artikel 3, Absatz 1A der 6. Durchführungsverordnung muß folgende Überschrift tragen: „Ersuchen um Genehmigung zur Einreichung eines Nachprüfungsantrages gemäß Artikel 3, (1A) der 6. Durchführungsverordnung zum Gesetz 59“ und muß folgendes enthalten:

a) Alle die Einzelheiten, die gemäß Artikel 1, Absatz 1(a) bis (d) dieser Verfahrensvorschriften verlangt werden.

b) Eine kurze Begründung des beabsichtigten Nachprüfungsantrages, in der genau dargelegt wird, welche Paragraphen des Rückerstattungsgesetzes angeblich nicht beachtet worden sind, und/oder in welcher Weise ein Fehlspruch unterlaufen sein soll. Der Board befaßt sich mit einem derartigen Ersuchen nur, wenn diese Vorschrift genau eingehalten wird und sich aus der Begründung eindeutig ergibt, daß es sich um eine erhebliche Angelegenheit handelt.

c) Eine Erklärung darüber, ob ein Ersuchen um Genehmigung zur Einreichung eines Nachprüfungsantrages bereits bei dem Oberlandesgericht gestellt wurde, gegebenenfalls unter Angabe des Datums eines derartigen Ersuchens. Falls dieses Ersuchen abgelehnt worden ist, muß diese Tatsache ebenfalls erwähnt werden.

25. Das Ersuchen um Genehmigung muß in englischer Sprache abgefaßt, von dem Antragsteller oder dem in seinem Auftrag handelnden Anwalt unterschrieben, bei der Geschäftsstelle des Board of Review, Rathaus, Herford, eingereicht werden.

26. Der Schriftführer des Board hat den Antrag dem Vorsitzenden oder einem von dem Vorsitzenden benannten Angehörigen des Board vorzulegen und hierüber prozeßleitende Anweisung einzuholen.

27. Die Entscheidung des Board oder eines Angehörigen desselben über das Ersuchen wird dem Ersuchenden und dem betreffenden Gericht schriftlich mitgeteilt und ist endgültig.

Artikel 8

Siegel

28. Der Board führt ein Siegel, mit welchem alle von dem Board ausgehenden Schriftstücke und Entscheidungen versehen werden.

Artikel 9

Kosten

29. Der Board erhebt keine Gebühren, jedoch kann er ihm richtig erscheinende Anordnungen hinsichtlich der Erstattung von Kosten erlassen und die Höhe derartiger Kosten entweder selbst festsetzen oder anordnen, daß sie von der zuständigen deutschen Behörde festgesetzt werden.

Artikel 10

Übergangsvorschriften

30. Falls die Rechte der Parteien in Bezug auf das Einreichen eines Nachprüfungsantrages bei dem Board of Review zu irgendeinem Zeitpunkt durch eine Änderung des Gesetzes 59, der hierzu ergangenen Durchführungsverordnungen oder der Verfahrensvorschriften geändert werden, so ist der Vorsitzende des Board ermächtigt, die Anwendung irgendwelcher der vorliegenden Vorschriften insoweit, als dadurch die Rechtslage der Parteien verändert wird, auszusetzen oder so abzuändern, daß eine Benachteiligung der Parteien vermieden wird.

Artikel 11

Anderweitig nicht geregelte Angelegenheiten

31. Soweit der Geschäftsgang oder das Verfahren durch Gesetz 59, die dazu erlassenen Durchführungsverordnungen oder diese Vorschriften nicht geregelt sind, ist hierüber so zu entscheiden, wie der Vorsitzende es für richtig hält und so weit wie praktisch durchführbar in Anlehnung an die normalen Verfahrensgrundsätze der deutschen Gerichte.

Artikel 12

Datum des Inkrafttretens

32. Diese Vorschriften treten am Tage der Veröffentlichung der Verordnung Nr. 237 des Hohen Kommissars des Vereinigten Königreichs für Deutschland anstelle der Verfahrensvorschriften vom 4. Juli 1950 in Kraft.

19. Dezember 1951.

Graham Rogers
Vorsitzender des Board

Anhang 5
VO255 mit DVO6N

Amtsblatt der Alliierten Hohen Kommission Nr. 117 vom 28. Juli 1954, S. 3012 ff.

ZWEITER TEIL

Soweit nichts Abweichendes bestimmt ist, ist für die von dem Hohen Kommissar des Vereinigten Königreichs und von dem Hohen Kommissar der Vereinigten Staaten oder in ihrem Auftrag erlassenen Rechtsvorschriften der englische Text, und für die von dem Hohen Kommissar der Französischen Republik oder in seinem Auftrag erlassenen Rechtsvorschriften der französische Text der amtliche Text.

Britische Zone

DER HOHE KOMMISSAR DES VEREINIGTEN KÖNIGREICHS FÜR DEUTSCHLAND

VERORDNUNG Nr. 255

AUFHEBUNG DER BESTEHENDEN UND ERLASSUNG EINER ABGEÄNDERTEN FASSUNG DER 6. DURCHFÜHRUNGSVERORDNUNG ZUM GESETZ Nr. 59 DER MILITÄRREGIERUNG (RÜCKERSTATTUNG FESTSTELLBARER VERMÖGENSGEGENSTÄNDE AN OPFER DER NATIONALSOZIALISTISCHEN UNTERDRÜCKUNGSMASSNAHMEN)

Artikel 1

Die 6. Durchführungsverordnung zum Gesetz Nr. 59 der Militärregierung, die am 21. April 1950 in Kraft getreten ist (in dieser Verordnung und in ihrem Anhang als „6. Durchführungsverordnung“ bezeichnet), wird hiermit aufgehoben und durch die im Anhang zu dieser Verordnung enthaltene 6. Durchführungsverordnung (Neufassung) ersetzt.

Artikel 2

Vom Tage des Inkrafttretens dieser Verordnung ist Gesetz Nr. 59 der Militärregierung sowie Abänderungs- oder Ausführungsvorschriften zu diesem Gesetz, die an diesem Tage in Kraft sind, so auszulegen, als ob darin enthaltene Hinweise auf den durch die 6. Durchführungsverordnung errichteten Board of Review durch entsprechende Hinweise auf das durch die 6. Durchführungsverordnung (Neufassung) errichtete Oberste Rückerstattungsgericht für die Britische Zone ersetzt wären.

Artikel 3

Der deutsche Wortlaut dieser Verordnung ist der maßgebende Wortlaut.

Artikel 4

Diese Verordnung und die Durchführungsverordnung im Anhang tritt am 1. August 1954 in Kraft.

Ausgefertigt am 26. Juli 1954

F. R. HOYER MILLAR
Hoher Kommissar des Vereinigten Königreichs

ANHANG

6. DURCHFÜHRUNGSVERORDNUNG (NEUFASSUNG)
(OBERSTES RÜCKERSTATTUNGSGERICHT
FÜR DIE BRITISCHE ZONE)
ZUM GESETZ Nr. 59 DER MILITÄRREGIERUNG
(RÜCKERSTATTUNG FESTSTELLBARER VERMÖGENS-
GEGENSTÄNDE AN OPFER DER NATIONAL-
SOZIALISTISCHEN UNTERDRÜCKUNGSMASSNAHMEN)

Artikel 1

(Errichtung des Obersten Rückerstattungsgerichtes)

1. Der durch Artikel 1 der 6. Durchführungsverordnung errichtete Board of Review (im folgenden als „der vormalige Board" bezeichnet) wird hiermit aufgelöst und die Laufzeit der Amtsernennungen seiner Mitglieder für beendet erklärt.

2. An Stelle des vormaligen Board tritt hiermit das Oberste Rückerstattungsgericht für die Britische Zone, das im folgenden als „das Gericht" bezeichnet wird.

3. Das Gericht übt von nun an sowohl die in Artikel 61 des Gesetzes Nr. 59 der Militärregierung (im folgenden „das Rückerstattungsgesetz" genannt) bezeichneten Befugnisse des Board of Review als auch die ihm durch die gegenständliche Durchführungsverordnung übertragenen Befugnisse aus.

Artikel 2

(Mitglieder des Gerichts)

1. Das Gericht besteht aus den folgenden Mitgliedern:

(a) einem Präsidenten;

(b) einem Stellvertretenden Präsidenten;

(c) Richtern.

2. Die Anzahl der Richter, die jeweils das Amt auszuüben haben, wird vom Hohen Kommissar des Vereinigten Königreichs bestimmt.

3. Die Mitglieder des Gerichtes werden vom Hohen Kommissar des Vereinigten Königreichs ernannt. Er kann die Regierung der Bundesrepublik Deutschland (im folgenden als die „Bundesregierung" bezeichnet) ersuchen, einen oder mehrere Personen zur Ernennung vorzuschlagen.

4. Kein Mitglied des Gerichtes darf zur Ausführung von Aufgaben bestimmt werden oder Tätigkeiten ausüben, die mit seinen Amtspflichten als Mitglied des Gerichtes unvereinbar sind. Ebensowenig darf sich ein Mitglied an der Entscheidung über einen Anspruch beteiligen, an welchem er ein direktes Interesse hat, oder mit dem er zuvor in irgendeiner Eigenschaft befaßt war, es sei denn als Mitglied des vormaligen Board. Meinungsverschiedenheiten, die sich hinsichtlich der Anwendung oder Auslegung dieses Absatzes ergeben, werden durch Beschluß des Gerichtes geklärt. Alle verfügbaren Mitglieder des Gerichtes nehmen an einem solchen Beschluß teil.

5. Die Mitglieder des Gerichtes genießen sowohl während als auch nach Beendigung ihrer Amtszeit Immunität gegenüber gerichtlicher Inanspruchnahme hinsichtlich von Handlungen, die sie in Ausübung ihrer Amtspflichten vorgenommen haben.

6. Alle Mitglieder des Gerichtes müssen über geeignete juristische Vorbildung und Erfahrung verfügen.

7. Im Falle des Todes, der Amtsniederlegung oder Abwesenheit des Präsidenten, werden die Befugnisse des Präsidenten auf Grund dieser Durchführungsverordnung durch den Stellvertretenden Präsidenten ausgeübt.

Artikel 3

(Teilnahme an Entscheidungen des Gerichtes)

1. Vorbehaltlich einer anderweitigen Bestimmung in dieser Durchführungsverordnung haben drei Mitglieder des Gerichtes an den Entscheidungen des Gerichtes teilzunehmen.

2. Der Präsident bestimmt diejenigen Mitglieder des Gerichtes, die an einer Entscheidung teilzunehmen haben. Er hat, wenn verfügbar, selbst daran teilzunehmen und einen der durch die Bundesregierung vorgeschlagenen Richter zur Teilnahme zu bestimmen, es sei denn, daß nach Ablauf einer angemessenen, durch den Präsidenten festzusetzenden Frist kein solcher Richter verfügbar wäre.

3. Im Falle seiner Teilnahme führt der Präsident den Vorsitz, andernfalls der Stellvertretende Präsident.

Artikel 4

(Vorschrift betreffend Erhöhung der Teilnehmerzahl der Mitglieder)

1. Der Präsident kann nach seinem ausschließlichen Ermessen die Teilnahme von fünf Mitgliedern des Gerichts an der Entscheidung einer Sache verfügen, die eine Rechtsfrage von außergewöhnlicher Schwierigkeit aufwirft. Die Verfügung des Präsidenten erfolgt entweder aus eigener Initiative oder auf Antrag eines Mitgliedes des Gerichtes, dem eine Sache zugewiesen worden ist, vorausgesetzt, daß ein solcher Antrag schriftlich innerhalb von zehn Tagen nach Empfang der Akte durch das betreffende Mitglied gestellt wird.

2. In jeder Sache, an der drei Mitglieder des Gerichtes teilnehmen, ist das Verfahren auszusetzen, wenn der Vorsitzende nach angemessener Beratung der teilnehmenden Mitglieder zu der Ansicht gelangt, daß die Entscheidung sich in Widerspruch zu einer früheren Entscheidung des Gerichtes oder des vormaligen Board setzen würde.

3. Beschlüsse über Aussetzung des Verfahrens gemäß Absatz 2 dieses Artikels werden durch den Vorsitzenden erlassen. Der Präsident ist zu verständigen, falls er nicht den Vorsitz führt.

4. Nach Ergehen einer Verfügung gemäß Absatz 1 dieses Artikels oder eines Beschlusses gemäß Absatz 3, bestimmt der Präsident zwei weitere Mitglieder des Gerichtes zur Teilnahme an der Verhandlung; eines derselben hat ein durch die Bundesregierung vorgeschlagener Richter zu sein, es sei denn daß nach Ablauf einer angemessenen, von dem Präsidenten im einzelnen Falle festzusetzenden Frist kein solcher Richter verfügbar ist.

5. Der Präsident kann ferner Verfügungen wegen weiterer Schriftsätze oder mündlichen Vortrags erlassen. Fehlt eine solche Verfügung, ist weiteres Vorbringen unzulässig.

6. Hierauf ist die Sache durch die drei ursprünglichen und die zwei zusätzlichen teilnehmenden Mitglieder des Gerichtes zu Ende zu führen.

Artikel 5

(Geschäftsstelle des Gerichtes)

1. Das Gericht erhält einen Geschäftsstellenleiter („Registrar") und eine Geschäftsstelle.

2. So lange keine anderweitige Verfügung des Hohen Kommissars des Vereinigten Königreiches ergeht, ist der Sitz der Geschäftsstelle im Rathaus in Herford, Westfalen.

3. Der Geschäftsstellenleiter wird vom Hohen Kommissar des Vereinigten Königreichs ernannt, und ist für die Arbeit der Geschäftsstelle unmittelbar und ausschließlich dem Präsidenten verantwortlich.

4. Die Anzahl, Befähigungserfordernisse und Anstellungsbedingungen des Geschäftsstellenpersonals werden vom Hohen Kommissar des Vereinigten Königreichs bestimmt.

5. Vorbehaltlich der Bestimmungen der vorhergehenden Absätze dieses Artikels, kann das Gericht Vorschriften betreffend die Organisation und Aufgaben der Geschäftsstelle erlassen. Alle verfügbaren Mitglieder des Gerichtes nehmen an der Erlassung solcher Vorschriften teil.

Artikel 6

(Verfahren des Gerichtes)

1. Das Gericht kann durch Beschluß aller verfügbaren Mitglieder seine Geschäfts- und Verfahrensordnung bestimmen, ändern oder widerrufen. Die Geschäfts- und Verfahrensordnung wird im Amtsblatt der Alliierten Hohen Kommission veröffentlicht. Die Verfahrensvorschriften des vormaligen Board finden, bis zur Erlassung einer neuen Geschäfts- und Verfahrensordnung durch das Gericht gemäß diesem Absatz, sinngemäß Anwendung.

2. Die englische und deutsche Sprache sind die Amtssprache des Gerichtes. Die Geschäfts- und Verfahrensordnung kann vorschreiben, daß Anträge und Schriftsätze in einer oder beiden der Amtssprachen eingebracht werden. Mündlicher Vortrag ist in der Amtssprache zulässig, die von der vorbringenden Partei gewählt wird, muß aber unverzüglich in die andere Amtssprache übersetzt werden. Alle schriftlichen Entscheidungen

des Gerichtes ergehen in englischer und deutscher Sprache, der englische und deutsche Wortlaut sind gleichermaßen authentisch, es sei denn, daß eine Entscheidung den Vorrang eines der beiden festsetzt.

3. Wird von einer der am Verfahren vor dem Gericht beteiligten Parteien eine mündliche Verhandlung gemäß der Geschäfts- und Verfahrensordnung beantragt, kann das Gericht die Zulassung einer solchen ablehnen, wenn es der Überzeugung ist, daß eine mündliche Verhandlung dem Gericht nicht dienlich sein würde. Das Gericht kann einen Antrag auf mündliche Verhandlung ohne Angabe von Gründen bewilligen oder ablehnen. Das Gericht kann eine mündliche Verhandlung in jeder Sache anordnen, wo es sie für zweckmäßig hält.

4. Alle mündlichen Verhandlungen sind öffentlich. Die Bestimmungen des § 172, des § 174, Abs. 1 und 2, je Satz 1 und 2, und der §§ 175 bis einschließlich 180 des Gerichtsverfassungsgesetzes finden sinngemäß Anwendung.

5. Die Anzahl oder die Person der am Verfahren teilnehmenden Mitglieder des Gerichtes kann nicht angefochten werden.

6. Falls es das Gericht in einer Sache für zweckmäßig hält, kann es Beisitzer bestellen und nach seinem Ermessen Sachverständige zu seiner Beratung und Unterstützung heranziehen, sowie Schriftsätze oder mündliche Ausführungen von jeder hierzu entsprechend befähigten Person entgegennehmen, die als „amicus curiae" in Vertretung von Personen oder Organisationen auftritt, die an Verfahren auf Grund des Rückerstattungsgesetzes interessiert sind.

7. Vorbehaltlich einer anderweitigen Bestimmung im Rückerstattungsgesetz, dieser Durchführungsverordnung oder der Geschäfts- und Verfahrensordnung des Gerichtes, finden die Vorschriften des deutschen Rechts in Angelegenheiten der freiwilligen Gerichtsbarkeit auf das Verfahren des Gerichtes sinngemäß Anwendung.

8. Das Gericht tagt zu den von dem Präsidenten zu bestimmenden Zeiten und an den gleichfalls von ihm zu bestimmenden Orten in der Britischen Zone.

Artikel 7

(Antrag auf Nachprüfung und Befugnisse des Gerichtes)

1. Wer sich durch eine Entscheidung oder einen Beschluß der Wiedergutmachungskammer, die auf Grund einer Verweisung an die Kammer gemäß Artikel 55 oder auf Grund eines Einspruches gemäß Artikel 56 des Rückerstattungsgesetzes erlassen worden sind, beschwert fühlt und nicht von seinem Recht Gebrauch gemacht hat, eine sofortige Beschwerde gemäß Artikel 60, Abs. 2 des Rückerstattungsgesetzes einzulegen, oder wer sich durch eine Entscheidung oder einen Beschluß des Zivilsenats des Oberlandesgerichtes, die über eine gemäß Artikel 60, Abs. 2 des Rückerstattungsgesetzes eingelegte Beschwerde erlassen worden sind, beschwert fühlt, kann innerhalb der nachstehend festgesetzten Fristen bei dem Gericht die Nachprüfung der Entscheidung oder des Beschlusses beantragen.

2. Ungeachtet etwaiger gegenteiliger Vorschriften in Absatz 1 dieses Artikels gelten die folgenden Bestimmungen:

(i) In Fällen, in denen eine Entscheidung oder ein Beschluß einer Wiedergutmachungskammer ohne Änderung von dem Zivilsenat des Oberlandesgerichts bestätigt worden ist, ist kein Antrag an das Gericht zulässig, es sei denn daß der Zivilsenat seine Genehmigung zur Einreichung eines solchen Antrages mit der Begründung erteilt hat, daß es sich um eine Rechtsfrage von außergewöhnlicher Bedeutung handelt, oder daß das Gericht selbst die Genehmigung zur Einreichung eines Antrages erteilt. Genehmigung zur Einreichung eines Antrages kann von jedem Mitglied des Gerichtes erteilt, aber nur durch das Gericht verweigert werden.

(ii) Die Genehmigung des Zivilsenats zur Einreichung eines Nachprüfungsantrages kann in seinem ursprünglichen Beschluß oder in einem auf Grund eines Gesuches der beschwerten Partei erlassenen, besonderen Beschluß enthalten sein, vorausgesetzt daß ein derartiges Gesuch innerhalb von 14 Tagen vom Tage der Zustellung der Entscheidung an die Partei gestellt wurde.

(iii) Ein Antrag an das Gericht aus dem Grunde, daß der Zivilsenat seine Genehmigung zur Einreichung eines Nachprüfungsantrages erteilt oder verweigert hat, ist unzulässig. Ein Gesuch um die Genehmigung des Gerichtes zur Einreichung eines Nachprüfungsantrages kann jedoch selbst dann gestellt werden, wenn der Zivilsenat des Oberlandesgerichtes die Genehmigung verweigert hat. Nach Ablehnung eines Gesuches um die Genehmigung des Gerichtes, ist ein Gesuch um die Genehmigung des Zivilsenats des Oberlandesgerichts nicht mehr zulässig.

3. Gesuche an das Gericht um Genehmigung zur Einreichung eines Nachprüfungsantrages können ohne Angabe von Gründen bewilligt oder abgelehnt werden.

4. Ein Antrag auf Nachprüfung ist durch eine eidliche Erklärung zu erhärten und hat die Gründe anzugeben, aus denen die angefochtene Entscheidung abgeändert oder für nichtig erklärt werden soll. Das Gericht berücksichtigt Nachprüfungsanträge nur dann, wenn die Vorschriften des Rückerstattungsgesetzes nicht eingehalten worden sind oder ein grober Fehlspruch ergangen ist.

5. Das Gericht kann die von ihm nachgeprüfte Entscheidung oder den von ihm nachgeprüften Beschluß in seiner Gesamtheit oder teilweise bestätigen, abändern oder Aufheben [sic!] und kann die Sache in ihrer Gesamtheit oder teilweise an die Wiedergutmachungskammer oder den Zivilsenat des Oberlandesgerichts zurückverweisen, vor dem die Sache verhandelt wurde. Jede Entscheidung und jeder Beschluß des Gerichtes bindet das zuständige deutsche Gericht und ist von ihm zu vollstrecken. Bis zur endgültigen Entscheidung der Sache kann das Gericht die Aussetzung der Vollstreckung der Entscheidung der Wiedergutmachungskammer oder des Zivilsenats des Oberlandesgerichtes anordnen oder die sonstigen vorläufigen Anordnungen erlassen, die ihm nach Lage des Falles gerechtfertigt erscheinen.

6. Das Gericht hat die Befugnis, Zeugen zu laden, die Vorlegung von Schriftstücken anzuordnen, Eide abzunehmen, Strafen wegen Mißachtung des Gerichtes zu verhängen und alle anderen für die ordnungsgemäße Erfüllung seiner Aufgaben notwendigen Anordnungen zu erlassen.

7. Der Hohe Kommissar des Vereinigten Königreichs kann dem Gericht Anweisung erteilen, sich zu Rechtsfragen, die ihm durch den Hohen Kommissar vorgelegt werden, gutachtlich zu äußern.

Artikel 8

(Entscheidungen)

1. Vorbehaltlich einer anderweitigen Bestimmung in dieser Durchführungsverordnung, werden alle Entscheidungen des Gerichtes, Zwischenentscheidungen wie Endentscheidungen, mit Stimmenmehrheit der Mitglieder, die gemäß dieser Durchführungsverordnung daran teilzunehmen haben, gefaßt und sind schriftlich auszufertigen und mit Entscheidungsgründen zu versehen.

2. Entscheidungen sind von allen daran teilnehmenden Mitgliedern des Gerichtes zu unterschreiben. Ihre Unterschrift bekundet, daß die betreffende Entscheidung eine Entscheidung des Gerichtes ist.

3. Jedes teilnehmende Mitglied kann innerhalb von zehn Tagen nach der Unterzeichnung einer Entscheidung durch ihn, seine persönlichen Gründe für Zustimmung zu jener Entscheidung oder Abweichung davon schriftlich und mit seiner Unterschrift versehen niederlegen, und diese unterschriebene Aufzeichnung seiner Gründe dem Präsidenten übersenden, der ihre Ablage mit der Entscheidung zu verfügen hat. Weder das Vorhandensein noch der Inhalt einer solchen Aufzeichnung darf veröffentlicht oder irgendjemand außer den Mitgliedern des Gerichtes, dem Geschäftsstellenleiter oder Angehörigen des Geschäftsstellenpersonals mitgeteilt werden.

4. Mitglieder des Gerichtes dürfen ihre Ansichten über Fragen, die von dem Gericht oder dem vormaligen Board entschieden worden sind, oder über Auslegung des Rückerstattungsgesetzes nicht veröffentlichen.

5. Ein weiterer Rechtszug gegen Entscheidungen des Gerichtes ist ausnahmslos ausgeschlossen.

6. Alle gemäß Artikel 7, Abs. 7 dieser Durchführungsverordnung durch das Gericht abgegebenen Rechtsgutachten sind endgültig und für alle deutschen Gerichte und Behörden verbindlich.

Artikel 9

(Fristen)

1. Alle Nachprüfungsanträge und Gesuche um Genehmigung zur Einreichung von Nachprüfungsanträgen sind beim Geschäftsstellenleiter des Gerichtes innerhalb eines Monats, im Falle von Personen, die ihren gewöhnlichen Aufenthalt im Ausland haben, innerhalb von drei Monaten vom Tage der Zustellung des angefochtenen Beschlusses oder Entscheidung schriftlich einzubringen, es sei denn, daß

(i) die Genehmigung zur Einreichung eines Nachprüfungsantrages durch den Zivilsenat des Oberlandesgerichtes erteilt worden ist, in welchem Falle die Frist vom Tage der Zustellung des diese Genehmigung erteilenden Beschlusses läuft; oder

(ii) die Genehmigung zur Einreichung eines Nachprüfungsantrages vom Zivilsenat des Oberlandesgerichtes verweigert worden ist, in welchem Falle die Frist zur Einreichung eines Gesuches gemäß Artikel 7, Absatz 2, Unterabsatz (iii) vom Tage der Zustellung des diese Genehmigung verweigernden Beschlusses läuft.

2. Das Gericht ist ermächtigt, die in diesem Artikel vorgeschriebenen Fristen bedingungslos oder unter Auferlegung von Bedingungen, die nach Lage des Falles ge-

rechtfertigt sind, zu verlängern; eine solche Verlängerung kann angeordnet werden, selbst wenn der dahingehende Antrag erst nach dem Ablauf der vorgeschriebenen Frist gestellt worden ist. Eine derartige Entscheidung kann von jedem Mitglied des Gerichtes ohne Verständigung der Gegenseite getroffen werden und bedarf keiner Begründung.

Artikel 10

(Ehemalige und rechtshängige Fälle des vormaligen Board)

1. Frühere Entscheidungen und Rechtsgutachten des vormaligen Board haben die Wirksamkeit von Entscheidungen und Rechtsgutachten des Gerichtes.

2. Alle bei dem vormaligen Board anhängigen Sachen sind in ihrem gegenwärtigen Zustand an das Gericht überzuleiten.

3. In allen diesen Sachen hat jede Handlung oder Unterlassung der Parteien dieselbe Wirkung als wenn die Sache von Beginn an bei dem Gericht anhängig gewesen wäre; jede Handlung oder Unterlassung des vormaligen Board hat dieselbe Wirkung, als ob sie sich seitens des Gerichtes ereignet hätte, und jede Handlung oder Unterlassung des Schriftführers des vormaligen Board hat dieselbe Wirkung, als wenn sie sich seitens des Geschäftsstellenleiters des Gerichtes ereignet hätte.

Artikel 11

(Auslegung)

Der deutsche Wortlaut dieser Durchführungsverordnung ist der maßgebende Wortlaut.

Anhang 6
Überleitungsvertrag mit SORG

Bundesgesetzblatt, Jahrgang 1955, Teil II, S. 405 ff.

Vertrag zur Regelung
aus Krieg und Besatzung entstandener Fragen

(in der gemäß Liste IV zu dem am 23. Oktober 1954
in Paris unterzeichneten Protokoll über die Beendigung des Besatzungsregimes
in der Bundesrepublik Deutschland geänderten Fassung)

DIE BUNDESREPUBLIK
DEUTSCHLAND,

DIE VEREINIGTEN STAATEN
VON AMERIKA,

DAS VEREINIGTE KÖNIGREICH
VON GROSSBRITANNIEN
UND NORDIRLAND

und

DIE FRANZÖSISCHE REPUBLIK

sind wie folgt übereingekommen:

ERSTER TEIL

Allgemeine Bestimmungen

Artikel 1

(1) Die Organe der Bundesrepublik und der Länder sind gemäß ihrer im Grundgesetz festgelegten Zuständigkeit befugt, von den Besatzungsbehörden erlassene Rechtsvorschriften aufzuheben oder zu ändern, sofern im Vertrag über die Beziehungen zwischen der Bundesrepublik Deutschland und den Drei Mächten oder in den in dessen Artikel 8 aufgeführten Zusatzverträgen nichts anderes bestimmt ist. Bis zu einer solchen Aufhebung oder Änderung bleiben von den Besatzungsbehörden erlassene Rechtsvorschriften in Kraft. Vom Kontrollrat erlassene Rechtsvorschriften dürfen weder aufgehoben noch geändert werden. Rechtsvorschriften, durch welche die vorläufigen Grenzen der Bundesrepublik festgelegt worden sind, oder die nach anderen Bestimmungen des Vertrags über die Beziehungen zwischen der Bundesrepublik Deutschland und den Drei Mächten oder der Zusatzverträge in Kraft bleiben, dürfen nur mit Zustimmung der Drei Mächte geändert oder aufgehoben werden.

(2) Die Drei Mächte übertragen hiermit auf die Bundesrepublik das Recht, nach jeweiliger Konsultation mit den Drei Mächten die Rechtsvorschriften des Kontrollrats innerhalb des Bundesgebietes außer Wirksamkeit zu setzen, die nicht nach anderen Bestimmungen des Vertrags über die Beziehungen zwischen der Bundesrepublik Deutschland und den Drei Mächten oder der Zusatzverträge oder auf Verlangen der Drei Mächte in Ausübung ihrer Rechte hinsichtlich Berlins und Deutschlands als Ganzem, einschließlich der Wiedervereinigung Deutschlands und einer Friedensregelung, auf die im

Verträge über die Beziehungen zwischen der Bundesrepublik Deutschland und den Drei Mächten Bezug genommen ist, in Kraft bleiben, und die in einer Mitteilung im Namen der Regierungen der Drei Mächte an den Bundeskanzler vom Tage der Unterzeichnung dieses Vertrags aufgeführt sind.

(3) Der in diesem Vertrag verwendete Ausdruck „Rechtsvorschriften“ umfaßt Proklamationen, Gesetze, Verordnungen, Entscheidungen (mit Ausnahme gerichtlicher Entscheidungen), Direktiven, Durchführungsbestimmungen, Anordnungen, Genehmigungen oder sonstige Vorschriften ähnlicher Art, die amtlich veröffentlicht worden sind. Die Bezugnahme auf eine einzelne Rechtsvorschrift schließt alle und jeden ihrer Teile, einschließlich der Präambel, ein, sofern nicht ausdrücklich etwas anderes bestimmt ist.

(4) Die amtlichen Texte der in diesem Artikel erwähnten Rechtsvorschriften sind diejenigen Texte, die zur Zeit des Erlasses maßgebend waren.

5) Der Ausdruck „Besatzungsbehörden“, wie er in diesem Teil verwendet wird, bedeutet den Kontrollrat, die Alliierte Hohe Kommission, die Hohen Kommissare der Drei Mächte, die Militärgouverneure der Drei Mächte, die Streitkräfte der Drei Mächte in Deutschland, sowie Organisationen und Personen, die in deren Namen Befugnisse ausüben oder – im Falle von internationalen Organisationen und Organisationen anderer Mächte (und der Mitglieder solcher Organisationen) – mit deren Ermächtigung handeln, schließlich die bei den Streitkräften der Drei Mächte dienenden Hilfsverbände anderer Mächte.

Artikel 2

(1) Alle Rechte und Verpflichtungen, die durch gesetzgeberische, gerichtliche oder Verwaltungsmaßnahmen der Besatzungsbehörden oder auf Grund solcher Maßnahmen begründet oder festgestellt worden sind, sind und bleiben in jeder Hinsicht nach deutschem Recht in Kraft, ohne Rücksicht darauf, ob sie in Übereinstimmung mit anderen Rechtsvorschriften begründet oder festgestellt worden sind. Diese Rechte und Verpflichtungen unterliegen ohne Diskriminierung denselben künftigen gesetzgeberischen, gerichtlichen und Verwaltungsmaßnahmen wie gleichartige nach innerstaatlichem deutschem Recht begründete oder festgestellte Rechte und Verpflichtungen.

(2) Alle Rechte und Verpflichtungen, die aus den Verträgen und internationalen Abkommen herrühren, die von den Besatzungsbehörden oder von einer oder mehreren der Regierungen der Drei Mächte vor Inkrafttreten dieses Vertrags für eine oder mehrere der drei westlichen Besatzungszonen abgeschlossen wurden und die in der Anlage zu der Mitteilung der Alliierten Hohen Kommissare im Namen der Regierungen der Drei Mächte an den Bundeskanzler vom Tage der Unterzeichnung dieses Vertrags aufgeführt sind, sind und bleiben in Kraft, als ob sie aus gültigen, von der Bundesrepublik abgeschlossenen Verträgen und internationalen Abkommen herrührten.

Artikel 3

(1) Niemand darf allein deswegen unter Anklage gestellt oder durch Maßnahmen deutscher Gerichte oder Behörden in seinen Bürgerrechten oder seiner wirtschaftlichen Stellung nur deswegen beeinträchtigt werden, weil er vor Inkrafttreten dieses Vertrags mit der Sache der Drei Mächte sympathisiert, sie oder ihre Politik oder Interessen unterstützt oder den Streitkräften, Behörden oder Dienststellen einer oder mehrerer der Drei Mächte oder einem Beauftragten einer dieser Mächte Nachrichten geliefert oder

Dienste geleistet hat. Das gleiche gilt zugunsten von Personen, die den Verbündeten der Drei Mächte bei ihren gemeinsamen Bestrebungen vor Inkrafttreten dieses Vertrags Sympathien bezeigt, Unterstützung gewährt, Nachrichten geliefert oder Dienste geleistet haben. Die deutschen Behörden haben alle ihnen zur Verfügung stehenden Mittel anzuwenden, um sicherzustellen, daß der Zweck dieses Absatzes erreicht wird.

(2) Soweit nicht in Absatz (3) dieses Artikels oder durch besondere Vereinbarung zwischen der Bundesregierung und den Regierungen der Drei Mächte oder der betreffenden Macht etwas anderes bestimmt ist, sind deutsche Gerichte und Behörden nicht zuständig in strafrechtlichen oder nichtstrafrechtlichen Verfahren, die sich auf eine vor Inkrafttreten dieses Vertrags begangene Handlung oder Unterlassung beziehen, wenn unmittelbar vor Inkrafttreten dieses Vertrags die deutschen Gerichte und Behörden hinsichtlich solcher Handlungen oder Unterlassungen nicht zuständig waren, ohne Rücksicht darauf, ob sich diese Unzuständigkeit aus der Sache oder aus der Person ergibt.

(3) Vorbehaltlich der Bestimmungen des Absatzes (1) dieses Artikels und jeder anderen einschlägigen Bestimmung des Vertrags über die Beziehungen zwischen der Bundesrepublik Deutschland und den Drei Mächten oder der in seinem Artikel 8 aufgeführten Zusatzverträge dürfen deutsche Gerichte die ihnen nach deutschem Recht zustehende Gerichtsbarkeit ausüben:

(a) in nichtstrafrechtlichen Verfahren, für die das Privatrecht maßgebend ist:

(i) gegen juristische Personen, wenn die Gerichtsbarkeit der deutschen Gerichte vorher allein deswegen ausgeschlossen war, weil diese juristischen Personen der Kontrolle der Besatzungsbehörden nach den Gesetzen Nr. 52 des SHAEF und der Militärregierung, betreffend Sperre und Kontrolle von Vermögen, nach dem Kontrollratsgesetz Nr. 9, betreffend Beschlagnahme und Kontrolle des Vermögens der I. G. Farbenindustrie, oder nach dem Gesetz Nr. 35 der Alliierten Hohen Kommission, betreffend Aufspaltung des Vermögens der I. G. Farbenindustrie A. G., unterworfen waren;

(ii) gegen natürliche Personen, es sei denn, daß solche Verfahren aus Pflichten oder Diensten für die Besatzungsbehörden entstehen oder Handlungen oder Unterlassungen im Zuge der Erfüllung solcher Pflichten oder der Leistung solcher Dienste betreffen oder aus Ansprüchen entstehen, auf die in Artikel 3 des Neunten Teils dieses Vertrags Bezug genommen wird. Für Unterhaltsklagen sind deutsche Gerichte jedoch nur zuständig, soweit Unterhalt für die Zeit nach Inkrafttreten dieses Vertrags verlangt wird;

(b) in Strafverfahren gegen natürliche Personen, es sei denn, daß die Untersuchung wegen der angeblichen Straftat von den Strafverfolgungsbehörden der betreffenden Macht oder Mächte endgültig abgeschlossen war oder diese Straftat in Erfüllung von Pflichten oder Leistung von Diensten für die Besatzungsbehörden begangen wurde.

Entsteht in einem strafrechtlichen oder nichtstrafrechtlichen Verfahren, auf das in diesem Absatz Bezug genommen wird, die Frage, ob jemand in Erfüllung von Pflichten oder Leistung von Diensten für die Besatzungsbehörden gehandelt hat, oder ob die Strafverfolgungsbehörden der betreffenden Macht oder Mächte die Untersuchung wegen der angeblichen Straftat endgültig abgeschlossen haben, so wird das deutsche

Gericht eine Bescheinigung des Botschafters oder in seiner Abwesenheit des Geschäftsträgers der betreffenden Macht als schlüssigen Beweis für diese Frage in dem in der Bescheinigung angegebenen Umfang anerkennen.

Artikel 4

(1) Die Drei Mächte werden im Bundesgebiet keine Gerichte unterhalten, die nicht in diesem Vertrag ausdrücklich vorgesehen sind oder eine Gerichtsbarkeit entsprechend den Vorschriften des Vertrags über die Beziehungen zwischen der Bundesrepublik Deutschland und den Drei Mächten oder den Zusatzverträgen ausüben.

(2) Für die in Absatz (3) dieses Artikels erwähnte Übergangszeit üben das Amerikanische Gericht und das Amerikanische Berufungsgericht der Alliierten Hohen Kommission für Deutschland, die durch das Gesetz Nr. 20 des Hohen Kommissars der Vereinigten Staaten eingesetzt sind, ferner die durch die Verordnung Nr. 68 der Militärregierung (zweite abgeänderte Fassung) und die Verordnungen Nr. 222 und 244 des britischen Hohen Kommissars eingesetzten Gerichte der Alliierten Hohen Kommission für Deutschland in der britischen Zone sowie die unter die Verordnung Nr. 242 des französischen Hohen Kommissars fallenden Französischen Gerichte der Alliierten Hohen Kommission in Deutschland weiterhin Gerichtsbarkeit auf Grund von Rechtsvorschriften der Alliierten Hohen Kommission und der Hohen Kommissare aus, soweit dies erforderlich ist

(a) zur Erledigung aller Angelegenheiten, die bei ihnen bei Inkrafttreten dieses Vertrags anhängig sind;

(b) zur Entscheidung von strafrechtlichen oder nichtstrafrechtlichen Verfahren, außer Strafverfahren gegen Deutsche (im Sinne des deutschen Rechts), denen eine Handlung oder Unterlassung vor Inkrafttreten dieses Vertrags zugrunde liegt und die unmittelbar vor diesem Zeitpunkt nicht der Gerichtsbarkeit der deutschen Gerichte unterlagen, falls ein solches Verfahren innerhalb von neunzig Tagen nach Inkrafttreten dieses Vertrags eingeleitet wird;

sie wenden weiterhin das unmittelbar vor Inkrafttreten dieses Vertrags gültige einschlägige Recht an. Die Bundesrepublik verpflichtet sich, auf Verlangen einer der Drei Mächte Ermittlungen durch die zuständigen deutschen Behörden wegen angeblicher Verstöße von Deutschen (im Sinne des deutschen Rechts) gegen Rechtsvorschriften der Besatzungsbehörden vorzunehmen und Strafverfahren einzuleiten, falls nach dem Ergebnis der Ermittlungen solche Verfahren gerechtfertigt erscheinen.

(3) Die in Absatz (2) dieses Artikels erwähnte Gerichtsbarkeit endet für Berufungsgerichte zehn Monate nach Inkrafttreten dieses Vertrags und für andere Gerichte sechs Monate nach diesem Zeitpunkt, jedoch mit der Ausnahme, daß diese Gerichte Verfahren, die bei Ablauf dieser Fristen anhängig sind, beenden können, falls dies im Hinblick auf den Stand des Verfahrens und die Interessen der beteiligten Personen ratsam erscheint. Die in Absatz (2) dieses Artikels erwähnten Gerichte können, um alle unter ihre Zuständigkeit fallenden Angelegenheiten soweit wie möglich innerhalb des vorgeschriebenen Zeitraumes zu beenden, jedes bei ihnen anhängige Verfahren an die zuständigen deutschen Gerichte verweisen, wenn der Stand des Verfahrens und die Interessen der beteiligten Personen es erlauben. Die Gerichte haben insbesondere die Möglichkeit einer solchen Verweisung in allen bei Inkrafttreten dieses Vertrags schwebenden Strafverfahren in Betracht zu ziehen, in denen ein Deutscher (im Sinne des deutschen

Rechts) angeklagt ist. Das deutsche Gericht, an das diese Verweisung erfolgt, hat das in Absatz (2) dieses Artikels erwähnte einschlägige materielle Recht anzuwenden.

(4) Die in Absatz (2) dieses Artikels genannten Rechtsvorschriften bleiben so lange in Kraft, wie es zur Erreichung der Zwecke des Absatzes (2) erforderlich ist.

Artikel 5

(1) Alle Urteile und Entscheidungen in nichtstrafrechtlichen Angelegenheiten, die von einem Gericht oder einer gerichtlichen Behörde der Drei Mächte oder einer derselben bisher in Deutschland erlassen worden sind oder später erlassen werden, bleiben in jeder Hinsicht nach deutschem Recht rechtskräftig und rechtswirksam und sind von den deutschen Gerichten und Behörden demgemäß zu behandeln und auf Antrag einer Partei von diesen in der gleichen Weise wie Urteile und Entscheidungen deutscher Gerichte und Behörden zu vollstrecken.

(2) Die Rechtskraft wird, soweit sie sich nicht bereits aus der Ausfertigung des Urteils ergibt, durch eine Bescheinigung der zuständigen Behörde der betreffenden Macht schlüssig nachgewiesen.

(3) Im Zusammenhang mit der Vollstreckung von Urteilen können Einwendungen gegen einen durch Urteil festgestellten Anspruch durch ein Verfahren nach § 767 der deutschen Zivilprozeßordnung vor dem zuständigen deutschen Gericht geltend gemacht werden.

Artikel 6

(1) Hiermit wird ein Gemischter Ausschuß (in diesem Artikel als der „Ausschuß" bezeichnet) errichtet. Aufgabe dieses Ausschusses wird es sein, ohne die Gültigkeit der Urteile in Frage zu stellen, Empfehlungen für die Beendigung oder Herabsetzung der Strafe oder für die Entlassung auf Ehrenwort auszusprechen in bezug [sic] auf Personen, die wegen Verbrechen gegen die Menschlichkeit oder gegen das Kriegsrecht und den Kriegsbrauch oder wegen während des Krieges begangener Verbrechen – gemeinhin als Kriegsverbrechen bezeichnet – von einem Gericht einer alliierten Macht verurteilt worden sind und von den Drei Mächten zur Zeit des Inkrafttretens dieses Vertrags in Haftanstalten der Bundesrepublik in Haft gehalten werden.

(2) Der Ausschuß besteht aus sechs Mitgliedern, von denen drei von der Bundesregierung und je eines von der Regierung jeder der Drei Mächte ernannt werden. Die Mitglieder des Ausschusses müssen unabhängige Personen sein, die keine andere amtliche Tätigkeit außer der eines Richters oder eines Universitätslehrers ausüben und die bei Abfassung ihrer Empfehlungen nicht an Weisungen der Regierungen, die sie ernennen, gebunden sind. Niemand, der in irgendeiner Weise an irgendeinem Verfahren wegen Kriegsverbrechen beteiligt war, darf ernannt werden.

(3) (a) Das Recht, die Strafe für die in Absatz (1) dieses Artikels genannten Personen zu erlassen oder herabzusetzen sowie diese auf Ehrenwort zu entlassen, wird von der Macht ausgeübt, welche die Strafe verhängt hat.

(b) Dieses Recht darf nur ausgeübt werden, wenn der Ausschuß vorher eine Empfehlung ausgesprochen hat. Eine einstimmige Empfehlung des Ausschusses ist für die Macht bindend, welche die Strafe verhängt hat.

(c) Außer in den in Absatz (5) und (8) dieses Artikels behandelten Angelegenheiten wird der Ausschuß nur auf Ersuchen einer der vier Regierungen, das sich auf einen bestimmten Fall bezieht, oder auf Grund eines Gesuchs tätig werden, das von einer oder namens einer der in Absatz (1) genannten Personen eingereicht wird.

(4) Die Drei Mächte behalten sich hinsichtlich des Gewahrsams und der Vollstreckung der Strafen der in Absatz (1) dieses Artikels genannten Personen die Rechte vor, die sie bisher besessen und ausgeübt haben, und werden diese Rechte weiterhin ausüben, bis die Bundesrepublik in der Lage ist, den Gewahrsam dieser Personen zu übernehmen.

(5) Die Bundesrepublik verpflichtet sich, daß sie zu der Zeit, wenn die Drei Mächte ihr den Gewahrsam über die in Absatz (1) dieses Artikels bezeichneten Personen übertragen, diese Personen für den Rest ihrer Strafen, wie sie zu dieser Zeit bestehen oder später nach dem in diesem Artikel vorgesehenen Verfahren geändert werden, unter denselben Bedingungen, wie sie für ihre Haft im Zeitpunkt einer solchen Übertragung des Gewahrsams gelten, in Haft halten wird. Änderungen dieser Bedingungen nach diesem Zeitpunkt dürfen nur in Übereinstimmung mit Entscheidungen des Ausschusses vorgenommen werden. In diesen Angelegenheiten sind die Entscheidungen des Ausschusses endgültig.

(6) Nach Errichtung des Ausschusses werden seine Mitglieder freien Zugang zu den Haftanstalten haben, in denen die in Absatz (1) dieses Artikels genannten Personen in Haft gehalten werden, und zu diesen Personen selbst.

(7) Der Ausschuß entscheidet durch Mehrheitsbeschluß seiner sechs Mitglieder.

(8) Der Ausschuß hat die ausschließliche Befugnis, im Einklang mit Grundsätzen und Verfahrensvorschriften, die er selbst aufstellt, über Fragen der Aussetzung der Strafe aus persönlichen Rücksichten oder aus anderen Gründen ohne Einholung von Weisungen der Regierungen zu entscheiden. Bis zur Aufstellung solcher Grundsätze und Vorschriften wird der Ausschuß weiter die in dieser Hinsicht bestehende Übung jeder der Drei Mächte auf die im Gewahrsam der betreffenden Macht befindlichen Personen anwenden.

(9) Bis der Ausschuß seine Tätigkeit aufgenommen hat, kann, ungeachtet der Bestimmungen in Absatz (3) und (8) dieses Artikels, jede der Drei Mächte ohne eine Empfehlung des Ausschusses weiterhin nach den bestehenden Verfahren die Strafe herabsetzen, Entlassungen vornehmen und die Strafe aus persönlichen Rücksichten oder aus anderen Gründen aussetzen.

(10) Die in Unterabsatz (a) des Absatzes (3) und in Absatz (4) dieses Artikels erwähnten Rechte der Drei Mächte und – unbeschadet der Bestimmungen des Unterabsatzes (b) des Absatzes (3) und der Absätze (6) und (8) – auf Grund dieser Rechte getroffenen Maßnahmen sind nicht der Gerichtsbarkeit des Schiedsgerichtes oder irgendeines anderen Gerichtes unterworfen.

(11) Auf die in diesem Artikel behandelten Angelegenheiten finden die Bestimmungen des Artikels 7 keine Anwendung.

Artikel 7

(1) Alle Urteile und Entscheidungen in Strafsachen, die von einem Gericht oder einer gerichtlichen Behörde der Drei Mächte oder einer derselben bisher in Deutschland gefällt worden sind oder später gefällt werden, bleiben in jeder Hinsicht nach deut-

schem Recht rechtskräftig und rechtswirksam und sind von den deutschen Gerichten und Behörden demgemäß zu behandeln.

(2) Die deutschen Behörden werden Personen – mit Ausnahme der Mitglieder der Streitkräfte (nach der Definition im Vertrag über die Rechte und Pflichten ausländischer Streitkräfte und ihrer Mitglieder in der Bundesrepublik Deutschland) –, die von einem der in Absatz (1) dieses Artikels erwähnten Gerichte verurteilt sind oder künftig verurteilt werden oder in Untersuchungshaft gehalten werden, bis zur Beendigung ihrer Strafe in deutschen Haftanstalten in Haft halten.

(3) Die deutschen Behörden werden die gemäß Absatz (2) dieses Artikels in deutschen Haftanstalten in Haft gehaltenen Personen nach den Grundsätzen eines humanen Strafvollzuges und nach den gleichen Vorschriften behandeln wie Personen, die von deutschen Gerichten verurteilt sind oder in Untersuchungshaft gehalten werden. Die Behörden der Drei Mächte haben Zugang zu den deutschen Haftanstalten, in denen solche Personen in Haft gehalten werden, und zu diesen Personen selbst.

(4) Die Kosten der nach diesem Artikel in deutschen Haftanstalten verbüßten Haft werden von den deutschen Behörden getragen.

(5) Innerhalb von dreißig Tagen nach Inkrafttreten dieses Vertrags ist ein Gemischter Beratender Gnadenausschuß zu bilden, der paritätisch aus mindestens drei von der Bundesregierung ernannten Mitgliedern und mindestens je einem von der Regierung jeder der Drei Mächte ernannten Mitglied besteht. Der Ausschuß wird in Unterausschüssen, jeweils bestehend aus einem der von der Bundesregierung ernannten Mitglieder und einem von der Regierung der betreffenden Macht ernannten Mitglied, tagen, um der Bundesrepublik oder der betreffenden Macht gemäß Absatz (6) und (7) dieses Artikels in Angelegenheiten der Beendigung oder Herabsetzung der Strafe, der Entlassung auf Ehrenwort, der Begnadigung und sonstiger Gnadenmaßnahmen für Personen, die nach den Bestimmungen des Absatzes (2) dieses Artikels in deutschen Haftanstalten in Haft gehalten werden, Empfehlungen auszusprechen.

(6) Die Bundesrepublik hat hinsichtlich von Deutschen (im Sinne des deutschen Rechts), die nach Absatz (2) dieses Artikels in deutschen Haftanstalten unter deutscher Kontrolle in Haft gehalten werden, das ausschließliche Recht, in allen Angelegenheiten der Beendigung oder Herabsetzung der Strafe, der Entlassung auf Ehrenwort, der Begnadigung und sonstiger Gnadenmaßnahmen endgültig zu entscheiden. Die Empfehlung des nach Absatz (5) dieses Artikels errichteten Gemischten Beratenden Gnadenausschusses ist vor jeder solchen Entscheidung einzuholen. Handelt es sich um Personen, die wegen strafbarer Handlungen gegen alliiertes Personal oder Vermögen oder gegen die alliierte Verwaltung in Deutschland verurteilt worden sind, so wird die Bundesrepublik Entscheidungen zugunsten solcher Personen nur in Übereinstimmung mit der Empfehlung des zuständigen Unterausschusses treffen.

(7) Jede der Drei Mächte hat hinsichtlich aller Personen, die von ihren Gerichten verurteilt sind und nach Absatz (2) dieses Artikels in deutschen Haftanstalten unter deutscher Kontrolle in Haft gehalten werden – jedoch mit Ausnahme der in Absatz (6) dieses Artikels bezeichneten Personen – das ausschließliche Recht, in allen Angelegenheiten der Beendigung oder Herabsetzung, der Strafe, der Entlassung auf Ehrenwort, der Begnadigung und sonstiger Gnadenmaßnahmen endgültig zu entscheiden. Die Empfehlung des nach Absatz (5) dieses Artikels errichteten Gemischten Beratenden Gnadenausschusses ist vor jeder solchen Entscheidung einzuholen.

Artikel 8

Folgende Personen genießen in bezug [sic] auf Handlungen, die sie in Ausübung ihres Amtes vorgenommen haben, während ihrer Amtsdauer und nach deren Ablauf Immunität gegen gerichtliche Verfolgung im Bundesgebiet:

(a) Mitglieder der in Absatz (2) des Artikels 4 dieses Teils bezeichneten Gerichte;

(b) Mitglieder der in Absatz (1) des Artikels 6 des Dritten Teiles dieses Vertrags bezeichneten Gerichte, an deren Stelle das Oberste Rückerstattungsgericht tritt;

(c) von einer der Drei Mächte ernannte Mitglieder des gemäß Absatz (1) des Artikels 6 dieses Teils errichteten Gemischten Ausschusses und des in Absatz (5) des Artikels 7 dieses Teiles bezeichneten Gemischten Beratenden Gnadenausschusses;

(d) von einer der Drei Mächte ernannte Mitglieder des in Absatz (1) des Artikels 12 dieses Teils bezeichneten Prüfungsausschusses;

Während ihrer Amtsdauer genießen diese Personen im Bundesgebiet ferner die gleichen Vorrechte und Immunitäten, die Mitgliedern diplomatischer Missionen gewährt werden.

Artikel 9

(1) Die von der Alliierten Hohen Kommission erlassenen Rechtsvorschriften über die Umgestaltung des deutschen Kohlenbergbaus und der deutschen Eisen- und Stahlindustrie bleiben in dem Umfang, in dem sie am Tage des Inkrafttretens dieses Vertrags gelten, in Kraft, soweit und solange vor diesem Zeitpunkt angeordnete Entflechtungsmaßnahmen noch durchzuführen sind oder Berechtigte noch geschützt werden müssen.

(2) Die Bundesregierung wird dafür sorgen, daß die in Durchführungsverordnungen oder Anordnungen der Alliierten Hohen Kommission oder der ihr nachgeordneten Dienststellen auf Grund der in Absatz (1) dieses Artikels bezeichneten Rechtsvorschriften angeordneten Maßnahmen sowie die Maßnahmen, die auf Grund der durch diese Anordnungen gebilligten Pläne zu treffen sind, vollständig durchgeführt werden.

(3) Die Bestimmungen dieses Artikels stehen den auf Grund des Vertrags über die Gründung der Europäischen Gemeinschaft für Kohle und Stahl zulässigen Erweiterungen oder Zusammenschlüssen von Unternehmen des deutschen Kohlenbergbaus und der deutschen Eisen- und Stahlindustrie nicht entgegen.

Artikel 10

(1) Nach Maßgabe der folgenden Vorschriften wird ein Gemischter Ausschuß von sieben Sachverständigen gebildet. Drei seiner Mitglieder hat die Bundesrepublik und je eines jede der Drei Mächte zu bestellen, sobald bei der Bundesregierung erstmalig ein Antrag gemäß Absatz (3) dieses Artikels eingegangen ist und die Bundesregierung dies den Drei Mächten mitgeteilt hat. Innerhalb von sechs Monaten nach dieser Mitteilung wählen die so bestellten Mitglieder mit Stimmenmehrheit ein siebentes Mitglied. Sollte das siebente Mitglied innerhalb dieser Frist nicht gewählt sein oder die Wahl nicht angenommen haben, so ist der Verwaltungsrat der Bank für Internationalen Zahlungsausgleich zu ersuchen, als siebentes Mitglied einen Sachverständigen zu bestellen, der nicht Staatsangehöriger eines Unterzeichnerstaates ist.

(2) Aufgabe des Gemischten Ausschusses ist es, Anträge auf Verlängerung von Fristen zu prüfen, die für die Veräußerung von Wertpapieren in Durchführungsverordnungen oder Anordnungen der Alliierten Hohen Kommission oder der ihr nachgeordneten Dienststellen oder auf Grund der Bestimmungen eines durch eine solche Anordnung gebilligten Planes als äußerste Fristen festgesetzt sind.

(3) Die Anträge sind bei der Bundesregierung spätestens ein Jahr vor Ablauf der für die Veräußerung der Wertpapiere gesetzten Frist zu stellen. Bis zur Entscheidung des Gemischten Ausschusses kann der Antragsteller seinen Antrag durch Einreichung weiterer Schriftsätze ergänzen.

(4) Der Gemischte Ausschuß verlängert die für die Veräußerung der Wertpapiere gesetzte Frist, sofern der Antragsteller dartut, daß die Wertpapiere trotz zumutbarer Bemühungen zu wirtschaftlich tragbaren Bedingungen und auf einer mit dem deutschen Allgemeininteresse zu vereinbarenden Grundlage nicht veräußert werden konnten und eine solche Veräußerung auch innerhalb der restlichen Frist nicht möglich ist, ohne daß eine nachhaltige Störung des deutschen Kapitalmarktes verursacht wird.

(5) Fristverlängerungen gemäß Absatz (4) dieses Artikels werden für einen Zeitraum bis zu einem Jahr gewährt; auf weiteren Antrag ist eine erneute Verlängerung unter den in Absatz (4) bezeichneten Voraussetzungen möglich. Der Gemischte Ausschuß kann jede Verlängerung oder erneute Verlängerung mit zweckdienlichen Auflagen verbinden.

(6) Der Gemischte Ausschuß trifft seine Entscheidungen mit der Mehrheit seiner Stimmen. Er hat sie vor Ablauf der für die Veräußerung der Wertpapiere festgesetzten Frist zu erlassen.

(7) Die Bezüge der Mitglieder des Gemischten Ausschusses tragen die Unterzeichnerstaaten jeweils für die von ihnen bestellten Mitglieder. Die Bezüge des siebenten Mitglieds werden zur Hälfte von der Bundesrepublik und zu je einem Sechstel von jeder der Drei Mächte getragen. Die übrigen Kosten kann der Gemischte Ausschuß den Antragstellern ganz oder teilweise auferlegen.

(8) Der Gemischte Ausschuß bestimmt seine Verfahrens- und Geschäftsordnung selbst.

Artikel 11

(1) Die von der Alliierten Hohen Kommission erlassenen Rechtsvorschriften über den Abschluß der Entflechtung und Liquidation der I. G. Farbenindustrie A. G. i. L. bleiben in dem Umfang, in dem sie im Zeitpunkt des Inkrafttretens dieses Vertrags gelten, in Kraft, bis die Liquidation der I. G. Farbenindustrie A. G. i. L. gemäß den genannten Vorschriften vollständig durchgeführt ist. In Satz 1 dieses Absatzes bezeichnete Rechtsvorschriften, die Rechtsverhältnisse regeln, welche die Beendigung der Liquidation der I. G. Farbenindustrie A. G. i. L. überdauern, bleiben bis zur vollständigen Abwicklung dieser Rechtsverhältnisse in Kraft.

(2) Die Bundesregierung wird dafür sorgen, daß die durch die Durchführungsverordnungen oder Anordnungen der Alliierten Hohen Kommission oder der ihr nachgeordneten Dienststellen auf Grund der in Absatz (1) dieses Artikels bezeichneten Rechtsvorschriften angeordneten Maßnahmen vollständig durchgeführt werden.

Artikel 12

(1) Nach Inkrafttreten dieses Vertrags wird der in Artikel 13 (abgeänderte Fassung) des Gesetzes Nr. 27 der Alliierten Hohen Kommission vorgesehene Prüfungsausschuß aus drei von der Bundesrepublik bestellten Mitgliedern und je einem von jeder der Drei Mächte bestellten Mitglied bestehen. In dieser Besetzung bleibt der Prüfungsausschuß die einzige zuständige Stelle, um auf Antrag eines Beteiligten Anordnungen nachzuprüfen, die auf Grund von Artikel 5 Buchstabe c des Gesetzes Nr. 27 oder auf Grund von Artikel 5 Absatz (1) des Gesetzes Nr. 35 der Allierten Hohen Kommission erlassen worden sind. Die Unabhängigkeit der Mitglieder des Prüfungsausschusses und ihre Entscheidungsfreiheit dürfen nicht durch Anweisungen oder andere Maßnahmen ihrer Regierungen beeinträchtigt werden. Vor der Entscheidung hat der Prüfungsausschuß dem Antragsteller rechtliches Gehör zu gewähren.

(2) Die Bezüge der Mitglieder des Prüfungsausschusses tragen die Unterzeichnerstaaten jeweils für die von ihnen bestellten Mitglieder. Die übrigen Kosten des Prüfungsausschusses werden zur Hälfte von der Bundesrepublik und zu je einem Sechstel von jeder der Drei Mächte getragen.

Artikel 13

Um einen reibungslosen Übergang von dem Besatzungsregime zu normalen diplomatischen Beziehungen zu erleichtern und die Unterbringung der Botschaften und Konsulate des Vereinigten Königreichs, der Vereinigten Staaten und der Französischen Republik zu ermöglichen, wird den Regierungen des Vereinigten Königreichs, der Vereinigten Staaten und der Französischen Republik hiermit das Recht gewährt, vorbehaltlich einer Entschädigungszahlung in den in Betracht kommenden Fällen, das im Zeitpunkt des Inkrafttretens dieses Vertrags von ihnen genutzte Eigentum während einer Übergangszeit weiter zu benutzen, vorausgesetzt, daß dieses Eigentum für den Gebrauch der von ihnen zu errichtenden Botschaften und Konsulate benötigt wird.

ZWEITER TEIL

Dekartellierung und Entflechtung

(gestrichen)

DRITTER TEIL

Innere Rückerstattung

Artikel 1

Dieser Teil bezieht sich auf

(a) die Rückerstattung feststellbarer Vermögenswerte an Opfer der nationalsozialistischen Verfolgung auf Grund folgender Rechtsvorschriften:

(i) für die britische Besatzungszone Gesetz Nr. 59 der Militärregierung, abgeändert oder ergänzt durch die Verordnungen Nr. 205, 212, 225, 232, 233, 237, 240, 243, 252 und 255 des britischen Hohen Kommissars durch die Bekanntmachung Nr. 1 zur Verordnung Nr. 233, sowie die Durchführungsverordnungen Nr. 1 bis 13 in den letzten Fassungen;

(ii) für die amerikanische Besatzungszone Gesetz Nr. 59 der Militärregierung, abgeändert oder ergänzt durch die Änderungen Nr. 1 und 2, durch die Gesetze Nr. 3, 4, 5, 12, 13, 14, 21 (in abgeänderter Fassung), 30 und 42 des amerikanischen Hohen Kommissars, sowie durch die hierzu erlassenen Durchführungsverordnungen;

(iii) für die französische Besatzungszone Verordnung Nr. 120 des französischen Oberkommandierenden, abgeändert oder ergänzt durch die Verordnungen Nr. 156, 186 und 213 des französischen Oberkommandierenden und durch die Verordnungen Nr. 268 und 274 des französischen Hohen Kommissars, die Verfügung Nr. 177, erlassen auf Grund der Verordnung Nr. 120 (in abgeänderter Fassung) und die Verordnung Nr. 252 des französischen Hohen Kommissars, abgeändert durch die Verordnung Nr. 255;

(b) die Rückerstattung oder Übertragung von Vermögenswerten, die unter dem nationalsozialistischen Regime bei Genossenschaften, Gewerkschaften, Wohltätigkeitsorganisationen und anderen demokratischen Organisationen beschlagnahmt wurden, auf Grund der Direktive Nr. 50 des Kontrollrats und folgender Rechtsvorschriften:

(i) für die britische Zone Verordnungen Nr. 150 und 159 der Militärregierung, abgeändert durch die Verordnungen Nr. 208 und 227 des britischen Hohen Kommissars, Absatz (3) des Artikels 4 der Verordnung Nr. 202 der Militärregierung und Verordnung Nr. 254 des britischen Hohen Kommissars;

(ii) für die amerikanische Zone Gesetz Nr. 58 der Militärregierung, abgeändert oder ergänzt durch den Nachtrag Nr. 1 zu den Durchführungsanweisungen des Gesetzes Nr. 58 der Militärregierung und der Direktive Nr. 50 des Kontrollrats, sowie durch die Durchführungsverordnung Nr. 1 zum Gesetz Nr. 58 der Militärregierung und durch Artikel 2 des Gesetzes Nr. A-14 der Alliierten Hohen Kommission;

(iii) für die französische Zone Verordnung Nr. 141 des französischen Oberkommandierenden;

(c) die Sperre, Kontrolle, Verwaltung und endgültige Verfügung, im Einklang mit den in den Unterabsätzen (a) und (b) dieses Artikels erwähnten Rechtsvorschriften, bezüglich der in diesen Unterabsätzen ebenfalls erwähnten Vermögenswerte auf Grund der Gesetze Nr. 52 des SHAEF und der Militärregierungen (in den abgeänderten Fassungen), sowie der hierzu erlassenen Durchführungsverordnungen, Anordnungen, Genehmigungen und Anweisungen, soweit sie auf die erwähnten Vermögenswerte oder auf den Ertrag bzw. Erlös aus diesen Vermögenswerten anwendbar sind.

Artikel 2

Die Bundesrepublik erkennt hiermit die Notwendigkeit an und übernimmt die Verpflichtung, die in Artikel 1 dieses Teils erwähnten Rechtsvorschriften und die dafür vorgesehenen Programme für die Rückerstattung und Übertragung in vollem Umfange und mit allen ihr zur Verfügung stehenden Mitteln beschleunigt durchzuführen. Die Bundesrepublik wird eine Bundesdienststelle damit betrauen, die Erfüllung der in diesem Artikel übernommenen Verpflichtung unter Beachtung der Vorschriften des

Grundgesetzes sicherzustellen. Die nachstehenden Artikel dieses Teils sind nicht so auszulegen, als beschränkten sie die auf Grund dieses Artikels übernommene Verpflichtung auf die darin bezeichneten Maßnahmen.

Artikel 3

(1) Vorbehaltlich der Bestimmungen des Artikels 6 dieses Teils bleiben die in Artikel 1 dieses Teils bezeichneten Rechtsvorschriften in der durch Absatz (2) des Artikels 4 abgeänderten Fassung aufrechterhalten, bis alle Verfahren über Ansprüche auf Grund dieser Vorschriften vollständig erledigt sind. Außerdem bleibt der Teil dieser Rechtsvorschriften, der sich auf die Errichtung, die Rechte und den Fortbestand von Nachfolgeorganisationen und Treuhandkörperschaften bezieht, so lange in Kraft, bis alle diese Organisationen und Körperschaften die Aufgaben erfüllt haben, für die sie geschaffen wurden.

(2) Die Bundesrepublik kann alle Rechtssetzungsbefugnisse, die auf Grund solcher Rechtsvorschriften den Drei Mächten oder einer von ihnen zustehen, im Einklang mit diesen Rechtsvorschriften durch ihre Gesetzgebung und durch Verordnungen der Bundesregierung ausüben.

(3) (gestrichen)

(4) Die Bundesrepublik verpflichtet sich hiermit, in den verschiedenen Besatzungszonen der Drei Mächte, soweit dies zur wirksamen Durchführung der in Artikel 2 dieses Teils bezeichneten Programme notwendig ist, die bestehenden Verwaltungs- und richterlichen Behörden und Organisationen beizubehalten und auszubauen oder zu ergänzen, die zuständig sind für

(a) die Sperre, Kontrolle, Verwaltung, Freigabe von Vermögenswerten, auf die Ansprüche auf Grund der in Artikel 1 dieses Teils bezeichneten Rechtsvorschriften erhoben werden können, sowie die Verfügung über diese Vermögenswerte;

(b) die Anmeldung, Prüfung, wertmäßige Feststellung, Entscheidung und endgültige Regelung in bezug [sic] auf Ansprüche gemäß diesen Rechtsvorschriften.

(5) Die Bundesrepublik verpflichtet sich ferner,

(a) (gestrichen)

(b) (gestrichen)

(c) (gestrichen)

(d) jederzeit nach Inkrafttreten dieses Vertrags auf die nicht im Inland ansässigen Personen, die mit Erfolg Ansprüche nach den in Artikel 1 dieses Teils bezeichneten Rechtsvorschriften geltend gemacht haben, Bestimmungen und Bedingungen bezüglich folgender Geschäfte

(i) Verwendung und Verfügung (einschließlich der Verbringung aus dem Gebiet der Bundesrepublik) hinsichtlich ihnen rückerstatteter oder solcher Vermögenswerte, die als Ersatz aus dem Ertrag bzw. Erlös rückerstatteter Werte erworben worden sind, und

(ii) Verwendung und Verfügung hinsichtlich von Beträgen in Deutscher Mark, die aus der Befriedigung von Rückerstattungsansprüchen und aus der Verwertung rückerstatteter Vermögenswerte herrühren, einschließlich der Umwandlung solcher Beträge in Devisen und deren Ausfuhr

anzuwenden, die nicht ungünstiger sein dürfen als diejenigen, die unmittelbar vor Inkrafttreten dieses Vertrags anwendbar waren oder als die, welche zur Zeit der Vornahme des Geschäfts auf die Eigentümer anderer Vermögenswerte anwendbar sind, die ihren gewöhnlichen Wohnsitz im Bundesgebiet aufgeben, je nachdem, welche Bedingungen günstiger sind.

(6) Die Verpflichtungen der Bundesrepublik auf Grund dieses Artikels und des Artikels 2 sollen keine unmittelbaren Bindungen hinsichtlich der Einrichtung und der Verwaltungsverfahren von Rückerstattungsbehörden der Länder und von Behörden der Länder, die mit Maßnahmen gemäß Unterabsatz (c) des Artikels 1 befaßt sind, einschließen. Jedoch dürfen die bestehenden Einrichtungen und Verwaltungsverfahren nicht so abgeändert werden, daß dadurch in irgendeiner Weise die volle und beschleunigte Durchführung der in Artikel 2 dieses Teils erwähnten Rückerstattungsprogramme verhindert oder gefährdet werden könnte.

Artikel 4

(1) Die Bundesrepublik verpflichtet sich hiermit:

(a) die Zahlung an Rückerstattungsberechtigte aus allen Urteilen und Entscheidungen nach Maßgabe des Absatzes (3) zu gewährleisten, die gegen das frühere Deutsche Reich auf Grund der in Artikel 1 dieses Teils bezeichneten Rechtsvorschriften ergangen sind oder ergehen werden;

(b) alsbald durch geeignete Abmachungen mit Berlin die Haftung für die Zahlung aus allen Urteilen und Entscheidungen gegen das frühere Deutsche Reich gemäß dem geltenden inneren Rückerstattungsrecht der Westsektoren Berlins zu den in diesem Artikel festgesetzten Bedingungen zu übernehmen.

(2) Die in Unterabsatz (a) und (b) des Artikels 1 bezeichneten Rechtsvorschriften gelten als dahin ergänzt, daß Urteile und Entscheidungen, die sich auf Reichsmarkverpflichtungen des früheren Reiches gründen und Geldsummenansprüche betreffen, in einem Verhältnis von zehn Reichsmark zu einer Deutschen Mark in Deutsche Mark umzustellen sind. Urteile und Entscheidungen auf Schadenersatz gegen das frühere Reich gemäß den in Unterabsatz (a) und (b) des Artikels 1 bezeichneten Rechtsvorschriften sollen in Deutscher Mark ergehen und in Übereinstimmung mit den allgemeinen Grundsätzen des deutschen Rechts, die für die Bemessung von Schadenersatz gelten, wie sie im deutschen Bürgerlichen Gesetzbuch festgelegt sind, bemessen werden.

(3) Die Verpflichtung der Bundesrepublik gegenüber den Drei Mächten hinsichtlich von Geldurteilen und -entscheidungen gemäß Absatz (1) dieses Artikels ist erfüllt, wenn diese Urteile und Entscheidungen bezahlt sind, oder wird, wenn die Bundesrepublik dies wünscht, als erfüllt angesehen, wenn die Bundesrepublik hierfür eine Gesamtsumme von 1,5 Milliarden DM gezahlt hat. Die Bundesrepublik kann bei der Festsetzung der Zeit und Methode der Zahlung auf Grund solcher Urteile und Entscheidungen ihre Zahlungsfähigkeit berücksichtigen.

Artikel 5

Nachfolgeorganisationen und Treuhandkörperschaften, die auf Grund der in Unterabsatz (a) des Artikels 1 dieses Teils bezeichneten Rechtsvorschriften bestellt worden sind, ohne Rücksicht darauf, ob sie nach deutschem Recht errichtet sind, genießen gegenwärtig Steuerfreiheit in der Bundesrepublik. Soweit die Steuern ausschließlich dem Bund zufließen, genießen die Organisationen und Körperschaften diese Steuerfreiheit auch weiterhin. Sie sind ferner von allen Sondersteuern, -abgaben und -auflagen befreit, die sich tatsächlich auf das Kapital auswirken und ganz oder zum Teil zu dem besonderen Zweck auferlegt werden, Lasten zu decken, die aus dem Kriege oder aus Reparationen oder Restitutionen an eine der Vereinten Nationen herrühren. Hinsichtlich der Steuern, die ganz oder teilweise den Ländern oder Gemeinden (Gemeindeverbänden) zufließen, wird die Bundesregierung eine Sondervereinbarung treffen, die die gemeinnützigen Zwecke dieser Organisationen und Körperschaften berücksichtigt.

Artikel 6

(1) Es wird hiermit ein Oberstes Rückerstattungsgericht errichtet, das in Durchführung der in Unterabsatz (a) des Artikels 1 dieses Teils bezeichneten Rechtsvorschriften die Nachfolge übernimmt

(a) des Obersten Rückerstattungsgerichts für die britische Zone;

(b) des Amerikanischen Rückerstattungsberufungsgerichts (Court of Restitution Appeals) für die amerikanische Zone;

(c) des Obergerichts für Rückerstattungssachen (Cour Supérieure pour les Restitutions) in der französischen Zone.

Zusammensetzung, Zuständigkeit, Befugnisse und Obliegenheiten des Obersten Rückerstattungsgerichts richten sich nach der als Anhang beigefügten Satzung des Obersten Rückerstattungsgerichts.

(2) Jedes Gericht, dessen Nachfolge das Oberste Rückerstattungsgericht übernimmt, hat binnen drei Monaten über die bei Inkrafttreten dieses Vertrags im Stadium der endgültigen Erledigung befindlichen Fälle zu entscheiden und alle Fälle, die in diesem Zeitpunkt noch nicht entschieden sind, auf das Oberste Rückerstattungsgericht überzuleiten. Für die Zwecke dieses Vertrags gelten Fälle, die ein Gericht bei Inkrafttreten dieses Vertrags noch nicht zu untersuchen und richterlich zu würdigen begonnen hat oder lediglich in bezug [sic] auf das Verfahren untersucht und richterlich gewürdigt hat, nicht als Fälle, die bei Inkrafttreten dieses Vertrags sich im Stadium der endgültigen Erledigung befinden.

ANHANG ZUM DRITTEN TEIL

Satzung des Obersten Rückerstattungsgerichtes

Artikel 1

(1) Das Gericht besteht aus

(a) dem Präsidenten des Gerichtes,

(b) dem Präsidium (Presidential Council),

(c) drei Senaten (Divisions).

(2) Jeder Senat besteht aus mindestens fünf Richtern, einem Geschäftsstellenleiter

und einer Geschäftsstelle und ausreichendem Personal, um seine Aufgaben wirksam zu erfüllen.

(3) Staatsvertreter können bei jedem der Senate in der Weise ernannt werden, wie die Bundesregierung und die Regierungen der Drei Mächte dies gegebenenfalls beschließen. Absatz (3), (4) und (5) des Artikels 2, Absatz (1), (4), (5) und (6) des Artikels 3 gelten entsprechend.

(4) Ein Senat wird aufgelöst, wenn keine Fälle mehr zu bearbeiten sind. Damit endet die Amtszeit aller seiner Richter. Das Gericht wird mit Auflösung des letzten Senats aufgelöst.

(5) Das Gericht hat seinen Sitz in Herford. Der erste Senat des Gerichts hat seinen Sitz in Rastatt, der zweite in Herford und der dritte in Nürnberg.

(6) Das Präsidium kann jeweils mit Zustimmung der Bundesregierung und der Regierungen der Drei Mächte bestimmen

(a) einen neuen Sitz für das Gericht oder einen seiner Senate;

(b) die Zahl der Richter, die von jedem Senat zusätzlich zu den gemäß Artikel 2 ernannten Richtern benötigt werden;

(c) den Zeitpunkt der Auflösung eines jeden Senats;

(d) die Aufstellung von Verwaltungs- und anderem nichtrichterlichen Personal, das das Gericht oder ein Senat benötigt, soweit dies nicht durch diese Satzung bestimmt ist.

(7) Unbeschadet des Absatzes (6) dieses Artikels reicht das Präsidium bei der Bundesregierung und den Regierungen der Drei Mächte jährlich Berichte ein, worin sein Bedarf an richterlichem und anderem Personal für die auf den Zeitpunkt des Berichtes folgenden zwölf Monate angegeben wird. Der erste Bericht wird zwischen dem vierzehnten und siebzehnten Monat nach Inkrafttreten dieser Satzung unterbreitet.

Artikel 2

(1) Die fünf in Absatz (2) des Artikels 1 dieses Teils bezeichneten Richter werden wie folgt ernannt:

(a) zwei Richter von der Bundesregierung;

(b) zwei Richter von der Regierung der Französischen Republik im Falle des ersten Senats, zwei von der Regierung des Vereinigten Königreichs im Falle des zweiten Senats und zwei von der Regierung der Vereinigten Staaten im Falle des dritten Senats;

(c) ein Richter, der weder deutscher Staatsangehöriger noch Staatsangehöriger einer der Drei Mächte sein darf, durch Vereinbarung zwischen der Bundesregierung und der Regierung der in Unterabsatz (b) dieses Absatzes zur Ernennung von Richtern für den betreffenden Senat bezeichneten Macht (nachfolgend als die „beteiligte Macht“ bezeichnet) oder, in Ermangelung einer solchen Vereinbarung, vom Präsidenten des Internationalen Gerichtshofes.

(2) Die Bundesregierung und die Regierungen der Drei Mächte geben ihre gemäß Absatz (1) dieses Artikels erforderlichen ersten Ernennungen spätestens bei Inkrafttreten dieser Satzung bekannt. Zum gleichen Zeitpunkt einigen sich die Bundesregierung und die beteiligte Macht auf den in Unterabsatz (c) des Absatzes (1) dieses Artikels

genannten Richter. Ist innerhalb eines Monats nach diesem Zeitpunkt dieser Richter nicht ernannt worden, so können entweder die Bundesregierung oder die beteiligte Macht den Präsidenten des Internationalen Gerichtshofes um eine solche Ernennung ersuchen. Wenn die Bundesregierung und die beteiligte Macht innerhalb eines Monats nach der Genehmigung eines Beschlusses des Präsidiums gemäß Unterabsatz (b) des Absatzes (6) des Artikels 1, daß ein zusätzlicher Richter notwendig ist, hinsichtlich der Ernennung eines Richters, der nicht einseitig von der Bundesregierung oder der beteiligten Macht zu ernennen ist, keine Einigung erzielen können, finden die Bestimmungen des vorstehenden Satzes Anwendung.

(3) Die von den Regierungen der Drei Mächte ernannten Richter müssen die Befähigung nach Maßgabe der in Artikel 1 des vorstehenden Teils dieses Vertrags bezeichneten Rechtsvorschriften besitzen. Die von der Bundesregierung ernannten Richter müssen zum Richteramt in einem Lande der Bundesrepublik befähigt sein. Die anderen Richter müssen die in dem Lande ihrer Staatsangehörigkeit oder ihres Wohnsitzes für die Ernennung zum Richteramt erforderlichen oder gleichwertige Befähigungen besitzen.

(4) Das Präsidium kann den Sitz eines Richters für freigeworden erklären, wenn nach seiner Auffassung der Richter ohne hinreichenden Grund

(a) einer Sitzung ferngeblieben ist, für die er ordnungsgemäß bestimmt war, oder

(b) seine Obliegenheiten in sonstiger Weise gewissenhaft zu erfüllen unterlassen hat.

(5) Die Ernennung zur Besetzung einer Stelle, die durch den Ablauf der Dienstzeit eines Richters, seinen Tod, seinen Rücktritt oder seine Amtsenthebung gemäß dem vorstehenden Absatz frei geworden ist, erfolgt in gleicher Weise wie die Ernennung des zu ersetzenden Mitgliedes innerhalb eines Monats nach Freiwerden der Stelle.

Artikel 3

(1) Unbeschadet der Vorschriften des Absatzes (4) des Artikels 1 werden alle Richter erstmalig für eine Amtszeit von zwei Jahren ernannt, und ihre Amtszeit verlängert sich danach für jeweils ein Jahr. Ein Richter ist mindestens sechs Monate im voraus schriftlich davon zu benachrichtigen, wenn seine Amtszeit nach Ablauf nicht verlängert wird. Diese Benachrichtigung erfolgt im Falle eines von der Bundesregierung ernannten Richters durch diese, im Falle eines von der Regierung einer der Drei Mächte ernannten Richters durch die beteiligte Macht, und im Falle eines von der Bundesregierung und der Regierung einer der Drei Mächte gemeinsam oder von dem Präsidenten des Internationalen Gerichtshofes ernannten Richters durch die Bundesregierung und die beteiligte Macht. Unterbleibt diese Benachrichtigung, so verbleibt er für ein weiteres Jahr im Amt.

(2) Ein Richter kann jederzeit auf eigenen Wunsch aus seinem Amt ausscheiden. Er hat sein Amt bis zum Amtsantritt seines Nachfolgers fortzuführen.

(3) Außer in den Fällen des Absatzes (4) des Artikels 2 darf kein Richter während seiner Amtszeit seines Amtes enthoben werden.

(4) Den Richtern dürfen keine nichtrichterlichen Aufgaben übertragen werden; sie dürfen keine Tätigkeit ausüben, die mit der Wahrnehmung ihres Amtes unvereinbar ist, noch bei der Entscheidung in einer Sache mitwirken, mit der sie in irgendeiner Eigen-

schaft, es sei denn als Mitglied eines Gerichtes, dessen Nachfolge das Oberste Gericht übernommen hat, vorher befaßt waren, oder an der sie unmittelbar interessiert sind. In Zweifelsfällen über die Anwendung der Bestimmungen dieses Absatzes entscheidet der Senat gemäß Artikel 8.

(5) (a) Die Richter haben während ihrer Amtszeit den Rang der entsprechenden Mitglieder des Bundesgerichtshofes und genießen während ihrer Amtszeit und nach deren Ablauf Immunität gegenüber gerichtlicher Verfolgung für Handlungen, die sie in Ausübung ihres Amtes vorgenommen haben.

(b) Die nichtdeutschen Richter genießen im Bundesgebiet während ihrer Amtszeit die Vorrechte und Immunitäten, die den Mitgliedern diplomatischer Missionen zustehen.

(6) Die Richter haben sich vor Aufnahme ihrer Tätigkeit in öffentlicher Sitzung zu verpflichten, ihr Amt unparteiisch und gewissenhaft auszuüben.

Artikel 4

(1) Den Vorsitz in jedem Senat führt der gemäß Unterabsatz (c) des Absatzes (1) des Artikels 2 ernannte Richter (Senatspräsident). Falls er verhindert ist, wird er von einem Richter vertreten, der vom Präsidium aus dem Kreise der anderen Richter, die nicht einseitig von der Bundesregierung oder der beteiligten Macht ernannt worden sind, auszuwählen ist.

(2) Der Senatspräsident oder sein Stellvertreter führt bei allen Sitzungen seines Senats den Vorsitz; er verteilt die Geschäfte unter den Mitgliedern des Senats, bestimmt die Sitzungstermine und ist allgemein für die Verwaltung seines Senats verantwortlich.

Artikel 5

(1) Der Präsident des ersten Senats führt den Rest des Kalendermonats, in dem diese Satzung in Kraft tritt, und für die nächsten vier folgenden vollen Kalendermonate das Amt des Präsidenten des Gerichtes. Danach führen es die Senatspräsidenten abwechselnd jeweils für die Dauer von vier Kalendermonaten.

(2) Das Präsidium besteht aus den folgenden neun Mitgliedern:

(a) dem Präsidenten des Gerichtes und den beiden anderen Senatspräsidenten oder ihren Stellvertretern,

(b) einem von der Bundesregierung bestimmten Richter aus jedem Senat oder seinem Stellvertreter,

(c) einem von der beteiligten Macht bestimmten Richter aus jedem Senat oder seinem Stellvertreter.

(3) Das Präsidium entscheidet mit Stimmenmehrheit der neun Mitglieder, im Falle des Absatzes (4) des Artikels 2 mit Zweidrittelmehrheit.

(4) Das Präsidium tritt am Sitze des Gerichtes jeweils zusammen, wenn der Präsident dies bestimmt.

(5) Das Präsidium ist zuständig

(a) auf Verlangen eines seiner Mitglieder Fragen zu prüfen, die von gemeinsamem Interesse für mehr als einen Senat sind, und die Senatspräsidenten entsprechend zu unterrichten,

(b) über die Auslegung oder Anwendung dieser Satzung und über alle sonstigen Angelegenheiten, die ihm diese Satzung überträgt, zu entscheiden,

(c) die folgenden Befugnisse auszuüben, die durch die in Artikel 1 des vorstehenden Teils bezeichneten Rechtsvorschriften verliehen sind:

(i) (gestrichen)

(ii) die Befugnisse des britischen Hohen Kommissars gemäß Artikel 2 Ziffer 8 und Artikel 3 Ziffer 4 der Durchführungsverordnung Nr. 8 in der Fassung der Durchführungsverordnung Nr. 11 zum Gesetz Nr. 59 der britischen Militärregierung, Verfahrensvorschriften zu genehmigen, und gemäß Verordnung Nr. 233 des britischen Hohen Kommissars, Organisationen durch Bekanntmachung zuzulassen.

(6) Das Präsidium ernennt die Geschäftsstellenleiter des Gerichts gemäß den Vorschlägen nach Absatz (1) des Artikels 6; diese sind jedoch unmittelbar und ausschließlich dem Präsidenten ihres Senats verantwortlich. Das Präsidium kann auch sein eigenes Verwaltungspersonal ernennen; dieses ist der Aufsicht des Präsidenten des Gerichtes unterworfen und kann von der Bundesregierung vorgeschlagen werden, falls das Präsidium dies wünscht.

(7) Das Präsidium kann seine eigenen Verfahrensvorschriften bestimmen.

Artikel 6

(1) Die Geschäftsstellenleiter des Gerichtes werden wie folgt vorgeschlagen:

(a) der Geschäftsstellenleiter des ersten Senats von der Regierung der Französischen Republik,

(b) der Geschäftsstellenleiter des zweiten Senats von der Regierung des Vereinigten Königreichs,

(c) der Geschäftsstellenleiter des dritten Senats von der Regierung der Vereinigten Staaten von Amerika.

(2) Jeder Geschäftsstellenleiter hat die gleichen Befugnisse und Obliegenheiten wie der Geschäftsstellenleiter oder Sekretär des Gerichtes, dessen Nachfolge sein Senat übernimmt, sowie diejenigen zusätzlichen Obliegenheiten, die ihm von seinem Senatspräsidenten zugewiesen werden.

(3) Absatz (3), (4) und (5) des Artikels 2 und Absatz (4) und (5) des Artikels 3 dieser Satzung finden auf die Geschäftsstellenleiter des Gerichtes entsprechende Anwendung.

Artikel 7

(1) Die Bundesrepublik unterhält auf ihre Kosten die gegenwärtig bestehenden Einrichtungen und Räumlichkeiten, die von den Gerichten benutzt werden, deren Nachfolge das Gericht übernimmt, und erstellt diejenigen zusätzlichen Einrichtungen und Räumlichkeiten, die das Gericht auf Beschluß des Präsidiums jeweils anfordert.

(2) (a) Die Gehälter und Vergütungen des richterlichen, Verwaltungs- und sonstigen Personals des Gerichtes, das von der Regierung einer der Drei Mächte vorgeschlagen, ernannt oder beschäftigt wird, werden von der beteiligten Macht nach Beratung mit der Bundesregierung festgesetzt und bezahlt und von der Bundesrepublik der beteiligten Macht erstattet.

(b) Die Gehälter und Vergütungen des richterlichen, Verwaltungs- und sonstigen Personals des Gerichtes, das von der Bundesregierung vorgeschlagen, ernannt oder beschäftigt wird, werden von der Bundesregierung nach Beratung mit der beteiligten Macht festgesetzt und von der Bundesrepublik bezahlt.

(c) Die Gehälter und Vergütungen der Richter, die nicht einseitig von der Bundesregierung oder der beteiligten Macht ernannt werden, werden im Einvernehmen zwischen der Bundesregierung und den Regierungen der Drei Mächte festgesetzt und von der Bundesrepublik bezahlt.

(3) Alle in Unterabsatz (a) und (b) des Absatzes (2) genannten Personen unterstehen jeweils der verwaltungsmäßigen und dienststrafrechtlichen Aufsicht der vorschlagenden, ernennenden oder beschäftigenden Regierung, soweit eine solche Aufsicht mit den Bestimmungen dieser Satzung vereinbar ist.

Artikel 8

(1) Alle Angelegenheiten sind von fünf Richtern des zuständigen Senats zu entscheiden, von denen einer der Präsident oder sein Stellvertreter ist, während zwei von der Bundesregierung ernannte Richter und zwei von der beteiligten Macht ernannte Richter sind.

(2) Die Entscheidungen des Senats ergehen mit Stimmenmehrheit und sind endgültig, vorbehaltlich der Bestimmungen des Absatzes (3) des Artikels 9.

(3) Die Öffentlichkeit ist zu allen mündlichen Verhandlungen zugelassen.

(4) Die Beratungen des Präsidiums und der Senate sind geheim.

Artikel 9

(1) Das Gericht übt seine Gerichtsbarkeit und sonstigen Befugnisse durch seine Senate wie folgt aus:

(a) Der erste Senat übt die Gerichtsbarkeit und sonstigen Befugnisse des durch Verordnung Nr. 252 des französischen Hohen Kommissars errichteten Obergerichtes für Rückerstattungssachen aus;

(b) der zweite Senat übt die Gerichtsbarkeit und sonstigen Befugnisse des durch Verordnung Nr. 255 des Hohen Kommissars des Vereinigten Königreichs errichteten Obersten Rückerstattungsgerichtes aus;

(c) der dritte Senat übt die Gerichtsbarkeit und sonstigen Befugnisse des durch Gesetz Nr. 21 (in abgeänderter Fassung) des amerikanischen Hohen Kommissars errichteten Court of Restitution Appeals aus.

(2) Die in Artikel 1 des vorstehenden Teils bezeichneten Rechtsvorschriften sind demgemäß so auszulegen und anzuwenden, daß bei den in der französischen Zone geltenden Rechtsvorschriften an die Stelle des Obergerichtes für Rückerstattungssachen der erste Senat, bei den in der britischen Zone geltenden Rechtsvorschriften an die Stelle des Obersten Rückerstattungsgerichtes für die britische Zone der zweite Senat und bei den in der amerikanischen Zone geltenden Rechtsvorschriften an die Stelle des Court of Restitution Appeals der dritte Senat tritt.

(3) Die Entscheidungen des Schiedsgerichtes auf Grund des Absatzes (2) des Artikels 9 der Satzung des in Artikel 9 des Vertrags über die Beziehungen zwischen der

Bundesrepublik Deutschland und den Drei Mächten bezeichneten Schiedsgerichtes und die Bestimmungen des Artikels 10 jener Satzung sind für das Gericht und alle deutschen Gerichte und Behörden bindend, soweit diese Entscheidungen und Bestimmungen die Zuständigkeit des Gerichtes betreffen.

Artikel 10

(1) Die Amtssprachen des Präsidiums sind deutsch, französisch und englisch.

(2) Im übrigen sind die Amtssprachen des Gerichtes:

(a) in dem ersten Senat deutsch und französisch,

(b) in dem zweiten und dritten Senat deutsch und englisch.

VIERTER TEIL

Entschädigung für Opfer der nationalsozialistischen Verfolgung

[...] * Absätze 1 bis 3 hier nicht abgedruckt.

FÜNFTER TEIL

Äußere Restitutionen

[...] * Artikel 1 bis 7 und Anhang hier nicht abgedruckt.

SECHSTER TEIL

Reparationen

[...] * Artikel 1 bis 5 hier nicht abgedruckt.

SIEBENTER TEIL

Verschleppte Personen und Flüchtlinge

[...] * Artikel 1 bis 4 hier nicht abgedruckt.

ACHTER TEIL

Ansprüche gegen Deutschland

(gestrichen, einschließlich Anhang)

NEUNTER TEIL

Gewisse Ansprüche gegen fremde Nationen und Staatsangehörige

[...] * Artikel 1 bis 4 hier nicht abgedruckt.

ZEHNTER TEIL

Ausländische Interessen in Deutschland

[...] * Artikel 1 bis 12 und Anhang hier nicht abgedruckt.

ELFTER TEIL

Erleichterungen für die Botschaften und Konsulate der Drei Mächte in der Bundesrepublik

(gestrichen)

ZWÖLFTER TEIL

Zivile Luftfahrt

[...] * Artikel 1 bis 6 hier nicht abgedruckt.

ZU URKUND DESSEN haben die unterzeichneten von ihren Regierungen gehörig beglaubigten Vertreter diesen Vertrag, einen der in Artikel 8 des Vertrags über die Beziehungen zwischen der Bundesrepublik Deutschland und den Drei Mächten aufgeführten Verträge, unterschrieben.

Geschehen zu BONN am sechsundzwanzigsten Tage des Monats Mai 1952 in deutscher, englischer und französischer Sprache, wobei alle drei Fassungen gleichermaßen authentisch sind.

Für die Bundesrepublik Deutschland gezeichnet:

Adenauer

Für die Vereinigten Staaten von Amerika gezeichnet:

Dean Acheson

Für das Vereinigte Königreich von Großbritannien und Nordirland gezeichnet:

Anthony Eden

Für die Französische Republik gezeichnet:

Robert Schuhmann

ANHANG

Zum Vertrag zur Regelung aus Krieg und Besatzung entstandener Fragen

Satzung der Schiedskommission für Güter, Rechte und Interessen in Deutschland

[...] * Artikel 1 bis 6 hier nicht abgedruckt.

Anhang 7
Geschäfts- und Verfahrensordnung des Zweiten Senats

Bundesgesetzblatt, Jahrgang 1956, Teil II, S. 936 ff.

Bekanntmachung
der Geschäfts- und Verfahrensordnung
des Zweiten Senats des Obersten Rückerstattungsgerichts.

Vom 29. Oktober 1956.

Die vom Zweiten Senat des Obersten Rückerstattungsgerichts beschlossene Geschäfts- und Verfahrensordnung wird nachstehend bekanntgemacht.

Bonn, den 29. Oktober 1956.

Der Bundesminister der Justiz
von Merkatz

Oberstes Rückerstattungsgericht
Zweiter Senat
Geschäfts- und Verfahrensordnung

Der Zweite Senat des Obersten Rückerstattungsgerichts erläßt hiermit nachstehende Geschäfts- und Verfahrensordnung. Er ist dazu ermächtigt durch Artikel 9 Absatz 1 Buchstabe b der Satzung des Gerichts (Anhang zum Dritten Teil des Vertrages zur Regelung aus Krieg und Besatzung entstandener Fragen – Bundesgesetzbl. 1955 II S. 301) und durch jede Befugnis, die ihm in dem obigen Vertrag und der obigen Satzung zu diesem Zwecke ausdrücklich übertragen worden ist oder aus dem Vertrage folgt.

TEIL I

Inkrafttreten und Übergangsbestimmungen

Artikel 1

Inkrafttreten und Außerkraftsetzen früherer Vorschriften

Diese Geschäfts- und Verfahrensordnung tritt mit ihrer Veröffentlichung im Bundesgesetzblatt in Kraft und ersetzt alle bisherigen Vorschriften.

Artikel 2

Begriffsbestimmungen

Soweit der Zusammenhang nichts anderes ergibt, werden in dieser Geschäfts- und Verfahrensordnung bezeichnet:

(1) als „Board“ der ehemalige Board of Review (Nachprüfungsausschuß) für die britische Zone Deutschlands, errichtet gemäß Artikel 61 des Gesetzes Nr. 59 der Britischen Militär-Regierung;

(2) als „Satzung“ die Satzung des Gerichts, nämlich der Anhang zum Dritten Teil des Vertrages;

(3) als „Geschäftstellenleiter" der Geschäftsstellenleiter des Senats;

(4) als „Vertrag" der Vertrag zur Regelung aus Krieg und Besatzung entstandener Fragen;

(5) als „Gericht" das durch Artikel 6 des Dritten Teils des Vertrages errichtete Oberste Rückerstattungsgericht;

(6) als „Senat" der Zweite Senat des Gerichts;

(7) als „Ehemaliges Gericht" das ehemalige Oberste Rückerstattungsgericht für die britische Zone Deutschlands;

(8) als „Präsident" der Präsident des Senats.

Artikel 3

Übergeleitete und andere anhängige Fälle

(1) Die nachstehenden Vorschriften sind auf das Verfahren in allen anhängigen Fällen anzuwenden, in denen entweder ein Nachprüfungsantrag oder ein Gesuch um Genehmigung zur Einreichung eines Nachprüfungsantrages gemäß Artikel 7 der 6. Durchführungsverordnung (Neufassung) zum Gesetz Nr. 59 der Britischen Militär-Regierung oder ein Antrag auf Fristverlängerung zur Einreichung eines solchen Antrages oder eines solchen Gesuchs ordnungsgemäß entweder bei dem Schriftführer des Board oder bei dem Registrar des ehemaligen Gerichts oder bei dem Geschäftsstellenleiter des Senats vor dem Inkrafttreten dieser Verfahrensordnung eingereicht worden ist.

(a) Jedes Gesuch um Genehmigung zur Einreichung eines Nachprüfungsantrages oder um Fristverlängerung, das von dem Board oder dem ehemaligen Gericht zugelassen oder genehmigt worden ist, wird als von dem Senat zugelassen oder genehmigt angesehen.

(b) Vorbehaltlich einer anderweitigen Anordnung durch den Senat bleibt jede prozeßleitende Anordnung des Board bzw. des ehemaligen Gerichts gültig.

(c) Jede von dem Schriftführer des Board oder dem Registrar des ehemaligen Gerichts vorgenommene Amtshandlung ist in derselben Weise wirksam, wie wenn sie von dem Geschäftsstellenleiter vorgenommen worden wäre.

(d) Eine Prozeßhandlung aus der Zeit vor Inkrafttreten dieser Verfahrensordnung ist nicht aus dem Grunde unwirksam, daß sie der vorliegenden Verfahrensordnung nicht entspricht, es sei denn, daß die Partei innerhalb eines Monats oder, bei Wohnsitz im Ausland, innerhalb einer von dem Geschäftsstellenleiter festzusetzenden Frist es unterläßt, einer Auflage des Geschäftsstellenleiters nachzukommen, welche die nach dieser Verfahrensordnung erforderlichen Prozeßhandlungen im einzelnen bezeichnet.

(2) Vorbehaltlich der Vorschriften des Artikels 3 Absatz 1 ist die Verfahrensordnung auf alle Fälle anwendbar.

Artikel 4

Änderung von Nachprüfungsanträgen usw. in Übereinstimmung mit der Geschäfts- und Verfahrensordnung

Ist in einem Falle eine den vorliegenden Vorschriften nicht entsprechende Prozeßhandlung vorgenommen oder eine hiernach vorzunehmende Prozeßhandlung unterlassen worden, so kann die betroffene Partei innerhalb von drei Monaten nach Inkrafttreten der Geschäfts- und Verfahrensordnung die zur Anpassung erforderliche Prozeßhandlung nachholen.

TEIL II

Der Senat

Artikel 5

Siegel

(1) Das Siegel des Senats zeigt zwei ineinanderliegende Kreise mit den Worten „Oberstes Rückerstattungsgericht, Zweiter Senat" in dem Raum zwischen den beiden Kreisen, sowie ein Sinnbild innerhalb des inneren Kreises, das die Waage der Gerechtigkeit darstellt.

(2) Alle Anordnungen und Entscheidungen des Senats sind mit dem Siegel des Senats zu versehen.

Artikel 6

Reihenfolge der Fälle

(1) Gesuche um Genehmigung, einen Nachprüfungsantrag einzureichen, werden auf Grund des Gesuchs und der Akten erledigt und im allgemeinen in der Reihenfolge ihres Eingangs bearbeitet.

(2) Fälle, in welchen ein Antrag auf Nachprüfung ordnungsgemäß eingereicht worden ist, werden entscheidungsreif, wenn der Austausch von Schriftsätzen abgeschlossen und die erforderlichen Übersetzungen angefertigt worden sind. Sie werden im allgemeinen in der Reihenfolge ihres Einganges entschieden.

(3) Der Präsident kann unter besonderen Umständen entscheiden, daß ein Fall mit Vorrang zu behandeln ist.

Artikel 7

Beratung des Senats

Vorbehaltlich der Vorschriften der Artikel 4 und 8 der Satzung wird bei den Beratungen des Senats, der Abstimmung der Richter und der Protokollierung des Ergebnisses nach den Anweisungen verfahren, die der Präsident im Einzelfall oder allgemein für den Senat gibt.

Artikel 8

Entscheidungen und Anordnungen des Senats

(1) Die Teilnahme der fünf Richter an der Entscheidung einer jeden Sache gemäß den Vorschriften des Artikels 8 Absatz 1 der Satzung und der Umstand, daß die Entscheidung eine Entscheidung der Mehrheit gemäß Artikel 8 Absatz 2 der Satzung ist, werden durch die Unterschrift eines jeden Mitgliedes auf der Urschrift der Entscheidung beurkundet, die zu den Akten des Senats zu nehmen ist.

(2) Ein Mitglied kann ein anderes Mitglied ermächtigen, an seiner Stelle zu unterzeichnen.

(3) Jede Entscheidung und Anordnung muß das Datum, an dem der Präsident unterzeichnet hat, enthalten.

Artikel 9

Zustellung von Entscheidungen

Der Geschäftsstellenleiter stellt den Parteien und Beteiligen eine beglaubigte Abschrift der Entscheidung oder Anordnung des Senats zu und übersendet eine beglaubigte Abschrift dem Oberlandesgericht oder der Wiedergutmachungskammer.

Artikel 10

Veröffentlichung von Entscheidungen

Eine Sammlung von Entscheidungen des Senats, die gemäß Artikel 8 Absatz 1 der Satzung ergehen, und der vom Senat zur Veröffentlichung bestimmten Anordnungen wird von Zeit zu Zeit in einer vom Senat zu bestimmenden Form und Art gedruckt und veröffentlicht.

Teil III

Geschäftsstelle

Artikel 11

Sitz und Geschäftsstunden der Geschäftsstelle

Die Geschäftsstelle des Senats befindet sich in Herford, Rathaus. Sie ist von 9 bis 13 und von 14 bis 17 Uhr geöffnet, außer sonnabends, sonntags und an den gesetzlichen Feiertagen.

Artikel 12

Verkehr mit dem Senat

Anträge auf Nachprüfung und andere Schriftstücke, die gemäß dieser Geschäfts- und Verfahrensordnung oder gemäß der 6. Durchführungsverordnung (Neufassung) zum Gesetz Nr. 59 der Britischen Militär-Regierung eingereicht werden, sowie alle Anfragen und sonstige Schreiben sind an den Geschäftsstellenleiter zu richten.

Teil IV

Schriftliches Verfahren

Artikel 13

Gesuch, die Einreichung eines Nachprüfungsantrages zu genehmigen

(1) Ein Gesuch, die Einreichung eines Nachprüfungsantrages gemäß der 6. Durchführungsverordnung (Neufassung) zum Gesetz Nr. 59 der Britischen Militär-Regierung zu genehmigen, muß die Überschrift tragen „Gesuch um Genehmigung zur Einreichung eines Nachprüfungsantrages“. Das Gesuch muß

(a) eine Erklärung darüber enthalten, ob bereits bei dem Oberlandesgericht nachgesucht wurde, die Einreichung eines Nachprüfungsantrages zu genehmigen. Gegebenenfalls sind Datum und Ergebnis eines solchen Gesuches anzugeben sowie der Tag, an dem der Beschluß des Oberlandesgerichts über das Genehmigungsgesuch dem Antragsteller zugestellt wurde;

(b) von je einem Stück des beabsichtigten Nachprüfungsantrages in englischer und in deutscher Sprache in der Form begleitet sein, die Artikel 15 Absatz 1 Buchstaben a bis g vorschreibt.

(2) Der Präsident kann nach seinem Ermessen festsetzen, wie viele Stücke der in Artikel 15 Absatz 2 Buchstabe b (II) aufgezählten Schriftstücke der Antragsteller in englischer und deutscher Sprache einzureichen hat.

Artikel 14

Fristen für die Einreichung eines Nachprüfungsantrages nach Genehmigung des Gesuchs

Wird das Gesuch zur Einreichung eines Nachprüfungsantrages genehmigt, so hat der Antragsteller den Nachprüfungsantrag gemäß diesen Verfahrensvorschriften einzureichen, sowie die vorgeschriebenen Unterlagen mit Ausnahme der in dem Genehmigungsverfahren bereits eingereichten Schriftstücke zu unterbreiten, und zwar innerhalb eines Monats oder, bei Wohnsitz außerhalb Deutschlands, innerhalb von drei Monaten nach Zustellung der Genehmigung.

Artikel 15

Form und Inhalt des Nachprüfungsantrages und der zugehörigen Anlagen

(1) Ein Nachprüfungsantrag muß die Überschrift „Antrag auf Nachprüfung gemäß Gesetz 59 Artikel 61" tragen und folgendes enthalten:

(a) den Namen und die Anschrift des Antragstellers und des Anwalts, der in seinem Auftrag handelt;

(b) die Namen und Anschriften aller Antragsgegner und Beteiligten, die von der angefochtenen Entscheidung betroffen sind und, soweit bekannt, die Namen und Anschriften ihrer Anwälte oder Vertreter;

(c) den Namen der Kammer oder des Oberlandesgerichts, welches die angefochtene Entscheidung erlassen hat, das Aktenzeichen und Datum sowie den Tag der Zustellung an den Antragsteller;

(d) eine kurze Darstellung des Wesens und Gegenstandes des Anspruches. Diese Darstellung soll nicht länger oder ausführlicher sein als zum Verständnis der im nächsten Absatz erforderten Begründung notwendig ist;

(e) eine kurze Begründung des Antrags auf Nachprüfung, in der genau dargelegt wird, welche Artikel des Rückerstattungsgesetzes angeblich nicht beachtet worden sind oder in welcher Weise ein Fehlspruch unterlaufen sein soll. Die Begründung kann erforderlichenfalls innerhalb eines Monats nach Einreichen des Nachprüfungsantrages durch einen weiteren ausführlichen Schriftsatz ergänzt werden;

(f) eine Erklärung über die Art der geforderten Abhilfe;

(g) eine Erklärung darüber, ob der Antragsteller eine mündliche Verhandlung beantragt;

(h) falls sich der Nachprüfungsantrag gegen die Entscheidung eines Oberlandesgerichts richtet, eine Erklärung, ob das Oberlandesgericht, falls erforderlich, die Einreichung eines Nachprüfungsantrages genehmigt hat, und gegebenenfalls Angabe des Tages, an dem der Beschluß des Oberlandesgerichts zugestellt wurde.

(2) Der Nachprüfungsantrag muß

(a) in sieben Stücken in englischer und in fünf Stücken in deutscher Sprache bei der Geschäftsstelle eingereicht werden; ein Stück des englischen oder des deutschen Wortlautes muß von dem Antragsteller oder seinem Anwalt unterzeichnet sein.

(b) Dem Antrag müssen beiliegen

(I) eine eidesstattliche Versicherung des Antragstellers, daß die in dem Antrag aufgeführten Tatsachen nach seinem besten Wissen und Gewissen der Wahrheit entsprechen. Wird der Antrag namens einer im Ausland lebenden Person eingereicht, so kann die eidesstattliche Versicherung von ihrem Bevollmächtigten in Deutschland abgegeben werden. Wird der Antrag zugunsten einer juristischen Person, eines nicht rechtsfähigen Vereins oder einer Gesellschaft eingereicht, so kann die eidesstattliche Versicherung von einer ordnungsgemäß dazu befugten Person im Namen der juristischen Person oder des nichtrechtsfähigen Vereins oder der Gesellschaft abgegeben werden;

(II) sieben Stücke in englischer und fünf in deutscher Sprache der wesentlichen Teile jedes Schriftsatzes aus dem Verfahren vor den Vorinstanzen, auf welchen in dem Nachprüfungsantrag Bezug genommen wird, sowie jedes anderen im Besitz des Antragstellers befindlichen Schriftstückes, außer den bereits zu den Akten genommenen, auf welches sich das Vorbringen des Antrages stützt. Es ist unnötig, Abschriften oder Übersetzungen der vorinstanzlichen Entscheidungen und Beschlüsse beizufügen;

(III) eine Liste der Schriftstücke, die der Antragsteller nicht im Besitz hat und von denen er beantragt, daß der Senat ihre Vorlage anordnet, soweit sie nicht bereits bei den Akten sind;

(IV) die Vollmacht des Antragstellers, falls der Antrag von einem Anwalt eingereicht wird, der den Antragsteller in der Vorinstanz nicht vertreten hat;

(V) eine ausreichende Anzahl zusätzlicher Abschriften des Antrages in deutscher Sprache sowie Abschriften des deutschen Wortlautes der oben in Absatz (II) und (III) aufgeführten Schriftstücke zur Zustellung an alle Antragsgegner und Beteiligte.

Artikel 16

Unvollständige Nachprüfungsanträge

Vorbehaltlich der Vorschriften der Artikel 23 und 29 ist ein Nachprüfungsantrag, der innerhalb der Frist des Artikels 9 der 6. Durchführungsverordnung (Neufassung) zum Gesetz Nr. 59 der Britischen Militär-Regierung eingereicht wird und in dem die angefochtene Entscheidung der Kammer oder des Oberlandesgerichts hinreichend bezeichnet ist, nicht lediglich deshalb unzulässig, weil der Antrag bei der Einreichung nicht allen Erfordernissen der Verfahrensvorschriften entspricht. Dasselbe gilt für ein Gesuch um Genehmigung zur Einreichung eines Nachprüfungsantrages.

Artikel 17

Verfahren bei einem Nachprüfungsantrag, der aussichtslos ist

Wenn der Senat nach Prüfung des Antrages und der Akten sich überzeugt, daß der Antrag auf Nachprüfung der angefochtenen Entscheidung aussichtslos ist, kann er den Antrag alsbald zurückweisen.

Artikel 18

Zustellung des Nachprüfungsantrages und der zugehörigen Anlagen

Vorbehaltlich der Vorschriften des Artikels 17 veranlaßt der Senat, daß eine Abschrift des Nachprüfungsantrages und der zugehörigen Anlagen (mit Ausnahme der eidesstattlichen Versicherung aus Artikel 15 Absatz 2 Buchstabe b (I)) jedem der Antragsgegner im Nachprüfungsverfahren und der Beteiligten zugestellt wird. Ist der Antragsgegner oder Beteiligte durch einen Anwalt vertreten, so soll dem Anwalt zugestellt werden.

Artikel 19

Entgegnung des Antragsgegners im Nachprüfungsverfahren

(1) Der Antragsgegner ist befugt, auf den Nachprüfungsantrag zu entgegnen. Vorbehaltlich der Vorschriften des Artikels 29 beträgt die Frist zur Entgegnung einen Monat nach Zustellung des Nachprüfungsantrages.

(2) Die Entgegnung auf einen Nachprüfungsantrag muß

(a) in sieben Stücken in englischer und in fünf Stücken in deutscher Sprache bei der Geschäftsstelle eingereicht werden; ein Stück des englischen oder des deutschen Wortlautes muß von dem Antragsgegner im Nachprüfungsverfahren oder seinem Anwalt unterzeichnet sein.

(b) Der Entgegnung muß beiliegen

(I) eine Abschrift in sieben Stücken in englischer und in fünf Stücken in deutscher Sprache der wesentlichen Teile der Schriftsätze des Vorverfahrens, soweit in der Entgegnung auf diese Bezug genommen wird, sowie sämtlicher vom Antragsgegner im Nachprüfungsverfahren angezogenen Schriftstücke aus seinem Besitz, soweit sie sich nicht bereits bei den Akten befinden oder vom Antragsteller eingereicht wurden. Abschriften und Übersetzungen der vorinstanzlichen Entscheidungen und Beschlüsse sind nicht einzureichen;

(II) eine Liste derjenigen Schriftstücke, die der Antragsgegner nicht im Besitz hat und von denen er beantragt, daß der Senat ihre Vorlage anordne. Ausgenommen hiervon sind Schriftstücke, die bereits bei den Akten sind;

(III) gegebenenfalls die Verfahrensvollmacht des Antragsgegners, soweit sie sich nicht bereits bei den Akten befindet;

(c) das Aktenzeichen des Senats;

(d) eine kurze und genaue Darstellung der Gründe, aus denen sich der Antragsgegner im Nachprüfungsverfahren gegen den Antrag wendet;

(e) eine Erklärung, ob der Antragsgegner eine mündliche Verhandlung beantragt.

(3) Die Entgegnung kann auch einen Gegenantrag enthalten, die der Nachprüfung zugrunde liegende Entscheidung ganz oder zum Teil nachzuprüfen. Jedoch wird ein derartiger Gegenantrag, der nur in dieser Form gestellt wurde, nicht weiter behandelt, wenn der Nachprüfungsantrag zurückgenommen wird.

(4) Zugleich mit der Entgegnung hat der Antragsgegner im Nachprüfungsverfahren dem Antragsteller, bei mehreren Antragstellern jedem von ihnen, sowie jedem Beteiligten eine Abschrift zuzustellen. Der Zustellende hat unverzüglich die Tatsache der Zustellung dem Geschäftsstellenleiter mitzuteilen. Im Falle der Vertretung durch einen Anwalt soll diesem zugestellt werden.

Artikel 20

Antwort auf die Entgegnung

(1) Vorbehaltlich der Vorschriften des Artikels 29 ist der Antragsteller berechtigt, innerhalb eines Monats nach Zustellung der Entgegnung zu antworten.

(2) Die Antwort ist in derselben Anzahl von Stücken einzureichen wie die Entgegnung; zugleich hat der Antragsteller dem Antragsgegner im Nachprüfungsverfahren, bei mehreren Antragsgegnern jedem von ihnen, sowie jedem anderen Beteiligten eine Abschrift zuzustellen. Der Zustellende hat unverzüglich die Tatsache der Zustellung dem Geschäftsstellenleiter mitzuteilen. Im Falle der Vertretung durch einen Anwalt soll diesem zugestellt werden.

(3) Die Antwort muß das Aktenzeichen des Senats enthalten; sie soll das Vorbringen des Nachprüfungsantrages nicht wiederholen und sich auf die erstmalig erhobenen Behauptungen und Erörterungen der Entgegnung beschränken.

Artikel 21

Schriftsätze Beteiligter

(1) Soweit ihre eigenen Rechte oder Interessen durch die Entscheidung des Senats berührt werden, können Beteiligte und solche Berechtigte oder Verpflichtete, die keinen Nachprüfungsantrag gestellt oder keine Entgegnung eingereicht haben, einen Schriftsatz zur Wahrung ihrer Rechte und Interessen einreichen.

(2) Ein derartiger Schriftsatz muß nach Sprache und Anzahl der Stücke in gleicher Weise und innerhalb der gleichen Frist eingereicht und dem Antragsteller und dem Antragsgegner im Nachprüfungsverfahren sowie jedem Beteiligten zugestellt werden wie die Entgegnung. Wem ein solcher Schriftsatz zugestellt worden ist, der kann innerhalb eines Monats nach Zustellung darauf erwidern. Die Vorschriften dieses Absatzes sind auf die Erwiderung entsprechend anzuwenden.

Artikel 22

Weitere Schriftsätze

Ohne Genehmigung des Senats dürfen weitere Schriftsätze oder Nachträge nicht eingereicht werden.

Artikel 23

Verfahren bei Nichtbeachtung der Verfahrensordnung

(1) Entspricht ein Antrag oder der Schriftsatz nicht der Verfahrensordnung, so kann der Senat

(a) den Antrag oder Schriftsatz zurückweisen oder

(b) durch einen Auflagebeschluß der betroffenen Partei oder Person aufgeben, innerhalb einer in dem Auflagebeschluß festzusetzenden Frist die erforderlichen Schritte zu tun, um den Antrag oder Schriftsatz an die Verfahrensordnung anzugleichen; kommt die betroffene Partei oder Person dieser Auflage nicht nach, so wird der Antrag oder Schriftsatz zurückgewiesen;

(c) jede andere angemessene Anordnung treffen.

(2) Handelt es sich bei dem zurückweisenden Antrag um einen Antrag auf Nachprüfung, so kann der Senat sofort durch seine Entscheidung den Nachprüfungsantrag zurückweisen.

(3) Handelt es sich bei dem zurückzuweisenden Antrag um ein Gesuch, die Einreichung eines Nachprüfungsantrages zu genehmigen, so ist die Zurückweisung des Antrages gleichbedeutend mit einer Ablehnung des Gesuches im Sinne von Artikel 7 Absatz 3 der 6. Durchführungsverordnung (Neufassung) zum Gesetz Nr. 59 der Britischen Militär-Regierung.

Teil V

Mündliches Verfahren

Artikel 24

Entscheidung über mündliche Verhandlung und Ladung

(1) Überzeugt sich der Senat nach Prüfung der Akten, daß er einen Antrag auf eine mündliche Verhandlung genehmigen will, oder hält er eine mündliche Verhandlung aus anderen Gründen für erforderlich oder wünschenswert, so bestimmt der Präsident Ort und Zeit und veranlaßt die Ladung der Anwälte oder der Parteien und Beteiligten, die nicht durch einen Anwalt vertreten sind.

(2) Beschließt der Senat nichts anderes, so wird während der folgenden Zeiträume nicht mündlich verhandelt:

(a) vom 18. Dezember bis 7. Januar;

(b) vom Sonntag vor Ostern bis zum zweiten Sonntag nach Ostern;

(c) vom 15. Juli bis 15. September.

(3) Ordnet der Senat eine mündliche Verhandlung nicht an, so wird der Fall nach Lage der Akten entschieden.

Artikel 25

Verfahren in der mündlichen Verhandlung und Protokoll

(1) Bestimmt der Senat aus besonderen Gründen nichts Gegenteiliges, so wird der Antragsteller oder sein Anwalt bei der mündlichen Verhandlung zuerst gehört. Andere Parteien werden in der Reihenfolge gehört, die der Präsident bestimmt. Die Partei, welche in der Verhandlung zuerst gehört worden ist, hat ein Recht auf Entgegnung.

(2) Über jede mündliche Verhandlung wird eine Niederschrift aufgenommen. Ihre Form richtet sich nach den Anweisungen des Präsidenten, die er während der Verhandlung erteilt, oder nach der Anordnung, die er allgemein erläßt.

Artikel 26

Recht auf Gehör

(1) Alle am Verfahren Beteiligten können persönlich vor dem Senat gehört werden oder einen Anwalt mit ihrer Vertretung beauftragen. Dasselbe trifft auf die gesetzlichen Vertreter juristischer Personen zu.

(2) Folgende Personen dürfen als Anwälte vor dem Senat auftreten:

(a) deutsche Rechtsanwälte;

(b) bei ständigem Wohnsitz einer Partei in einem Lande außerhalb Deutschlands ein bei den obersten Gerichten ihres Landes zugelassener Anwalt;

(c) andere juristisch vorgebildete und im Rechtswesen erfahrene Personen, denen der Präsident jeweils eine besondere oder allgemeine Genehmigung für die Vertretung vor dem Senat erteilt;

(d) Personen, die nicht gemäß Absatz a, b oder c zugelassen sind, die aber mit gerichtlicher Genehmigung eine Partei in der Vorinstanz vertreten haben.

Teil VI

Zwischenverfahren

Artikel 27

Anträge im Zwischenverfahren

(1) Vorbehaltlich der Vorschriften des Artikels 28 müssen nachstehende Anträge zu Verfahrensfragen in einem besonderen Schriftsatz geltend gemacht werden:

(a) Anträge auf Sicherungsmaßnahmen,

(b) Anträge auf Aussetzung der Vollstreckung,

(c) Anträge auf Genehmigung, ein Vorbringen in einer Weise zu ändern, die das Wesen oder den Umfang der im Nachprüfungsverfahren zu gewährenden Abhilfe beeinflussen kann,

(d) Anträge auf Beteiligung einer Partei oder eines Beteiligten an dem Nachprüfungsverfahren oder Entlassung aus diesem,

(e) jeder andere Antrag zu Verfahrensfragen bei entsprechender Anordnung des Präsidenten.

Ein derartiger Antrag und die Anlagen dazu müssen nach Sprache und Anzahl der Stücke in der gleichen Weise eingereicht und zugestellt werden wie eine Entgegnung.

(2) Aus jedem derartigen Antrag muß die Art der erstrebten Anordnung sowie die Begründung des Antrages hervorgehen.

(3) Ein Antrag auf Fristverlängerung, der nach Ablauf der Frist für das Einreichen eines Nachprüfungsantrages oder eines Gesuches gestellt wird, das Einreichen eines Nachprüfungsantrages zu genehmigen, muß die Tatsachen und Umstände ausführlich darstellen, welche die Einhaltung der Frist unmöglich machen; die begründenden Tatsachen und Umstände sind durch eidesstattliche Erklärungen glaubhaft zu machen.

(4) Jede Person, der ein Stück des Antrages zugestellt worden ist, kann innerhalb eines Monats nach Zustellung schriftlich auf den Antrag entgegnen. Artikel 19 Absatz 2 und 4 ist auf diese Entgegnung entsprechend anzuwenden.

(5) Artikel 21, 22 und 23 sind auf Anträge im Zwischenverfahren entsprechend anwendbar.

Artikel 28

Eilfälle

(1) In dringenden Fällen kann der Präsident oder ein von ihm bestimmter Richter jede ihm erforderlich erscheinende einstweilige Anordnung erlassen.

(2) Vorbehaltlich einer weiteren einstweiligen Anordnung oder einer Anordnung des Senats wirkt eine einstweilige Anordnung, bis der Senat über einen Antrag nach den Vorschriften des Artikels 27 entscheidet. Ein solcher Antrag auf Entscheidung des Senats ist unverzüglich einzureichen, falls dies nicht vorher geschehen ist.

Teil VII

Allgemeines

Artikel 29

Befugnisse des Geschäftsstellenleiters

(1) Der Geschäftsstellenleiter kann jede Partei auf die Nichtbeachtung der Verfahrensordnung hinweisen und sie auffordern, innerhalb einer von ihm festzulegenden Frist das Versäumte nachzuholen.

(2) Der Geschäftsstellenleiter kann die Fristen dieser Geschäfts- und Verfahrensordnung bis zu höchstens drei Monaten verlängern.

(3) Vorbehaltlich einer etwaigen späteren Anordnung des Senats kann der Geschäftsstellenleiter zeitweilig oder aus besonderen Gründen von den Erfordernissen der Artikel 13, 15, 19, 20, 21 und 27 über die Anzahl der einzureichenden Stücke und Übersetzungen befreien.

(4) Vorbehaltlich dieser Vorschriften und der vom Präsidenten jeweils zu erlassenden Anweisungen kann der Geschäftsstellenleiter über jeden im Zwischenverfahren gestellten Antrag und jede sonstige Verfahrensfrage entscheiden mit Ausnahme von Anträgen gemäß Artikel 27 und 28.

Artikel 30

Neue Tatsachen

Neue Beweise, sei es auf Grund schriftlicher oder mündlicher Beweismittel, können nur mit Genehmigung des Senats zugelassen werden.

Artikel 31

Zurücknahme eines Nachprüfungsantrages

Mit der Genehmigung des Senats kann ein Antrag auf Nachprüfung jederzeit zurückgenommen werden. Etwaige Kostenentscheidungen des Senats werden von der Zurücknahme nicht berührt.

Artikel 32

Zustellung

(1) Schriftstücke und andere Urkunden können auf Grund dieser Verfahrensordnung entweder gemäß den Vorschriften der Zivilprozeßordnung zugestellt werden oder, falls die gegenwärtige Anschrift der Person, welcher zugestellt werden soll, bekannt ist, auch durch Einschreiben.

(2) Ist eine Partei oder ein Beteiligter durch mehrere Anwälte vertreten, so hat er einen von ihnen als denjenigen zu bestimmen, dem alle Schriftstücke im Laufe des Verfahrens zugestellt werden sollen.

Artikel 33

Tod einer Partei

Falls eine Partei während des Nachprüfungsverfahrens stirbt, sind die entsprechenden Vorschriften der Zivilprozeßordnung anzuwenden.

Artikel 34

Kosten

Der Senat erhebt in seinen Verfahren keine Gerichtskosten; er kann jedoch wegen der Zahlung der Prozeßkosten jeden ihm angemessen erscheinenden Beschluß erlassen und den Betrag entweder selbst festsetzen oder seine Festsetzung durch die zuständigen deutschen Behörden anordnen.

Artikel 35

Änderung der Verfahrensordnung usw.

Der Senat kann die vorliegenden Vorschriften aufheben, abändern oder ergänzen oder bei Vorliegen besonderer Umstände Ausnahmen erlassen.

Artikel 36

Amtlicher Wortlaut

Der deutsche und der englische Wortlaut dieser Verfahrensvorschriften ist maßgeblich.

Herford, den 28. Juni 1956.

Der Zweite Senat
des Obersten Rückerstattungsgerichts
Der Präsident
Carl Seidelin-Larsen

Literaturverzeichnis

Bertz, Inka / **Dorrmann**, Michael: Einleitung, in: Inka Bertz / Michael Dorrmann (Hrsg.), Raub und Restitution. Kulturgut aus jüdischem Besitz von 1933 bis heute, Göttingen 2008, S. 8–13.

Blau, Bruno: Das Ausnahmerecht für die Juden in Deutschland 1933–1945, zweite Auflage, Düsseldorf 1954.

Blessin, Georg / **Wilden**, Hans: Bundesrückerstattungsgesetz und Elfte Verordnung über Ausgleichsleistungen nach dem Lastenausgleichsgesetz. Kommentar, München / Berlin 1958.

Brandt, Willy: Geleitwort des Bundeskanzlers, in: Walter Schwarz, Rückerstattung nach den Gesetzen der Alliierten Mächte. Die Wiedergutmachung nationalsozialistischen Unrechts durch die Bundesrepublik Deutschland. Band I, München 1974.

Braun, Hartmut: 99,5 Prozent der Arbeit getan / Aufbruchstimmung dauert an. Warten auf das Ende: Das Oberste Rückerstattungsgericht in Herford, in: Neue Westfälische – Herforder Kreisanzeiger Nr. 122 vom 28. Mai 1983, S. 17.

Brodesser, Hermann-Josef / **Fehn**, Bernd Josef / **Franosch**, Tilo / **Wirth**, Wilfried: Wiedergutmachung und Kriegsfolgenliquidation. Geschichte – Regelungen – Zahlungen, München 2000.

Buschbom, Helmut: Die völkerrechtlichen und staatsrechtlichen Maßnahmen zur Beseitigung des im Namen des Deutschen Reiches verübten nationalsozialistischen Unrechts, in: Bundesminister der Finanzen in Zusammenarbeit mit Walter Schwarz (Hrsg.), Die Wiedergutmachung nationalsozialistischen Unrechts durch die Bundesrepublik Deutschland. Band II. Das Bundesrückerstattungsgesetz, München 1981, S. 1–71.

Dammann, Bernhard / **Heitkamp**, Fritz: Militärregierung Deutschland. Britisches Kontrollgebiet. Gesetz Nr. 59. Rückerstattung feststellbarer Vermögensgegenstände an Opfer der nationalsozialistischen Unterdrückungsmaßnahmen vom 12. Mai 1949. Textausgabe mit Erläuterungen, Münster 1949.

Diner, Dan: Restitution, in: Inka Bertz / Michael Dorrmann (Hrsg.), Raub und Restitution. Kulturgut aus jüdischem Besitz von 1933 bis heute, Göttingen 2008, S. 16–28.

Dölle, Hans / **Zweigert**, Konrad: Gesetz Nr. 52 über Sperre und Beaufsichtigung von Vermögen. Kommentar, Stuttgart 1947

Dopffel, Karl: Anmerkung zu Entscheidungen des CSR, in: JZ 1951, S. 785–786.

Döring, Gertrud: Wiedergutmachung: Rückerstattung. Der Wirtschafts-Kommentator. Teil D: Wirtschaftsrecht II. Nachtrag 1 zu D VI/4, Frankfurt am Main 1949.

Godin, Reinhard Freiherr von / **Godin**, Hans Freiherr von: Rückerstattung feststellbarer Vermögensgegenstände in der amerikanischen Besatzungszone. Militärregierungsgesetz Nr. 59 vom 10. November 1947 mit Ausführungsvorschriften, Berlin 1948.

GODIN, Reinhard Freiherr von / GODIN, Hans Freiherr von: Rückerstattung feststellbarer Vermögensgegenstände in der amerikanischen und britischen Besatzungszone und in Berlin. Gesetze der Militärregierungen mit der Verordnung für Berlin, zweite Auflage, Berlin 1950.

GOETZE, Peter: Die Rückerstattung in Westdeutschland und Berlin. Juristisch-wirtschaftlicher Kommentar zu den Rückerstattungsgesetzen der amerikanischen, britischen und französischen Militärregierungen und der alliierten Militärkommandantur in Berlin, Stuttgart / Köln 1950.

GOETZE, Peter: Die Entwicklung der Rückerstattung in Westdeutschland und Berlin, Stuttgart / Köln 1951.

GOSCHLER, Constantin: Die Politik der Rückerstattung in Westdeutschland, in: Constantin Goschler / Jürgen Lillteicher (Hrsg.), »Arisierung« und Restitution. Die Rückerstattung jüdischen Eigentums in Deutschland und Österreich nach 1945 und 1989, Göttingen 2002, S. 99–125.

GOSCHLER, Constantin: Schuld und Schulden. Die Politik der Wiedergutmachung für NS-Verfolgte seit 1945, Göttingen 2005.

GOSCHLER, Constantin: Wiedergutmachung. Westdeutschland und die Verfolgten des Nationalsozialismus (1945–1954), München 1992.

GOSCHLER, Constantin: Zwei Wellen der Restitution, in: Inka Bertz / Michael Dorrmann (Hrsg.), Raub und Restitution. Kulturgut aus jüdischem Besitz von 1933 bis heute, Göttingen 2008, S. 34–45.

HARMENING, Rudolf / HARTENSTEIN, Wilhelm / OSTHOFF, Hans W. / FALK, Rudolf: Rückerstattungsgesetz. Kommentar zum Gesetz über die Rückerstattung feststellbarer Vermögensgegenstände (Gesetz Nr. 59 der Militärregierung), Loseblatt, Frankfurt am Main, Stand: 5. Lieferung (ohne Datumsangabe).

HERBST, Ludolf: Einleitung, in: Ludolf Herbst / Constantin Goschler (Hrsg.), Wiedergutmachung in der Bundesrepublik Deutschland, München 1989, S. 7–31.

HERRMANN, Hans Joachim: Supranationale und internationale Gerichte, in: Max-Planck-Institut für Ausländisches und Internationales Privatrecht (Hrsg.), Handbuch des internationalen Zivilverfahrensrechts, Band 1, Tübingen 1982, S. 1–97.

HOCKERTS, Hans Günter: Wiedergutmachung. Ein umstrittener Begriff und ein weites Feld, in: Hans Günter Hockerts / Christiane Kuller (Hrsg.), Nach der Verfolgung, Wiedergutmachung nationalsozialistischen Unrechts in Deutschland?, Göttingen 2003, S. 7–33.

KEMPER, Bernhard / BURKHARDT, Herbert: Kommentar zum Bundesrückerstattungsgesetz, Stuttgart 1957.

KLÜCKMANN, Martin: Innere Wiedergutmachung, in: Gustav von Schmoller / Hedwig Maier / Achim Tobler, Handbuch des Besatzungsrechts (Loseblatt), Band I, Tübingen, Stand: 5. Lieferung 1957, § 53 („Abgeschlossen am 1.2.1952“).

KUBOSCHOK, Egon / WEIßSTEIN, Rudolf: Rückerstattungsrecht der britischen und amerikanischen Zone. Kommentar zum Militärregierungsgesetz 59, München / Berlin 1950.

KÜSTER, Otto: Informationsteil zur Gesetzgebung der Länder (Amerikanische Zone), in: SJZ 1947, Sp. 687–688.

LAGERGREN, Gunnar: Auflösung des Obersten Rückerstattungsgerichts. Die Internationale Zusammensetzung bürgte für die Verwirklichung einer ausgewogenen Rechtsprechung, Rede vom 13. März 1991, in: recht. Informationen des Bundesministers der Justiz, 3/91, S. 50 f.

LILLTEICHER, Jürgen: Raub und Restitution. Die Rückerstattung jüdischen Eigentums mit den Mitteln des Rechtsstaats, in: Inka Bertz / Michael Dorrmann (Hrsg.), Raub und Restitution. Kulturgut aus jüdischem Besitz von 1933 bis heute, Göttingen 2008, S. 223–229.

LILLTEICHER, Jürgen: Raub, Recht und Restitution. Die Rückerstattung jüdischen Eigentums in der frühen Bundesrepublik, Göttingen 2007.

LORCK, Carl v.: Über die Organisation des internationalen Obersten Rückerstattungsgerichts, in: DRiZ 1957, S. 252–254.

MAHRENHOLZ, Sebastian: Verhandelte Gerechtigkeit. Die juristische Wiedergutmachung nationalsozialistischen Unrechts, München 2010.

MARSDEN, Edward Arthur: Das Oberste Rückerstattungsgericht in Herford, in: Bundesminister der Finanzen in Zusammenarbeit mit Walter Schwarz (Hrsg.), Die Wiedergutmachung nationalsozialistischen Unrechts durch die Bundesrepublik Deutschland. Band II. Das Bundesrückerstattungsgesetz, München 1981, S. 611–682.

MARSDEN, Edward Arthur: Elsbach. Die Geschichte einer Familie und eines Unternehmens in Herford, in: Rainer Pape / Herforder Verein für Heimatkunde e.V. (Hrsg.), Herforder Jahrbuch. Beiträge zur Geschichte des Stiftes, der Stadt und des Kreises Herford, XVII.–XVIII. Band, 1976/77, Herford 1977, S. 69–86.

MARSDEN, Edward Arthur (Hrsg.): Germany (British Zone). Gesetzgebung zur Rückerstattung feststellbarer Vermögensgegenstände an Opfer der nationalsozialistischen Unterdrückungsmaßnahmen. Nach dem Stande vom 1. März 1953. Veröffentlicht im Auftrage des Legal Adviser des Hohen Kommissars des Vereinigten Königreichs. E.A. Marsden Secretary Board of Review.

MEINL, Susanne / ZWILLING, Jutta: Legalisierter Raub. Die Ausplünderung der Juden im Nationalsozialismus durch die Reichsfinanzverwaltung in Hessen, Frankfurt / New York 2004.

PEICH, Arthur: Wiedergutmachung: Rückerstattung (Amerikan. Zone). Der Wirtschafts-Kommentator. Heft 125. Teil D: Wirtschaftsrecht II. D VI/4, Frankfurt am Main 1948.

PETERS, Josef Franz Hubert: Kommentar zur Rückerstattung – Britische Zone – Allgemeine Verfügung Nr. 10. Gesetz Nr. 59. Rückerstattung feststellbarer Vermögensgegenstände an Opfer der nationalsozialistischen Unterdrückungsmaßnahmen, Köln 1949.

PETRICH, Walter: Kommentar zur Wiedergutmachung. amerik. Ges. Nr. 59 vom 10. Nov. 1947. französ. VO. Nr. 120 vom 10. Nov. 1947, Paderborn 1949.

REINIGHAUS, Alexandra: Zur Ausstellung, in: Alexandra Reinighaus (Hrsg.), Recollecting. Raub und Restitution, Wien 2009, S. 11–18.

ROMBERG, Harold P.: Das Oberste Rückerstattungsgericht für Berlin, in: Bundesminister der Finanzen in Zusammenarbeit mit Walter Schwarz (Hrsg.), Die Wiedergutmachung nationalsozialistischen Unrechts durch die Bundesrepublik Deutschland. Band II. Das Bundesrückerstattungsgesetz, München 1981, S. 585–609.

SCHULTZ, Günther: Rundschau. Blick in die Zeit, in: MDR 1957, S. 208–210.

SCHWARZ, Walter: Die Wiedergutmachung des nationalsozialistischen Unrechts in der Bundesrepublik Deutschland – rechtliches Neuland?, in: Die Freiheit des Anderen. Festschrift für Martin Hirsch, Baden-Baden 1981, S. 227–241.

SCHWARZ, Walter: Rückerstattung nach den Gesetzen der Alliierten Mächte. Die Wiedergutmachung nationalsozialistischen Unrechts durch die Bundesrepublik Deutschland. Band I, München 1974.

SCHWARZ, Walter: Rückerstattung und Entschädigung. Eine Abgrenzung der Wiedergutmachungsformen, München / Berlin 1952.

SPARR, Ulrike: Biografien zu den im Hamburger Stadtteil Winterhude für Adolf Maass und Käthe Maass (geborene Elsbach) in der Blumenstraße 37 verlegten Stolpersteinen, vorab online veröffentlicht auf der Homepage der Landeszentrale für politische Bildung Hamburg – Stolpersteine Hamburg <http://www.stolpersteine-hamburg.de/?MAIN_ID=7&BIO_ID=1492> sowie <http://www.stolpersteine-hamburg.de/?MAIN_ID=7&BIO_ID=1493> (Stand: 11. November 2012 und letzter eigener Zugriff: 26. Mai 2013).

VOGEL, Walter: Westdeutschland 1945–1950. Der Aufbau von Verfassungs- und Verwaltungseinrichtungen über den Ländern der drei westlichen Besatzungszonen. Teil III. Einzelne Verwaltungszweige: Finanzen; Post und Verkehr; Arbeit und Soziales; Flüchtlinge, Suchdienst und Kriegsgefangene; Justiz; Inneres, Boppard am Rhein 1983.

VOGELSANG, Thomas: Bundesrichter a. D. Dr. Heinrich Gulatz vollendet sein 80. Lebensjahr. 30 Jahre Nazi-Opfern zu ihrem Recht verholfen, in: Neue Westfälische – Herforder Kreisanzeiger Nr. 28 vom 3. Februar 1994, S. 20.

WALK, Joseph (Hrsg.): Das Sonderrecht für die Juden im NS-Staat, zweite Auflage, Heidelberg 1996.

WEIßSTEIN, Rudolf: Vom Board zum Court, in: Weitere praktische Fragen der Rückerstattung in den Westzonen und Berlin, Heidelberg 1950, S. 78–84.

WINSTEL, Tobias: Verhandelte Gerechtigkeit. Rückerstattung und Entschädigung für jüdische NS-Opfer in Bayern und Westdeutschland, München 2006.

WOGERSIEN, Maik: Die Rückerstattung von ungerechtfertigt entzogenen Vermögensgegenständen. Eine Quellenstudie zur Wiedergutmachung nationalsozialistischen Unrechts aufgrund des Gesetzes Nr. 59 der britischen Militärregierung, Diss. iur., Münster 2000.

Juristische Zeitgeschichte

Herausgeber: Prof. Dr. Dr. Thomas Vormbaum, FernUniversität in Hagen

Abteilung 1: Allgemeine Reihe

1 *Thomas Vormbaum (Hrsg.):* Die Sozialdemokratie und die Entstehung des Bürgerlichen Gesetzbuchs. Quellen aus der sozialdemokratischen Partei und Presse (1997)
2 *Heiko Ahlbrecht:* Geschichte der völkerrechtlichen Strafgerichtsbarkeit im 20. Jahrhundert (1999)
3 *Dominik Westerkamp:* Pressefreiheit und Zensur im Sachsen des Vormärz (1999)
4 *Wolfgang Naucke:* Über die Zerbrechlichkeit des rechtsstaatlichen Strafrechts. Gesammelte Aufsätze zur Strafrechtsgeschichte (2000)
5 *Jörg Ernst August Waldow:* Der strafrechtliche Ehrenschutz in der NS-Zeit (2000)
6 *Bernhard Diestelkamp:* Rechtsgeschichte als Zeitgeschichte. Beiträge zur Rechtsgeschichte des 20. Jahrhunderts (2001)
7 *Michael Damnitz:* Bürgerliches Recht zwischen Staat und Kirche. Mitwirkung der Zentrumspartei am Bürgerlichen Gesetzbuch (2001)
8 *Massimo Nobili:* Die freie richterliche Überzeugungsbildung. Reformdiskussion und Gesetzgebung in Italien, Frankreich und Deutschland seit dem Ausgang des 18. Jahrhunderts (2001)
9 *Diemut Majer:* Nationalsozialismus im Lichte der Juristischen Zeitgeschichte (2002)
10 *Bianca Vieregge:* Die Gerichtsbarkeit einer „Elite". Nationalsozialistische Rechtsprechung am Beispiel der SS- und Polizeigerichtsbarkeit (2002)
11 *Norbert Berthold Wagner:* Die deutschen Schutzgebiete (2002)
12 *Miloš Vec:* Die Spur des Täters. Methoden der Identifikation in der Kriminalistik (1879–1933), (2002)
13 *Christian Amann:* Ordentliche Jugendgerichtsbarkeit und Justizalltag im OLG-Bezirk Hamm von 1939 bis 1945 (2003)
14 *Günter Gribbohm:* Das Reichskriegsgericht (2004)
15 *Martin M. Arnold:* Pressefreiheit und Zensur im Baden des Vormärz. Im Spannungsfeld zwischen Bundestreue und Liberalismus (2003)
16 *Ettore Dezza:* Beiträge zur Geschichte des modernen italienischen Strafrechts (2004)
17 *Thomas Vormbaum (Hrsg.):* „Euthanasie" vor Gericht. Die Anklageschrift des Generalstaatsanwalts beim OLG Frankfurt/M. gegen Werner Heyde u. a. vom 22. Mai 1962 (2005)
18 *Kai Cornelius:* Vom spurlosen Verschwindenlassen zur Benachrichtigungspflicht bei Festnahmen (2006)
19 *Kristina Brümmer-Pauly:* Desertion im Recht des Nationalsozialismus (2006)
20 *Hanns-Jürgen Wiegand:* Direktdemokratische Elemente in der deutschen Verfassungsgeschichte (2006)
21 *Hans-Peter Marutschke (Hrsg.):* Beiträge zur modernen japanischen Rechtsgeschichte (2006)

22 *Katrin Stoll:* Die Herstellung der Wahrheit (2011)
23 *Thorsten Kurtz:* Das Oberste Rückerstattungsgericht in Herford (2014)
24 *Sebastian Schermaul:* Die Umsetzung der Karlsbader Beschlüsse an der Universität Leipzig 1819–1848 (2013)

Abteilung 2: Forum Juristische Zeitgeschichte

1 *Franz-Josef Düwell / Thomas Vormbaum (Hrsg.):* Themen juristischer Zeitgeschichte (1) – Schwerpunktthema: Recht und Nationalsozialismus (1998)
2 *Karl-Heinz Keldungs:* Das Sondergericht Duisburg 1943–1945 (1998)
3 *Franz-Josef Düwell / Thomas Vormbaum (Hrsg.):* Themen juristischer Zeitgeschichte (2) – Schwerpunktthema: Recht und Juristen in der Revolution von 1848/49 (1998)
4 *Thomas Vormbaum:* Beiträge zur juristischen Zeitgeschichte (1999)
5 *Franz-Josef Düwell / Thomas Vormbaum:* Themen juristischer Zeitgeschichte (3), (1999)
6 *Thomas Vormbaum (Hrsg.):* Themen juristischer Zeitgeschichte (4), (2000)
7 *Frank Roeser:* Das Sondergericht Essen 1942–1945 (2000)
8 *Heinz Müller-Dietz:* Recht und Nationalsozialismus – Gesammelte Beiträge (2000)
9 *Franz-Josef Düwell (Hrsg.):* Licht und Schatten. Der 9. November in der deutschen Geschichte und Rechtsgeschichte – Symposium der Arnold-Freymuth-Gesellschaft, Hamm (2000)
10 *Bernd-Rüdiger Kern / Klaus-Peter Schroeder (Hrsg.):* Eduard von Simson (1810–1899). „Chorführer der Deutschen" und erster Präsident des Reichsgerichts (2001)
11 *Norbert Haase / Bert Pampel (Hrsg.):* Die Waldheimer „Prozesse" – fünfzig Jahre danach. Dokumentation der Tagung der Stiftung Sächsische Gedenkstätten am 28. und 29. September in Waldheim (2001)
12 *Wolfgang Form (Hrsg.):* Literatur- und Urteilsverzeichnis zum politischen NS-Strafrecht (2001)
13 *Sabine Hain:* Die Individualverfassungsbeschwerde nach Bundesrecht (2002)
14 *Gerhard Pauli / Thomas Vormbaum (Hrsg.):* Justiz und Nationalsozialismus – Kontinuität und Diskontinuität. Fachtagung in der Justizakademie des Landes NRW, Recklinghausen, am 19. und 20. November 2001 (2003)
15 *Mario Da Passano (Hrsg.):* Europäische Strafkolonien im 19. Jahrhundert. Internationaler Kongreß des Dipartimento di Storia der Universität Sassari und des Parco nazionale di Asinara, Porto Torres, 25. Mai 2001 (2006)
16 *Sylvia Kesper-Biermann / Petra Overath (Hrsg.):* Die Internationalisierung von Strafrechtswissenschaft und Kriminalpolitik (1870–1930). Deutschland im Vergleich (2007)
17 *Hermann Weber (Hrsg.):* Literatur, Recht und Musik. Tagung im Nordkolleg Rendsburg vom 16. bis 18. September 2005 (2007)
18 *Hermann Weber (Hrsg.):* Literatur, Recht und (bildende) Kunst. Tagung im Nordkolleg Rendsburg vom 21. bis 23. September 2007 (2008)
19 *Francisco Muñoz Conde / Thomas Vormbaum (Hrsg.):* Transformation von Diktaturen in Demokratien und Aufarbeitung der Vergangenheit (2010)
20 *Kirsten Scheiwe / Johanna Krawietz* (Hrsg.): (K)Eine Arbeit wie jede andere? Die Regulierung von Arbeit im Privathaushalt (2014)

Abteilung 3: Beiträge zur modernen deutschen Strafgesetzgebung. Materialien zu einem historischen Kommentar

1 *Thomas Vormbaum / Jürgen Welp (Hrsg.):* Das Strafgesetzbuch seit 1870. Sammlung der Änderungen und Neubekanntmachungen; Vier Textbände (1999–2002) und drei Supplementbände (2005, 2006)
2 *Christian Müller:* Das Gewohnheitsverbrechergesetz vom 24. November 1933. Kriminalpolitik als Rassenpolitik (1998)
3 *Maria Meyer-Höger:* Der Jugendarrest. Entstehung und Weiterentwicklung einer Sanktion (1998)
4 *Kirsten Gieseler:* Unterlassene Hilfeleistung – § 323c StGB. Reformdiskussion und Gesetzgebung seit 1870. (1999)
5 *Robert Weber:* Die Entwicklung des Nebenstrafrechts 1871–1914 (1999)
6 *Frank Nobis:* Die Strafprozeßgesetzgebung der späten Weimarer Republik (2000)
7 *Karsten Felske:* Kriminelle und terroristische Vereinigungen – §§ 129, 129a StGB (2002)
8 *Ralf Baumgarten:* Zweikampf – §§ 201–210 a.F. StGB (2003)
9 *Felix Prinz:* Diebstahl – §§ 242 ff. StGB (2003)
10 *Werner Schubert / Thomas Vormbaum (Hrsg.):* Entstehung des Strafgesetzbuchs. Kommissionsprotokolle und Entwürfe. Band 1: 1869 (2002); Band 2: 1870 (2004)
11 *Lars Bernhard:* Falsche Verdächtigung (§§ 164, 165 StGB) und Vortäuschen einer Straftat (§ 145d StGB), (2003)
12 *Frank Korn:* Körperverletzungsdelikte – §§ 223 ff., 340 StGB. Reformdiskussion und Gesetzgebung von 1870 bis 1933 (2003)
13 *Christian Gröning:* Körperverletzungsdelikte – §§ 223 ff., 340 StGB. Reformdiskussion und Gesetzgebung seit 1933 (2004)
14 *Sabine Putzke:* Die Strafbarkeit der Abtreibung in der Kaiserzeit und in der Weimarer Zeit. Eine Analyse der Reformdiskussion und der Straftatbestände in den Reformentwürfen (1908–1931), (2003)
15 *Eckard Voßiek:* Strafbare Veröffentlichung amtlicher Schriftstücke (§ 353d Nr. 3 StGB). Gesetzgebung und Rechtsanwendung seit 1851 (2004)
16 *Stefan Lindenberg:* Brandstiftungsdelikte – §§ 306 ff. StGB. Reformdiskussion und Gesetzgebung seit 1870 (2004)
17 *Ninette Barreneche†:* Materialien zu einer Strafrechtsgeschichte der Münchener Räterepublik 1918/1919 (2004)
18 *Carsten Thiel:* Rechtsbeugung – § 339 StGB. Reformdiskussion und Gesetzgebung seit 1870 (2005)
19 *Vera Große-Vehne:* Tötung auf Verlangen (§ 216 StGB), „Euthanasie" und Sterbehilfe. Reformdiskussion und Gesetzgebung seit 1870 (2005)
20 *Thomas Vormbaum / Kathrin Rentrop (Hrsg.):* Reform des Strafgesetzbuchs. Sammlung der Reformentwürfe. Band 1: 1909 bis 1919. Band 2: 1922 bis 1939. Band 3: 1959 bis 1996 (2008)
21 *Dietmar Prechtel:* Urkundendelikte (§§ 267 ff. StGB). Reformdiskussion und Gesetzgebung seit 1870 (2005)
22 *Ilya Hartmann:* Prostitution, Kuppelei, Zuhälterei. Reformdiskussion und Gesetzgebung seit 1870 (2006)

23 *Ralf Seemann:* Strafbare Vereitelung von Gläubigerrechten (§§ 283 ff., 288 StGB). Reformdiskussion und Gesetzgebung seit 1870 (2006)
24 *Andrea Hartmann:* Majestätsbeleidigung (§§ 94 ff. StGB a.F.) und Verunglimpfung des Staatsoberhauptes (§ 90 StGB). Reformdiskussion und Gesetzgebung seit dem 19. Jahrhundert (2006)
25 *Christina Rampf:* Hausfriedensbruch (§ 123 StGB). Reformdiskussion und Gesetzgebung seit 1870 (2006)
26 *Christian Schäfer:* „Widernatürliche Unzucht" (§§ 175, 175a, 175b, 182, a.F. StGB). Reformdiskussion und Gesetzgebung seit 1945 (2006)
27 *Kathrin Rentrop:* Untreue und Unterschlagung (§§ 266 und 246 StGB). Reformdiskussion und Gesetzgebung seit dem 19. Jahrhundert (2007)
28 *Martin Asholt:* Straßenverkehrsstrafrecht. Reformdiskussion und Gesetzgebung seit dem Ausgang des 19. Jahrhunderts (2007)
29 *Katharina Linka:* Mord und Totschlag (§§ 211–213 StGB). Reformdiskussion und Gesetzgebung seit 1870 (2008)
30 *Juliane Sophia Dettmar:* Legalität und Opportunität im Strafprozess. Reformdiskussion und Gesetzgebung von 1877 bis 1933 (2008)
31 *Jürgen Durynek:* Korruptionsdelikte (§§ 331 ff. StGB). Reformdiskussion und Gesetzgebung seit dem 19. Jahrhundert (2008)
32 *Judith Weber:* Das sächsische Strafrecht im 19. Jahrhundert bis zum Reichsstrafgesetzbuch (2009)
33 *Denis Matthies:* Exemplifikationen und Regelbeispiele. Eine Untersuchung zum 100-jährigen Beitrag von Adolf Wach zur „Legislativen Technik" (2009)
34 *Benedikt Rohrßen:* Von der „Anreizung zum Klassenkampf" zur „Volksverhetzung" (§ 130 StGB). Reformdiskussion und Gesetzgebung seit dem 19. Jahrhundert (2009)
35 *Friederike Goltsche:* Der Entwurf eines Allgemeinen Deutschen Strafgesetzbuches von 1922 (Entwurf Radbruch) (2010)
36 *Tarig Elobied:* Die Entwicklung des Strafbefehlsverfahrens von 1846 bis in die Gegenwart (2010)
37 *Christina Müting:* Sexuelle Nötigung; Vergewaltigung (§ 177 StGB) (2010)
38 *Nadeschda Wilkitzki:* Entstehung des Gesetzes über Internationale Rechtshilfe in Strafsachen (IRG) (2010)
39 *André Brambring:* Kindestötung (§ 217 a.F. StGB). Reformdiskussion und Gesetzgebung seit 1870 (2010)
40 *Wilhelm Rettler:* Der strafrechtliche Schutz des sozialistischen Eigentums in der DDR (2010)
41 *Yvonne Hötzel:* Debatten um die Todesstrafe in der Bundesrepublik Deutschland von 1949 bis 1990 (2010)
42 *Dagmar Kolbe:* Strafbarkeit im Vorfeld und im Umfeld der Teilnahme (§§ 88a, 110, 111, 130a und 140 StGB). Reformdiskussion und Gesetzgebung seit dem 19. Jahrhundert (2011)
43 *Sami Bdeiwi:* Beischlaf zwischen Verwandten (§ 173 StGB). Reform und Gesetzgebung seit 1870 (2014)
44 *Michaela Arnold:* Verfall, Einziehung und Unbrauchbarmachung (§§ 73 bis 76a StGB). Reformdiskussion und Gesetzgebung seit dem 19. Jahrhundert (im Erscheinen)
45 *Zekai Dağaşan:* Das Ansehen des Staates im türkischen und deutschen Strafrecht (2014)

Abteilung 4: Leben und Werk. Biographien und Werkanalysen

1 *Mario A. Cattaneo:* Karl Grolmans strafrechtlicher Humanismus (1998)
2 *Gerit Thulfaut:* Kriminalpolitik und Strafrechtstheorie bei Edmund Mezger (2000)
3 *Adolf Laufs:* Persönlichkeit und Recht. Gesammelte Aufsätze (2001)
4 *Hanno Durth:* Der Kampf gegen das Unrecht. Gustav Radbruchs Theorie eines Kulturverfassungsrechts (2001)
5 *Volker Tausch:* Max Güde (1902–1984). Generalbundesanwalt und Rechtspolitiker (2002)
6 *Bernd Schmalhausen:* Josef Neuberger (1902–1977). Ein Leben für eine menschliche Justiz (2002)
7 *Wolf Christian von Arnswald:* Savigny als Strafrechtspraktiker. Ministerium für die Gesetzesrevision (1842–1848), (2003)
8 *Thilo Ramm:* Ferdinand Lassalle. Der Revolutionär und das Recht (2004)
9 *Martin D. Klein:* Demokratisches Denken bei Gustav Radbruch (2007)
10 *Francisco Muñoz Conde:* Edmund Mezger – Beiträge zu einem Juristenleben (2007)
11 *Whitney R. Harris:* Tyrannen vor Gericht. Das Verfahren gegen die deutschen Hauptkriegsverbrecher nach dem Zweiten Weltkrieg in Nürnberg 1945–1946 (2008)
12 *Eric Hilgendorf (Hrsg.):* Die deutschsprachige Strafrechtswissenschaft in Selbstdarstellungen (2010)
13 *Tamara Cipolla:* Friedrich Karl von Strombeck. Leben und Werk – Unter besonderer Berücksichtigung des Entwurfes eines Strafgesetzbuches für ein Norddeutsches Staatsgebiet (2010)
14 *Karoline Peters:* J. D. H. Temme und das preußische Strafverfahren in der Mitte des 19. Jahrhunderts (2010)

Abteilung 5: Juristisches Zeitgeschehen Rechtspolitik und Justiz aus zeitgenössischer Perspektive

Mitherausgegeben von Gisela Friedrichsen („Der Spiegel")
und RA Prof. Dr. Franz Salditt

1 *Diether Posser:* Anwalt im Kalten Krieg. Ein Stück deutscher Geschichte in politischen Prozessen 1951–1968. 3. Auflage (1999)
2 *Jörg Arnold (Hrsg.):* Strafrechtliche Auseinandersetzung mit Systemvergangenheit am Beispiel der DDR (2000)
3 *Thomas Vormbaum (Hrsg.):* Vichy vor Gericht: Der Papon-Prozeß (2000)
4 *Heiko Ahlbrecht / Kai Ambos (Hrsg.):* Der Fall Pinochet(s). Auslieferung wegen staatsverstärkter Kriminalität? (1999)
5 *Oliver Franz:* Ausgehverbot für Jugendliche („Juvenile Curfew") in den USA. Reformdiskussion und Gesetzgebung seit dem 19. Jahrhundert (2000)
6 *Gabriele Zwiehoff (Hrsg.):* „Großer Lauschangriff". Die Entstehung des Gesetzes zur Änderung des Grundgesetzes vom 26. März 1998 und des Gesetzes zur Änderung der Strafprozeßordnung vom 4. Mai 1998 in der Presseberichterstattung 1997/98 (2000)

7 *Mario A. Cattaneo:* Strafrechtstotalitarismus. Terrorismus und Willkür (2001)
8 *Gisela Friedrichsen / Gerhard Mauz:* Er oder sie? Der Strafprozeß Böttcher/ Weimar. Prozeßberichte 1987 bis 1999 (2001)
9 *Heribert Prantl / Thomas Vormbaum (Hrsg.):* Juristisches Zeitgeschehen 2000 in der Süddeutschen Zeitung (2001)
10 *Helmut Kreicker:* Art. 7 EMRK und die Gewalttaten an der deutsch-deutschen Grenze (2002)
11 *Heribert Prantl / Thomas Vormbaum (Hrsg.):* Juristisches Zeitgeschehen 2001 in der Süddeutschen Zeitung (2002)
12 *Henning Floto:* Der Rechtsstatus des Johanniterordens. Eine rechtsgeschichtliche und rechtsdogmatische Untersuchung zum Rechtsstatus der Balley Brandenburg des ritterlichen Ordens St. Johannis vom Spital zu Jerusalem (2003)
13 *Heribert Prantl / Thomas Vormbaum (Hrsg.):* Juristisches Zeitgeschehen 2002 in der Süddeutschen Zeitung (2003)
14 *Kai Ambos / Jörg Arnold (Hrsg.):* Der Irak-Krieg und das Völkerrecht (2004)
15 *Heribert Prantl / Thomas Vormbaum (Hrsg.)*: Juristisches Zeitgeschehen 2003 in der Süddeutschen Zeitung (2004)
16 *Sascha Rolf Lüder:* Völkerrechtliche Verantwortlichkeit bei Teilnahme an „Peace-keeping"-Missionen der Vereinten Nationen (2004)
17 *Heribert Prantl / Thomas Vormbaum (Hrsg.)*: Juristisches Zeitgeschehen 2004 in der Süddeutschen Zeitung (2005)
18 *Christian Haumann:* Die „gewichtende Arbeitsweise" der Finanzverwaltung. Eine Untersuchung über die Aufgabenerfüllung der Finanzverwaltung bei der Festsetzung der Veranlagungssteuern (2008)
19 *Asmerom Ogbamichael:* Das neue deutsche Geldwäscherecht (2011)
20 *Lars Chr. Barnewitz:* Die Entschädigung der Freimaurerlogen nach 1945 und nach 1989 (2011)
21 *Ralf Gnüchtel:* Jugendschutztatbestände im 13. Abschnitt des StGB (2013)
22 *Helmut Irmen:* Stasi und DDR-Militärjustiz. Der Einfluss des MfS auf Militärjustiz und Militärstrafvollzug in der DDR (2014)

Abteilung 6: Recht in der Kunst

Mitherausgegeben von Prof. Dr. Gunter Reiß

1 *Heinz Müller-Dietz:* Recht und Kriminalität im literarischen Widerschein. Gesammelte Aufsätze (1999)
2 *Klaus Lüderssen (Hrsg.):* »Die wahre Liberalität ist Anerkennung«. Goethe und die Juris prudenz (1999)
3 *Bertolt Brecht:* Die Dreigroschenoper (1928) / Dreigroschenroman (1934). Mit Kommentaren von Iring Fetscher und Bodo Plachta (2001)
4 *Annette von Droste-Hülshoff:* Die Judenbuche (1842) / Die Vergeltung (1841). Mit Kommentaren von Heinz Holzhauer und Winfried Woesler (2000)
5 *Theodor Fontane:* Unterm Birnbaum (1885). Mit Kommentaren von Hugo Aust und Klaus Lüderssen (2001)
6 *Heinrich von Kleist:* Michael Kohlhaas (1810). Mit Kommentaren von Wolfgang Naucke und Joachim Linder (2000)
7 *Anja Sya:* Literatur und juristisches Erkenntnisinteresse. Joachim Maass' Roman „Der Fall Gouffé" und sein Verhältnis zu der historischen Vorlage (2001)

8 *Heiner Mückenberger:* Theodor Storm – Dichter und Richter. Eine rechtsgeschichtliche Lebensbeschreibung (2001)

9 *Hermann Weber (Hrsg.):* Annäherung an das Thema „Recht und Literatur". Recht, Literatur und Kunst in der NJW (1), (2002)

10 *Hermann Weber (Hrsg.):* Juristen als Dichter. Recht, Literatur und Kunst in der NJW (2), (2002)

11 *Hermann Weber (Hrsg.):* Prozesse und Rechtsstreitigkeiten um Recht, Literatur und Kunst. Recht, Literatur und Kunst in der NJW (3), (2002)

12 *Klaus Lüderssen:* Produktive Spiegelungen. 2., erweiterte Auflage (2002)

13 *Lion Feuchtwanger:* Erfolg. Drei Jahre Geschichte einer Provinz. Roman (1929). Mit Kommentaren von Theo Rasehorn und Ernst Ribbat (2002)

14 *Jakob Wassermann:* Der Fall Maurizius. Roman (1928). Mit Kommentaren von Thomas Vormbaum und Regina Schäfer (2003)

15 *Hermann Weber (Hrsg.):* Recht, Staat und Politik im Bild der Dichtung. Recht, Literatur und Kunst in der Neuen Juristischen Wochenschrift (4), (2003)

16 *Hermann Weber (Hrsg.):* Reale und fiktive Kriminalfälle als Gegenstand der Literatur. Recht, Literatur und Kunst in der Neuen Juristischen Wochenschrift (5), (2003)

17 *Karl Kraus:* Sittlichkeit und Kriminalität. (1908). Mit Kommentaren von Helmut Arntzen und Heinz Müller-Dietz (2004)

18 *Hermann Weber (Hrsg.):* Dichter als Juristen. Recht, Literatur und Kunst in der Neuen Juristischen Wochenschrift (6), (2004)

19 *Hermann Weber (Hrsg.):* Recht und Juristen im Bild der Literatur. Recht, Literatur und Kunst in der Neuen Juristischen Wochenschrift (7), (2005)

20 *Heinrich von Kleist:* Der zerbrochne Krug. Ein Lustspiel (1811). Mit Kommentaren von Michael Walter und Regina Schäfer (2005)

21 *Francisco Muñoz Conde / Marta Muñoz Aunión:* „Das Urteil von Nürnberg". Juristischer und filmwissenschaftlicher Kommentar zum Film von Stanley Kramer (1961), (2006)

22 *Fjodor Dostojewski:* Aufzeichnungen aus einem Totenhaus (1860). Mit Kommentaren von Heinz Müller-Dietz und Dunja Brötz (2005)

23 *Thomas Vormbaum (Hrsg.):* Anton Matthias Sprickmann. Dichter und Jurist. Mit Kommentaren von Walter Gödden, Jörg Löffler und Thomas Vormbaum (2006)

24 *Friedrich Schiller:* Verbrecher aus Infamie (1786). Mit Kommentaren von Heinz Müller-Dietz und Martin Huber (2006)

25 *Franz Kafka:* Der Proceß. Roman (1925). Mit Kommentaren von Detlef Kremer und Jörg Tenckhoff (2006)

26 *Heinrich Heine:* Deutschland. Ein Wintermährchen. Geschrieben im Januar 1844. Mit Kommentaren von Winfried Woesler und Thomas Vormbaum (2006)

27 *Thomas Vormbaum (Hrsg.):* Recht, Rechtswissenschaft und Juristen im Werk Heinrich Heines (2006)

28 *Heinz Müller-Dietz:* Recht und Kriminalität in literarischen Spiegelungen (2007)

29 *Alexander Puschkin:* Pique Dame (1834). Mit Kommentaren von Barbara Aufschnaiter/Dunja Brötz und Friedrich-Christian Schroeder (2007)

30 *Georg Büchner:* Danton's Tod. Dramatische Bilder aus Frankreichs Schreckensherrschaft. Mit Kommentaren von Sven Kramer und Bodo Pieroth (2007)
31 *Daniel Halft:* Die Szene wird zum Tribunal! Eine Studie zu den Beziehungen von Recht und Literatur am Beispiel des Schauspiels „Cyankali" von Friedrich Wolf (2007)
32 *Erich Wulffen:* Kriminalpsychologie und Psychopathologie in Schillers Räubern (1907). Herausgegeben von Jürgen Seul (2007)
33 *Klaus Lüderssen:* Produktive Spiegelungen: Recht in Literatur, Theater und Film. Band II (2007)
34 *Albert Camus:* Der Fall. Roman (1956). Mit Kommentaren von Brigitte Sändig und Sven Grotendiek (2008)
35 *Thomas Vormbaum (Hrsg.):* Pest, Folter und Schandsäule. Der Mailänder Prozess wegen „Pestschmierereien" in Rechtskritik und Literatur. Mit Kommentaren von Ezequiel Malarino und Helmut C. Jacobs (2008)
36 *E. T. A. Hoffmann:* Das Fräulein von Scuderi – Erzählung aus dem Zeitalter Ludwigs des Vierzehnten (1819). Mit Kommentaren von Heinz Müller-Dietz und Marion Bönnighausen (2010)
37 *Leonardo Sciascia:* Der Tag der Eule. Mit Kommentaren von Gisela Schlüter und Daniele Negri (2010)
38 *Franz Werfel:* Eine blaßblaue Frauenschrift. Novelle (1941). Mit Kommentaren von Matthias Pape und Wilhelm Brauneder (2011)
39 *Thomas Mann:* Das Gesetz. Novelle (1944). Mit Kommentaren von Volker Ladenthin und Thomas Vormbaum (2013)
40 *Theodor Storm:* Ein Doppelgänger. Novelle (1886) (2013)
41 *Dorothea Peters:* Der Fall Kaspar Hauser als Kriminalfall und als Roman von Jakob Wassermann (2014)
42 *Jörg Schönert:* Kriminalität in der Literatur (im Erscheinen)
43 *Klaus Lüderssen:* Produktive Spiegelungen. Recht im künstlerischen Kontext. Band 3 (2014)

Abteilung 7: Beiträge zur Anwaltsgeschichte

Mitherausgegeben von Gerhard Jungfer, Dr. Tilmann Krach
und Prof. Dr. Hinrich Rüping

1 *Babette Tondorf:* Strafverteidigung in der Frühphase des reformierten Strafprozesses. Das Hochverratsverfahren gegen die badischen Aufständischen Gustav Struve und Karl Blind (1848/49), (2006)
2 *Hinrich Rüping:* Rechtsanwälte im Bezirk Celle während des Nationalsozialismus (2007)

Abteilung 8: Judaica

1 *Hannes Ludyga:* Philipp Auerbach (1906–1952). „Staatskommissar für rassisch, religiös und politisch Verfolgte" (2005)
2 *Thomas Vormbaum:* Der Judeneid im 19. Jahrhundert, vornehmlich in Preußen. Ein Beitrag zur juristischen Zeitgeschichte (2006)

3 *Hannes Ludyga:* Die Rechtsstellung der Juden in Bayern von 1819 bis 1918. Studie im Spiegel der Verhandlungen der Kammer der Abgeordneten des bayerischen Landtags (2007)

4 *Michele Sarfatti:* Die Juden im faschistischen Italien. Geschichte, Identität, Verfolgung (2014)

FSC
www.fsc.org
MIX
Papier | Fördert
gute Waldnutzung
FSC® C083411

Kolibri 360 GmbH
Ferdinand-Jühlke-Straße 7
99095 Erfurt, Deutschland
produktsicherheit@kolibri360.de